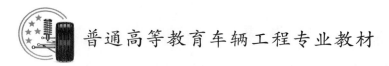

普通高等教育车辆工程专业教材

客车空调技术

申福林　冯还红
王建锋　李兆凯　编著

谢旭良　主审

人民交通出版社股份有限公司
北　京

内 容 提 要

本书是普通高等教育车辆工程专业教材。本书全面、系统地介绍了客车空调系统的结构和工作原理、负荷计算、设备选型、设计布置方法、气流组织、隔热保温、隔声降噪和新技术在客车空调系统设计中的应用,以及客车空调系统的性能试验等。

本书可作为本科汽车类专业教材,还可作为客车工程技术人员的参考读物。同时,本书对制冷、暖通空调专业,交通运输专业及其他机电类相关专业学生也有较大的参考价值。

图书在版编目(CIP)数据

客车空调技术/申福林等编著. —北京:人民交通出版社股份有限公司,2020.12

ISBN 978-7-114-16536-8

Ⅰ.①客… Ⅱ.①申… Ⅲ.①客车—空气调节设备—高等学校—教材 Ⅳ.①U469.1

中国版本图书馆 CIP 数据核字(2020)第 080774 号

书 名:	客车空调技术
著 作 者:	申福林 冯还红 王建锋 李兆凯
责任编辑:	钟 伟
责任校对:	赵媛媛
责任印制:	刘高彤
出版发行:	人民交通出版社股份有限公司
地 址:	(100011)北京市朝阳区安定门外外馆斜街 3 号
网 址:	http://www.ccpcl.com.cn
销售电话:	(010)59757973
总 经 销:	人民交通出版社股份有限公司发行部
经 销:	各地新华书店
印 刷:	北京市密东印刷有限公司
开 本:	787×1092 1/16
印 张:	18.75
字 数:	436 千
版 次:	2020 年 12 月 第 1 版
印 次:	2020 年 12 月 第 1 次印刷
书 号:	ISBN 978-7-114-16536-8
定 价:	50.00 元

(有印刷、装订质量问题的图书由本公司负责调换)

PREFACE 前 言

近年来,随着国民经济的发展,人民生活水平不断提高,城乡交流和国际交往日益广泛,旅游事业日趋兴旺。经济的发展对与人们出行关系密切的交通工具——客运汽车提出了越来越高的要求。为此,改善国产客车乘坐条件,创造舒适的车室微气候环境,已成为客车技术发展的必然趋势。

空调技术在汽车上全面使用已近60年,现已发展成为汽车学科中的一门新兴技术。我国的汽车空调技术虽然起步较晚,但发展很快。目前,空调技术不仅在客车上的采用已相当普及,甚至载货汽车、工程车辆和专用汽车的驾驶室也对采用空调技术的要求日益强烈,而对汽车空调技术的理论研究也在全面深入进行。

汽车空调与普通空调在原理上是基本相似的。但由于汽车空调特别是客车空调使用上的特殊性,使其在结构、材料、安装布置、技术要求等方面与普通空调有着较大的区别。因此,如何设计好客车的空调系统,是车身设计中的一个较新和需要重视的课题。

完整的客车空调系统包括制冷、采暖、通风换气、除霜(雾)和空气净化五大功能,因此与一般的车用空调(轿车、载货汽车及专用车辆驾驶室用空调)相比,不仅功能多、结构复杂、冷热负荷大、性能要求高,而且系统的布置设计更为复杂。但有关这方面的资料较少,专著更是少见,而车辆工程专业(车身设计)的学生和客车制造行业的工程技术人员则需要系统掌握这方面的知识,以拓宽知识视野、充实专业素养、提高设计制造水平,尽快缩短我国和国外先进水平的差距。为此,我们编写了本教材。

本教材以客车空调系统的选型和布置设计为主,全面介绍了客车空调系统的典型结构、设计布置方法、新技术等在客车空调系统设计中的应用,以及客车空调系统的性能试验等,具有较强的理论性和实用性,目的是使学生和正在从事该项工作的技术人员能够运用这些知识进行客车空调系统的分析、评价和设计。因限于篇幅,对教材中所涉及的物理学、工程热力学、机械学、电子学和汽车工程学等方面专业知识,只作了基本介绍,相关更深入的理论及专业概念和原理,请读者参阅相关教材或专业书籍。

本教材是根据作者多年教学、科研和生产实践的经验探索总结编著而成。在内容安排和取材上力求反映最新的技术和成果,理论联系实际,有的放矢,希望能对促进我国客车空调技术的发展和提高国产客车的设计制造水平起到积极作用。本教材初版编成于1989年,曾作为中国公路学会客车分会"客车空调"和"客车车身设计"学习班的教材,1993年修订作为全国交通高校汽车设计和载运工具运用专业的内部教材,2000年再次修订,主要供本校车辆工程专业(车身设计)学生使用。

本教材由长安大学申福林和厦门金龙联合汽车有限公司冯还红合编第一章,冯还红编写第三、五、六、八章,长安大学王建锋编写第二、四、七章,申福林编写第九、十一章,长安大学李兆凯编写第十章。全书由申福林统稿,由长安大学谢旭良主审。

本教材编写过程中,参阅和引用了一些文献资料,尤其是有关汽车空调的计算机仿真分析、隔声降噪和空调系统性能试验等方面的教材及公开发表的论文资料,在此特向这些教材和文献资料的作者表示诚挚的感谢。

由于作者水平有限,谬误和挂一漏万之处在所难免,恳请专家和读者批评指正。

作　者
2019年12月于长安大学

CONTENTS 目　　录

第一章　客车空调概论 ·· 1
　第一节　客车空调系统的任务与设计要求 ·· 1
　第二节　对客车室内气候的要求 ·· 3
　第三节　客车空调技术的发展 ·· 8
第二章　空气调节的热力学基础 ·· 16
　第一节　热力学基础知识 ··· 16
　第二节　热力学基本定律 ··· 25
　第三节　常用的热力性质图 ··· 27
　第四节　空气处理过程 ··· 33
第三章　客车空调系统的结构与工作原理 ·· 37
　第一节　制冷系统 ·· 37
　第二节　采暖系统 ·· 61
　第三节　除霜(雾)系统 ··· 71
　第四节　通风换气系统 ··· 76
　第五节　加湿与空气净化系统 ·· 80
　第六节　电池热管理系统 ··· 83
　第七节　客车空调系统的控制与保护 ··· 87
第四章　空调负荷计算 ··· 106
　第一节　空调装置与车室冷热负荷的关系 ··· 106
　第二节　车室内外空气计算参数的确定 ··· 110
　第三节　制冷系统负荷计算 ··· 117
　第四节　采暖系统负荷计算 ··· 131
第五章　客车空调系统的选型与匹配 ·· 135
　第一节　制冷系统的选型与匹配 ·· 135
　第二节　采暖及除霜(雾)系统的选型与匹配 ····································· 149
　第三节　通风和空气净化系统的选型 ··· 151
　第四节　电池热管理系统的选型 ·· 153
第六章　客车空调系统的布置 ··· 156
　第一节　制冷系统的布置 ··· 156
　第二节　采暖系统的布置 ··· 168
　第三节　除霜(雾)系统的布置 ··· 176

第四节　通风换气和空气净化系统的布置 …… 178
　　第五节　电池热管理系统的布置 …… 183
　　第六节　控制系统的布置 …… 185
第七章　气流组织与风道设计 …… 187
　　第一节　送、回风口空气流动规律 …… 187
　　第二节　气流的组织形式 …… 191
　　第三节　风道设计的基本要求 …… 195
　　第四节　风道的沿程压力损失和局部压力损失 …… 196
　　第五节　送风风道的设计计算 …… 205
　　第六节　风道设计中的若干问题 …… 212
第八章　空调客车的隔热和保温 …… 216
　　第一节　车身的隔热保温 …… 216
　　第二节　送风管道的隔热保温 …… 220
第九章　客车空调系统的隔声降噪 …… 224
　　第一节　影响客车空调系统噪声的主要因素及其噪声控制的基本方法 …… 224
　　第二节　气流噪声控制 …… 232
　　第三节　压缩机噪声控制 …… 236
　　第四节　采暖系统噪声控制 …… 247
第十章　计算流体动力学在客车空调系统设计中的应用 …… 256
　　第一节　概述 …… 256
　　第二节　客车车内空气环境的数值模拟 …… 260
　　第三节　前风窗玻璃除霜性能的数值模拟 …… 270
第十一章　客车空调系统性能试验 …… 273
　　第一节　制冷系统总成试验 …… 273
　　第二节　制冷系统性能试验 …… 278
　　第三节　采暖装置性能试验 …… 283
　　第四节　整车空调系统性能试验 …… 288
参考文献 …… 294

第一章　客车空调概论

空调是空气调节（Air Conditioning，A/C）的简称，其含义是指在封闭的空间内对空气的温度、湿度、流速及洁净度进行调节和控制，使之达到人体舒适的气候条件。

空调是汽车现代化的标志之一，汽车空调是空气调节工程的一个重要分支，是空气调节技术在汽车上的应用。汽车空调的基本功能是在任何气候和行驶条件下，改善乘坐环境，提高乘员的舒适性。

自20世纪60年代以来，客车上就开始采用空气调节装置。近年来，随着经济的发展和人们生活水平的提高，不仅中、高级客车全面装用了空调系统，普通长途客车、团体客车、旅游客车和城市客车的空调系统采用率也越来越高。目前，客车空调技术已成为提高乘员乘坐舒适性的一种重要手段，并成为客车最重要的标准配置之一。

第一节　客车空调系统的任务与设计要求

我国幅员辽阔，从东到西、从南到北，气温变化在±40℃范围。客车机动性很强，使用区域广泛，大多从事专业运输，从酷暑地区到严寒地区，从高速行驶到低速行驶，从平原到山地，环境条件变化很大。客车装用空调系统后，应能适应这种变化，把车内有限空间的气候条件调节到最适于驾乘人员工作与生活的状态，对保证行车安全，保障乘员身体健康和提高运输生产率都具有重要的意义。

一、客车空调系统的任务

客车装用空调系统的目的是在任何气候和行驶条件下，能为乘员提供舒适的车内环境，并能预防或除去黏附于风窗玻璃上的雾、霜或冰雪，以确保驾驶员的视野清晰与行车安全。

为了完成上述任务，客车空调系统必须具备如下功能，以及配备实现这些功能所需要的各种装置。这些装置应既可单独使用，也可综合使用，共同完成空气调节的任务。

（1）调节车内的温度。夏季采用制冷的方式降低车室内空气温度，冬季采用采暖的方式提高车室内空气温度，保持乘员的乘坐舒适性。这一功能主要靠制冷、采暖装置来实现。

（2）防止风窗玻璃结雾或结霜雪。在春秋和冬季，为保证驾驶员的视野清晰，确保行车安全，必须随时除去风窗玻璃的结雾或霜雪。这一功能主要由除霜（或除雾）装置来实现。

（3）调节车内的气流速度和空气湿度，使其保持在人体适宜的湿度和空气流速范围。这一功能主要由通风换气和加（除）湿装置来实现。

（4）空气洁净化。为保证乘员身心健康，减少因车室空间小、乘员密度大、全封闭空间造成空气容易污浊的影响，必须对车室空气进行净化处理。这一功能主要靠空气净化装置等来实现。

完整的客车空调系统都应具有上述功能。此外,还要求客车空调系统本身质量轻、耗能少、外形尺寸小、结构简单、安装和使用维修方便。

二、客车空调系统的特点

客车是运动的"建筑物",其输送对象是人。与轿车和其他车辆相比,客车的最大区别在于体积大、乘员多、人均占有空间小、驾驶员工作条件差,空调装置工作环境恶劣,隔热难、散热快,因此,与其他车辆和建筑的空调系统相比有很多不同之处,主要体现在以下方面:

(1)车室冷热负荷大且变化幅度大。由于客车空间小、载客量大,运行中长时间暴露在自然环境下,受太阳照射、风霜雨雪的气候影响大,因此,车室的冷热负荷大且变化幅度大。

(2)车身结构特殊,隔热保温困难。客车车身由构成车室的六个壁面组成,受结构和使用因素的限制,热工性能差,隔热保温困难,得失热量大,导致车室维持舒适条件所需的冷热负荷大。

(3)受动力源影响大。和所有汽车空调一样,客车空调制冷系统一般采用蒸气压缩制冷,其动力来源于整车发动机或辅助发动机。若使用整车发动机的动力,势必影响整车动力性和经济性,在车速和负荷变化大的情况下,制冷量也随之变化。而制冷系统大多是按某一额定工况设计的,装置若选择过大,对安装位置、占用空间和使用经济性等均不利;若选择过小,又不能满足使用要求。如采用专门的辅助发动机,虽然能保证制冷量要求,但增加了客车整备质量,占用了有限的车室空间(地板下),并间接影响了整车的使用性能和制造成本。

对于电动客车,因动力来源于储能电池,除整车驱动系统外,空调系统是其最大的用电设备,将直接影响动力电池的装备功率、体积大小、安装空间和整车的制造成本及使用性能。

(4)制冷剂(冷却液)容易泄漏。客车行驶道路复杂,在高速行驶条件下,制冷(采暖)系统各零部件长期处于振动环境中,使得系统的管路连接容易松动,制冷剂(冷却液)容易泄漏。而空调压缩机大多为开启式,在振动环境下制冷剂也容易从轴封和缸体结合处泄漏。

(5)冷凝温度高。除大、中型客车大多采用车顶型制冷设备外,小型客车一般将冷凝器置于汽车发动机散热器前面,这种布置的冷凝器冷却效果受发动机散热器热辐射、行驶速度和路面尘土污染的影响,尤其是在怠速和爬坡时不仅冷凝温度和冷凝压力异常升高,而且影响发动机散热。轻型客车的制冷系统因受整车结构空间的限制,多采用分散布置的型式,冷凝器大多置于客车侧围轴间地板下,在裙部开设通风窗供冷凝器通风散热,导致冷却效果不太理想。

(6)对空调系统各总成部件的强度、抗振性要求高。和汽车其他零部件一样,空调系统在车辆行驶过程中始终处于频繁的振动和冲击环境下,对抗振性能要求非常高,需要各部件有足够的机械强度并采用减振缓冲措施。同时,对管路走向、弯曲形状、密封性和紧固力矩等都有较高的要求,否则就会因振动而松动,造成制冷剂或冷却液泄漏,从而影响空调效果。

(7)安装布置困难。客车结构紧凑,可供安装空调设备的空间狭小且位置有限,致使空调系统各总成的布置、安装、连接都比较困难,对体积、质量和外形尺寸等提出了较高的要求。

(8)车内的气流组织和温度分布不易均匀。受车室空间狭小,座椅、行李架和风道布置等的影响,车内气流组织困难,温度也难以均匀分布。

(9)空调系统的布置和设计必须与整车造型和内部装饰协调。安装在车身外部的空调设备形状要纳入整车造型统一考虑,安装位置必须服从总布置设计;车内风道、出回风口形状、结构和色彩等既要满足功能要求,又必须与内饰协调,同时还要与相关零部件的结构和设计统一(如风道和行李架的结构需统一设计等),以保持整车内饰的统一和美观。

三、对客车空调系统和车身结构的设计要求

客车空调系统涉及面较广、要求高,其设计好坏直接关系到整车的使用性能和能否保证车室内有良好的气候环境。为此,客车空调系统和车身设计应满足如下要求:

(1)应根据车辆大小、乘员人数和使用条件,合理选用空调装置,做到既满足夏季制冷和冬季采暖的使用要求,又无设备能力的浪费。

(2)应根据不同车型的结构特点和使用要求,采用不同的布置型式,力求布置合理、使用维修方便。

(3)送风管道应尽可能短,且弯道少,以减少气流阻力和热损失。

(4)通风换气设备的布置应保证乘员有足够的新鲜空气和合理的室内气流分布,以及适宜的空气湿度和洁净度,避免出现冷热不均和"穿堂风"。

(5)除霜设备及喷口布置应保证风窗玻璃的除霜面积和除霜部位满足驾驶员安全视野的要求。

(6)车内气压应稍高于车外气压,以避免缝隙进风和灰尘侵入。

(7)车身结构应采用强有力的密封隔热措施,以减少热损失,确保空调效果。

第二节 对客车室内气候的要求

在客车行驶过程中,发动机的排气、燃油蒸气和路面扬起的尘土等都会进入车室。此外,车内乘员还会排出二氧化碳(CO_2),这些都会污染车内空气。如果车内过冷、过热或空气洁净度不高,不仅会干扰驾驶员的注意力和反应能力,影响行车安全,而且也会对乘客的身心造成伤害。乘员的舒适感主要取决于影响人体热平衡和空气洁净度的空气环境。

一、空气热物理状态对人体的影响

人体靠食物供给能量以从事工作,同时将多余的热量散发出体外,以维持正常的体温,这就是人体热平衡。人体散热量是随新陈代谢不断进行的,且散热量不是定值。一般散热量大小与人体的年龄、性别、特性、肌肉活动强度以及人体所处的环境有关。在静止状态下,人的平均发热量约为400kJ/h,虽有走动但并不频繁紧张时的发热量约为600kJ/h,中等体力劳动时的发热量约为850kJ/h,而重体力劳动时的发热量则高达1000kJ/h。

人发出的热量通过蒸发和对流的换热方式向周围环境散热,如果围护结构的温度与体温不同,还有辐射换热。对流和辐射是靠环境温度(包括空气温度和围护结构表面温度)与皮肤温度之差形成的显热传递,蒸发则为汗分蒸发和呼吸所带出的汽化潜热。蒸发的潜热因劳动形式和周围环境状态而异,其在总热平衡中占50%~60%。如果身体的余热散不出

去,必将积存于体内,破坏舒适条件下的热平衡,使人感到不适甚至生病,严重者会导致死亡。如果环境湿度过低,将使人体散热过多,同样会破坏热平衡,使人感到不舒适。

为使人体的生理过程正常进行,周围环境必须能够容纳热量。当环境容纳的热量正好等于人体散发的热量时(人体散发热量和环境冷却能力相当),就使人处于舒适状态,此即为人与周围环境的热力舒适条件,人的热感觉处于零位,环境给人不产生冷或热的感觉。

空气的热物理状态一般由空气温度、相对湿度、空气流动性以及周围结构和物体的温度等决定。因此,影响人体热平衡、舒适感的因素就是:环境空气温度和湿度、人体附近的空气流速、空气洁净度、围护结构表面及其他物体表面温度等。其中,前三项为空气条件。

环境温度(包括空气及围护结构内表面温度)与人体的三种散热方式有关。当环境温度增高时,对流和辐射热减少,汗液分泌加强,人体散热靠多消耗于蒸发上的热量弥补对流和辐射热量;如果环境温度降低,则人体散热情况与上述相反。相对湿度的高低主要影响人体散热的强弱。在相同温度下,如相对湿度较高,则汗分蒸发量就少,因此,蒸发散热也少;反之,相对湿度越低,汗分蒸发量则越大,蒸发散热也越大。而人体周围的空气流速与人体对流散热和蒸发散热有着密切关系,在流速大时,由于提高了对流换热系数,致使对流和蒸发散热增强,即增加了冷感;如果流速小,则情况相反。

人体的热调节能力是有限的,仅在温度和相对湿度的一个很小的变化范围。在此范围内,能自动调节以保证舒适状态,超出这个范围就会产生不舒服的感觉。如果环境温度低于人体温度,人体的热量消耗将会随着空气流动性的增加而增加,要保持舒适条件,可提高空气的相对湿度以减少蒸发量,或提高空气的温度以减少散失和对流的热量。

空气中出现的其他异种气体,即使无害,也是人们不希望出现的,因为其减少了含氧量。此外,不需要的或有毒的气体含量也不应超过允许值,应以输入新鲜空气的方式淡化。

客车主要在城市街道和公路上行驶,车内的气体变化主要是由于驾驶员及乘客工作和生命活动所呼出的二氧化碳以及行驶过程中车外粉尘、发动机废气及燃油蒸气等的侵入引起,其中又以二氧化碳和粉尘为主,对人体的影响最大。

二、舒适的环境气候条件

1. 温度

人类自1925年起便对生活的环境温度和人的温度舒适性关系进行了研究,其中,美国采暖制冷空调工程师学会(ASHRAE)做了大量工作。研究发现,前文所述四种因素对人体的冷热感觉来说并不是互不相关,而是一个影响人体热平衡和舒适感的综合气候条件。一个温度较高、风速也较大的气候条件可能与一个温度较低、风速也较小的气候条件给人同样的冷热感觉。也就是说,上述四种因素的很多不同组合,可以符合一个相同的冷热感觉。

"有效温度"就是美国采暖制冷空调工程师学会提出的代表了空气温度、相对湿度、空气流速多种组合的一个温度指标(Effective Temperature,简称ET),并给出了人体舒适条件的范围。近年来,该研究又有所发展,提出了当量有效温度图(图1-1)和舒适感图。衣着单薄、坐着休息时的温热舒适感和在不同湿度下的舒适温度如图1-2和图1-3所示。

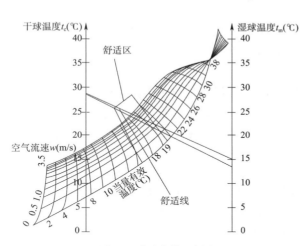
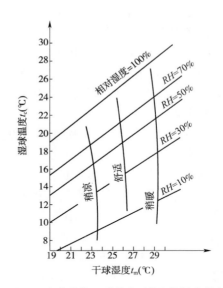

图 1-1 当量有效温度图　　　　图 1-2 衣着单薄、坐着休息时的温热舒适感图

在图 1-1 中,对于 $t_c = 28.5℃$, $t_m = 13.5℃$ 的点,当空气流速 $w = 0$ 时,当量有效温度值为 19.8℃。如果希望在 $w = 0.5 m/s$ 时保持当量有效温度值,设 t_c 不变,通过 $t_c = 28.5℃$ 点与曲线 $w = 0.5 m/s$ 和当量有效湿度为 19.8℃ 的斜线的交点连一直线,该直线和湿球温度刻度线的交点 $t_m = 15℃$ 就是所求的湿球温度值。如果要使 t_m 不变,用类似方法可得干球温度 $t_c = 29℃$。所以, $t_c = 28.5℃$ 和 $t_m = 15℃$,或者 $t_c = 29℃$ 和 $t_m = 13.5℃$ 的空气在流速 $w = 0.5 m/s$ 时,具有相同当量有效温度 19.8℃。

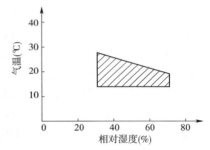

图 1-3 不同湿度条件下的舒适温度（斜线区）

"舒适"是范围较广的概念,一般有两种不同的理解。一种是指人主观感到舒适,另一种是医学生理学上的概念,指人体生理上的适宜度。较常用的是以人主观感到舒适作为标准的舒适温度,但这种感觉与很多因素有关。客观上,湿度越大和空气流动越小,则舒适度偏低,反之偏高;主观上穿衣多少、劳动强度高低、热习服与否等均对舒适温度有重要影响。为此,在确定舒适温度时常将这些条件规范化。规定:人坐着,穿薄衣服,无强迫热对流(即空气基本静止,只有自然热对流存在,相当于空气流速0.5m/s的条件),在正常的地面外力和海平面条件下,未经热习服的人感到舒适的温度。

按此标准确定的舒适温度一般在 21±3℃ 范围,夏季略有出入,热带人稍偏高,寒带人稍偏低。若湿度变化,则舒适温度随之改变。一般女性的舒适温度比男子约高 0.55℃;40 岁以上的人比青年人约高 0.55℃。而衣服、劳动强度、气体条件(包括气压和气体成分等)对舒适温度都有较大影响。

我国除部分地区外大部分区域夏季气候普遍炎热,工作和生活环境的降温设备配置尚不普及,人们对高温的适应性较强。根据生物体和生活条件统一的学说,经卫生学家的实际试验证实,中国人的高温适应性一般在 28～29℃,这是感觉舒适与不舒适的分界点,因此,可将 26~28℃ 的温度作为确定我国客车调节夏季车内空调参数的基准。

在考虑夏季温度调节时,应对车内外温差有一定限制,因为过大的温差将使人很不适应而影响健康。此外,还应考虑到车型、用途和定员的差异。如对市内、市郊公共汽车,因乘客多而拥挤,且站距短上下车频繁,其车内温度标准就不能要求过高,否则,对空调设备的选择和运输成本等都不利;对旅游、长途和机关团体客车等,就需要适当提高车内温度标准。

2. 车内温度分布

人感觉舒适与否,还与所处环境的温度分布有关,特别是对于客车车室这种既狭小又容纳有众多乘客的空间,如何得到舒适的温度和最佳的温度分布还有待于进行深入细致的研究。国外有人把试验车置于恒温室内,控制车内的湿度和气流速度,仅让气温发生变化,使众多不同年龄、性别、身穿普通衣服的受试者对相应的车内气温环境按规定的评价指标记录自己的温感。结果发现,在温感中性点(平均体表温度为 33℃ 左右时,认为是人的温感中性区)暖和的一侧,人体各部分的温感接近相同,而在中性点凉的一侧,人体各部位的温感差就较大。所以,冬季车内的温度分布应使脚部迅速暖和起来,即形成人们所习惯的"头凉脚热"的温度分布。同样,夏天头部的温度也应比脚部低些,形成"凉风拂面"。

3. 相对湿度

车内空气的相对湿度也是影响人体舒适的重要因素。夏季,当人体周围的相对湿度较大时,将影响蒸发散热,使人感到闷热。卫生学的观点也认为:周围空气温度在 26.7℃ 以下时,湿度对人体的影响不太明显,但当温度在 28℃ 以上时,空气的相对湿度对人体的影响就较为明显了(图 1-3)。

相对湿度对人体产生影响而使人感到不舒适的极限值大约为 70%。考虑到像人体和周围空气温度的关系一样,人体和相对湿度的关系也有它的统一性等因素,车内相对湿度的最大值不要超过 70%,一般应在 35%~65% 的范围内。

4. 空气流速

车内空气流速同样影响人体散热。车辆行驶中室内空气的自然对流和车外空气的渗透作用在车内形成了空气运动,而通风换气设备的工作也加剧了车内空气流动。空气流速的增大可以加速人体表面对流散热,尤其是在人体周围空气的温度和相对湿度都较高的情况下,增大空气流速会促进人体表面汗液蒸发,从而增加散热效果,使乘客产生舒适的感觉。但流速过大则会引起吹风感,造成皮肤温度状况失调,产生不舒适的感觉。试验和经验证明,后颈脖和踝部对吹风非常敏感,而气流对着前额吹过来常常使人感到舒服。如果风对着颈部和踝部吹,气流速度应小于 0.15m/s,处于紧张工作的驾驶员能承受 0.5m/s 的气流,而气流速度为 0.2m/s 时有的乘客就会感到不舒适。相反,空气流速过小,则会使人产生闷气感。车内空气流速和温度的关系参见图 1-1。

5. 空气洁净度

由于车室空间狭小,乘员密度大,全封闭空间的空气极易出现缺氧和 CO_2 浓度过高;而发动机尾气和道路上的粉尘、野外有刺激性的花粉等也容易进入车内,当增加到一定浓度后就会影响人体健康。此外,如果考虑到乘客吸烟、携带的食品和人体新陈代谢过程中散发的其他气味等,将使空气品质更加恶化。据测定,每个乘客每小时呼出的 CO_2 为 20~23L,外界空气中的 CO_2 含量为 0.3~0.5L/m³(城市为上限)。所以相对车内而言,外界空气是新鲜的,必须不断更换车内空气,使之保持一定程度的新鲜。同时,应采用空气净化设备对吸入的外界空气进行净化处理。

6. 车身内表面温度

夏季,当车身内表面温度过高时,由于辐射的影响,靠近壁面的乘客会感到不舒服。辐射热的强弱,主要由车身隔热壁的结构和厚度所决定。

上述温度、相对湿度、流速、洁净度等空气参数是影响乘客舒适性的重要因素,在确定客车空气调节的车内参数时,应将这些因素进行综合分析和研究。当量有效温度(即实感温度)就是考虑了空气温度、相对湿度和流速对人体作用的综合效果。例如,当车外空气温度很高时,可适当提高车内的温度标准并用加大空气流速或降低湿度的办法得到同样的舒适效果。

三、对客车室内气候的要求

综上分析,参考国外的设计使用经验及我国铁路客车和国家室内空调至适温度标准,建议我国空调客车车内气候参数在如下范围内选取。

1. 夏季

车内温度范围:24~28℃,其中豪华型客车偏低,普通型客车偏高。

车内外温差在5~7℃范围内较为适宜,也可按下式计算:

$$t_B = 20 + \frac{1}{2}(t_H - 20) \tag{1-1}$$

式中:t_B——车内温度,℃,在距地板1m高处测量;

t_H——车外温度,℃。

夏季车内外温差的关系如图1-4所示。

车内相对湿度一般保持在35%~65%,相对湿度小于30%或高于70%都将使人感到不舒服。随着温度的升高,保持的湿度应取偏低值。

车内空气流速应控制在0.2~0.3m/s,且各部分流速差不要太大,应无"穿堂风"和大的涡流循环,只允许上部存在局部涡流。

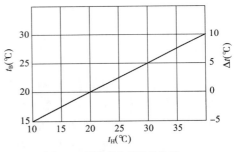

图1-4 夏季车内外温差关系

为了排除剩余热量,保持车内热量平衡,防止疲劳、头痛和恶心,车内每一乘客所需的空气更换量为15~30m³/(h·人),且空气中的CO含量不应超过0.01mg/L,CO_2和粉尘含量不应超过0.03%和0.2g/m³。

综上所述,推荐我国客车空调系统车内计算参数见表1-1,供设计时参考。

空调客车车内舒适气候环境参数 表1-1

项目	温度(℃)		相对湿度(%)		换气量 [m³/(h·人)]	风速 (m/s)	CO_2含量 (%)	CO含量 (%)	粉尘含量 (g/m³)	温差(℃/m)	
	冬	夏	冬	夏						垂直	水平
舒适带	16~18	22~28	40~50	50~60	20~30	0.075~0.2	<0.03	<0.01	<0.2	<2.0	<1.5
不舒适带	0~14	30~35	15~30 70~95		5~10	<0.075 >0.3	>0.03	>0.015	0.2~0.3	—	—
有害带	<0	>40	<15	>95	<5	>0.4	>10	>0.03	>0.3		

2. 冬季

由于冬季我国乘客都穿着暖和的衣服,有的还身着大衣,车内温度不宜太高,否则,会使乘客在车上感觉太热下车容易感冒。因此,长途、旅游客车的车内温度应保持在 16~18℃ 为宜;城市公交客车由于上下车频繁,车门处于较长时间开启状态,车内温度应保持在 10℃ 以上。此外,车内各部分温差最好不要大于 5℃,头部应比车内平均温度低 2~3℃,腿以下部分应比车内平均温度高 2~3℃。

车内相对湿度、空气流速、新鲜空气量和 CO、CO_2 及粉尘含量也应控制在表 1-1 推荐的范围,采暖设备应尽可能采用外气式或内外空气并用式。

工业发达国家的客车空调技术发展较早,对车内空气调节参数根据各自的气候特点及生活习惯作出了规定。表 1-2 列出了 20 世纪 80 年代部分国家规定的车内空气参数,可供参考。

部分国家规定的车内空气参数　　　　表 1-2

项　目	美　国		苏　联	日　本	瑞　士	英　国	法　国
车外温度 t_H(℃)	正常外温	特殊情况	27~35	33	30	—	-10~-32
车内温度 t_B(℃)	22~24	21.1~26.7	24~26	28	26	21~24.5	$20+(t_H-20)/2$
车内相对湿度 Φ_B(%)	30~70		36~65	50~70	—	—	—
车内气流速度 (m/s)	0.127~0.38		≤0.25	—	≤0.5	≤0.5	≤0.5

第三节　客车空调技术的发展

客车空调技术是随着人们对车辆舒适性要求的不断提高而逐步发展起来的,经历了从低级到高级、从功能单一到功能齐全的不同阶段。空调技术在客车上的应用滞后于轿车,而轿车上采用空调则比汽车诞生晚了近 40 年。汽车空调虽然出现较晚,但发展迅速,目前技术已十分成熟,完全能够满足用户对车内气候环境的要求。

一、汽车空调技术的发展历程

(一)世界汽车空调技术发展历程

纵观世界汽车空调技术的发展历程,大致可以概括为五个阶段。

1. 单一供暖阶段

1925 年,美国率先在汽车上采用了空调装置,当时的汽车空调器只是在车上安装一台加热器,利用发动机冷却液通过散热器为乘员进行供暖。

1927 年出现了采用具有加热器、鼓风机和空气滤清器的比较完善的采暖系统。此后,直到 1948 年这种系统才开始在欧洲出现,而日本在汽车上使用加热器取暖则始于 1954 年。随后,各种样式的加热器和风窗玻璃除霜器逐步出现。目前,在北欧、北美及亚洲北部等寒带地区,由于其寒冷的气候特点,汽车空调仍使用单一的采暖系统。

2. 单一制冷阶段

1902年,美国威利斯·开利(Willis. H. Carrier)发明了世界上第一台可同时控制温度和湿度的空调器;1915年世界首家专业空调公司——开利公司在纽约创建,而开利本人则拥有50多项发明专利。目前,该公司已成为全球最大的暖通空调和冷冻设备制造商。

1938年,在美国明尼苏达州,弗莱德·金斯(Fred·Jones)根据电冰箱"冷气"的原理发明了汽车空调;1940年,美国Packard公司第一次将机械制冷原理用于车用空调并设计和制造了世界上第一台装在机动车上的制冷机组,这一发明标志着美国冷王(Thermo King)品牌的诞生。

1939年,第二次世界大战爆发,汽车空调的发展一度中断。战后,美国经济一枝独秀,使带有单一制冷装置的汽车发展很快。1953年制冷空调开始在普通汽车上使用,而技术进步也使汽车空调工艺成熟、成本降低,汽车空调开始向实用化、普及化发展。

1956年,世界第一台大冷王客车空调研制成功,1957年顶置式客车空调问世。冷王先后在全球10多个国家建有14个工厂基地,为载货汽车、牵引车以及大型客车、铁路列车和城市公交客车设计制造制冷空调装置,并建立了运输温度控制工业标准。

1979年,美国和日本等推出了电脑控制的单一空调系统,实现了数字显示控制,标志着汽车空调进入第四代。目前,单一制冷的方法仍然在热带、亚热带地区使用。

成立于1906年的德国舒车公司(Sütrak)是世界著名的汽车空调设备生产厂家之一,1965年开始生产客车空调,产品覆盖客车、载货汽车、特殊用途的各种冷冻设备。

1983年6月,韩国大宇集团斗源空调事业部(Doowon Products)创立,专业制造汽车空调器,其客车空调主要有独立顶置式DB-R型、非独立顶置式DB-D型和整体式DB-S型等。

3. 冷暖一体化阶段

1954年,美国通用汽车公司率先在轿车上安装冷暖一体化空调,其最大的特点是同时具有供热和制冷功能。随着空调技术的发展,冷暖一体化空调逐步具备降温、供热、除湿、通风、过滤、除霜等功能。目前,这种空调系统仍然在经济型轿车上大量使用。

4. 自动控制阶段

早期的冷暖一体化汽车空调靠人工操纵,这既增加了驾驶员工作量,且控制质量也不理想。1964年,美国通用汽车公司在轿车上安装了自动控制的汽车空调,日本、欧洲1972年也开始在高档轿车上采用。这种汽车空调,只要预先设定好温度,就能自动在设定的温度范围内工作,即根据不同传感器检测到的车内外温度信息,自动控制各部件工作,达到舒适的车内温度。目前,大部分中高档轿车都安装了自动控制的汽车空调系统。

5. 微机控制阶段

1973年,美国通用汽车公司和日本五十铃汽车公司联合开展了微机控制汽车空调的研究,并于四年后同时将这种空调安装在各自生产的汽车上。相对于模拟控制器控制,微机控制的汽车空调增加了数字显示,实现了制冷、供热、通风三位一体化和故障诊断智能化等功能。目前,自动空调系统已与车身计算机系统组成局域网络,可以根据车内外环境条件,自动控制空调运行与汽车运行的统一,提高了空调效果和使用经济性。这种以微机处理器为控制核心的自动空调系统在高档轿车及豪华客车上得到了广泛应用。

进入20世纪90年代后,日本各汽车空调生产厂家都致力于综合式客车空调系统的研究和开发,推出了将以往各自独立安装使用的制冷、采暖、除霜等装置有机结合成一体的综合式空调系统。这种系统冷、暖风共用一个风机,两装置可交替使用或同时使用,成为一年四季都可以满足采暖、降温、通风换风、除霜的全年型空调系统。在此基础上又开发了空调的自动控制系统,推动了客车空调装置向小型、轻量、节能方向发展。

德国舒车公司客车空调产品的最大特点是独立式和非独立式空调中的各种型号齐全(有整体式、分置式、内置型、顶置型等),且各种型号的空调装置都包括制冷、采暖、通风和再加热四种功能(再加热可用来调节车内湿度),全部为自动控制,不仅减轻了驾驶员工作负担,而且使用户得到了最经济的运行效果。

国际上生产车用空调装置的专业厂家不仅规模较大,而且品种齐全。如德国生产制冷设备的有舒车、康唯他和贝洱,日本有三菱重工、柴油机器、日装电器、富士重工、三电(日美合资),美国有运输冷冻,韩国有万都、斗源等。生产暖风、通风装置的厂家有德国的韦巴斯托(Webasto)和贝洱、日本的三国(MIKUNI)和美国的运输冷冻等。

(二)我国汽车空调技术发展历程

我国汽车空调技术的发展大致经历了三个阶段。

第一阶段,20世纪60年代初到70年代末。北京汽车制造厂和部分客车改装厂曾在北京吉普和北方使用的部分长途客车上装备利用发动机排出的高温废气进行取暖的供热系统,而红旗轿车则是其间采用空调的第一批国产空调汽车。1976年,原上海内燃机油泵厂(现上海汽车空调机厂)制造的汽车空调开始为上海牌SH760A轿车配套。在这一阶段,所谓的客车空调技术主要是利用汽车发动机排出的废气或冷却循环水产生的热量来给车内供暖。

第二阶段,20世纪80年代初到90年代初。一汽、上汽公司和扬州、常州客车厂等几家大型汽车企业从日本购进具有制冷功能的汽车空调系统,并将其装配在红旗、上海、江苏、大连、北方、黄海等轿车和豪华客车上。随后,一汽以及上海、北京、广州、佛山等地先后从日本、德国引进先进的空调生产线和空调技术,生产大中型客车、轻型车及轿车空调系统。其中,1986年上海汽车空调联合公司成立,专业研制、生产各类汽车空调系统;1987年岳阳制冷设备总厂开始引进德国康唯他制冷技术,生产大、中、轻型客车空调,轿车、载货汽车和工程车、特种车辆空调及空调压缩机,客车空调包括独立整体式和分置式,非独立顶置、内置和分置式及压缩机组等。此外,广东阳江电子厂、上海新江机器厂、汉水车辆空调设备总厂等也先后引进了国外汽车制冷设备生产技术,并批量生产。

第三阶段,20世纪90年代中期到现在。国内一批形成生产规模的汽车空调制造企业如上海松芝、河南豫新、郑州科林、山东通盛以及广东劲达等,纷纷自行研发或引进国外先进的压缩机、冷凝器、蒸发器生产技术和生产线,以满足国产客车、载货汽车和各种专用车对空调装置的需求。目前,我国的汽车空调技术已接近世界先进水平。

在采暖系统方面,北京京威、河北宏业永盛、新南风加热制冷(沧州)有限公司等均批量生产各型采暖装置,完全可以满足各种客车、载货汽车和工程车辆的需求。

为适应新能源客车的需要,近年来上海加冷松芝、河南豫新、郑州凯雪、广州精益、深圳科泰、苏州新同创、郑州科林、湖北美标等汽车空调厂家都开发生产了热泵空调系统,而采暖装置生产企业的PTC电加热器和热泵辅助PTC采暖系统也被新能源客车大量采用。

二、客车空调技术的最新发展

1. 全自动空调系统

随着电子技术和自动控制技术的进步,全自动空调在传统动力客车上得到迅速发展,全年均可满足使用要求的一体化全自动空调开始在客车上采用。这种空调系统的主要特点是:

(1)将各种空调装置集成一体化控制,驾驶员只需设定控制条件,系统会自动启动一种或两种以上空调装置,给乘员提供精确温控的乘坐舒适环境。控制系统还能存储预定的温度和工作方式,当再次启用时,能按预定要求进行工作,大大减少了驾驶员的工作负荷。

(2)具备前风窗玻璃和侧窗玻璃除霜及除雾功能。通过驾驶区冷暖除霜(雾)装置,可增加夏季车辆前风窗玻璃雨天除雾功能,提高行驶安全性,同时驾驶区和乘客区的温度还可实现单独控制。冬季车内湿空气可通过制冷设备降低湿度并再加热后从空调出风口吹向侧窗玻璃,阻止了车内湿空气在侧窗玻璃结霜和结雾,使乘客任何时候观光不受影响。

(3)独立燃油燃烧式采暖装置具备定时预热、启动功能。在寒冷冬季,只需设定第二天车辆起动时间,系统会自动启动加热器,既预热发动机,使发动机起动不受影响;又可根据需要通过伺服水阀设置,在乘客乘坐时使车内已达到适宜温度,大大提高了整车舒适性。

(4)控制面板占用仪表板上操纵面板空间小,显示屏自动显示各种故障,无须人工查找。亦可通过CAN(控制器局域网络)总线技术将相关控制参数发给车载终端[GPS(全球定位系统)或北斗系统],车载终端通过远程服务器接收并发出相关控制指令给控制器,从而实现空调系统的远程控制和故障诊断。

2. 低温热泵电动空调

电动汽车以车载电源为动力,没有发动机余热且不能沿用燃油汽车的采暖系统,必须具备自身供暖能力。为此,电动汽车采用热泵电动空调将具有更好的节能性和更长的续驶里程。

热泵电动空调利用制冷剂循环回路改变制冷剂的循环方向而选择性地执行制冷、采暖、通风和除湿等功能,即通过电动压缩机驱动制冷剂作不同的循环,实现各自不同的功能。

作为纯电动客车的重要耗能总成,空调占总能耗的25%左右,其能效高低对整车性能影响很大。目前,电动热泵空调只能在 -5℃ 以上工作,若环境低于 -5℃ 则大多采用辅助PTC电空气加热器制热,能效低(能效比 COP 小于1。COP 是 Coefficient Of Performance 的缩写,指能源转换效率之比),大大增加了整车能耗,缩短了行驶里程。

低温热泵电动空调的关键是开发低温热泵电动压缩机,解决低温工况下压缩机的回油问题,另外系统的可靠性设计和控制策略也尤为关键。以某电动低温热泵空调系统为例,该系统在额定工况 COP 为2.4,-15℃ 环境下 COP 为1.5。存在的主要问题是随着温度降低,系统的制热量也下降,在寒冷地区仍需要增加辅助PTC电空气加热器。从长远看,采用 $R744(CO_2)$ 制冷剂是解决电动空调在低温运行的终极方案。

格力公司日前发布了其搭载双级增焓技术的车载热泵系统,能在 -30~54℃ 可靠运行,在测试中空调耗电量可降低60%,整车续驶里程提升13%。奥特佳此前也发布过其补气增焓低温热泵系统,应用了蒸气喷射式涡旋压缩机、补气增焓换热模块等技术,通过压缩机中间补气降低压缩机的排气温度,实现低温环境下的高效制热,可以在 -20℃ 环境温度下提供 4~5kW 制热能力。

松芝股份采用小管径铜管铝翅片结构的室外换热器,有效解决了微通道换热器在热泵模式下容易结霜的问题,实现了热泵系统在低温环境下的长时间工作,-10℃、-15℃ 下制热能效比分别达到 1.66 与 1.4,已用于北汽福田等新能源客车的低温变频热泵空调系统。

3. 节能技术

降低空调系统能耗,除了能改善整车燃油经济性外,还对客车加速、爬坡、驾驶操纵和发动机冷却性能的改善都有很大影响。具体的节能途径如下:

(1)采用高效率的压缩机和热交换器。对电动空调采用全直流无级变频压缩机,可节能 15%,而全铝平行流换热器的换热效率则为同体积管片式换热器的 1.3~1.5 倍。

(2)改善系统操作。如对电动空调采用 PI 智能变频控制,可有效节能 5%。

(3)精确温控技术。如采用电子膨胀阀,同比节能 3%。

(4)提高燃烧效率。如对独立燃油液体式采暖装置,采用电喷雾化燃油比传统甩油雾化热效率提高约 15%。

(5)有效利用车外的低温空气和车内空气。如对电动客车采用电动热泵空调(COP 大于2),尽量减少使用辅助 PTC 电空气加热器(COP 小于1)等。

(6)利用发动机余热。采暖装置采用余热水暖式或余热废气式。

(7)减少空调工作时间。以"空调节能雾化泵"为例,这种慢速运行的柱塞泵采用吸冲交替抽取空调制冷时产生的冷凝水,以脉冲方式通过特殊喷嘴喷洒在冷凝器上,在风力带动下完全汽化,使冷凝器加速降温强化散热,从而提高制冷效率,减少空调运行时间,达到节能和提高制冷效果的目的。

4. 小型、轻量化

据统计,减少客车燃油消耗各种措施的节油比例大约是:减轻整备质量占 50%,提高发动机效率占 20%,减少行驶阻力占 30%。试验表明,整备质量减少 10%,燃油消耗可以减少 8%。近年来客车空调系统在小型化和轻量化方面取得了较大进展,其途径是:

(1)采用高效、紧凑的热交换器。如蒸发器用全铝平行流换热器取代管片式换热器等。

(2)开发小型高效压缩机。如对电动空调采用全直流变频涡旋压缩机等。

(3)系统结构的合理化设计。如对非独立顶置型制冷装置,蒸发器和冷凝器的布置由前后布置更改为并行布置,压缩机的安装更改为由发动机直接搭载等。

(4)采用新型轻质材料。将制冷装置的外壳由玻璃钢更改为铝合金或 LFT(长纤维增强热塑性)复合材料等。

三、空调系统的主要零部件

小型、轻量化、高效、抗腐蚀和长寿命是空调系统主要零部件的发展方向。随着能源结构的变化,新能源客车越来越普及,新型独立式采暖装置已被开发和使用。

1. 换热器

采用铝合金材质的平行流换热器具有质量轻、成本低、高效紧凑的优点,实现了铝替代铜,成为客车空调管片式换热器(蒸发器和冷凝器)理想的换代产品。在平行流换热器中,集流管、扁管及翅片采用几种不同的铝合金及配合一定的扁管和翅片,进一步强化了换热器的抗腐蚀性能;由于整体均为铝材,可同时采用国际先进的NOCOLOK❶智能连续式气体保护钎焊工艺,无材质及加工原因产生的内应力影响,工艺性能更加可靠。

平行流换热器由多孔扁管和散热翅片组成,其特点是:

(1)扁管内部为多孔结构,小水力直径的多通道强化了制冷剂侧的换热能力;外部迎风面积小,背风面涡流区小。在相同风速下,管外侧的表面传热系数大于圆管,流动阻力低。

(2)多孔扁管之间采用波纹状、带百叶窗的翅片,强化了空气侧的换热能力。

(3)可根据管内制冷剂气液两相状态变化调整流道换热面积,使管内制冷剂的流动和换热情况趋于合理,最大限度利用了换热器的有效容积。

试验表明,采用平行流冷凝器的单位体积换热能力较采用传统管片式冷凝器的传热效率提高30%~50%,质量减轻20%~30%;由于平行流换热器内容积较管片式小,其制冷剂充注量仅为传统管片式的60%~80%;空调系统能效比COP为2.4~3.0,而采用管片式的COP一般为1.95~2.7。

平行流换热器代表了先进技术及产品的优化发展方向,正逐步成为空调的主流换热器。

2. 压缩机

采用多缸、铝质缸体,取消活塞环和改进润滑方式等技术以减小质量和体积已成为压缩机的发展趋势,而多种动力源驱动集成为一体的往复式压缩机的出现,则代表了一种发展方向。以双动力压缩机为例,这种压缩机可直接由发动机通过皮带驱动电磁离合器带动压缩机,也可直接通过电动机驱动压缩机。

旋转式压缩机近年也有较大发展,其不但质量轻、体积小,而且功率损失和燃料消耗都有所降低。特别是涡旋式压缩机,改善了旋转式压缩机低速效率低的缺点,做到了在常用转速范围内效率高、功率损失小、油耗低,在所有转速范围内振动小、噪声低,广泛应用在电动空调领域。其发展趋势是与变频器结合在一起,组成全直流变频压缩机,防护等级达到IP67。

3. 独立式采暖装置

随着客车能源结构变化,独立式采暖装置已由单一的燃油燃烧式发展为燃气燃烧式加热器、PTC电加热器、电液体式加热器和油电混合液体式等多种型式。

电液体式加热器采用电热管加热,总换热效率达到98%,制热量20kW,电压AC 400V或DC 600V,耗电量34A(在DC600V条件下)。油电混合液体式加热器与电液体式加热器的不同之处在于多了一套燃油燃烧式装置,制热量为16kW,油耗1.6kg/h。

四、客车空调技术的发展动向

1. 提高舒适性

研制湿度传感器以检测风窗玻璃霜(雾)和车内湿度情况,控制加湿或除湿。

根据人机工程学要求,将车室划分为若干调温区,以便独立控制其温度,更好地满足人体生理要求。如将驾驶区、乘客区和铰接客车前后车室单独温控,采用菲涅尔透镜的人体红

---

❶ NOCOLOK 是加拿大铝业有限公司的注册商标。

外传感器,用于感应车内乘客的分布及人数实现自动温度分区控制等。

寻找合理的气流分布和空气进出口位置,使乘客获得更多的外界新风并除去车内异味。净化空气和驱除各种气味的关键,是研制各种污染物探测传感器和可长期使用的净化介质。

进一步降低压缩机、风机、辅助发动机的振动和噪声。其中,重点关注的是压缩机、风机的选型和布置、风量控制,以及低振动、低噪声的辅助发动机选型。

2. 改善操纵性

将空调系统各组件由单独的控制器更改为具有集制冷、采暖、除霜、湿度调节等功能于一体的全自动控制器,或取消控制器直接集成到车载终端,通过远程服务器接收并发出相关控制指令,从而实现空调系统的远程控制和故障诊断。

3. 提高经济性和环保性

经济性的标志是节约燃料和由此而收回的投资。据统计,目前汽车空调的燃料消耗量约占总能耗的 8% ~12%。因此,为提高燃料经济性,各种有效节能途径都将得到采用。提高经济性和环保性的具体做法如下:

采用质量轻、易加工、无污染、可再生利用的环保材料;对甲醛、总挥发性有机化合物(TVOC)、苯、甲苯、二甲苯、气味等进行源头控制;装备空气净化装置。

4. 轻量化

轻量化始终是汽车设计追求的目标,主要体现在新材料和新技术的应用上。如将大型客车采用的非独立顶置型制冷装置的外壳由玻璃钢改为铝合金结构,热交换器由管片式改为全铝合金平行流结构,高低压管路由铜管更换为铝合金管,蒸发器和冷凝器的布置由前后布置改为并行布置,压缩机由活塞式改为斜盘式等。采用以上技术可使客车整备质量降低约 80kg。

5. 研制新型制冷剂

由于 HFC-134a 会导致温室效应(全球变暖潜能值 GWP 高达1430),根据欧盟2006/40/EC 法规,M_1 类客车从2017年1月1日禁止使用 HFC-134a,只允许使用 $GWP\leqslant150$ 的新型替代制冷剂,如 HFO-1234yf 和 R744(CO_2);美国环保部(EPA)则要求在2021年实施新型替代制冷剂,加利福尼亚汽车排放法规的建议修正案明确提出,从2017年开始,所有轿车、轻型货车和中型客车安装的汽车空调所采用的制冷剂 $GWP\leqslant150$。

HFO-1234yf 和 HFC-134a 的热物理性质相似,可直接在现有系统使用,但是制冷量和能效比 COP 均下降8%,需要加大压缩机排量8%或增大传动比以弥补制冷量损失;同时电动热泵空调制热性能不会高于 HFC-134a,只适合 -5℃ 以上的环境。另外,HFO-1234yf 的分子中不含氯原子,消耗臭氧潜能值 ODP 为0,GWP 为4,在大气中的寿命只有11天,且大气分解产物与 HFC-134a 相同,因此,对气候环境的影响几乎可以忽略。HFO-1234yf 属于具有弱可燃性的制冷剂,其燃烧生成物包含氟化氢,为剧毒物质,在气体状态会对皮肤、呼吸道和眼睛产生损伤,因此,需要对车上高温部件予以妥善保护。目前,美国杜邦与霍尼韦尔公司联合开发的 HFO-1234yf 将是近期可能替代的新一代环保型制冷剂。

R744(CO_2)制冷剂则是一种将来也极有可能采用的替代制冷剂。因其为工业副产品,GWP 为0,且价格低廉。尤其是在电动热泵空调领域,制热性能在车外0℃环境中,室内20℃时空调的能效比 COP 仍能达到2,这对于解决电动车辆在高寒地区采暖问题的优势非常明显。需要注意的是在大于 35℃ 以上的环境,简单的蒸气压缩制冷循环的 COP 值低于 HFC-134a 系统。此外,R744(CO_2)和 HFC-134a 热物理性质差异巨大,制冷系统系统压力大,属于跨临界循环,整个系统需要重新开发。

  总之,客车空调技术发展的很多问题都涉及基础理论,有人提出以生物化学为中心,把人机工程学中提出的各种要求和电子控制技术结合起来,使客车空调技术的研究不仅限于机械和电子方向,而必须开拓到新的领域中去。

第二章 空气调节的热力学基础

汽车空调主要是对车内空气进行制冷与加热处理。在学习空调技术知识前,应对空气的理化性质和空气处理的冷热过程有所了解,掌握相关热力学知识。

第一节 热力学基础知识

热力学的基础知识主要涉及温度与湿度、压力与真空度、热量与热容、显热与潜热、过冷与过热、饱和状态、节流膨胀、焓和熵、空气的质量体积和密度、制冷能力与制冷负荷等,这些热力学知识是学习汽车空调技术的基础。

一、温度与湿度

1. 温度

1)温度的物理意义

温度是一个用于衡量物体冷热程度的物理量,可以从宏观和微观去解释。

从宏观上看,当两物体处于热平衡状态时,它们的某个物理性质完全一样,表征这个物理性质的量就是温度。也就是说,处于热平衡状态的两个物体具有相同的温度。如果两个物体的温度不同,则必然会有热交换,热量会从温度高的物体向温度低的物体传递。

从微观上看,温度是物体内部分子运动平均动能大小的度量,即温度可以反映物质分子热运动平均速度的大小。物体的温度越高,则表示其内部分子动能越大,分子运动的激烈程度越高。

2)温标

温标是指度量温度的标尺,有摄氏温标、华氏温标和热力学温标等。我国法定计量单位规定采用的温标为摄氏温标和热力学温标,而欧美国家则采用华氏温标。

(1)摄氏温标。

摄氏温标在习惯上称其为摄氏温度,通常用符号 t 表示。摄氏温度的单位符号为℃,是将一个标准大气压(101.325kPa)下水的冰点定为0℃,将水的沸点定为100℃,两点之间均分100等份,每1等份即为1摄氏度,记作1℃。

(2)华氏温标。

华氏温标通常称其为华氏温度,常用符号 F 表示,单位符号为℉。华氏温度是将一个标准大气压下水的冰点定为32℉,水的沸点定为212℉,两点之间均分180等份,每1等份即为1华氏度,记作1℉。根据摄氏温度与华氏温度的定义,两者之间有如下关系:

$$F = 1.8t + 32 \quad (℉) \quad (2-1)$$

$$t = (F-32)/1.8 \quad (℃) \quad (2-2)$$

(3) 热力学温标。

热力学温标习惯上称其为热力学温度或绝对温度、开氏温度等，常用符号为 T，单位符号用 K 表示。热力学温度以自然界最低的温度为零点，该温度称为绝对零度。热力学温度的分度与摄氏温度相等，取水的三相点（纯冰、纯水和水蒸气彼此处于平衡共存状态的温度）为基准点，到绝对零度之间的间隔为 273.16 份，每一份称为 1 开尔文（1K）。水的三相点高于水的冰点 0.01K，因此，水的冰点用绝对温度表示时，应为 273.15K，而沸点为 373.15K。

根据绝对温度的定义，绝对温度与摄氏温度之间的关系为：

$$T = 273.15 + t \quad (K) \tag{2-3}$$

3）各种特定的温度

(1) 干球温度与湿球温度。

干球温度与湿球温度可反映空气的干燥程度。

如图 2-1 所示，干球温度是指用干球温度计测量的空气温度，而湿球温度则是指用湿球温度计测量的空气温度。在干球温度计的感温球上包裹纱布，将纱布的一段置于盛有水的容器中，利用纱布毛细管的吸水性可使感温球呈湿润状态，这就构成了湿球温度计。由于湿纱布水分蒸发时会吸收汽化潜热，因而湿球温度计测得的湿球温度要低于干球温度计测得的温度。标准湿球温度的测量条件是在风速为 3~5m/s 范围之内进行测量。

通过干湿球温度计测得的温差可反映空气的干湿程度，干、湿球温差越大，表示空气越干燥；而当干、湿球温差为 0℃ 时，表示空气中所含的水蒸气处于饱和状态（相对湿度为 100%）。

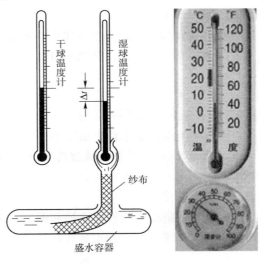

图 2-1　干湿球温度计

(2) 露点温度。

含有一定量水蒸气的空气在冷却时，其湿度会增加，当空气中的水蒸气达到饱和状态（空气的相对湿度为 100%）时，再进一步冷却，空气中的部分水蒸气就会凝结成露水。所谓露点温度就是指空气开始凝结成露水时的温度，此时空气中的水蒸气含量已经达到最大限度值。

露点温度与含湿量有关，含湿量大则露点温度高，露点温度越高，空气所能容纳的水蒸气量也就越大。含湿量相同的湿空气有相同的露点温度。

(3) 冷凝温度。

气态物质经过冷却（通过一定的热交换方式）转换为液态的过程称为冷凝，物质状态由气态转换为液态的临界温度称为冷凝温度。不同物质其冷凝温度不同。对同一物质，外界压力变化会导致冷凝温度变化。但一般情况下外界气压增加，冷凝温度会升高，反之则会降低。

在空调制冷系统中，进入冷凝器的气态制冷剂在适当的温度和压力（饱和温度和饱和压力）下，会转化为液态制冷剂。因此，在一定的压力下，冷凝器中的制冷剂开始由气态转化为液态时的温度称为冷凝温度。

(4)蒸发温度。

物质由液态转换为气态的过程称为汽化。物质状态由液态转化为气态的临界温度称为蒸发温度。不同物质其蒸发温度也不同。对同一物质,外界压力变化会导致蒸发温度变化。但在一般情况下,外界气压增加,蒸发温度会升高,反之则会降低。

1kg 液体转变为气态需要的热量称为该物质的汽化热,汽化有蒸发和沸腾两种形式。

在空调制冷系统中,进入蒸发器的液态制冷剂在适当的温度和低压(饱和温度)下会转化为气态,制冷剂在蒸发器中通过沸腾完成汽化过程。

2. 湿度

湿度是空气中所含水蒸气程度的物理参量,表示空气的含湿程度,有绝对湿度和相对湿度两种表示方式。

1)绝对湿度

绝对湿度是指 1m³ 湿空气中所含水蒸气的质量,用 Z 表示,单位为 kg/m³。

由理想气体状态方程导出绝对湿度 Z 的计算公式为:

$$Z = \frac{m_q}{V} \tag{2-4}$$

式中:m_q——水蒸气的质量,kg;

V——湿空气的体积,m³。

可见,绝对湿度 Z 即为该温度和水蒸气分压力下的水蒸气密度 ρ。绝对湿度只能说明湿空气在某一温度下实际所含水蒸气的质量,不能说明湿空气的吸湿能力。

2)相对湿度

相对湿度是指空气相对于饱和湿空气的湿度,数值上等于空气实际所含水蒸气量与相同温度下饱和湿空气所含水蒸气量的比值,用 φ 表示。

饱和湿空气是指空气在某一温度下其水蒸气已达到饱和,再也不能吸收水蒸气了。相对湿度也可以如下表示:

相对湿度 = (空气的绝对湿度/饱和空气的绝对湿度) × 100%

= (空气中水蒸气的分压 p_q/饱和湿空气中的水蒸气分压 p_{qb}) × 100%

$$\varphi = \frac{p_q}{p_{qb}} \times 100\% \tag{2-5}$$

可见,相对湿度为 0,表示空气是不含水蒸气的干燥空气;相对湿度值越大,表示空气越潮湿;当空气的相对湿度为 100% 时,则表示空气中水蒸气的含量已经达到了 100%,为饱和湿空气。

3. 含湿量

湿空气中水蒸气的质量 m_q(kg) 与干空气的质量 m_g(kg) 之比称为含湿量,用 d 表示,单位为 kg/kg(干空气)。

由理想气体状态方程可得:

$$d = \frac{m_q}{m_g} = \frac{p_q V / R_q T}{p_g V / R_g T} = \frac{0.622 p_q}{B - p_q} \tag{2-6}$$

式中：R_g——干空气的气体常数，287J/(kg·K)；
　　　R_q——水蒸气的气体常数，461J/(kg·K)；
　　　p_g——干空气的分压力，Pa；
　　　p_q——水蒸气的分压力，Pa；
　　　V——湿空气体积，m^3；
　　　T——湿空气温度，即气体的热力学温度，K；
　　　B——空气总压力，$B = p_g + p_q$，Pa。

可见，含湿量 d 大体与水蒸气分压力成正比，而与空气总压力 B 成反比。它确切表达了空气中实际含有的水蒸气量，而且基本上同温度无关。对某一地区来讲，B 基本上是定值，那么空气含湿量仅同水蒸气分压力 p_q 有关。

二、压力与真空度

压力是单位面积上所受的垂直作用力，表示固体、液体或气体垂直作用于物体表面的力，用符号 p 表示。在法定计量单位中，压力的单位为帕斯卡（Pa），$1Pa = 1N/m^2$。由于 Pa 的单位很小，工程中常使用 kPa 与 MPa。

$$p = \frac{F}{S} \tag{2-7}$$

式中：F——垂直均匀作用于物体表面的力；
　　　S——力的作用面积。

p 实际上就是物理学中所定义的压强，工程上习惯以压力相称。

地球表面的大气层质量对地球表面物体的压力称之为大气压力，简称大气压。标准大气压是指纬度为45°，温度为0℃时，大气对海平面的压力，用 p_a 表示，标准大气压相当于绝对压力 101.325kPa。工程上常采用工程大气压，以每平方厘米上作用的千克力（kgf/cm^2）表示，$1kgf/cm^2 = 9.81 \times 10^4 Pa$。常用的压力单位有绝对压力、表压力和真空度三种。

1. 绝对压力和表压力

绝对压力表示真实的压力，即实际压力值，以绝对真空为0值，用 $p_{绝}$ 表示。

通过压力表指示读出的压力值，称为表压力值，简称表压力。表压力是以标准大气压为0值，在此基础上进行压力计算的结果，又称相对压力，用 $p_{表}$ 表示。

2. 真空度

低于大气压力时，表压力为负值，此时，表压力的绝对值称为真空度，用 $p_{真}$ 表示。

上述三种压力在制冷技术领域经常应用。其中，绝对压力在设计及查阅制冷剂特性表时使用，表压力在观察系统运行状况时使用，真空度则在维修系统抽真空度时使用。

在汽车空调中常用压力表来测量制冷剂的压力。用压力表测得的压力即为表压力，绝对压力为表压力与大气压力之和。各种压力之间的关系如下：

表压力 = 绝对压力 - 大气压力
真空度 = 大气压力 - 绝对压力

除采用帕斯卡以外，其他几种压力单位之间的换算关系见表2-1。

各种压力单位之间的换算　　　　　　　　表 2-1

帕 (Pa)	千帕 (kPa)	巴 (bar)	毫巴 (mbar)	标准大气压 (atm)	毫米汞柱 (mmHg)
1	10^{-3}	10^{-5}	10^{-2}	9.86923×10^{-6}	7.50062×10^{-3}
10^3	1	10^{-2}	10	9.86923×10^{-3}	7.50062
10^5	10^2	1	10^3	9.86923×10^{-1}	7.50062×10^2
10^2	10^{-1}	10^{-3}	1	9.86923×10^{-4}	7.50062×10^{-1}
101325	101.325	1.01325	1013.25	1	760
133.322	1.33322×10^{-1}	1.33322×10^{-3}	1.33322	1.31579×10^{-3}	1

三、热量与热容

1. 热量的定义

物质内部分子进行着无规则的运动,这种运动称为热运动。当物质内部分子无规则运动的速度加快(平均动能增加)时,物质的温度就会升高,这说明温度与热有密切的关系。热的出入会使温度产生变化,温度变化的大小与出入热的量成正比,这种出入热的量称为热量。热量是工质与外界之间在温差的推动下,通过微观粒子的无序(无规则)运动方式传递的能量,单位为焦耳(J)。

工程上常用的热量单位还有卡路里(简称卡,缩写为 cal)、千卡(kcal)与千焦(kJ)。

单位时间内通过某一面积传递的热量称为热流,其单位为 W,工程上也用 kcal/h、kJ/h 以及 kW。

在空调中,热流就是单位时间内将低温物体的热量传递到高温物体的能量,它代表了制冷机的制冷量。

2. 热量的传递方式

热是可以传递的,热的传递形式有热传导、热对流和热辐射三种。

1) 热传导

同一个物体或彼此接触的两个物体的两点间有温差时,热会通过物体内部从高温点向低温点转移,直到两点的温度达到一致为止,这种热量的移动方式称为热传导。物体两点之间传导的热量多少与这两点的温度差成正比,并且与物体的导热性有关,其关系如下:

$$Q = \lambda \frac{A}{L}(T_1 - T_2) \tag{2-8}$$

式中:A——包括两点在内的壁面积,m^2;

　　　Q——热流量,W;

　　　λ——物体材料的导热系数,$W/(m \cdot K)$;

　　　L——两点之间的间距,m;

　　　T_1、T_2——两点的温度,K。

汽车空调系统中的热交换器需要有良好的导热性能,而金属具有良好的导热性,因此,蒸发器、冷凝器、加热器等均用导热性好的铜、铝等金属材料制成。一些非金属的导热性较差,属不良导热材料。木头、石棉等几乎不导热,属绝缘材料,可用于隔热和保温。部分材料的导热系数见表2-2。

部分材料的导热系数 表2-2

材料	$\lambda[W/(m \cdot K)]$	材料	$\lambda[W/(m \cdot K)]$
铜	383.79	玻璃	0.79
金	314.01	水	0.59
铝	203.53	玻璃丝绵	0.03
钢	55.82	发泡塑料	0.02
水银	8.14	空气	0.02

2) 热对流

热对流只发生于流体中。由于气体和液体各部分的位移而引起的热量转移称为热对流。流体中的一部分被加热而温度升高时,流体内部出现了温差,高温处流体膨胀而密度减小,然后上升,与顶部的低温流体交替而形成对流。这种由密度差引起的对流称为自然对流,而通过机械方式搅拌形成的流体热转移称为强制对流。

接近固体壁面的流体如果与壁面有温度差,就会有热量传递,这种导热过程称之为物体表面放热。设流体的温度为 t_f(℃),固体壁面的温度为 t_w(℃),壁的面积为 $A(m^2)$,那么传递的热量 Q 为:

$$Q = \alpha A(t_f - t_w) \quad (2-9)$$

式中:α——放热系数$[W/(m^2 \cdot K)]$,与流体种类、流动状态及物体壁面状态等有关。不同换热条件下的放热系数见表2-3。

不同换热条件下的放热系数 表2-3

对流换热条件	$\alpha[W/(m^2 \cdot K)]$	对流换热条件	$\alpha[W/(m^2 \cdot K)]$
空气自由流动	6.8~13.6	R12 凝结	1357~2172
空气强迫流动	27~136	R22 凝结	1629~2578
水在管内强迫流动	2714~8143	R12 蒸发	1629~2307
盐水在管内强迫流动	1086~2714	R22 蒸发	2172~3393

物体表面放热也可以称作对流换热过程。在对流换热过程中,包括了边界层内流体分子间的导热,因此,"对流换热"是导热和对流的联合作用。汽车行驶中外界空气与汽车的相对速度很高,因而外界气流对车身外表面的对流换热也很强。车身外表面的热量通过车身和隔热层以导热方式传递到车身内壁面后,又以对流换热的方式传递给乘员。汽车空调就是将车内空气(或带有部分车外新鲜空气)不断地通过制冷系统的蒸发器,使之与蒸发器芯体的传热表面进行对流换热,将其温度降低后送入车厢内。

3) 热辐射

热源通过辐射波直接将热量传递给其他物体,这种热传递方式称之为热辐射。热辐射传递热量时不需要依赖固体或流体等传热介质,并且传递过程伴随着能量形式的转变,即从热能转换为辐射能,辐射能到达另一物体后,一部分热量将会被物体吸收,该部分热量从辐射能转换为热能,一部分则会被物体反射。热辐射传递给物体的热量与物体表面的颜色有关,颜色越深,吸收热量的比例就越高。

热辐射的另一个特点在于辐射能与物体的热力学温度 T 的 4 次方成正比。因此,在低温下辐射换热的比例很小,而在高温下辐射换热的比例则大大增加。

3. 热容

不同的物质尽管吸收或放出的热量相同,但其温度的变化却有所不同,这说明不同物质其容热的能力(热容量)是不同的。

各种物质的热容大小通常用比热容表示。所谓比热容,就是单位质量的物质其温度升高 1K 所需的热量。比热容的单位是 J/(kg·℃),比热容大的物质,加热时不容易升温,而冷却时也不容易降温。不同物质的比热容见表 2-4。

不同物质的比热容 表 2-4

物质名称	比热容[J/(kg·℃)]	物质名称	比热容[J/(kg·℃)]	物质名称	比热容[J/(kg·℃)]
氢	14.3	酒精	2.4	陶瓷	0.84
氦	5.2	聚乙烯	2.2	石墨	0.72
水(液态)	4.2	煤油	2.1	玻璃	0.6
水(气态)	1.9	蓖麻油	1.8	铁、钢	0.46
水(固态)	2.1	砂石	0.92	铜	0.39
锂	3.6	铝	0.88	汞	0.14

四、显热与潜热

1. 显热

物体在吸热和放热过程中,只是其分子热运动的动能增加或减少,即物体的吸热或放热只是温度升高或降低,其物态(固态、液态、气态)不发生改变,物体吸收或放出的这部分热量就称之为显热。例如,水还未沸腾时对其所加的热可以使水温升高,并能用温度计显示出来,因此,水所吸收的热量为显热;热水慢慢变冷过程中,水所释放出的热量也称之为显热。

2. 潜热

物体在吸热或放热过程中,只是其分子的热位能增加或减少,即吸热或放热仅改变了物态而温度没有改变,该物质吸收或放出的这部分热量称之为潜热。如水在常温常压下沸腾时转变为水蒸气,水的沸腾过程不断吸热但温度则保持在 100℃,因此,水沸腾(汽化过程)所吸收的热称之为潜热。

制冷是利用制冷剂的状态变化实现的。在冷凝过程中,气态制冷剂在高温高压条件下放出凝结潜热而液化;在蒸发器内,液态制冷剂则在低温低压条件下吸收汽化潜热而变成气体。

五、过冷与过热

1. 过冷

在制冷技术中,"过冷"是对制冷剂液体而言。将冷凝后的液体制冷剂在压力不变的情况下继续冷却,其温度就会比冷凝时的饱和温度更低。当压力不变时,使液体制冷剂的温度低于该压力对应饱和温度的热力过程称为过冷。

处于过冷状态的液体称为过冷液体。饱和温度(冷凝温度)与过冷温度之差称为过冷度。

2. 过热

在制冷技术中，"过热"是对制冷剂气体而言。使蒸发器中的干饱和蒸气继续定压吸热的热力过程称为过热。处于过热状态的干饱和蒸气称为过热蒸气。过热蒸气的温度称为过热温度，它比干饱和蒸气的饱和温度更高，两者之间的温度差值称为过热度。

六、饱和状态

1. 饱和液体

将 t_1（℃）的液体在一定压力 p 下加热，当液体受热时，温度升高，体积增加，保持液体压力不变，将液体加热到沸点，此时的液体就是饱和液体。将液体从 t_1（℃）加热到沸点所需的热量叫作液体热。压力越高，对应的饱和温度就越高，所需的液体热就越大。

2. 饱和蒸气

将饱和液体继续加热，此时液体将开始沸腾汽化，饱和液体逐渐转变为饱和蒸气。

1kg 饱和液体定压汽化所需要的热量称为汽化潜热。汽化过程压力越高，对应的饱和温度就越高，汽化潜热的数值就越小。当压力增大到某一值时，液体汽化过程停止，此压力称为该液体汽化的临界压力，在临界压力下，汽化潜热为零。

3. 饱和温度与饱和压力

加热制冷剂，其中的一部分液体转换为蒸气；反之，制冷剂放出热量时，其中的一部分蒸气又会转换为液体。在这种制冷剂液体与蒸气处于共存的状态时，液体和蒸气互相转换，此时的制冷剂蒸气为饱和蒸气，制冷剂液体为饱和液体。

当容器内的蒸气和液体处于动态平衡，即液体与气体均处于饱和状态时，此时的温度称为饱和温度，压力称为饱和压力。

七、节流膨胀

流体经过通道截面突然缩小的阀门或者孔口后，发生的降压降温现象称为节流。

在流体通路中，通道突然缩小，液体压力下降，速度增大；在孔口处压力降到最小，而速度增加到最大，若此时产生气体，则总体积还要增大。这种变化只是状态的变化，与外界没有热和功的交换，因此，流体的热能不变，这种变化称为节流膨胀，如图2-2所示。

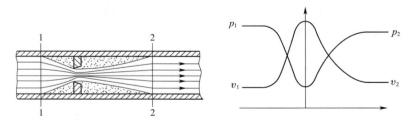

图 2-2　节流膨胀示意图

1-节流前的流体截面；2-节流后的流体截面；p_1-节流前的流体压力；p_2-节流后的流体压力；v_1-节流前的流体流速；v_2-节流后的流体流速

流体流过孔口后，其截面积突然增大，流体的压力逐渐回升，速度逐渐减小，最后达到稳定。由于孔口前后发生强烈的扰动和涡流，造成压力的不可逆损失，因此，流体恢复稳定后，压力比以前小很多,但速度(流速)基本保持不变。

由于节流的时间很短,系统与外界的能量传递可以忽略不计,节流是绝热过程。节流过程中,系统没有能量输入,所以节流前后的焓值不变,又是等焓过程。由于节流前后流体的扰动和涡流造成流体的压力损失,流体的温度下降,熵值增加。节流前后的压力降低越大,温度降低越大,熵值增加越大。可见,制冷剂通过节流阀是一种绝热的定焓过程,制冷剂的压力和温度下降,焓值不变,但熵值增大。

八、焓和熵

焓是一个状态参数。物质分子无论在何种状态下,都在不停地运动着,所以物质总是含有一定内能(分子的动能和分子位能之总和)的。状态不同时所含有的内能也不同,1kg 物质在某一状态时所含的内能及推动功所转换的热量总和,称为此物质在该状态下的热焓,简称为焓,用 h 表示,单位为 kJ/kg。

在制冷循环计算中,用制冷剂由某一状态变化到另一状态时焓值的变化,可直接计算出制冷量、冷凝放热量和压缩机消耗功率的大小。通常把制冷剂 0℃ 时饱和液体的焓值定为 418.68 kJ/kg,再以此为基础,确定出不同状态下的焓值大小。

熵也是物质状态的参数,用 s 表示,其意义为:物质在状态变化过程中所吸收的极微小热量与加入热量前的绝对温度之比,单位为 kJ/(kg·K)。数学表达式为:

$$\Delta s = \frac{\Delta Q}{T} \tag{2-10}$$

式中:ΔQ——表示熵增过程中加入物质的热量,kJ/kg;
T——物质的热力学温度,K。

熵可以表征系统工质状态发生变化时,其热量的传递程度。当 $s_1 = s_2$ 时,系统的变化处于可逆过程,表征系统与外界不发生热量交换关系,前后的熵变为零,即所谓的绝热过程,如制冷循环中的压缩过程,这样的过程称为等熵过程。当 $s_1 < s_2$ 时,系统工质的变化处于不可逆过程,其变化将一直进行下去,而系统的熵值不断增大,一直变化到系统和外界的熵值相等为止,这就是著名的熵增原理。

九、空气的质量体积和密度

单位质量的空气所占有的体积称为空气的质量体积 v(亦称"比体积"或"比容"),单位为 m^3/kg。密度 ρ 是单位体积中所含有的空气质量,即质量密度,单位为 kg/m^3。密度和质量体积互为倒数,与温度 T、压力 p 的关系为:

$$v = 1/\rho = RT/p \quad (m^3/kg) \tag{2-11}$$

式中:T——温度,K;
p——气体压力,Pa;
R——气体常数,J/(kg·K),取决于气体的性质。

湿空气的密度由干空气和水蒸气的密度组成,两种气体是均匀混合的,并且共同占有相同的体积和相同的温度,因此有:

$$\rho = \rho_g + \rho_q = \frac{p_g}{R_g T} + \frac{p_q}{R_q T} \tag{2-12}$$

式中：p_g——干空气分压力，Pa；
　　ρ_g——干空气密度，kg/m³；
　　p_q——水蒸气分压力，Pa；
　　ρ_q——水蒸气密度，kg/m³；
　　R_g——干空气的气体常数，287J/(kg·K)；
　　R_q——水蒸气的气体常数，461J/(kg·K)。

整理后，得：

$$\rho = \frac{0.00348B}{T} - \frac{0.00134\varphi p_{qb}}{T} \quad (\text{kg/m}^3) \tag{2-13}$$

式中：B——大气压力，Pa；
　　p_{qb}——湿空气饱和水蒸气分压力，Pa；
　　T——绝对温度，K；
　　φ——湿空气的相对湿度，%。

十、制冷能力与制冷负荷

1. 制冷能力

热量从高温到低温的转移是一种自然的热量传递过程，而要将低温处的热量转移到高温处，就需要通过"制冷"来实现。

制冷机就是通过消耗其他形式的能量，把热量不断地从低温物体转移给高温物体的装置。制冷能力的大小是以单位时间内所能转移的热量来表示的，单位为W。

2. 制冷负荷

制冷负荷就是将温度和湿度保持在一定范围内所要转移的热量。汽车空调制冷负荷包括来自车外太阳的辐射热和车室内人体所散发的热量。

第二节　热力学基本定律

揭示热能和机械能相互之间转换条件和规律的定律是热力学基本定律，它是热物理学的重要基础理论。热力学基本定律不仅定义了温度，揭示了热能和机械能相互转换过程中能量"数量"的守恒关系，阐明了能量不但有"数量"的多少问题，而且有品质的高低问题，以及热能参与的过程，即热过程有方向性问题。

一、热力学第一定律

1. 热力学第一定律的含义

热力学第一定律实质上就是普遍的能量守恒定律和热量转移定律应用于热领域的一种表达形式，它表明了无论何种热力过程，在机械能和热能的转换或热能的转移中，系统和外界的总能量守恒，即能量只能转移，不能凭空产生或消失。

2. 热力学第一定律的应用

汽车空调中的制冷系统是一种能量转换装置，制冷剂以稳定的状态和速度流进一个设备(压缩机或蒸发器、冷凝器),在其中发生状态变化后又以另一稳定的状态和速度流出,这样的过程称为稳定流动过程。通过制冷系统可以实现由温度较低的环境向温度较高的环境放热的过程,从而使物体的温度降低到环境温度以下并保持较低温度,其中向高温环境释放的一部分热量是由外界对制冷系统输入机械功而转换得来的。

根据热力学第一定律,制冷过程热量转换的总能量不变,即:

$$Q_H = Q_C + W + \cdots \tag{2-14}$$

式中:Q_H——向高温环境所释放的能量,J;
Q_C——从低温物体吸收的能量,J;
W——外界向制冷系统输入的机械功,J。

该式就是热力学第一定律在空调制冷中的能量转换表达式。可见,汽车空调制冷系统是在消耗一定外界功的条件下,利用制冷剂状态变化,将热量由低温物体向高温物体转换的。

二、热力学第二定律

1. 热力学第二定律的含义

热力学第二定律指出,热量可自发地从高温物体向低温物体转移,却不能自动地、不付代价地由低温物体(或物体的低温部分)传向高温物体(或物体的高温部分)。但是,热量可以有条件地由低温物体(或物体的低温部分)传向高温物体(或物体的高温部分),这个条件就是要消耗外功。其关系表达式为:

$$Q_H = Q_C + W \tag{2-15}$$

式中:Q_H——向高温热源放出的热量,J;
Q_C——从低温热源吸收的热量,J;
W——制冷压缩机所消耗的功,J。

热力学第二定律揭示了热力过程的方向、条件和限定,只有同时满足热力学第一定律和热力学第二定律的过程才能实现。

总结自然界中常发生的机械能与热能的相互转换以及热量的传递现象,热力学第二定律可表述为:机械能可以全部变为热能,但热能却不能无条件的全部转换成机械能。

汽车空调制冷系统就是在消耗一定外界功(发动机或电动机驱动空调制冷压缩机做功)的条件下,利用制冷剂的物态变化,将热量由低温物体(车内空气)传向高温物体(车外空气)的。若制冷机消耗的功为W,从低温物体取出的热量为Q_C,则制冷系数ε为:

$$\varepsilon = \frac{Q_C}{W} \tag{2-16}$$

制冷系数是制冷机工作的一个重要经济性指标,其大小与低温物体和高温物体的温差有关。温差越大,则制冷系数越小。在高温物体温度不变的情况下,制冷系数的大小随着低温物体温度的升高与降低而变大和变小。

而供热系数是评价热泵循环工作有效程度的经济性指标,是指单位功耗所能放出的热量。

2. 卡诺循环与逆卡诺循环

卡诺循环是由两个可逆的等温过程和两个可逆的绝热过程所组成的理想循环,是研究热机的一种假设模型。卡诺循环中假设工作物质只与两个恒温热源交换热量,没有散热、漏气、摩擦等损耗。同时,卡诺循环中工作物质从高温热源吸热应是无温差的等温膨胀过程,向低温热源放热则是等温压缩过程,因此,采用卡诺循环模型的热机热效率最大。

逆卡诺循环是与卡诺循环相反的循环,也是由两个等温过程和两个绝热过程组成。

图 2-3 为逆卡诺循环的温熵图(T-s 图)。工质在 T_0 下从冷源吸收能量 q_0,并进行等温膨胀 4—1,然后通过绝热压缩 1—2,使其温度由 T_0 升高至环境介质的温度 T_k,再在 T_k 下进行等温压缩 2—3,并向环境介质(即高温热源)放出热量 q_k,最后再进行绝热膨胀 3—4,使其温度由 T_k 降至 T_0,即使工质回到初始状态 4,从而完成一个逆卡诺循环。逆卡诺循环是研究制冷机的一种假设模型,是制冷循环的理想模型。逆卡诺循环奠定了制冷理论的基础,揭示了空调制冷系数的极限,采用逆卡诺循环的制冷机与热泵的制冷系数与供热系数值最大。

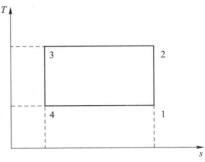

图 2-3　逆卡诺循环温熵图(T-s 图)

热泵是将热量从低温热源转移到高温热源的设备,用热泵制取生活热水和采暖热水具有显著的节能效益。热泵循环与制冷循环一样,只是热泵利用的是热泵循环排放的热量,而制冷循环利用的是被吸收的冷量。根据逆卡诺循环理论,可通过提高压缩机效率与减少膨胀功损失和内部摩擦损失的方法提高空调制冷系数。

第三节　常用的热力性质图

蒸气的热力性质表是不连续的,在求间隔中的状态参数时需插值,使得查表十分烦琐,另外在分析过程时,表不如图一目了然,因此常用热力性质图进行分析和求解。目前,在制冷循环的分析和计算中,用得较多的是压焓、焓湿及温熵图,其中前两种图最为广泛。

压焓图是指压力与焓值的曲线图,常用于制冷剂分析;焓湿图是将湿空气各种参数之间的关系用图线表示。本节主要对这两种图进行分析,说明其在汽车空调中的应用。

一、压焓图

1. 压焓图的构成

制冷剂在制冷系统中一边进行循环,一边进行状态变化。由热力学基本定律可知,只要确定制冷剂任意两个独立状态参数,就可以确定制冷剂的热力状态。因此,在表示制冷剂独立状态的压力 p、体积 V、温度 T、比容 v、焓 h 和熵 s 等热力参数中,以任何两个参数为纵横坐标均可组成热力图,其中最常用的是以绝对压力 p 为纵坐标,焓值 h 为横坐标所组成的压焓图。制冷循环中制冷剂全部状态的各点参数可连续地表示在压焓图中的曲线上,反之,通过某制冷剂的压焓图,就可查出该制冷剂在制冷循环中各状态点的各种热力参数值。

为了减小压焓图的尺寸,并使低压区内的线条交点读数清楚,纵坐标采用压力的对数 $\lg p$ 来绘制,如图 2-4 所示。

压焓图中的 K 称为临界点,临界点是饱和液体线与干饱和蒸气线向上延伸的交点,是制冷剂以液态形式存在的最高状态点,在临界点以上,制冷剂只能以气态存在。

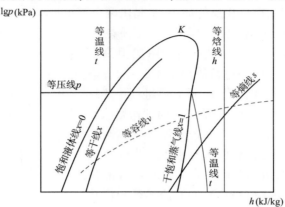

图 2-4 压焓图（lg$p$-h）

饱和液体线和干饱和蒸气线将 lg$p$-h 图分成三个区域:
(1) 饱和液体线的左边——过冷液体区。
(2) 饱和液体线与干饱和蒸气线之间——湿饱和蒸气区(也称气液混合区)。

饱和状态下制冷剂蒸气与液体的混合物称为湿饱和蒸气。在湿饱和蒸气中,制冷剂蒸气所占的质量比例称为干度,用代号 x 来表示。若制冷剂为饱和液体,此时干度 $x=0$;若制冷剂全部是干饱和蒸气,则干度 $x=1$。所以湿饱和蒸气的干度介于 0 与 1 之间,即:$0<x<1$。为了使应用者方便,在饱和液体线与干饱和蒸气线之间绘有等干度线。

(3) 干饱和蒸气线的右边——过热蒸气区。

等温线在湿饱和蒸气区内与等压线重合,到了过热蒸气区时,则与等压线分开而成为往右下倾斜的一组曲线。在图中还有向右上倾斜的等熵线和用虚线表示的等容线。

综上所述,制冷剂的压焓图上共有八种线条,它们是:①饱和液体线($x=0$);②干饱和蒸气线($x=1$);③等干度线 x;④等压线 p;⑤等温线 t;⑥等焓线 h;⑦等熵线 s;⑧等容线 v。

对于制冷剂任一状态的有关参数,一般只要知道上述参数中任何两个,即可在压焓图中找出代表这个状态的一个点,在这个点上可读出其他有关参数的数值。

2. 压焓图上的制冷循环

1) 制冷循环

在蒸气压缩式制冷系统中,制冷剂从某一状态开始,经过各种状态变化,再回到初始状态,在这个周而复始的热力过程中,每一次都消耗一定的机械能(电能)从低温物体中吸出热量,并将该热量转移到高温物体。这种一边改变制冷剂状态,一边完成制冷工作的全过程被称为制冷循环,如图 2-5 所示。图中,由一状态变成另一状态称为一个热力过程。制冷循环共有四个热力过程。为完成制冷循环各个热力过程所需要的机械、设备、装置及连接它们的管路、管路附件等组成的系统,称之为制冷系统。

2) 压焓图上的制冷循环

图 2-6 所示是将某一制冷循环描述在压焓图上的例子。图中:
点 1:由蒸发器出来进入压缩机吸气口时的稍过热的气体状态。

点2:从压缩机排出来进入冷凝器的过热气体状态。

点3:在冷凝器内经冷却后,过热蒸气变成干饱和蒸气、气体开始液化时的制冷剂状态。制冷剂从点2到点3,放出显热,温度降低。

点4:在冷凝器中进一步冷却,全部液化后的饱和液体状态。由点3到点4是冷凝过程中的主要放热阶段,制冷剂放出液化潜热,制冷剂的温度及压力均保持不变。

点5:在冷凝器出口处,过冷后进入节流阀前的过冷液体状态。

点6:经节流阀节流降压后进入蒸发器时的湿饱和蒸气状态。

p_1:蒸发压力。

p_2:冷凝压力。

1~2 为沿等熵线进行的绝热压缩过程。

2~5 为冷凝器中进行的等压冷凝过程。

5~6 为节流阀中进行的等焓节流降压过程。

6~1 为蒸发器中进行的等压蒸发过程。

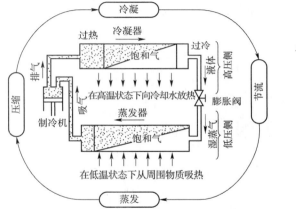

图2-5 制冷循环

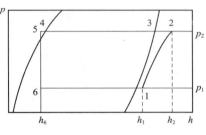

图2-6 在压焓图上的某一制冷循环示意图

如前所述,在等压过程中,工质由一个状态转变成另一状态时,焓的差值等于工质吸入或放出的热量;在绝热压缩过程中的耗功,也可用焓差来表示。所以:

线段 h_1h_6 为单位质量制冷剂制冷量,它表示1kg制冷剂在蒸发器中所吸收的热,单位为 kJ/kg,用符号 q_0 表示。如用点1状态的质量体积除单位质量制冷剂制冷量,则为单位容积制冷剂制冷量,它表示1m³制冷剂在蒸发器内所吸收的热量,用符号 q_v 表示,单位为 kJ/m³。

线段 h_2h_1 为单位质量压缩耗功,即压缩每千克制冷剂蒸气时在制冷机上所耗的机械功,亦即要获得 h_1h_6 的单位质量制冷剂制冷量,必须消耗外功 h_2h_1,用符号 w 表示,单位为 kJ/kg。

线段 h_2h_6 为单位质量制冷剂在冷凝器中放出的热量。由于 $h_2h_6 = h_2h_1 + h_1h_6$,所以说 1kg 制冷剂在冷凝器中放出的热量为单位制冷量与压缩耗功转换的热量之和。h_2h_6 也称为冷凝器的单位热负荷,用符号 q_k 表示,单位用 kJ/kg。

要判断制冷循环的经济性,可使用制冷系数。制冷系数是指消耗一定的外功所获得的单位质量制冷量的大小,用符号 ε 表示。

$$\varepsilon = \frac{q_0}{w} = \frac{h_1h_6}{h_2h_1} \tag{2-17}$$

显然,ε 值越大越经济,耗功越少制冷量越多。若 ε 值小,说明单位质量制冷量耗功多。

二、焓湿图

空气的焓湿图通常是针对某一特定的大气压力 B 绘制而成,以焓 h 为纵坐标,以含湿量 d 为横坐标。为使图线清晰和图面开阔,两坐标轴之间的夹角取 $135°$。图上的参变量为温度 t 和相对湿度 φ,所以图上有四组线,它们分别是等含湿量线簇 d、等焓线簇 h、等温线簇 t 和等相对湿度线簇 φ。等含湿量线($d=$常数)为垂直线;等比焓线为与横坐标成 $135°$ 的斜线;等温线($t=$常数)近乎水平线,其实只有 $t=0℃$ 的等温线才是水平的,而在它上面或下面的等温线都偏离了水平方向,越远则偏离越大;等相对湿度线($\varphi=$常数)为一组曲线。

为缩小图幅,常用一水平线做等含湿量 d 的等效横坐标,如图 2-7 所示。图中 $\varphi=100\%$ 的线是饱和空气状态线,该线以上部分为未饱和空气区,下面部分为过饱和空气区又叫"有雾区"。过饱和状态是不稳定的,通常都有凝结现象,虽然多余的水蒸气因凝结而从空气中分离出来,但空气仍然恢复到饱和状态。由于空气的相对湿度不可能大于 100%,因此,这个区域内的空气状态是不存在的。

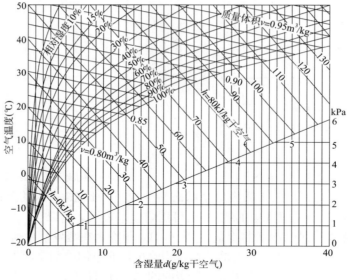

图 2-7 空气焓湿图($h\text{-}d$ 图)

1. 求空气的露点温度

前文已提及,露点温度就是指空气开始凝结成露水时的温度,此时空气中的水蒸气含量已经达到最大限度值。冬季汽车玻璃内表面的结露现象与夏季自来水管外表面上的滴水现象都是由于物体表面温度低于空气的露点温度所致。

在 $h\text{-}d$ 图上求解露点温度时,可将某点的未饱和空气作等湿冷却,即自该点沿垂直线向下,经冷却的空气相对湿度增加,直到与饱和线 $\varphi=100\%$ 相交,表明达到极限值,该极限点称为露点,与交点相对应的温度称为露点温度。可见,露点温度与含湿量有关,含湿量大则露点温度高,含湿量相同的湿空气有相同的露点温度。

2. 求空气的湿球温度

空气的干湿球温度可以反映空气的干燥程度。在空调工程中，广泛应用干湿球温度计来测量空气的相对湿度，进而计算出其他参数。

根据湿球温度利用 h-d 图可以很快查出湿空气的相对湿度。例如，已知干球温度为 28℃，湿球温度为 24℃。则从 24℃ 等温线与 $\varphi=100\%$ 饱和线得一个交点（比焓值 $h=72\text{kJ/kg}$），沿该交点作等焓线与 $t=28℃$ 等温线相交，后面这个交点相对应的 φ 就是所求的相对湿度 $\varphi=72\%$，并可由此查得其他参数。

3. 空气状态变化过程的热湿比

空气被加热、冷却、加湿或减湿时，即从原来状态变成另一种状态。在 h-d 图上可以用点表示空气状态，还可以用无数状态点连成的直线来表示空气状态的变化过程。

例如，图 2-8 中 A 点为空气原始状态，干空气质量为 G (kg)，当加入热量 Q (kJ)、加入水蒸气量 W (kg) 后，空气状态就变成 B 点。连接 A、B，则线段 AB 就表示空气从 A 到 B 的状态变化过程。在这一过程中，空气的比焓值变化量 Δh [kJ/kg（干空气）] 为：

$$\Delta h = h_B - h_A = \frac{Q}{G} \quad (\text{kJ/kg}) \qquad (2-18)$$

空气的含湿量变化为：

$$\Delta d = d_B - d_A = \frac{1000W}{G} \quad (\text{g/kg}) \qquad (2-19)$$

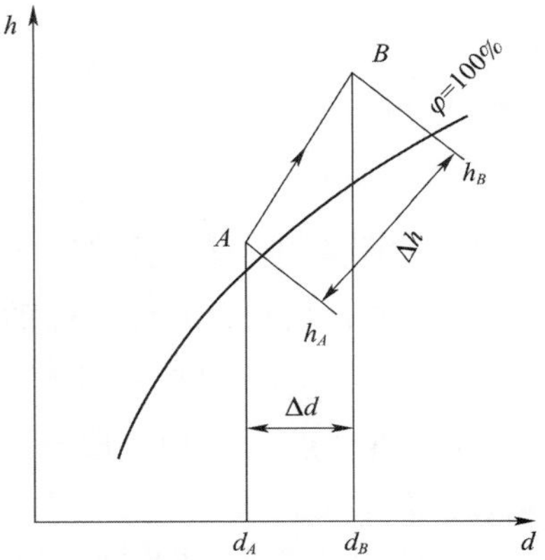

空气比焓值的变化量与含湿量的变化量之比称为空气状态过程变化的热湿比，用符号 ε 表示，单位为 kJ/kg。

$$\varepsilon = \frac{\Delta h}{\frac{\Delta d}{1000}} = \frac{1000 \Delta h}{\Delta d} = \frac{Q}{W} \qquad (2-20)$$

图 2-8 空气的加热加湿过程

热湿比 ε 相当于 AB 过程线的斜率，它显示了空气状态变化方向，所以也称为方向线。

由热湿比的特性可以看出，两种不同状态的空气，如果它们变化过程的热湿比相同，那么在 h-d 图上这两种过程线必然平行。

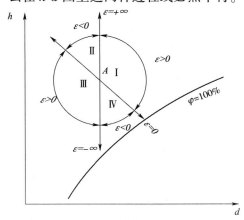

图 2-9 空气湿热比特殊值

热湿比有几个特殊值：当比焓值增加，含湿量不变时（即 $\Delta d=0$），$\varepsilon=+\infty$，该过程线垂直向上；当比焓值减少，含湿量不变时（即 $\Delta d=0$），$\varepsilon=-\infty$，该过程线垂直向下；当比焓值不变（即 $\Delta h=0$），仅含湿量发生变化时（$\Delta d\neq 0$），$\varepsilon=0$，该过程即为等比焓线。

上述三个特殊值的 ε 过程线，将 h-d 图分成四个方向区，如图 2-9 所示。ε 值有正有负。当比焓值增减与含湿量增减同向（同时增加或同时减少）时，ε 为正值；反之，当比焓值增减与含湿量增减异向（一个增加，一个减少）时，ε 为负值。

4. 两种不同状态空气的混合

在汽车空调中，为了节约能量，常把车内的一部分空气作为回风，与新风混合。新风与回风混合以后的状态参数可以用计算方法确定，也可以用 h-d 图来确定。

设新风的质量为 m_1，状态参数为 h_1、d_1；回风的质量为 m_2，状态参数为 h_2、d_2。则根据质量和能量守恒原理，混合以后的质量 m_m、焓值 h_m、含湿量 d_m 同混合前空气参数之间的关系如下：

$$m_m = m_1 + m_2 \tag{2-21}$$

$$m_1 h_1 + m_2 h_2 = m_m h_m = (m_1 + m_2) h_m \tag{2-22}$$

$$m_1 d_1 + m_2 d_2 = m_m d_m = (m_1 + m_2) d_m \tag{2-23}$$

整理后得：

$$\frac{h_1 - h_m}{h_m - h_2} = \frac{d_1 - d_m}{d_m - d_2} = \frac{m_2}{m_1} = \frac{\overline{1m}}{\overline{m2}} \tag{2-24}$$

$$\frac{h_1 - h_2}{d_1 - d_2} = \frac{h_1 - h_m}{d_1 - d_m} = \frac{h_m - h_2}{d_m - d_2} \tag{2-25}$$

结合图 2-10，对式(2-24)和(2-25)说明：

(1) 混合状态点 1 与点 m 的连线 $\overline{1m}$ 和点 m 与点 2 的连线 $\overline{m2}$ 具有相同的热湿比值，且都等于点 1、2 连线上所具有的热湿比值。因此，混合点 m 必定在点 1 和点 2 的连线上。

(2) 混合点 m 将 $\overline{12}$ 线段分为两段，两段的长度 $\overline{1m}$ 和 $\overline{m2}$ 同参与混合的两种空气的质量 m_1、m_2 成反比。

这两个结论能帮助我们在 h-d 图上很容易地按反比例关系找到混合状态点 m。

5. 空气的等湿冷却过程

汽车空调中常将空气在含湿量不变的情况下冷却，其焓值相应减少，过程变化为等湿减焓降温，如图 2-11 中 A→C 所示，方向线垂直向下，其特点是 $\Delta h < 0$，$\Delta d = 0$，$\varepsilon = -\infty$，而相对湿度是逐渐增加的。

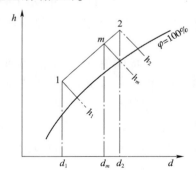

图 2-10 两种空气混合状态在焓湿图上的表示

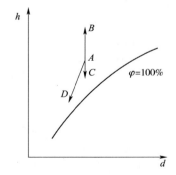

图 2-11 空气的干冷干热及减湿冷却过程

6. 空气的等湿加热过程

同样，在汽车空调中常常要对空气进行等湿加热处理。

空气通过加热器时获得了热量，提高了温度，但其含湿量并没有变化，过程线如图 2-11 中 A→B 所示，垂直向上。其特点是 $\Delta h > 0$，$\Delta d = 0$，$\varepsilon = +\infty$，而相对湿度则是逐渐减小的。

7. 空气的减湿冷却过程

用表面式空气冷却盘管冷却空气时,若盘管外表面平均温度低于进口处空气的露点温度,则为减湿冷却过程,也称冷却干燥过程。空气在进行减湿冷却时,不仅温度和焓值都下降,而且冷却盘管表面有水蒸气凝结现象发生,空气中的含湿量也随之下降。状态变化过程在 h-d 图上是向左下方倾斜的直线,如图 2-11 中 A→D 所示,且 $\varepsilon > 0$。

三、温熵图

温熵图是以 T(温度)为纵坐标,s(熵)为横坐标的热力图,由图中可以看出工质在循环过程中的放热或者吸热的情况。

温熵图(T-s)的结构如图 2-12 所示,饱和液体与饱和蒸气线汇合于临界点 K。T-s 图上也有六种等参数线簇,即等温(T)、等熵(s)、等压(p)、等容(v)、等焓(h)和等干度线(x)。等压线在饱和区内是与等温线重合的水平线,在未饱和区和过热区是稍弯曲的上升曲线。由于液体几乎不可压缩,即使压力提高很多,温度也几乎没有升高。因此,不同压力的定压线群密集于 $x = 0$ 的饱和液体线附近,可近似用 $x = 0$ 的线来代替。但两相区的等焓线斜率更大,过冷区液体的焓值可近似用同温度下饱和液体的焓值代替。

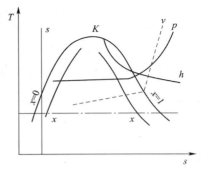

图 2-12 T-s 图结构示意图

第四节 空气处理过程

空气调节是通过对空气的状态参数进行调整,使之满足人们舒适性要求及生产工艺要求的人工环境处理技术。空气状态参数变化的准确性,决定了空调系统的运行状况,其变化量也决定了系统中各种设计的容量大小。因此,对空气处理过程进行详细、准确的分析,是汽车空调系统设计的重要环节。空气状态参数及状态变化过程的确定,必然用到空气的焓湿图。

汽车空调的空气处理系统一般分为内循环(封闭式)、外循环(直流式)和内外循环综合式(亦称"混合式"和"一次回风")三种。循环空气的混合方式不同,处理过程亦不同。本节以空调客车使用最多的内外循环综合式车内空气处理为例,介绍其处理过程。

1. 内外循环综合式回风系统的设计原则

在空气的处理过程中,车内空气和车外新风混合后,经冷凝送入车内或者加热后再送入车内的形式称为混合式回风。即采用混合式回风送进来的风,由车外新风和车内回风两部分组成。

与外循环系统完全使用车外新风相比,如果采用混合式回风系统,在处理的空气中混入一定量的回风,不仅可以减少制冷量,降低能耗,而且使用回风的百分比越大,经济性越好,但是空气质量会下降。因此,不能无限制地加大回风量。

设计混合式回风系统时,应综合考虑经济性和空调效果。通常需遵循如下三原则。

1)满足乘员健康要求

在乘员长时间乘坐的车内,呼出的CO_2气体量不断增加,会逐渐改变车内空气的成分,影响身体健康,这对乘员较多的大中型客车来说尤其重要。因此,在空调的送风系统中,必须通过室外新风稀释车内空气中CO_2的含量。按照空气环境卫生要求,所需新风量为:

$$G_W = \frac{L}{x_N - x_W} \quad (2-26)$$

式中:G_W——需要的新风量,m^3/h;

L——车内产生的CO_2气体量,L/h;

x_N——车内CO_2的允许浓度,L/m^3;

x_W——车外新风中CO_2的浓度,L/m^3。

对于车内产生的CO_2气体量,可按照车内人员在不同状态下的CO_2呼出量计算,见表2-5。而x_N的值可按照表2-6确定;x_W则视具体环境情况而定,对于一般的农村和城市,可以取$x_w = 0.33 \sim 0.5 L/m^3$,相当于$0.5 \sim 0.75 g/kg$。

人体在不同状态下的CO_2呼出量　　　　　表2-5

人体状态	CO_2呼出量[L/(h·人)]	CO_2呼出量[g/(h·人)]
安静时	13	19.5
极轻的工作	22	33
轻劳动	30	45
中等劳动	46	69
重劳动	74	111

CO_2允许浓度　　　　　表2-6

场　　所	CO_2允许的浓度	
	(L/m^3)	(g/kg)
人长期停留的地方	1.0	1.5
儿童和病人停留的地方	0.7	1.0
人周期性停留的地方	1.25	1.75
人短期停留的地方	2.0	3.0

2)补充局部排风

如果设计有局部排风装置,为了不产生负压,应补充与局部排风量相等的室外新风,即:

$$G_W = G_P \quad (2-27)$$

式中:G_P——车内局部排风装置的排放量,m^3/h。

3)保证车内适当正压

为了防止未经处理的空气或者车外的水分、粉尘等进入车室,干扰车内空调参数,需要使车内保持一定的正压。通常采用增加一部分新风量的方法,使车内空气压力高于车外压力,让这部分多余的空气从车室门窗缝隙等不严密处渗透出去,一般车内正压值应不大于$50Pa$。计算新风量时,必须知道车身门窗等的缝隙大小及空气通过缝隙时的局部阻力系数。

经过车身门窗等缝隙渗透的空气速度可按下式确定：

$$v = \sqrt{\frac{2\Delta p}{\xi \rho}} \qquad (2\text{-}28)$$

式中：v——空气经门窗等缝隙渗出的速度，m/s；
　　　Δp——车内正压值，Pa；
　　　ξ——空气通过车身门窗等缝隙的局部阻力系数；
　　　ρ——空气密度，kg/m³。

需要增加的新风量即渗透出的风量，可按照下式确定：

$$G_W = v \delta l \qquad (2\text{-}29)$$

式中：δ——缝隙的宽度，m；
　　　l——缝隙总长度，m。

按照以上原则分别计算出新风量后，取其中最大值为最终的新风量。如果上述计算获得的新风量不到总风量的10%，则按照总风量的10%计算。

2. 内外循环综合式回风系统空气处理过程在焓湿图上的表示

图 2-13 所示为内外循环综合式回风系统空气处理过程在焓湿图上的表示。在焓湿图上先确定车内空气状态点 N、室外空气状态点 W、热湿比 ε、机器露点 L、送风温度差 Δt_0 和送风状态点 O。其空气调节过程是送往车室的空气吸收车内的余热、余湿变成 N 状态后一部分排出车外，另一部分在车内与车外空气 W 混合后变成状态 C，将 C 点空气冷却减湿处理到 L 点，再加热到 O 点，送入车内。

该调节过程可以表示为：

$$W + N \xrightarrow{混合} C \xrightarrow{蒸发器} L \xrightarrow{再热} O \xrightarrow{\varepsilon} N$$

在回风式空调系统，夏季设计工况的新风量与总送风量之比定义为最小新风比 $m\%$，即：

$$\frac{G_W}{G} = m\% \qquad (2\text{-}30)$$

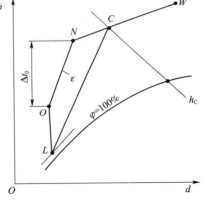

图 2-13　内外循环综合式回风系统空气处理过程在焓湿图上的表示

按照图 2-13 中的比例关系，可知：

$$\frac{\overline{NC}}{\overline{NW}} = \frac{G_W}{G} = \frac{h_C - h_N}{h_W - h_N} \qquad (2\text{-}31)$$

由此可得：

$$h_C = h_N + (h_W - h_N) m\% \qquad (3\text{-}32)$$

在 $\overline{NW}$ 线上，按照新风百分比或由 h_C 线与 $\overline{NW}$ 线交点都可以确定混合状态 C 的位置。根据以上的空气调节过程可知，需要的冷量为：

$$Q_0 = G(h_C - h_L) \qquad (2\text{-}33)$$

从空调系统热平衡的角度分析，该冷量主要包括以下三部分：

（1）送入车内的空气吸收余热、余湿，按热湿比 ε 变化到车内状态 N 需要的冷量 Q_{01}，这部分冷量就是车内冷负荷。

$$Q_{01} = G(h_N - h_O) \tag{2-34}$$

（2）状态为 W 的新风量 G_W 进入系统，最后也要冷却到车内状态 N，冷却这部分新风需要的冷量 Q_{02} 为：

$$Q_{02} = G_W(h_W - h_N) \tag{2-35}$$

（3）为保证空调精度，加到系统内的再热量也将用冷量抵消，这部分冷量 Q_{03} 为：

$$Q_{03} = G(h_O - h_L) \tag{2-36}$$

将这三部分冷量相加，即可得到空调系统需要的总冷量：

$$Q_0 = Q_{01} + Q_{02} + Q_{03} \tag{2-37}$$

即：

$$Q_0 = G(h_N - h_O) + G_W(h_W - h_N) + G(h_O - h_L) \tag{2-38}$$

按照焓湿图上的比例关系：

$$\frac{h_C - h_N}{h_W - h_N} = \frac{G_W}{G} \tag{2-39}$$

可以得到：

$$G_W(h_W - h_N) = G(h_C - h_N)$$

将以上关系式代入式(2-38)，可得：

$$Q_0 = G(h_N - h_O) + G(h_C - h_N) + G(h_O - h_L) = G(h_C - h_L) \tag{2-40}$$

由此证明了根据焓湿图分析计算冷量的方法与空调系统热平衡分析方法具有一致性。

第三章　客车空调系统的结构与工作原理

完整的客车空调系统由制冷、采暖、通风换气、除霜(雾)、湿度调节和空气净化六部分组成。这其中的任何一方都影响着系统的其他部分，同时也受其他部分要求的影响。

本章主要介绍涉及客车空调系统六个组成部分主要设备的结构特点和工作原理，以及新能源客车的电池热管理系统和空调系统的自动控制。

第一节　制冷系统

客车空调制冷系统是降低车室内温度的各种装置的总称，主要包括压缩机、换热器(蒸发器、冷凝器)、储液干燥器、膨胀阀、风机、系统管路和其他电气装置等，它们相互配合，提供车室降温所需要的冷量，共同完成蒸气压缩式制冷循环。

一、概述

1. 制冷的基本原理

所谓制冷，就是用人工的方法制造出一个低温环境，从被冷却物中吸收热量并将其冷却至设定温度之下。在实际生活中，我们都有这样的体会：当用酒精棉擦拭身体时，或手沾有汽油时都会有凉的感觉。这说明液体挥发成气体时吸收了热量，从而降低了温度。

汽车空调制冷就是利用了这一基本原理。具体有以下三点：

(1)液体挥发成气体时，需要吸收大量的热量，热量被吸收而温度随之降低；

(2)温度的变化不仅与物体内所含热量的大小有关，而且与物体的质量和体积有关；

(3)物体间热量的传递只能直接从高温物体传递到低温物体，即高温向低温的传热。如果要使25℃的室内向35℃的外界放热，即由低温向高温传热，就必须依靠机械设备来完成，这样的机械设备就是制冷装置。

2. 常用的制冷方法

汽车上广泛采用的是人工制冷。人工制冷的方法很多，但从原理上分，主要有以下方法。

1) 冰制冷

工质为水，制冷温度一般不低于3℃(加入 NaCl 后熔点降低，与浓度有关)。

干冰(固态 CO_2)：-78.9℃升华为气体。

2) 机械制冷

机械制冷是利用工质的热力过程以获得冷效应，常用的有压缩制冷法、真空制冷法、吸收式制冷法和旋流制冷法等。

以上两种方法实质上都是利用液体汽化、固体熔化与升华的相变过程要吸收汽化热、熔化热与升华热的特性来制冷。客车上采用的就是利用这种原理的蒸气压缩式制冷。

3）温差电制冷

温差电制冷即利用温差电效应的半导体制冷。这种制冷方法主要用于制冷能量较小的场合，且质量轻、无任何运动部件和腐蚀现象。汽车上的食品冷藏柜多采用这种方法制冷。

4）气体膨胀制冷

高压气体绝热膨胀时，对膨胀机做功，同时气体的温度降低，用这种方法可以获得低温。与液体汽化式制冷相比，气体膨胀制冷是一种没有相变的制冷方式，所采用的工质主要是空气。此外，根据不同的使用目的，工质也可以是 CO_2、O_2、N_2、He 或其他理想气体。

5）绝热放气制冷

刚性容器中的高压气体在绝热放气时温度降低（该过程称焦耳膨胀），利用此效应可以制冷。如果放气前容器中气体压力足够高，温度又很低，那么，绝热放气时残留在容器中的气体将能够降到液化的温度。利用放气制冷而又连续工作的制冷机有 G-M 循环制冷机、S 循环制冷机和脉管制冷机等。

6）磁制冷

固体磁性物质在受磁场作用磁化时，系统的磁有序度增加，对外放出热量；再将其去磁，磁有序度下降，又要从外界吸收热量。这种磁性离子系统在施加与除去磁场的过程中所出现的现象称磁热效应，利用磁热效应的制冷方式即为磁制冷。磁制冷是在顺磁体绝热去磁过程中获得冷效应的，可以达到极低的温度。一般，制冷温度在 16K 以下者称低温磁制冷，高于该温度则为高温磁制冷。目前，低温磁制冷技术比较成熟，高温磁制冷尚处于研究阶段。

3. 制冷剂

制冷剂是制冷机中用来吸收被冷却物的热量，并将热量传给周围介质（多为水或空气）的工作物质。为了提高制冷循环效率，机械制冷一般都是利用制冷工质的物态变化来传递热量。即制冷剂蒸发时吸热，冷凝时放热。通常，凡是能在蒸发器中吸收被冷却物质的热量而汽化，在冷凝器中放出热量而液化的物质都可作为制冷剂。但实际应用的制冷剂并不多，这主要是因为制冷剂的性能直接影响到制冷装置的效率、经济性和安全性。在了解制冷剂的基本要求并熟悉其性能的情况下，根据制冷装置的特点，合理选择和正确使用制冷剂十分重要。

1）对制冷剂的基本要求

作为汽车上普遍使用的蒸气压缩式制冷装置的制冷剂，除货源充足、价格低廉的基本要求外，还需满足物理、化学和热力性质的要求。

(1) 对制冷剂的物理性质要求。

主要包括：应有低的凝固点，能在低温下工作；应有高的临界温度；相对密度和黏度要小，以减少在制冷系统中的流动阻力；应有一定的吸水性，在蒸发温度低于 0℃ 时，系统不易产生"冰塞"现象而影响制冷系统的正常工作；导热系数和放热系数要大，这样可以提高蒸发器、冷凝器等热交换设备的传热效率，减少传热面积。

(2) 对制冷剂的化学性质要求。

主要包括：应无毒、无刺激性，对人体健康无损害；具有良好的化学稳定性，在工作温度和工作压力范围内，不燃烧、不爆炸，在高温下不分解；对金属和其他材料不产生腐蚀作用；与冷冻润滑油应互溶，不起化学反应，不改变冷冻润滑油的特性；如果制冷剂与润滑油的互溶性好,有利于润滑油渗透到各运动部件的摩擦面以改善润滑条件,且在蒸发器和冷凝器的各热交换面上不容易形成油膜而阻碍传热。

(3)对制冷剂的热力性质要求。

主要包括:在蒸发器内蒸发温度要低,这样相应的蒸发压力也低;冷凝压力不宜太高,否则,对制冷设备的强度要求和密封性要求也相应提高,会引起压缩机功耗增加;绝热指数要小,以使压缩机功耗减小,且在压缩终了时的温度不会太高;液体比热容要小,以使节流过程的损失减小;制冷剂蒸气的比热容要小,蒸发潜热和单位容积的制冷量要大;临界温度要高,便于环境介质冷凝;凝固温度要低,便于获得较低的蒸发温度。

2)几种常见的制冷剂

目前,常用的制冷剂种类较多,但对照上述要求都不同程度地存在一些缺点和不足。实际应用时,应根据各种制冷机的用途、结构和工作条件,进行全面的技术经济比较,从而确定较为合适的制冷剂。几种常见的制冷剂主要参数见表3-1。

几种常见制冷剂的主要参数　　　　　　表3-1

制冷剂名称/参数	R134a	R407C	R410A	R744
分子量(g/mol)	102.04	86.2	72.6	44.01
沸点(1atm)(℃)	-26.3	-43.6	-51.6	-78.5
临界温度(℃)	101.15	86.74	72.13	31.1
临界压力(MPa)	4.064	4.620	4.920	7.380
破坏臭氧潜值ODP	0	0	0	0
全球变暖潜值GWP	1430	1530	1730	1
ASHRAE 安全级别	A1	A1	A1	A1

(1)R134a。

作为R12的替代制冷剂,R134a具有与R12相近的热力性质,因此,制冷系统的改型比较容易。R134a安全性好(不易燃、不爆炸、无毒、无刺激性和腐蚀性),安全级别为A1。R134a中不含氯原子,对大气层中臭氧破坏能力作用系数(ODP)低,同时温室效应能力系数(GWP),亦称"全球变暖潜值"也较低。但在蒸发温度低于-21℃时,由于将产生高的压缩比,制冷量受到限制,其使用将受到影响。另外,R134a的化学稳定性很好,但由于其溶水性比R22高,所以对制冷系统不利,即使有少量水分存在,系统内也会发生"冰塞"现象。在润滑油等的作用下,R134a会产生酸、二氧化碳或一氧化碳,将对部分金属产生腐蚀作用,或产生"镀铜"作用,所以R134a对系统的干燥和清洁要求更高。目前,尚未发现R134a与钢、铁、铜、铝等金属有相互化学反应的现象,仅对锌有轻微的作用。

(2)R407C。

R407C是一种非共沸混合制冷剂,由R32、R125和R134a三种物质以23%:25%:52%的质量比例混合而成。在冷凝和蒸发过程中,其对应的冷凝和蒸发温度是不断变化的,因此,在空调的设计、生产和维修等方面需要对应处理。工况不同,其滑移温度也不同,在标准大气压下,相变温度梯度约为7℃。由于在换热过程中存在明显的温度梯度,从而会降低制冷系统的效果。设计蒸发器、冷凝器时要求外部流体进出口温差较大,而且换热器的结构应能使进行换热的两股流体(空气和制冷剂)处于良好的逆流状态。

R407C单位容积制冷量比R134a高43%~50%,可采用小排量压缩机达到相同制冷量,因此,能减小客车空调压缩机和蒸发器、冷凝器的体积与质量,进而减少客车空调系统的安装空间,增加车辆的动力性和降低油耗。

采用 R407C 作为制冷剂时,在相同工况下的吸气压力比 R134a 高 54%~64%,排气压力高 50%~60%,系统高、低、中压压力开关动作压力值需要调整。为保证制冷系统的回油,设计管路时要考虑气体制冷剂的流速,一般水平管不小于 3.8m/s,竖直管不小于 7.6m/s。

(3) R410A。

R410A 是一种不含氯的氟代烷烃共沸混合制冷剂,由 R32 和 R125 按 1:1 的质量比混合而成。由于 R32 和 R125 这两种组分没有明显的挥发性差别,在蒸发或者冷凝过程中,R410A 的气相组分浓度和液相组分浓度很相近,相变温度梯度小于 0.2℃。因此,R410A 的热力学特性和物理特性非常接近于共沸制冷剂或纯制冷剂,在制冷空调系统中不会发生显著的分离,即不会由于泄漏而改变制冷剂的成分,这给制冷剂的充注、设备更换提供很多方便。而在售后维修再补充过程中,无须排放掉系统中剩余的制冷剂。

R410A 具有很好的传热性能,其蒸发传热系数和冷凝传热系数均高于 R407C。蒸发试验表明,R410A 在光滑水平管内的传热系数比 R407C 高 50% 左右;使用具有微型肋片的水平管时,传热系数比在光滑管时提高了 80%~150%。冷凝试验表明,在光滑管内,R410A 的冷凝传热系数比 R407C 高 20%;在光滑管外,R410A 的冷凝传热系数比 R407C 高 35%~50%;在具有微型肋片的管外,R410A 的冷凝传热系数比 R407C 的高 35%~55%。

R410A 的工作压力为 R22 空调的 1.6 倍左右,与 R22 相比制冷量显著提高,因此,为设计更小更紧凑的空调设备提供了可能。目前,R410A 是世界公认的 R22 制冷剂的中长期替代品。在实际应用中,R410A 的最大问题是运转压力高,这就要求压缩机、换热器、配管组件和阀类等各部件的耐压强度相应提高。因此,需对空调制冷系统加以改进。

(4) R744(CO_2)。

CO_2(代号 R744)作为最早采用的天然制冷剂之一,具有无毒、无味、不可燃、不爆炸、价廉、容积制冷能力高、可使制冷部件尺寸紧凑等优点,但其临界温度低、临界压力高、制冷循环热力损失大、容易引起窒息。

CO_2 制冷剂的优点包括:对大气臭氧层无破坏作用,对温室效应几乎没有影响,无毒性、不可燃烧;蒸发潜能大,单位容积制冷量大,制冷部件可以做得很小、很紧凑;运动黏度低,流动阻力损失小;绝热指数高,压缩比低(2.5~3.0,接近最佳经济水平);与润滑油及各种材料都有较好的相容性。

CO_2 制冷剂的缺点包括:临界温度太低(只有 31.1℃),尤其是环境温度较高时,循环的单位质量制冷量明显减小,制冷能力显著下降,功耗增加;系统压力过高(蒸发压力 3~4MPa,冷凝压力 10~11MPa),对制冷部件及管路连接提出了很高的耐压、密封要求;压力高,节流膨胀过程损失较大;压力降低时,CO_2 制冷剂与润滑油的互溶性下降,会造成系统内,特别是换热器内出现油沉淀而影响传热;在空气中的浓度超过 10% 时,会引起窒息。

4. 冷冻机油

制冷设备使用的润滑油为冷冻机油。冷冻机油一般处于与制冷剂接触的环境中,其与制冷剂的溶解性对冷冻机油的润滑性有较大影响,其特性有物理和化学两方面。物理方面的特性主要有黏度、与制冷剂的互溶性、低温流动性、水溶性和絮状凝固点等;化学方面的特性有摩擦面油膜形成能力、热稳定性、与制冷剂的反应等。

在选择冷冻机油时,必须注意压缩机内部冷冻机油所处的状态,如排气温度、排气压力、吸气温度等。概括起来应注意以下几点:

(1)与制冷剂要互溶,并能保持一定的油膜黏度且油膜强度要高,能承受较大的轴承负荷,防止轴承因油膜破坏而遭损伤。

(2)热力及化学性能稳定,与制冷剂、有机材料和金属材料接触不发生反应。

(3)要有良好的低温流动性,在制冷循环的最低温度部位不应有结晶状的石蜡分离、析出或凝固,从而保持较低的流动点。

(4)在压缩机的高温部位不应产生积炭、氧化,具有较高的热稳定性。

(5)含水量尽可能少,并具有良好的电气绝缘性。

二、蒸气压缩式制冷原理

蒸气压缩式制冷系统由于结构紧凑、运行安全可靠、制冷温度和制冷量范围大,便于自动控制和调节,目前在汽车上得到了广泛的采用。蒸气压缩式制冷系统主要由压缩机、冷凝器、储液干燥器、膨胀阀、蒸发器等组成(图3-1),用特制的橡胶软管或金属管将它们连接起来,形成一个封闭的制冷循环回路,使制冷剂在管路中经历着由气态——液态——气态的循环变化;与此同时,车厢内空气的热量不断地转移给大气,从而达到制冷的目的。

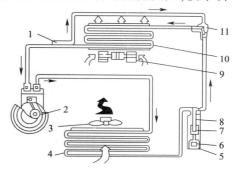

图3-1 汽车制冷系统
1-感温包;2-压缩机;3-冷凝风机;4-冷凝器;5-储液干燥器;6-过滤器;7-干燥剂;8-吸液管;9-蒸发风机;10-蒸发器;11-膨胀阀

在同一压力下,不同的液体蒸发温度不同,所吸收的汽化潜热也不同。与吸热汽化的过程相反,在冷凝温度下,蒸气放热会凝结成液体。如果用较高温度的环境介质(水或空气)来冷凝制冷剂蒸气,蒸气的冷凝温度就要比环境介质的温度稍高一些。我们知道,压力较高的蒸气其冷凝温度也较高,因此,制冷剂蒸气只要用压缩机压缩到所需的冷凝温度相对应的饱和压力,就能用环境介质来冷却,使吸热汽化的制冷剂重新凝成液体,再让制冷剂在低温下又吸热汽化。这样制冷剂就可以在一个封闭的系统中,通过蒸气变液体的相态变化,将低温处的热量转移到高温处去。这就是蒸气压缩式制冷系统的工作原理。

图3-2所示为蒸气压缩式制冷循环原理图。其工作过程如下:制冷剂液体在蒸发器中吸收被冷却物体的热量而汽化成低温低压的蒸气①后,被压缩机吸入,压缩机消耗一定的功率将制冷剂压缩成压力、温度较高的蒸气②并排入冷凝器。高温高压的制冷剂蒸气在冷凝器中被环境空气(或水)冷却,制冷剂放出热量被冷凝成液体③。由于制冷剂液体的温度要降到低于冷藏室的温度才能送入蒸发器。为此,先让高温高压的液体制冷剂③经过膨胀阀节流降压,同时温度也降低,成为雾状制冷剂④再进入蒸发器。在蒸发器中,低压低温的制冷剂又吸收被冷却物体的热量,蒸发成低压低温的制冷剂蒸气,再被压缩机吸入。如此周而复始地循环。在循环中,压缩机要消耗一定的功,才能将低温物体放出的热量转移到高温的介质中去,以达到制冷的目的。蒸发器所吸收的热量与压缩机做功所转化的热量之和,必须

由冷凝器放出。如果冷凝器的放热能力很差,冷凝器中的制冷剂温度(冷凝温度)就会很高,这样将导致制冷性能下降。所以,冷凝器的放热能力必须与制冷装置的制冷性能相适应。

为了提高制冷系统的可靠性、安全性和舒适性,在制冷系统中还设有不少辅助控制元件。而大型客车的制冷装置要比小型客车制冷装置复杂得多。图3-3所示为大型客车上采用的制冷装置流程示意图,图中除了基本循环的流程外,还有一个旁通回路。旁通回路的作用是对制冷量进行调节,可根据负荷的大小来调节制冷量。当热负荷较小时,电磁阀打开,有一半的制冷剂直接到压缩机吸气管,而不经过冷凝器、储液干燥器、蒸发器等部件。因此,制冷量减少,同时也减少了发动机的负荷。当环境温度较低时,由于低压的作用而使自动旁通阀打开。这样,还能减少制冷量,使得蒸发器能够除霜。这种除霜方法被称为压力除霜。

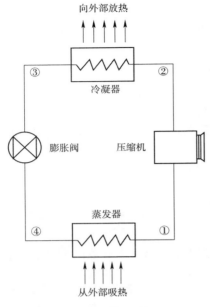

图 3-2　蒸气压缩式制冷循环原理

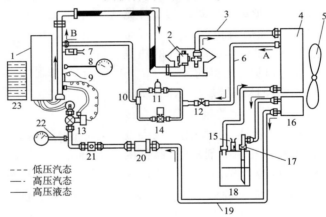

图 3-3　大型客车制冷装置流程图

1-蒸发器;2-压缩机;3-排气管;4-冷凝器;5-冷凝风机;6-旁通管;7-低压继电器;8-低压表;9-感温包;10-平衡管;11-自动旁通阀;12-截止阀;13-膨胀阀;14-电磁阀;15-高压继电器;16-过冷器;17-截止阀;18-储液干燥器;19-供液管;20-过滤器;21-视液镜;22-高压表;23-离心风机

三、制冷系统各主要部件的结构与工作原理

1. 制冷压缩机

压缩机是制冷系统的心脏,是推动制冷剂在制冷系统中不断循环的动力,起着输送制冷剂蒸气,保证制冷循环正常工作的作用。压缩机各种性能的好坏与噪声大小、能量消耗、运转可靠性等有直接的关系。

1)对制冷压缩机的性能要求

(1)具有良好的低速性能。即要求在低速运转时有较大的制冷能力和较高的效率。

(2)高速运行时输入功率低。这样不仅节能,而且对于用发动机驱动的压缩机而言能降低发动机用于空调系统的额定功率消耗,提高整车动力性。

(3)体积小,质量轻。这也是对所有汽车零件的要求。如从发动机舱安装空间越来越小这一角度考虑,也要求压缩机小型化。

(4)能经受恶劣的运行条件,可靠性好。由于汽车发动机舱温度较高且空调的冷凝压力较高,要求安装在发动机舱内的压缩机能耐高温、高压,并有良好的抗振性。

(5)对整车的不利影响要小。要求压缩机运行平稳、噪声低、振动小,开、停机时对发动机转速的影响不应太大,启动转矩小。

2)压缩机性能指标

压缩机性能指标主要有排气量、制冷量、输入功率、净重和容积效率。其中排气量是指在单位时间内所排出的蒸气量转换成吸气状态时输出的体积大小,单位用 m^3/h 或 L/h 表示。

3)制冷压缩机的分类

根据工作原理不同,制冷压缩机可以分为容积型和速度型两大类。

容积型压缩机是通过活塞(或螺杆)在气缸中运动所形成的可变工作容积来完成制冷剂蒸气压缩和输送的。活塞式压缩机发展较早,技术成熟,应用最广。但由于活塞作往复运动所引起的惯性力和振动较大,使得提高转速和增大气缸直径与活塞行程都受到限制,只适用于中小型制冷装置。螺杆式压缩机与活塞式压缩机相比,由于利用螺杆的回转运动代替了活塞的往复运动,因此,结构简单、体积小、质量轻、振动小,近年来发展较快,主要用于大中型制冷装置,并开始向小型方向发展。但因采用螺杆式压缩机的系统需配备效率较高的油分离器,运转噪声较大,变工况时适应性较差,且螺杆加工要求高,工艺复杂,影响了广泛应用。

速度型压缩机也称离心式压缩机,它是用高速旋转的叶轮使制冷剂蒸气产生压力,同时获得动能,然后再通过扩压器、蜗壳使蒸气的动能转变为压力能,从而完成压缩和输送制冷工质的任务。离心式压缩机具有结构紧凑、运转平稳、振动小、噪声低等特点,但由于转速高,工质在叶轮中的流速很大,叶轮尺寸又受到加工工艺的限制不能做得太小,因而输气量较大,适用于大型制冷装置。

汽车制冷系统的容量属于中小型范围,基本上都采用容积型压缩机,主要有往复型和旋转型两大类。在往复型压缩机中,常见的有曲轴连杆式和斜盘式等;在旋转型压缩机中,常见的有涡旋式和螺杆式等。常规动力客车上的制冷系统多采用曲轴连杆式双缸、四缸、六缸压缩机和旋转斜盘式压缩机以及螺杆式压缩机,纯电动客车的电动空调多采用全封闭的涡旋式压缩机。

根据压缩机的排量能否变化,压缩机还可分为定排量和变排量两大类。

定排量压缩机的共同特点是排量无法随环境和工况的改变而变化,从而导致汽车的油耗增加 7%~10%,为此节能型变排量压缩机应运而生。变排量压缩机可以根据发动机转速、车内温度等相关因素,自动调节排量,对制冷系统进行动态调节,使制冷量与车室热负荷实现完美匹配,从而进一步提高汽车的舒适性和降低燃油消耗。与传统的定排量压缩机相比,变排量压缩机具有排气压力和工作转矩波动较小,避免了对发动机的冲击;提高了车内温度的稳定性；保持了蒸发器的低压稳定性，且蒸发器不会结霜；提高了压缩机的使用寿命；减少了功率消耗等优点。

4）常见制冷压缩机的工作过程和结构组成

图3-4所示为往复活塞式压缩机工作过程的压容图。其理论工作过程 a—b—c—d—a 是由吸气、压缩和排气过程组成：d—a 表示气缸在蒸发压力 p_0 下等压吸气过程；a—b 表示压缩机的绝热压缩过程，气体由蒸发压力 p_0 增大到冷凝压力 p_k；b—c 表示在冷凝压力 p_k 下等压排气过程，当活塞移到上止点时，气缸中的气体全部排出。压缩机的实际工作过程与理论工作过程不同，它是用 4′—1′—2′—3′—4′ 表示的。4′—1′ 为吸气过程，4′点表示吸气阀开始打开，1′点表示吸气阀关闭，吸气在低于 $p_0-\Delta p_1$ 的压力下进行；1′—2′ 为偏离绝热过程的压缩过程，在压缩过程中蒸气先吸热后放热；2′—3′ 为排气过程，2′点表示排气阀开始打开，3′点表示排气阀关闭，排气在高于 $p_k+\Delta p_2$ 的压力下进行；由于存在余隙容积 V_c，压缩后的气体不能排尽，因此，比理论过程增加了一个膨胀过程 3′—4′，即活塞由上止点回程时，余隙内剩余气体开始膨胀，直到 4′点才结束，蒸气在膨胀过程中先放热后吸热。

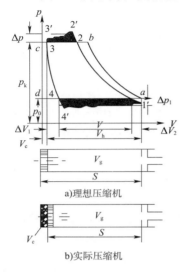

图 3-4 往复活塞式压缩机工作过程压容图

由上述分析可见，压缩机实际工作过程与理论工作过程存在很大差别，主要表现是：实际上压缩机有余隙容积，吸、排气过程中存在流动阻力损失，制冷剂气体与气缸等机件接触处有热交换等。此外，实际上吸排气阀和活塞环等处还有泄漏损失，以及在工作时运动机构的摩擦面要消耗摩擦功等。由于这些因素的影响，使得压缩机实际工作过程的输气量要小于理论过程，而功耗则大于理论过程。一般压缩机的总效率为 0.65～0.75。

（1）曲轴连杆式压缩机。

曲轴连杆式压缩机属于传统结构，早期的汽车空调压缩机大多采用此种形式。近来中小型汽车已采用斜盘式和涡旋式压缩机，而客车仍主要采用曲轴连杆式压缩机。

曲轴连杆式压缩机的结构如图 3-5 所示，曲轴上装有连杆，通过曲轴的回转，使活塞进行往复运动，吸入和压缩气体。活塞上部的缸体上装有吸排气阀总成，在曲轴和壳体之间装有防止制冷剂泄漏的轴封。为保证零部件的正常运动，在曲轴箱内充有规定量的压缩机润滑油及设有相应的供油机构。具体组成如下：

①曲轴连杆机构。由活塞、活塞销、曲轴、连杆和轴承等组成，借助于曲轴把旋转运动转换成上下往复运动，从而完成对制冷剂气体的压缩。

②进、排气阀。由吸气阀片、排气阀片、阀门板、挡板等组成。当活塞下行时，气缸内压力降低，从蒸发器来的低温低压气态制冷剂推开吸气阀片进入气缸，如图 3-6a）所示。当活塞上升时，气态制冷剂被压缩，压力升高，吸气阀片被气体压向关闭位置，如图 3-6b）所示。当制冷剂气体的压力达到一定值后，排气阀片被打开，高温高压气体被排出送往冷凝器。

③润滑机构。由于曲轴连杆机构在做高速运动,必须要有润滑油对摩擦副部位进行润滑,通常有飞溅润滑及油泵润滑两种。强制性润滑措施是由连接于轴尾端的油泵将积存于油底壳内的润滑油吸入,通过轴中的油孔,向各种轴承及轴封供油。

④轴密封机构。主要采用机械密封式,由弹性挡圈、密封座、O形环、轴封等组成。由于要求轴封的固定部分(定环)和回转部分(动环)的接触面有高度气密性,技术要求高,是压缩机中技术难度较大的关键部件。

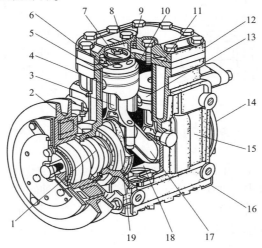

图3-5 曲柄连杆式压缩机

1-轴封总成;2-轴承;3-连杆;4-活塞销;5-活塞环;6-低压室;7-吸排气阀总成;8-高压室;9-低压室;10-活塞;11-阀套;12-气缸盖;13-气缸;14-端板;15-外壳;16-油底壳;17-曲轴;18-曲轴箱;19-飞轮

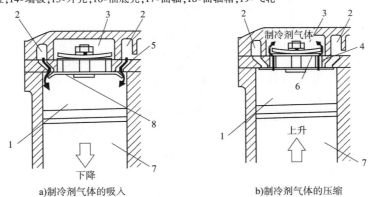

a)制冷剂气体的吸入   b)制冷剂气体的压缩

图3-6 曲轴连杆式压缩机工作过程

1-气缸;2-低压室;3-高压室;4-排出孔;5-吸入孔;6-排气阀片;7-活塞;8-吸气阀片

曲轴连杆式压缩机实现容量调节的方法很多,一般是采用卸载装置的机械控制来停止一个直至全部气缸压缩气体的工作。由于曲轴连杆式压缩机启动转矩较大,便希望压缩机空载启动,即全部气缸停止工作,只将几个气缸的吸气阀片强制顶开,这样可减小启动转矩。图3-7所示为变容量调节压缩机的原理图。它在排气阀座和气缸之间增加了一个卸载阀片,缸套侧增加一个顶杆,活塞下面加了一个可转动的斜环。气缸工作时,吸气阀片正常工作。若转动斜环,顶杆顶起卸载阀片。此时,卸载阀片处于开启状态,活塞虽然仍在气缸内作往复运动,但并不压缩气体,即这个气缸不处于工作状态。反之,反向旋转斜环,顶杆在弹簧作用下回位,卸载阀片关闭,气缸又转入正常工作状态。以此便可实现制冷量的调节。

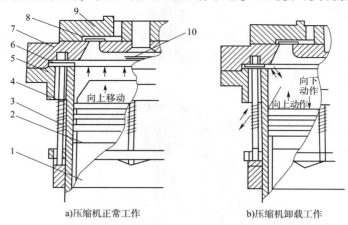

图 3-7　曲柄连杆式压缩机容量调节

1-斜环;2-活塞;3-弹簧;4-顶杆;5-气缸套;6-卸载阀片;7-排气阀座;8-排气阀片;9-阀盖;10-吸气阀片

斜环的转动依靠油缸中的油压来推动。该装置主要包括油缸、拉杆、弹簧等部分(图3-8)。油缸中不供油则弹簧将活塞推到右边,拉杆将斜环转到顶杆最高位置,卸载阀片打开,气缸处于不工作状态。若向油缸供油,活塞克服弹簧后,向左移动,拉杆将斜环转动到关闭卸载阀片,气缸处于工作状态。在这种装置中,一个油缸可控制两个气缸的转动斜环。

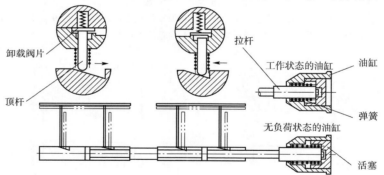

图 3-8　油缸控制斜环工作

(2)斜盘式压缩机。

图 3-9 所示为斜盘式压缩机结构。由于该压缩机气缸内的活塞由斜盘驱动,故由此得名。其结构主要由以下四部分组成:

①斜盘机构。主要由主轴、斜盘、径向轴承和止推轴承等组成。在发动机驱动的主轴上压入斜盘,斜盘主轴总成由两个径向轴承和两个止推轴承支撑,斜盘随主轴一起旋转。

②气缸活塞机构。主要由活塞、圆球、圆盘等组成。活塞在两端都有压缩头,其与斜盘是用两个圆球和两个蹄形小圆盘来联结的。当主轴旋转时,由于斜盘的形状而使活塞往复运动。气缸布置在主轴的周围,根据需要可设计成 120° 等分地配置成 3 个缸孔的 6 气缸式;90° 等分地配置成 4 个缸孔的 8 气缸式和 72° 等分地配置成 5 个缸孔的 10 气缸式。活塞在每个缸孔的两端分别承担着吸气和压缩作用。

③进排气通路。主要由进气室和排气室组成。在气缸两端,为了进行吸气和排气,在各个气缸盖上分别配置有进气室和排气室。压缩机工作时,吸入的工质先通过后缸盖的进气室而进入后面的 3 个气缸(以 6 缸式为例)内,同时也经过前后缸盖之间的进气通路流入前缸盖的进气室,再由此进入前面的 3 个气缸内。排气也是这样,前面 3 个气缸的高压气体首先排入前缸盖的排气室,再经设置于气缸内的排气管进入后缸盖的排气室;后面 3 个气缸的高压气体则直接排入后缸盖的排气室,一起排出压缩机外。

④润滑机构。主要由壳体、油箱、油泵等组成。在气缸体的外面包有一个壳体,壳体下部设置了油箱,供装冷冻机油。在主轴的后端带动一个内啮合的油泵,当主轴旋转时,油泵就从油箱中抽出冷冻机油排入主轴中的油道。在主轴上有四个分油孔,分别润滑前后径向轴承和止推轴承,同时也润滑斜盘、蹄形小圆盘、气缸和活塞。完成这些润滑以后,油又经壳体上的缝隙流回油箱。

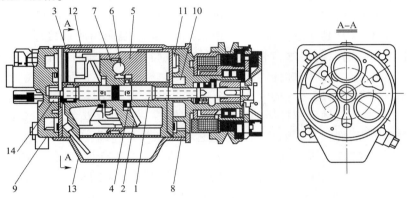

图 3-9 斜盘式压缩机

1-主轴;2-斜盘;3-径向轴承;4-止推轴承;5-活塞;6-圆球;7-圆盘;8-前缸盖;9-后端盖;10-进气室;11-排气室;12-壳体;13-油箱;14-油泵

斜盘式压缩机实现容量变化的形式很多,但原理均相差不大,归根结底都是采用电磁三通阀来调节气缸内余隙容积大小,使排气量发生变化,从而达到调节制冷量大小的目的。如图 3-10 所示,6 缸斜盘式压缩机每缸均配置一个余隙容积变化阀,使用一个电磁阀控制。也有用多个电磁阀分别控制 6 个缸排气量的结构。

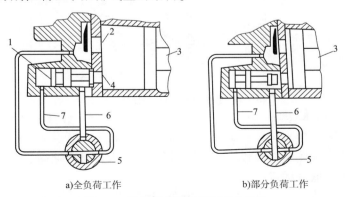

a)全负荷工作　　　　　　b)部分负荷工作

图 3-10 斜盘式压缩机变容量工作原理

1-余隙容积调节阀;2-排气腔;3-活塞;4-阀口;5-三通电磁阀;6-回气管;7-工作管

正常负荷工作时,电磁阀与排气腔工作管接通,高压气体将余隙容积变化阀向右推,直到将阀口堵住,此时压缩机为100%的负载,即以正常的排气量工作。当需要降低压缩机的排气量时,电磁阀与回气管和工作管相通。吸气时,余隙首先将原来左端的高压气体通过工作管、回气管送到吸气气缸。在活塞压缩时,气体推动余隙左移,留下一个空间,如图3-10b)所示。当压缩完毕时,余隙阀内的气体保留下来。当活塞右移时,余隙阀内的高压气体首先膨胀,这样就减少了气缸的吸气量和排气量,相应的功耗也就减少。至于每缸排气量的减少量,一般按设计余隙容积的75%来设计,相应的功耗减少50%。

(3) 螺杆式压缩机。

螺杆式压缩机利用一对互相啮合的螺杆转子转动来实现制冷蒸气的压缩和输送。在这一对螺杆转子中,一个是凹形的阴螺杆,另一个是凸形的阳螺杆。阴螺杆的凹腔吸进制冷剂蒸气并充满凹腔空间,此时阳螺杆在阴螺杆的带动下,凸起部分嵌进阴螺杆的吸气螺齿头部,这时阴杆、阳杆和缸体构成一个封闭空间,并进入压缩过程。阴螺杆继续带动阳螺杆转动,阳螺杆啮合进阴螺杆越来越多,则蒸气不断地被压缩。当阴齿腔快接近后面排气口的压缩终了时,阴螺杆再旋转,与排气口相通,压缩的蒸气排出,随着螺杆的转动,阴阳螺杆在排气口将所有气体排尽。此时阴螺杆的凹腔又处于最大容积,开始了新的吸气、压缩和排气过程的循环。一对凹凸腔每旋转一周完成一个吸气、压缩、排气循环,如果阴螺杆上有6条凹齿螺纹,并且由阴螺杆带动阳螺杆转动,那么,阴螺杆转一周,6条齿螺纹也转了一周,则有6次的循环过程。所以,螺杆式压缩机的工作过程可以认为是连续、无脉冲的。

图3-11所示为螺杆式压缩机主机的一种典型结构。由工作原理可知,螺杆式压缩机不用设置吸气、排气阀片。同时,压缩蒸气完全是依靠阴阳螺纹齿的啮合来完成的。所以啮合线的密封性能是关键技术。为此,两个螺杆齿形的加工精度要求很高,并且需要大量的冷冻润滑油来加强两螺齿啮合线的密封。

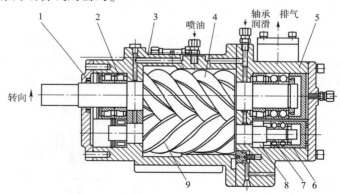

图3-11 螺杆式压缩机主机的典型结构

1-轴封;2、8-圆柱轴承;3-机体;4-阳转子;5-排气端盖;6-锁紧螺母;7-轴承;9-阴转子

螺杆式制冷压缩机作为旋转式制冷压缩机的一种,其主要特点如下:

① 与往复活塞式制冷压缩机相比,螺杆式制冷压缩机具有转速高、质量轻、体积小、占用空间小以及排气脉动低等优点。

② 没有往复质量惯性力,动力平衡性能好,运转平稳机座振动小,因此,机座可做得较小。

③结构简单,机件数量少,没有气阀、活塞环等易损件,其主要摩擦件如转子、轴承等的强度和耐磨程度都较高,且润滑条件良好,因而精加工量少,材料消耗低,运行周期长,使用较为可靠,维修简单,有利于实现操纵自动化。

④与速度型压缩机相比,螺杆式压缩机具有强制输气的特点,即排气量几乎不受排气压力的影响,在小排气量时不发生喘振现象;在宽广的工况范围内,仍可保持较高的效率。

⑤采用了滑阀调节,可实现能量无级调节。

⑥对进液不敏感,可以采用喷油冷却,故在相同的压力比下,排气温度比活塞式低得多,因此,单级压力比高。

⑦由于没有余隙容积,容积效率高。

变容量螺杆式压缩机的工作原理如图3-12所示。控制电磁阀的信号是车内温度或车外温度。当温度较高时,需要压缩机供应较多的制冷量,即全负载工作。电磁阀不通电,弹簧将三通阀芯拉下,切断排气腔和吸气腔通路,高压蒸气将卸载活塞推到右边,活塞关闭旁通孔,压缩机处于全负载运行状态,如图3-12a)所示。当车内温度低于某一定值(例如24℃),由信号来控制,接通电磁线圈,将阀芯拉起。此时,卸载活塞和吸气腔接通,活塞在弹簧的作用下左移,打开旁通孔,让螺杆槽内开始压缩的部分蒸气流回吸气腔。螺杆转速越快,吸气腔压力越低,活塞被弹簧左移距离越大,则旁通孔开度越大,卸载越多。

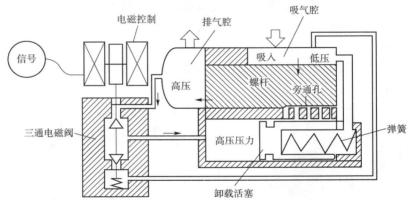

a)全运转状态

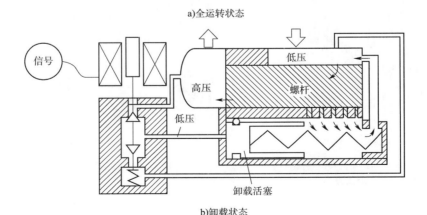

b)卸载状态

图3-12 变容量螺杆式压缩机的工作原理图

(4) 涡旋式压缩机。

涡旋式压缩机主要由动涡旋盘、静涡旋盘、十字滑环、曲轴和支架体等零部件组成,如图3-13所示。其工作原理是利用动涡旋盘和静涡旋盘的啮合,形成多个压缩腔,随着动涡旋盘的回转运动,使各压缩腔的容积不断变化来压缩气体。

涡旋式压缩机自诞生起就倍受国内外科研机构的重视,主要是因为其具有以下优点:

① 效率高。由于吸气、压缩、排气过程是连续单向进行的,因而吸入气体的有害过热小;相邻工作腔间的压差小,气体泄漏小;运动速度低,摩擦损失少;无余隙容积的影响,容积效率高,可达90%~98%。

② 振动小、噪声低。由于吸气、压缩、排气过程连续进行,所以吸排气的压力脉动小,因此,噪声和振动都很小。与往复式压缩机相比,噪声至少下降5~8dB(A)。

③ 结构简单、体积小、质量轻。构成压缩室的零件数目与滚动转子式压缩机以及往复式压缩机的零件数目之比为1:3:7,因此,体积比往复式压缩机小40%,质量轻15%。

④ 抗液击能力强、工作可靠性高。由于没有吸气阀和排气阀,易损零件少,加之有轴向、径向间隙可调的柔性机构,能避免液击造成的损失及破坏,故涡旋式压缩机的运行可靠性高。

图3-14所示为涡旋式压缩机一个运动周期内的吸气、压缩、排气过程。动、静涡旋盘的线形均是螺旋形,动涡旋盘相距静涡旋盘偏心并相错180°对置安装。在一个偏心距很小的曲轴带动下,动涡旋盘以静涡旋盘的中心为旋转中心并以一定的旋转半径做无自转的回旋运动,制冷剂气体从吸气口进入静、动涡旋盘间最外圈的月牙形空间,随着动涡旋盘的运动,气体被逐渐推向中心空间,其容积不断缩小而压力不断升高,直至与中心排气口相通,高压气体被排出压缩机。

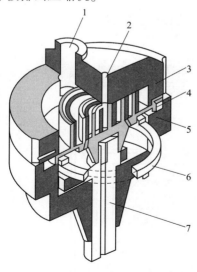

图3-13 涡旋式压缩机的典型结构
1-吸气口;2-排气口;3-静涡盘;4-动涡盘;5-机架;6-十字滑环;7-曲轴

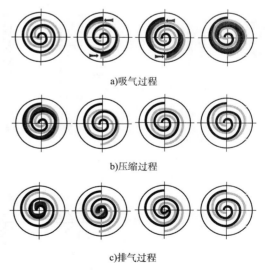

图3-14 涡旋压缩机一个运动周期

变容量涡旋式压缩机的结构和能量调节原理如图3-15所示,其主要控制构造为活塞控制阀。该阀由活塞、弹簧、波纹管和先导球阀等组成。活塞上有一个小孔,小孔由装在活塞内的波纹管上的先导球阀来控制,弹簧支撑着活塞。节流孔将排气压力引进活塞的右腔,这时活塞受到的力有三个:排气压力、吸气压力和弹簧力。波纹管内抽真空,通气孔将吸气腔和波纹管外腔相连,即波纹管的状态受吸气压力的控制,活塞可以在控制阀内左右移动,控制旁通孔的大小,从而控制涡旋式压缩机初压腔流回吸气腔的气体流量大小。

控制阀的工作原理是:吸气压力太低时,波纹管伸长,打开先导球阀,排气压力通过先导球阀和通气孔来到活塞内部。这时,活塞两端蒸气压相等,则弹簧力将活塞推向右移,打开并扩大旁通孔,使初压腔里的蒸气流回一部分到吸气腔,排气量减小。反之,若吸气压力太高时,波纹

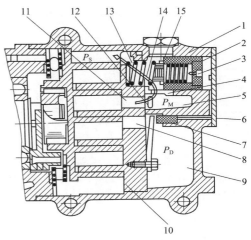

图 3-15 变容量涡旋式压缩机
1-活塞控制阀;2-波纹管;3-先导球阀;4-旁通孔;5-中间压力室;6-节流孔;7-滤网;8-涡旋排气口;9-排气室;10-耐磨板;11-再循环气体排出孔;12-舌簧阀;13-弹簧;14-再循环气体流;15-通气孔

管受压收缩,关闭先导球阀,则活塞右侧的排气压力大于弹簧力和吸气压力,活塞向左移动,减小和关闭旁通孔,使排气量增加,直至全负荷工作。

控制阀控制涡旋式压缩机能量,输出的具体过程如下:

当离合器断开,压缩机停止工作时,吸气腔压力逐渐增大,波纹管伸长,先导球阀关闭,由于排气压力不断下降,弹簧力和吸气压力共同推活塞右移,打开旁通孔。所以变容量涡旋式压缩机停机时,旁通孔处于开通状态。当离合器再次接通,压缩机重新启动工作时,部分蒸气通过旁通孔倒流回吸气腔,压缩机是在低负载、小转矩工况下启动,对离合器的接合和发动机的稳定工况不会有影响,同时降低了启动能耗和噪声。

当压缩机开始工作时,吸气腔压力下降,波纹管开始收缩,先导阀关闭,排气压力迅速推动活塞左移,关闭旁通孔,压缩机处于满负荷工作,输出制冷量最大。

当吸气压力下降到某一设计值时,例如 0.30MPa,活塞刚好关闭旁通孔,先导球阀也关闭,活塞两端的压力平衡。

若发动机高速转动,吸气压力下降,波纹管伸长,打开先导球阀,排气压力进入活塞另一端,弹簧力将活塞右移打开旁通孔,压缩机输出制冷量最小,达到节能并与汽车工况相匹配,提高了空调舒适性。若发动机转速下降,则上述动作相反,关闭旁通孔,压缩机全负载工作。

从上述分析中可知,当变容量涡旋式压缩机达到一定转速时,吸气压力则达到设计的变容量调节范围,这时压缩机虽然转速继续升高,但其排气压力、吸气压力、制冷量都保持在一个恒定值(变化不大),这点对汽车空调特别有利。

2. 电磁离合器

电磁离合器的功能是控制发动机与压缩机之间的动力联系。当电源接通时,电磁离合器将发动机的动力传递给压缩机主轴,使压缩机处于工作状态;电源断开,电磁离合器便切断发动机与压缩机之间的联系,压缩机停止工作。

如图 3-16 所示,电磁离合器的主要结构是电磁线圈固定在前缸盖,嵌在带轮的凹槽内。前缸盖凸缘压装轴承,而带轮则装在轴承上。衔铁和压板用三片弹簧铆接,当电磁线圈通电时磁场吸引衔铁,并克服弹簧力,将压板也吸引在一起,紧贴带轮,压板上的轴套套装在压缩机主轴的键上。这样,带轮带动衔铁、压板再驱动主轴转动,压缩机开始工作。当电磁线圈断电时,由于没有了磁场吸力,压板在弹簧片弹力作用下,使衔铁脱离带轮,轴套也脱离键槽,压缩机停止工作,带轮空转。

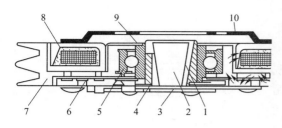

图 3-16　电磁离合器结构
1-键;2-主轴;3-压板;4-轴套;5-滚动轴承;6-衔铁;
7-带轮;8-电磁线圈;9-前缸盖凸缘;10-固定板

3. 换热器

1) 冷凝器

冷凝器是制冷系统中的一种热交换器。制冷剂蒸气在一定温度和压力下在冷凝器中变为液体,并将由此释放的热量传给周围的介质空气。即在冷凝器中将压缩机送来的气态高温高压制冷剂的热量传给通过冷凝器的介质,气态制冷剂则变为饱和温度下的高压液态制冷剂,其从冷凝器中流出后经管道流入储液干燥器。汽车上常用的冷凝器,根据其结构分为管片式、管带式、鳍片式和平行流式。

采用 U 形铜管套在铝箱上构成一排排带肋片的蛇形管状结构的冷凝器即为管片式冷凝器,如图 3-17 所示。也有将铝管和波形散热带结合而成的管带式结构冷凝器即管带式冷凝器,如图 3-18 所示。它完全利用空气(行驶中的气流和冷却风扇)来对高压气态制冷剂进行强制冷却。冷凝器的传热系数一般制冷剂一侧为 $1396 \sim 1861\ W/(m^2 \cdot K)$,空气一侧为 $70 \sim 151\ W/(m^2 \cdot K)$,所以空气一侧的散热面积应为制冷剂的 7~8 倍。

图 3-17　管片式冷凝器结构
1-铝箔片;2-铜管;3-气态制冷剂;4-液态制冷剂;5-空气

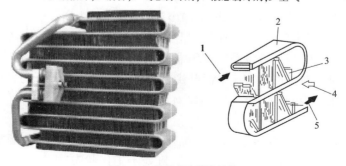

图 3-18　管带式冷凝器结构
1-气态制冷剂;2-铝管;3-波形散热带;4-空气;5-液态制冷剂

为减轻质量,提高传热效率,很多国家对冷凝器的材料、结构、工艺等进行了长期研究。经研究人员努力,到目前为止,冷凝器传热特性(放热面积与传热系数的乘积)提高了一倍,质量减轻了40%。采取的措施是:将平板形翅片变为波形翅片;靠内翅片增加制冷剂侧面积;在管带式的波形散热带上开通气缝;应用高频焊接技术,采用全铝钎焊结构及管道的薄壁化等。在美国和日本,冷凝器芯部均是以黄铜为主的波形翅片,而欧洲主要用铝管的平板式翅片芯部和塑料腔体组合而成。前者具有结构紧凑的优点,后者具有质量轻的优点。

鳍片式冷凝器是在扁平的多通道散热管表面直接铣削出鳍片状散热片,再装配成冷凝器,如图3-19所示。由于鳍片和管为一整体,不存在接触热阻,散热性能在管带式的基础上可提高5%。这种冷凝器节省材料,且抗振性特别好,但是铣削时需要使用专门的设备。

a)散热管铣削出鳍片

b)冷凝器外形

图3-19 鳍片式冷凝器结构

采用铝合金材质的平行流换热器具有质量轻、成本低、高效紧凑的优点,实现了铝替代铜,成为客车空调管片式换热器理想的换代产品。图3-20所示为一典型的多元平行流冷凝器,它的集流管是分段的,中间由隔片隔开,起到分流和回流作用。每段的管子数不相等,进入冷凝器时制冷剂呈气态,比热容最大,管子数也最多。随着逐渐凝缩成液体,其比热容和所占容积逐渐减小,管子数也相应减少。这种变流程的结构设计既使冷凝器的有效容积得到最合理利用,又使制冷剂的流动和换热情况更趋合理。在同样的迎风面积下,平行流结构比管带式结构的换热能力提高10%～30%,空气侧阻力基本保持不变,甚至更小(因为厚度减小),而制冷剂侧的流动阻力则仅是管带式的20%～30%。

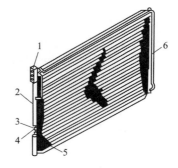

图3-20 平行流冷凝器
1-制冷剂进出口管接头座;2-圆柱形集流管;3-制冷剂扁管;4-微通道(内孔);5-波纹百叶翅片;6-跨接管

2)蒸发器

蒸发器是制冷系统中的另一个主要热交换器。其功能是接收来自膨胀阀的汽—液混合制冷剂,使其中未汽化的液态制冷剂在较低温度下沸腾,转变为蒸气,与需要降温的空气进行热交换。即利用制冷剂的蒸发潜热,吸收被冷却介质的热量而使其温度降低。汽车上常用的蒸发器根据其结构分为管片式、管带式和平行流式,其外形结构与冷凝器基本相似。

蒸发器是制冷系统中产生和输出冷量的设备。为了使空气得到充分冷却与除湿,通过蒸发器的空气流速不宜太大,并应有较大的通道。空气通过蒸发器时,所含的水分将凝结成水,当温度降到0℃以下时,附着的水就会结成冰或霜,使热交换率下降,通过的风量也会减少,从而影响制冷效果。为防止挂霜并使车室温度恒定,系统内设有恒温器。常用的恒温器为热敏电阻式,具有温度越高电阻值越小的特性,可以用来控制制冷循环系统的旁通回路,调节制冷剂流量,从而控制车室温度。一般恒温器由装配在压缩机上的电磁离合器控制。

近年来全铝钎焊的板翅式(亦称叠加式)蒸发器结构已开始在汽车制冷系统上采用。这种蒸发器具有传热效率高、结构紧凑、质轻抗振、经济耐用等优点。缺点是由于翅片间距较小,容易被积垢堵塞,清洗较为困难,内部通道发生泄漏时修理困难,以及流体阻力较大等。

由两块铝制平板夹一层波形散热片,再在两侧用侧条密封,就构成一个单层的板翅结构(图3-21)。将很多这样的单层重叠钎焊起来,就构成一个完整的板翅式蒸发器。板翅式蒸发器的传热面积约为同体积管片式蒸发器的1.5倍,且坚固耐用,不仅能承受2.94MPa(30kg/cm^2)的工作压力与常温下6.87MPa(70kg/cm^2)的试验压力,还能承受在室温中100万次以上0~0.98MPa压力的反复加压试验。由于是完全钎焊成的整体结构,板翅式蒸发器所以不受热应力的影响。

板翅式蒸发器的传热面积由隔板和翅片组成,其传热基本依靠翅片完成,仅有一部分由隔板来完成。翅片表面的传热过程如图3-22所示。热流体通过翅片将热量传到冷流体通道中的翅片,从而进行热交换。因此,隔板称为一次传热面积,翅片称为二次传热面积。二次传热面积的传热效率一般比一次传热面积低5%左右。翅片除承担主要的传热任务外,还起着两隔板间的加强作用。虽然翅片和隔板的板材都很薄(隔板厚0.5~1mm,翅片厚0.2~0.5mm),但经钎焊后形成了非常坚固的蜂窝状结构,能承受很高的压力。如果在钎焊时翅片不能全部与隔板焊接在一起,则不但影响到传热效果,而且也影响隔板的强度。

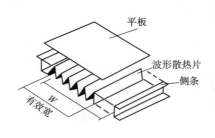
图3-21 板翅式蒸发器的单层结构

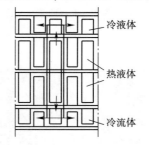
图3-22 翅片表面的传热过程

4. 储液干燥器

储液干燥器设置在冷凝器的出口处,其结构如图3-23所示。储液干燥器是钢质压力容器,两端焊上端盖,在一端的盖上有进出口接头和视液窗口(观察口),以观察制冷剂的多少。典型的储液干燥器应由储罐、滤网、干燥剂、吸出管和视液窗等部分组成。储液干燥器的主要功能是:

(1)接受从冷凝器来的制冷剂,并加以储存,直到蒸发器需要时为止。即存储、补充制冷系统所需的制冷剂量。

(2)过滤清洁制冷系统中因制造、装配没有处理干净而带入的碎渣、尘埃和金属微粒,或因制冷剂不纯净而带入的脏物等。大量的脏物如不经过滤,将会损坏缸壁和轴承,或堵塞滤网和阀口。

(3)吸收制冷剂中的水分。制冷剂工质遇到水分会对金属产生很强烈的腐蚀作用,且水分在膨胀阀中容易形成"冰塞"现象,影响制冷系统正常工作。储液干燥器的干燥剂是硅胶或硫酸钙,也有使用类似铜质燃油滤清器式烧结而成的水过滤器。在中小型客车制冷系统中,储液干燥器为整体式结构(图3-23),但在大型客车的制冷系统中,有根据功能的需要,将储液干燥器分成2~3种独立结构的型式。

一般储液干燥器头部还设有安全保护装置,即易熔塞,塞中有一种铜铝合金,当制冷工质温度升到95℃或105℃时,易熔合金熔化,制冷剂逸出,从而避免系统中其他部件损坏。

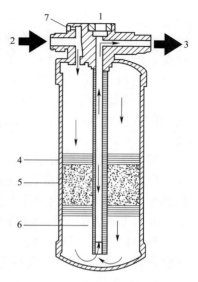

图 3-23 典型的储液干燥器
1-液窗;2-进口;3-出口;4-滤网;5-干燥剂;6-吸出管;7-易熔塞

5. 膨胀阀

1)热力膨胀阀

热力膨胀阀(简称TXV)是制冷系统中的一种节流计量装置,装于冷凝器与蒸发器之间的高压管路上,自动调节进入蒸发器的制冷剂量,同时将液态制冷剂节流减压成雾状的湿蒸气而喷入蒸发器中,以使制冷剂得到充分的蒸发,即具有节流降压、调节流量、防止"液击"和异常过热的控制作用。

根据平衡方式,热力膨胀阀分为内平衡与外平衡两种,根据过热度调整(调弹簧预紧力)方式分为内调式和外调式两种,而按连接口型式又可分为"O"形圈式与喇叭口式。

(1)内平衡式。

内平衡式热力膨胀阀的工作原理如图3-24所示。膜片下方工质压力是从蒸发器进口处导入的,但从进口到蒸发器出口(感温包安装部分)有压力损失。

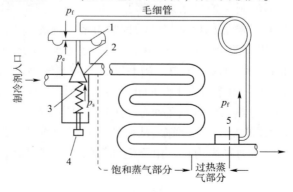

图 3-24 内平衡式热力膨胀阀工作原理
1-隔膜;2-节流阀;3-弹簧;4-螺钉;5-感温包

设膜片上方压力为 p_f(感温包内气体压力产生),弹簧压力为 p_s,膜片下方工质压力为 p_e(蒸发器入口压力)。则在平衡状态:$p_f = p_e + p_s$,阀处于某一开度状态,制冷剂流量保持一定。由于膨胀阀设计时保证蒸发器有一定过热度,因此蒸发器出口部分一般都是过热蒸气。若蒸发器制冷剂不足,则制冷剂提前全部蒸发,过热部分加长,过热度增大($\Delta t \uparrow$),感温包内压力升高($p_f \uparrow$),膜片通过推杆把阀朝下推,阀开度增大($\delta \uparrow$),进入蒸发器的流量增加($G \uparrow$)。反之,过热度减小($\Delta t \downarrow$),压力下降($p_f \downarrow$),阀开度减小($\delta \downarrow$),流量减少($G \downarrow$)。

因为蒸发器内部有压力损失,到蒸发器出口处压力下跌,同样的过热度,出口处的温度也相应减小,感温包感应到的温度就低些,产生的压力也低,为了打开阀门,就需要比较大的过热度。这样蒸发器内过热部分增加,蒸发器效率降低。所以内平衡式热力膨胀阀只适于蒸发器内部压力损失小的场合采用。

热力膨胀阀中膜片的运动(即阀的运动)和蒸发器进出口温度差直接相关,通常这个温度差是预先调整好的,一般不应超过 $2 \sim 8$℃。

(2)外平衡式。

外平衡式热力膨胀阀适用于制冷负荷较大、制冷剂压降较大的场合,一般大客车制冷系统多采用这种结构。外平衡式热力膨胀阀的工作原理如图 3-25 所示。其特点是膜片下部空腔与蒸发器入口互不连通,而是通过外平衡管与蒸发器出口相连。工作时,作用在膜片下部的制冷剂压力已不是节流后蒸发器进口处的压力,而是蒸发器出口处的压力。这样,消除了蒸发器内蒸发压力下降的影响。

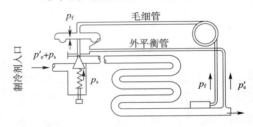

图 3-25 外平衡式膨胀阀工作原理

热力膨胀阀的原动力是压缩机吸入气体的过热度。由图 3-25 可见,在膜片的下部承受着蒸发器出口处制冷剂的压力 p'_e,而膜片上部承受着毛细管(感温管)内的气体压力 p_f,毛细管装在蒸发器出口的吸气管路上,并与管路紧密接触。如从蒸发器中出来的是过热蒸气,则毛细管内温度超过蒸发器内的蒸发温度,此两温度差越大,说明进入蒸发器的制冷剂也就越少。由于毛细管内与蒸发器内的压力差,使膜片推动阀门克服弹簧力 p_s 向下移动,制冷剂入口阀门开大,进入蒸发器的制冷剂量增多。膨胀阀应保证由蒸发器内出来的蒸气过热度为 $3 \sim 5$℃,该过热度是由调节膨胀阀尾部弹簧的预紧力来实现的。

在膨胀阀的膜片上作用着两个力系,一是毛细管内的气体压力 p_f 和蒸发器出口压力 p'_e,二是调节的弹簧力 p_s 和制冷剂的入口压力。当毛细管内与蒸发器之间没有温差时(即没有过热度),则第二力系大于第一力系,阀门就关闭。相反,当压缩机吸入蒸气的温度上升,并超过蒸发温度时(也就是有过热温度时),毛细管内的气体压力克服弹簧力而开放阀门通道($p_f > p_s + p'_e$),使进入蒸发器的制冷剂量增多,从而使蒸发器制冷量加大,出口处的温度也随之降低,直至膜片上下部的压力平衡为止。由于毛细管的灵敏度很高,可不断调节进入蒸发器内的制冷剂量。

2)电子膨胀阀

电子膨胀阀利用被调节参数产生的电信号,控制施加于膨胀阀上的电压或电流,进而达到调节供液量的目的。由于无级变容量制冷系统的制冷供液量调节范围宽,要求调节反应快,传统的热力膨胀阀难以良好胜任,而电子膨胀阀则可以很好地满足这一要求。

(1)电磁式电子膨胀阀。

电磁式电子膨胀阀的针阀依靠电磁线圈的磁力驱动,其结构如图3-26所示。电磁线圈通电前,针阀处于全开位置。通电后,受磁力作用,针阀的开度减小,开度减小的程度取决于施加在线圈上的控制电压。电压越高,开度越小,流经膨胀阀的制冷剂流量也越小。电磁式电子膨胀阀的结构简单,动作响应快,但是在制冷系统工作时,需要一直提供控制电压。

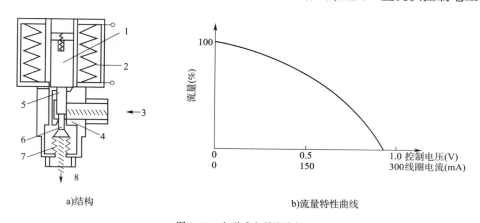

图3-26 电磁式电子膨胀阀
1-柱塞;2-线圈;3-入口;4-阀座;5-阀杆;6-阀针;7-弹簧;8-出口

(2)电动式电子膨胀阀。

直动型电动式电子膨胀阀的结构如图3-27所示。该膨胀阀用脉冲步进电机直接驱动针阀。当控制电路的脉冲电压按照一定逻辑关系作用到电机定子的各相线圈上时,永久磁铁制成的电机转子受磁力矩作用产生旋转运动,通过螺纹传递使针阀上升或下降,调节阀的流量。

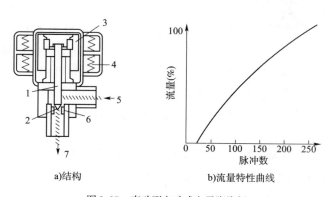

图3-27 直动型电动式电子膨胀阀
1-阀杆;2-阀针;3-转子;4-线圈;5-入口;6-阀座;7-出口

减速型电动式电子膨胀阀的结构如图3-28所示。该膨胀阀内装有减速齿轮组。步进电机通过减速齿轮将其磁力矩传递给针阀。减速齿轮组放大了磁力矩的作用,因而步进电机易与不同规格的阀体配合,满足不同调节范围的需要。

采用电子膨胀阀进行蒸发器出口制冷剂过热度调节,可以通过设置在蒸发器出口的温度传感器和压力传感器(有时也利用设在蒸发器中部的温度传感器采集蒸发温度)来采集过热度信号,采用反馈调节控制膨胀阀开度;也可以采用前馈加反馈复合调节,消除因蒸发器管壁与传感器热容造成的过热度控制滞后,改善系统调节品质,在较宽的蒸发温度区域使过热度控制在目标范围内。

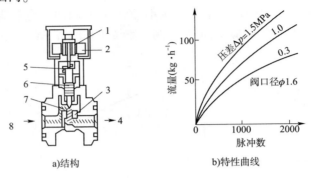

图3-28 减速型电动式电子膨胀阀
1-转子;2-线圈;3-阀座;4-出口;5-减速齿轮;6-阀杆;7-阀针;8-入口

6. 风机

客车制冷系统的蒸发风机一般采用离心式风机,冷凝风机则多采用轴流式风机。由于循环工质在通过膨胀阀后压力和温度均降低,热空气流经蒸发器时吸收大量的冷量而变成冷空气。蒸发风机的作用是加速这一过程,并将冷空气吹入车内,使车内温度得以下降;而冷凝风机则强化制冷剂的冷凝过程,确保流经冷凝器的制冷剂热量及时被外界空气带走。

图3-29 离心式风机

1) 离心式风机

图3-29所示为常用的离心式风机外形图。离心式风机主要由电机、风机轴(与电机同轴)、叶片和壳体等组成。风机叶片有直叶片、前弯片及后弯片等形状,由于叶片的形状不同,所产生的风量和风压也不同。

离心式风机的空气流向与风机主轴成直角,特点是风压高、风量小、噪声也小。蒸发器采用这种风机,是因为风压高可将冷空气吹到车厢内每个乘员身上,使乘员有冷风感。而噪声小则是空调设计的一项重要指标,车内噪声小,乘员不至于感到不适而过早疲劳。至于风量小,可在设计、选型时统筹考虑。

2) 轴流式风机

图3-30所示为常用的轴流式风机外形图。轴流式风机主要由电机、风机轴、风机叶片和键等组成。叶片固定在骨架上,叶片骨架穿在电机轴上,由键带动旋转。轴流式风机的空气流向与风机主轴平行,其特点是风量大、风压小、耗电量小、噪声大。冷凝器采用这种风机,是因为风量大可将冷凝器四周的热空气全部吹走,而耗电量小则是车用电器重要的指标,轴流式风机能满足这一要求。

至于轴流式风机的缺点,如风压小、噪声大,这对冷凝器来说不是主要问题,因为冷凝器风机只要将其四周的热空气吹离即可,并不要求将热空气吹得很远,所以不影响冷凝器正常工作。此外，冷凝器安装在车厢外面，风机噪声大也不会影响到车内的乘坐舒适性。

7. 制冷管路

由于制冷剂对天然橡胶制品具有腐蚀性，所以制冷管路的软管多采用耐氟橡胶管配制金属接头制成。硬管则多采用铜和铝合金管道，一般要求管路柔性好、抗疲劳，容易布置。

1）制冷管路的作用和对制冷管路的要求

制冷管路连接压缩机、冷凝器、蒸发器和储液干燥器等制冷装置的主要部件，使之构成一个完整的蒸气压缩式制冷系统，其主要作用是输送制冷剂。同时，在压缩机振动部件附近，制冷剂管路的软管还具有吸振作用，减少因振动引起管路接头处的泄漏风险。

制冷管路要求有足够的耐压性、耐真空性和抗拉伸性，在正常的管压和使用条件下不发生破裂和泄漏；管径大小要合理，以减少制冷剂在管路中流动的压力损失；软管和连接接头结构的泄漏损失要小；隔热保温性能好，能耐高温或低温；质量轻，成本低，加工方便。

2）制冷管路的组成

如图 3-31 所示，客车空调系统的制冷管路一般由软管、硬管总成，管路接头和密封件，以及充注接口等组成。

图 3-30　轴流式风机

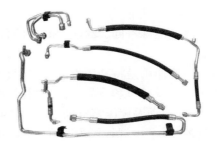

图 3-31　汽车空调制冷管路

（1）软管总成。

对于常见的采用 HFC-134a 制冷剂的制冷系统，其软管及软管组合件的性能要求、试验方法、检验及种类、标志、包装运输和储存的基本要求，可参考我国汽车行业标准《汽车空调（HFC-134a）用软管及软管组合件》（QC/T 664—2000）。根据材料的不同，橡胶软管可以分为以下几种：

①A 型软管。有 A1 型和 A2 型两种，内胶层为耐油橡胶，增强层由与内胶层和外胶层黏合的织物组成，外胶层为耐热和耐臭氧的橡胶层。A1 型软管的外径比 A2 型软管小，且为一层增强层，A2 为两层增强层。

②B、C、D 型软管。B 型软管的内胶层为耐油橡胶，增强层由钢丝组成，外层由用合成橡胶浸渍的耐热织物组成。C 型软管的内外橡胶之间有热塑性绝缘层，以织物作为增强层，外胶层为耐热和耐臭氧的橡胶。D 型软管在软管内胶层的内表面有薄薄一层热塑料内衬，增强层由内胶层和外胶层黏合的织物组成，外胶层为耐热和耐臭氧的橡胶。

一般在压缩机连接处多采用 B 型软管，可以较好地吸收压缩机振动，避免因振动导致管接头处泄漏，从而提高系统可靠性。因软管使用寿命较短，一般不在制冷系统其他部位使用。

（2）硬管总成。

客车空调的制冷管路大部分地方使用硬管，因其较高的可靠性，基本可以做到在车辆生命周期内无须更换。早期的硬管多采用铜管道,目前已逐步被铝合金管道所取代。

(3) 管路接头和密封件。

管接头是空调系统管路(包括软管和硬管)相互连接,或与制冷系统部件连接的连接件,是防止制冷剂泄漏的重要配件。对于采用 HFC-134a 制冷剂的制冷系统,管接头和管件端部的型式、尺寸及技术要求可参考《汽车空调(HFC-134a)用管接头和管件》(QC/T 669—2000)。

管接头处的密封使用专用密封件,如"O"形圈等。对于采用 HFC-134a 制冷剂的制冷系统,其橡胶密封件的技术要求、试验方法、检验规则及有关标志、包装、运输和储存的基本要求,可参考《汽车空调(HFC-134a)用密封件》(QC/T 666—2000)。

(4) 充注接口。

汽车空调系统的高低压端都设有充注接口,通常在压缩机的管路接头上,一般带有阀门结构,目的是便于充注制冷剂,防止制冷剂泄漏。有关使用 HFC-134a 制冷剂的制冷系统充注接口的型式、尺寸和技术要求,可参考《汽车空调(HFC-134a)用充注接口》(QC/T 665—2000)。充注接口的有关充注、爆破和泄漏的技术要求,应符合《汽车空调(HFC-134a)用的软管及软管组合件》(QC/T 664—2000)对软管组件的规定。

8. 变频器、DC 转换电源

因制冷装置的电源不同,变频器和 DC(直流)转换电源仅在电动空调上使用。

1) 变频器

变频器的主要作用是将高压直流电源(直流 280~900V)变为交流电源(380V 或 220V)供电动压缩机或蒸发风机和冷凝风机使用,从而实现空调变频控制。图 3-32 所示为一具体应用实例。图中,电动涡旋压缩机采用的是 380V 交流电源驱动,通过变频器 5 将车辆动力电池的高压直流 600V 电源转换为交流 380V 电源,驱动电动涡旋压缩机 7。

2) DC 转换器

DC 转换器的主要作用是将高压直流电源(直流 280~850V)变为低压直流电源(12V 或 24V)供蒸发风机和冷凝风机使用。如图 3-33 所示,通过电压转换器将车辆电池的高压直流 600V 转换为直流 24V 驱动蒸发风机 3 和冷凝风机 4,空调控制器 5 输出调速信号给调速模块 2,实现蒸发风机和冷凝风机的转速控制。

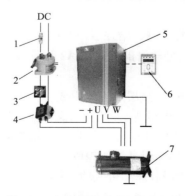

图 3-32 在电动空调上使用的变频器
1-熔断丝;2-高压继电器;3-直流电抗器;4-EMC 滤波器;5-变频器;6-外部操纵器;7-压缩机

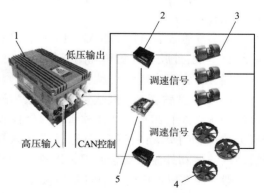

图 3-33 DC 转换器在电动空调上的使用
1-DC 转换器;2-风机调速模块;3-蒸发风机;4-冷凝风机;5-空调控制器

第二节 采暖系统

采暖系统是供车室内乘员取暖的各种装置的总称,一般包括产生热量和将热量转移到车厢内空气的各相关装置。

一、采暖系统的分类

客车上装备的采暖系统,一般根据热源的不同,可分为如下几种型式。

1. 水暖式采暖系统

水暖式采暖系统利用水冷式发动机冷却液的热量通过车内热交换器(散热器)加热车室内空气,由水泵、散热器和连接管路等组成。

2. 废气式采暖系统

废气式采暖系统亦称余热废气式采暖系统或尾气采暖系统,其根据与车内空气进行热交换的传热介质的不同,分为以下两种。

1)废气空气式采暖系统

废气空气式采暖系统是利用发动机排气系统排出的废气,在废气空气式加热器内直接与车内空气进行热交换的采暖系统。这种采暖系统的主体为废气空气式加热器。由于废气一旦泄漏就会混入车内空气,对乘员的身体健康非常不利,因此,目前该系统在客车上已几乎不再使用。

2)废气液体式采暖系统

废气液体式采暖系统利用发动机排气系统排出的废气,在废气液体式加热器中加热发动机提供的冷却液,之后通过车内散热器加热车内空气,一般由水泵、废气液体式加热器、散热器和连接管路等组成。

3. 独立式采暖系统

根据与车内空气传热介质的不同,独立式采暖系统分为以下两种。

1)独立空气式采暖系统

独立空气式采暖系统是以燃油、燃气、电能或其他燃料为能源,以车内空气为介质,加热后的空气用于车厢内取暖和风窗玻璃除霜(雾)的采暖系统。其中,以燃油或燃气为燃料,以空气为介质的称为独立燃油(或燃气)空气式采暖系统;以电为能源,以空气为导热介质的称为电空气式采暖系统。这种采暖系统的主要部件为独立燃油(燃气)空气式加热器(或电空气式加热器)。

2)独立液体式采暖系统

独立液体式采暖系统是以燃油、燃气、电能或其他燃料为能源,以液体(发动机冷却液)为介质,与车内空气进行热交换后用于乘员取暖和风窗玻璃除霜(雾)的采暖系统。其中,以燃油或燃气为燃料,以液体为介质的称为独立燃油(或燃气)液体式采暖系统;以电为能源,以液体为导热介质的称为电液体式采暖系统。这种采暖系统一般由水泵、独立燃油(燃气)液体式加热器(或电液体式加热器)、散热器、储水箱、膨胀水箱和连接管路等组成。

4. 综合预热式采暖系统

在水暖式采暖系统的基础上增加独立燃油(或燃气)液体式加热器的采暖系统称为综合

预热式采暖系统。该系统既利用了水冷式发动机的冷却水热量,又可以对发动机进行预热,一般由水泵、独立燃油(燃气)液体式加热器、散热器和连接管路等组成。

5. 电动热泵冷暖空调

电动热泵冷暖空调是指电动空调内部增加四通换向阀,室外机(制冷时为冷凝器)在制热时成为蒸发器从外部环境中吸取热量,室内机(制冷时为蒸发器)在制热时变成冷凝器向车空气放热的采暖系统。

二、水暖式采暖系统

水暖式采暖系统一般以水冷式发动机冷却系统中的冷却液为热源,通过水泵将其送到分置于车内的散热器,由散热器把风机送来的空气与发动机冷却液进行热交换,空气被加热后送入车室内供乘员取暖;或不采用风机,由散热器直接与车内空气进行自然热交换,供乘员取暖。

由于这种采暖系统取得热源容易,且可靠、经济、温度适宜、散热均匀,所以在对取暖负荷要求不高的地区使用的客车上得到了广泛采用。典型的水暖式采暖系统的主要组成部件如图3-34所示。发动机冷却液经出水球阀由水泵驱动后流经车内散热器和除霜器,后经回水球阀返回发动机,冷却液在散热器和除霜器内与车内空气进行热交换后供乘员取暖和风窗玻璃除霜。水暖式采暖系统的散热器根据散热原理不同,分为以下三种。

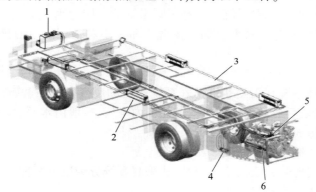

图3-34 水暖式采暖系统
1-除霜器;2-散热器;3-水管;4-水泵及支架;5-发动机出水球阀;6-发动机回水球阀

1. 强制散热器

强制散热器的主要部件是热交换器和风机。热交换器的原理同空调蒸发器,多为管片式和管带式,使用较多的是管片式。风机有轴流式、离心式和贯流式三种型式。图3-35所示为一种常用的采用管片式换热器和轴流式风机的强制散热器结构及其在车内的安装。

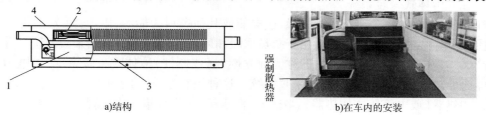

a)结构   b)在车内的安装

图3-35 强制散热器
1-热交换器;2-风机;3-外壳组合;4-盖板

强制散热器的主要特点是具有风机,散热速度快,通常在较为寒冷地区运行的客车上使用。缺点是散热器附近温度较高,其他地方温度较低,如果布置不合理会造成车内温差较大。

2. 自然散热器

自然散热器的主要部件是热交换器,无风机。热交换器一般为管片式,如图3-36所示。其特点是没有风机,散热速度慢,通常用于冬季温度不是特别寒冷的区域。设计时,一般沿车厢内两侧壁从前到后布置。采用自然散热器的客车,车内温差小,温度分布较为均匀。

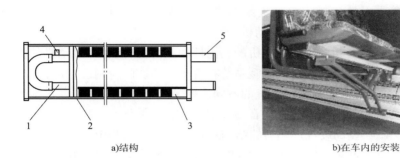

图3-36 自然散热器
1-铜管;2-铝箔;3-外壳;4-放气阀;5-进出水口

3. 冷暖空调

冷暖空调的结构如图3-37所示。工作时发动机的冷却液经水泵加压后由进水口进入冷暖空调,当需要制热时,热水电磁阀15打开,冷却液进入暖风芯体16,在蒸发风机5的作用下,车内空气与热盘管16内的冷却液进行热交换后由车内风道上的出风口送入车室(送风和回风方式同制冷状态),车内空气温度升高,冷却液从冷暖空调出水口流回发动机。

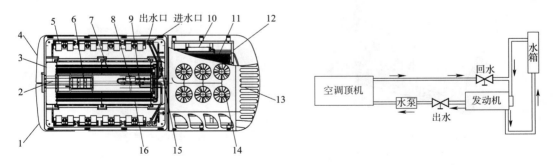

图3-37 冷暖空调结构简图
1-蒸发器盖板(左);2-蒸发器中盖板;3-蒸发器底座;4-蒸发器盖板(右);5-蒸发风机;6-控制盒;7-蒸发器芯体;8-干燥过滤器;9-膨胀阀;10-储液器;11-冷凝器芯体;12-冷凝器骨架;13-冷凝器盖板;14-冷凝风机;15-热水电磁阀;16-暖风芯体

冷暖空调的显著特点是制热装置与制冷装置集成为一体,制热的热盘管与制冷蒸发器共用风机。冷暖空调通常与自然散热器一起使用,前者用于车内除湿和侧窗玻璃除雾,后者则用于保持车内温度在设定的温度范围内。

三、废气水暖式采暖系统

客车用废气水暖式采暖系统是一种充分利用发动机排出的废气余热来加热发动机循环冷却液的装置,水流经过车室内的散热器,通过热交换给车内提供热能。废气水暖式采暖系统主要适用于大、中小型客车和旅游客车等。

废气加热的优点是:节能,利用发动机废气为热源,无须额外的燃料消耗;无污染,无须燃烧燃料,不会产生额外的污染;可以减低发动机噪声。废气加热的缺点是:供暖效果受车速、发动机工况影响较大,供暖能力极不稳定,在实际使用过程中,难以满足车辆的采暖需求;在加热器的热交换器及废气排出口处极易形成积炭,从而大幅度降低了加热器的热效率;积炭会影响发动机寿命,且不能预热发动机。

加装废气加热器后,也会相应降低发动机的动力性和经济性,同时对发动机的排放也将产生一定的影响。因此,目前废气加热式采暖系统在客车上的实际应用已相对较少。

废气水暖式采暖系统与水暖式采暖系统的不同之处是多了废气加热器。根据废气加热器功能的不同,可分为单独加热型,加热、消音型和加热、消音、催化型三种。

图3-38所示为一款典型的废气加热器的结构示意图。在使用季节,烟门开关1关闭废气主通道9,由进口2进入的废气经消声器3和热交换盘管8后从排气口6排出,发动机冷却液在水泵的驱动下由进水口7流入热交换盘管与废气进行热交换,后经出水口5进入车内散热器。在不使用的季节,烟门开关1打开废气主通道9,由进气口2进入的废气直接经主通道9由排气口6排出。废气加热器在热交换盘管下部设置有排水阀,在不使用的季节需将热交换盘管内的冷却液排空,避免干烧产生蒸汽。为了减少废气加热器积炭对热效率的影响,通常设置有除炭装置,其组成如图3-39所示。除炭的工作原理是:按下除炭控制开关5,除炭盒1内的球阀打开,储气罐2中的高压空气即将除炭盒内的除炭药粉喷入废气加热器3进行除炭。

图3-38 废气加热器
1-烟门开关;2-进气口;3-消声器;4-抱箍;5-出水口;6-排气口;7-进水口;8-热交换盘管;9-主通道

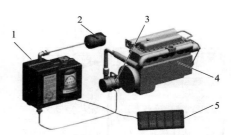

图3-39 废气加热器除炭装置
1-除炭盒;2-储气罐;3-废气加热器;4-发动机;5-控制开关

四、独立式采暖系统

独立式采暖系统亦称独立热源式采暖系统,是通过在燃烧器内燃烧燃料产生的热量加热空气或水,然后将带有热量的介质输送到车厢内直接(空气式)或通过散热器(液体式)提高车内空气温度。燃烧后的气体在完成热交换后排出车外,不会对车内造成污染。按加热介质的不同,独立式采暖系统有空气式和液体式两种型式。

1. 独立空气式采暖系统

1）独立燃油空气式采暖系统

独立燃油空气式采暖系统的加热器（暖风机）虽然结构复杂,消耗燃料,但因不受车辆使用工况的影响,且采暖迅速,可以满足较高热负荷的要求。图3-40所示为德国伟巴斯托HL6512型独立燃油空气式加热器,由燃烧室、热交换器、供给系统和控制系统四部分组成。

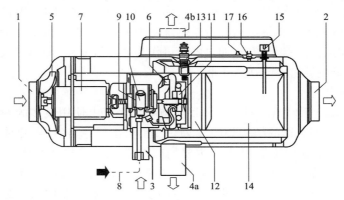

图3-40　HL6512型独立燃油空气式加热器

1-新鲜空气入口；2-暖风出口；3-助燃空气入口；4a、4b-燃烧废气出口；5-新鲜空气风扇；6-助燃空气风扇；7-电机；8-进油管；9-燃油泵；10-电磁阀；11-旋转式雾化器；12-燃烧室；13-电热塞；14-热交换器；15-火焰检测过热保护装置；16-恒温器；17-过热熔断丝

（1）燃烧室。

燃烧室由雾化杯与电热塞（或者喷油嘴与高压电弧点火器）及后面的圆筒容器等组成,雾化杯直接装在风扇电机轴上。这种燃烧室由于结构简单、布置紧凑、运行平稳、燃烧效率高、燃烧稳定性好、噪声小、消耗能量小、点火迅速、输油管内径较大不易堵塞和便于燃烧劣质燃油,因此被广泛采用。由于燃烧室内的温度高达800 ℃以上,所以要求燃烧室的材料能耐高温、不起氧化皮,一般采用不锈耐热酸钢制造。

（2）热交换器。

热交换器紧靠在燃烧室后端,由双层腔室构成。从燃烧室出来的燃烧气体在内腔夹层通过,向腔壁释放大量热量,然后由燃烧废气出口排到大气中。从新鲜空气入口被冷却风扇吸入的空气进入热交换器的外腔夹层吸收内腔壁传来的大量热量,变成热空气后从暖风出口吹入车内。为防止燃烧燃气渗漏入热交换器外腔,要求热交换器的内外腔室密封性好,不能漏气。

（3）供给系统。

供给系统包括燃料供给系统、助燃空气供给系统和被加热空气供给系统三部分。如果燃烧的是液体燃料（如汽油、柴油等）,则燃料供给系统由油泵电机、油泵（柱塞泵或齿轮泵）、燃油电磁阀等组成,也有的加热器则靠提高油箱高度利用重力自动供油。如果燃料是压缩天然气（CNG）、液化天然气（LNG）或液化石油气（LPG）,则供给系统比较复杂。一般助燃空气供给系统的风扇和被加热空气供给系统的风扇及油泵合用一台电动机,在电动机两端各带一个风扇,分别供两个空气系统使用。

(4)控制系统。

控制系统有手动控制和自动控制两种,用于控制各种电机、电磁阀、点火器及自动控制元件(如火焰传感器,过热保护器,定时继电器等)的工作。加热器的暖风出口温度超过规定值(例如180℃)时,过热保护器工作,使继电器自动切断油泵电磁阀的电源,油泵停止供油,加热器停止燃烧。空气温度过高,说明加热器工作时间太长,车内暖风会过热。此外,过热的高温空气因水分蒸发,变得很干燥,会使驾驶员和乘客感到很不舒服。

由于加热器工作时燃烧室的温度非常高,为保护燃烧室不被烧坏,停机时应先关油泵停止燃烧,而助燃空气风扇仍将继续运转带走燃烧室中的热量,直到感温器指示内部温度已达正常温度才可关闭风机。夏天,空气加热器也可作为通风机使用,即不点火,不供油燃烧,只启动风机,吸进车外的新鲜空气送入车厢。

2)电空气式加热器

电空气式加热器亦称PTC加热器,是目前纯电动客车上使用较多的一种冬季车室加热取暖装置。电空气式加热器的结构如图3-41所示,由出风罩、PTC发热体组合、左右侧板、高压接插器、风机和底座等组成,其中最主要的部件是PTC发热体和风机。工作时PTC发热体组合2通过高压接插器4输入高压电源后发热,利用低压风机5使吸入的被加热空气流经PTC发热体组合2,并将加热后的空气直接送到车室内,为车内取暖提供热源。

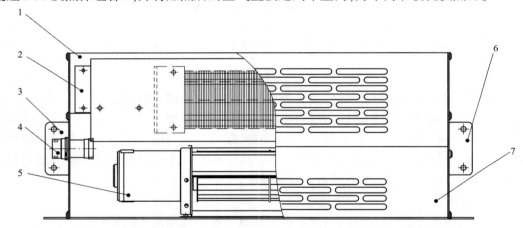

图3-41 电空气式加热器

1-出风罩;2-PTC发热体组合;3-左侧板;4-高压接插器;5-风机;6-右侧板;7-底座

PTC发热体的外形如图3-42所示,由PTC陶瓷发热元件与铝管等组成。所谓PTC,是Positive Temperature Coefficient的缩写,意为正温度系数,泛指正温度系数很大的半导体材料或元器件,如具有正温度系数的热敏电阻、电热陶瓷材料等。客车用PTC使用的发热元件为热敏陶瓷电阻,其主要成分为$BaTiO_3$,再掺杂一定的微量元素,经过高温烧结,使之具有PTC效应。PTC热敏电阻通电后因为室温电阻较小,所以起始电流较大,能使发热体很快发热升温。随着温度的持续升高,其电阻值也会相应增大

图3-42 PTC发热体组合

(即具有很大的正温度系数)。当温度升高到一定程度时,电阻值会进入跃变区(阻值急剧增大,在居里温度以上几十度的温度范围内,其电阻率可以增大4~10个数量级),这时能通过发热体的工作电流非常小,使发热体表面温度始终保持在恒定值,从而达到一个动态的平衡。因此,PTC热敏电阻具有恒温发热特性,该温度只与PTC热敏电阻的居里温度和外电压有关,而与环境温度基本无关。

PTC发热体具有热阻小、换热效率高的优点,是一种自动恒温、省电的电加热器。其突出特点在于安全性,即遇风机故障停转时,PTC加热器因得不到充分散热,其功率会自动急剧下降,此时加热器的表面温度维持在居里温度左右(一般在250℃上下),因此在任何应用情况下均不会产生如电热管类加热器的表面"发红"现象,从而引起烫伤、火灾等安全隐患。电空气加热器采用电能进行制热,其最大不足是在纯电动客车上冬季供乘客采暖使用时耗电量太大,从而严重降低整车的续驶里程,这点需要在整车空调系统设计时注意。

2. 独立液体式采暖系统

独立液体式采暖系统的加热器根据产生热源的燃料不同,分为三类。

1)独立燃油液体式加热器

按照燃油雾化方式的不同,独立燃油液体式加热器又可分为以下两种。

(1)离心雾化型。

图3-43所示为离心雾化型独立燃油液体式加热器的结构示意图。其工作原理是:主电机4带动油泵3、助燃风扇19及雾化器17转动。油泵吸入的燃油经输油管22送到雾化器,雾化后与助燃风扇吸入的空气在主燃烧室9内混合,被炽热的电热塞7点燃,在后燃烧室12内充分燃烧后折返,经水套内壁的散热片16,将热量传给水套夹层中的冷却液介质,被加热介质在水泵(或热对流)的作用下,在整个管路系统中循环,达到加热的目的。燃烧后的废气由排烟口18排出。

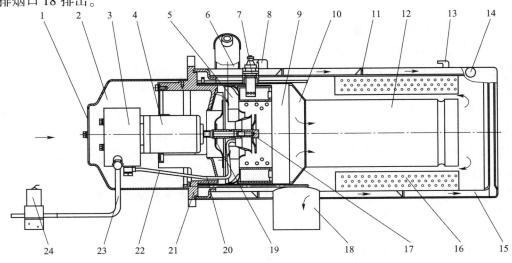

图3-43 离心雾化型燃油液体式加热器结构示意图

1-进风调节片;2-保护罩;3-油泵;4-主电机;5-导流器;6-进水管;7-电热塞;8-水温传感器;9-主燃烧室;10-燃烧室;11-旋片;12-后燃烧室;13-过热保护;14-出水管;15-水套体;16-散热片;17-雾化器;18-排烟口;19-助燃风扇;20-点火传感器;21-连接体;22-输油管;23-进油管;24-电磁阀

(2)电喷雾化型。

图 3-44 所示为电喷雾化型燃油液体式加热器的结构示意图。其工作原理是：主电机 4 带动高压油泵 6、风扇 2 转动，油泵 6 吸入的燃油经喷油嘴 9 喷射雾化后与助燃空气混合，在点火线圈 3 作用下被电极点燃，在燃烧室 11 内充分燃烧后折返，经过水套内壁的散热片 16，将热量传给水套夹层中的冷却液介质，被加热的冷却液介质在水泵的作用下，在整个系统中循环，达到加热的目的。燃烧的废气由排烟口 17 排出。

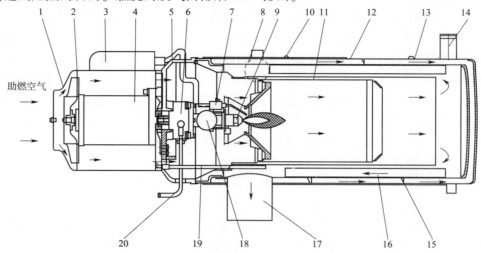

图 3-44　电喷雾化型燃油液体式加热器结构示意图

1-进风罩；2-风扇；3-点火线圈；4-主电机；5-连接体；6-油泵组合；7-点火电极；8-进水管；9-喷油嘴；10-水温传感器；11-燃烧室；12-水套体；13-过热传感器；14-出水管；15-旋片；16-散热片；17-排烟管；18-电磁阀；19-点火传感器；20-进回油管

电喷雾化型和离心雾化型燃油液体加热器的主要区别在于雾化器结构和雾化方式不同。

2）独立燃气液体式加热器

目前，客车上装备的燃气液体加热器主要有两大类，即以 CNG 和 LPG 为燃料，以防冻液为传热介质，分别用于以 CNG 和 LPG 为燃料的燃气客车上，供冬季乘员采暖和风窗玻璃除霜及发动机低温起动等。

独立燃气液体式加热器主要由减压阀、燃烧器、燃烧室、水套体、水泵、控制器等部件组成，其结构如图 3-45 所示。燃气加热器采用负压供气方式，主电机带动风扇高速旋转，在混合器处形成负压区，燃气和助燃空气一起吸入混合器内经充分混合送到烧嘴处，在点火线圈作用下被点火电极点燃，在燃烧室内充分燃烧后折返，高温气体经过水套体内壁的散热片，将热量传给水套夹层中的冷却液介质，被加热的冷却液介质在强制循环水泵的作用下，送到车室内散热器。燃烧后的废气经排烟口排出。

3）电液体式加热器

典型的电液体式加热器的结构如图 3-46 所示，其主要发热元件为 PTC 发热体组合。同电空气式加热器的发热体组合一样，PTC 发热体组合 13 通过高压线束 11 输入高压电源后发热，在外部水泵的作用下冷却液从进水口 12 流经 PTC 发热体组合 13，经加热后从出水口 5 流出，由车内散热器与车室内空气进行热交换，为风窗玻璃除霜和乘员取暖提供热源。

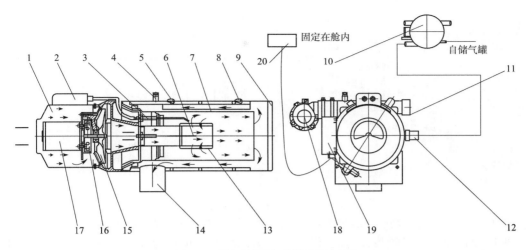

图3-45 燃气液体式加热器结构示意图

1-燃烧器总成；2-点火线圈；3-点火电极；4-放气螺栓；5-水温传感器；6-离子探针；7-燃烧室；8-过热传感器；9-水套体；10-减压阀；11-出水口；12-燃气进管；13-烧嘴；14-排烟口；15-风扇；16-混合器；17-主电机；18-水泵；19-控制器；20-探测器

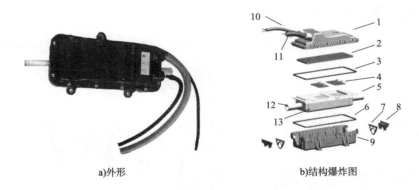

a) 外形　　　　　　　　b) 结构爆炸图

图3-46 电液体式加热器结构示意图

1-上盖；2-PCBA（装配印刷电路板）；3-上盖密封圈；4-转接板；5-出水口；6-下盖密封圈；7-侧板密封圈；8-侧板；9-下盖；10-低压线束；11-高压线束；12-进水口；13-PTC发热体组合

和电空气式加热器一样，电液体加热器使用电能进行制热，其最大不足是在纯电动车辆上冬季供乘员采暖使用时耗电量太大，从而严重降低了整车的续驶里程。此外，与电空气加热器相比，电液体加热器使用时额外增加了液体在管路流动的热损失。

五、综合预热式采暖装置

综合预热式采暖装置是在水暖式采暖装置的基础上增加独立燃油（燃气）液体式加热器的一种采暖装置。采用综合预热式采暖装置的典型客车采暖系统组成如图3-47所示。工作时，发动机4的冷却液流经燃油液体式加热器2进行再加热后，经过水泵1送入车内散热器8、水暖除霜（雾）设备5和冷暖空调7，供前风窗玻璃除霜（雾）和车室内取暖。

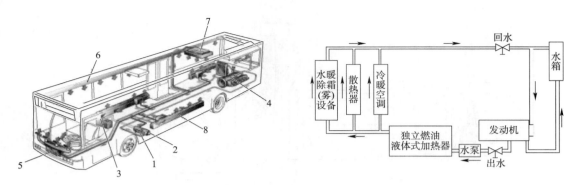

图 3-47 综合预热式采暖装置

1-水泵;2-燃油液体式加热器;3-油箱;4-发动机;5-水暖除霜(雾)设备;6-风道;7-冷暖空调;8-散热器

采用综合预热式采暖装置的优点是:当发动机怠速或负荷低导致供热量不足时用独立燃油液体式加热器补充热源,满足车内取暖和前风窗玻璃除霜要求;当发动机停机时,可开启独立燃油加热器给发动机预热,使得发动机冬季起动较为容易。目前,综合预热式采暖装置已成为客车采暖系统的主流装备。

六、电动热泵冷暖空调

典型的电动热泵冷暖空调的结构和系统工作原理分别如图 3-48 和图 3-49 所示。

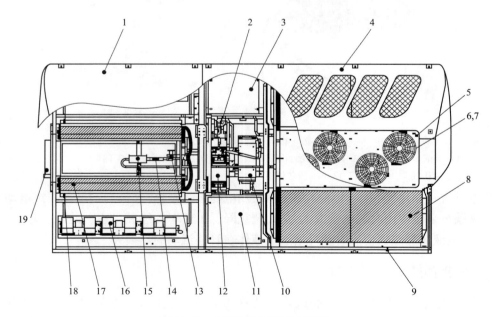

图 3-48 电动冷暖空调结构示意图

1-蒸发器盖板;2-四通换向阀;3-电气安装板1;4-冷凝器盖板;5-冷凝风机板;6-冷凝风机;7-冷凝风机网罩;8-冷凝器芯体;9-玻璃钢底座;10-电动涡旋压缩机;11-电气安装板2;12-气液分离器;13-双向膨胀阀;14-视液镜;15-双向干燥过滤器;16-蒸发风机;17-蒸发器芯体;18-PTC电空气式加热器;19-新风总成

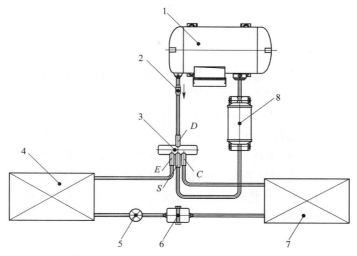

图 3-49　电动热泵空调系统工作原理图

1-电动压缩机；2-单向阀；3-四通换向阀；4-室内机；5-双向膨胀阀；6-双向干燥过滤器；7-室外机；8-气液分离器

制冷时：四通阀不通电，D-C 连通，E-S 连通，系统工作于制冷循环状态。电动压缩机 1 排出的高温高压制冷剂气体经单向阀 2、四通换向阀 3（D-C）后进入室外机 7，制冷剂气体在室外机 7 中被冷却成为高温高压液体，在风机的作用下，制冷剂相变过程中产生的热量被流经室外机 7 的空气带走，液态制冷剂继续流动，经过双向干燥过滤器 6，进入双向膨胀阀 5，经过节流降压后进入室内机 4。在室内机 4 中，低温低压制冷剂液体吸收空气中的热量而发生相变变成气体，经四通换向阀 3（E-S）、气液分离器 8 后被不断抽吸进入压缩机。同时，在风机的作用下，车内回风和室外新风流经室内机 4，经降温去湿后送入车厢而实现制冷（图 3-49）。

制热时：四通阀通电，D-E 连通，S-C 连通，系统处于制热循环状态。电动压缩机 1 排出的高温高压气体经单向阀 2、四换向阀 3（D-E）后进入室内机 4，制冷剂气体在室内机 4 中被冷却成为高温高压液体；在风机作用下，制冷剂相变过程中产生的热量将流经室内机 4 的车内空气升温，再重新送入车内供乘员取暖。液态制冷剂继续流动，经过双向膨胀阀 5 和双向干燥过滤器 6 节流降压后进室外机 7。在室外机 7 中，经风机的作用，低温低压制冷剂吸收外部空气中的热量而发生相变变成气体，经四通换向阀 3（C-S）、气液分离器 8 后被不断抽吸进入压缩机，进行新一轮循环。

电动热泵冷暖空调主要适用电动汽车夏季制冷和冬季采暖。但在现有的技术下，环境温度低于 -5℃ 时制热效率已经非常低（小于 1），热泵无法运行，需要辅助 PTC 电空气式加热器采暖（图 3-48 的 18）。

第三节　除霜（雾）系统

除霜（雾）系统是供客车前风窗玻璃除霜和除雾的全套装置的总称。在冬季，通过该系统产生的热风除去前风窗玻璃外表面的霜和内表面由乘员呼吸所产生的雾气，有的系统还具备夏季产生冷气来除去雨季前风窗玻璃内表面雾气的功能。

一、客车常用的除霜(雾)系统

1. 电除霜(雾)系统

电除霜(雾)系统主要用于电动客车,其主要部件电除霜器由发热体和离心式风机组成。根据发热体使用的电压平台不同,可分为低压电除霜器和高压电除霜器。低压电除霜器的发热功率小,一般小于600W,只能用于除雾,不能用来除霜;高压电除霜器的发热功率大,一般为5kW以上,可以满足前风窗玻璃的除霜和除雾要求。

图3-50所示为一典型的高压电除霜(雾)器结构示意图。工作时PTC发热体组合2通过高压接插器3输入高压电源后发热,利用低压风机4把经滤网罩组合6吸入的冷空气流由PTC发热体组合2加热,然后将加热的空气通过出风口1送到前风窗玻璃内表面,实现除去玻璃内表面霜(雾)的要求。

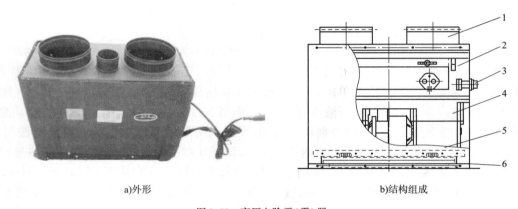

a)外形　　　　　　　　　　　　b)结构组成

图3-50　高压电除霜(雾)器

1-出风口;2-PTC发热体组合;3-高压接插器;4-风机;5-盖板组合;6-滤网罩组合

2. 水暖除霜(雾)系统

水暖除霜(雾)系统的主要部件水暖除霜器由热交换器和离心式风机组成。其中热交换器有管片式、管带式和平行流式三种,使用较多的是管片式。

根据风机与水箱相对位置的不同,水暖除霜(雾)系统可分为吸风式和吹风式两种型式。前者的特点是进气经过热交换器后再由离心风机吹出到前风窗玻璃内表面,后者则是进气经过离心式风机和热交换器后再吹到前风窗玻璃内表面。

按进气方式的不同,水暖除霜器可分为内进风除霜器、纯外循环除霜器和内外循环除霜器三种。其中,内进风除霜器的进气为客车车厢内部的空气;纯外循环除霜器的进气为车室外空气;而内外循环除霜器的进气有两种状态:一种为车室内空气、一种为车室外空气,由驾驶员通过电动开关或拉线进行切换。

图3-51所示为一种典型的水暖除霜(雾)系统的除霜(雾)器结构示意图。采用的是离心风机、管片式热交换器和纯外循环进气的吹风式结构。工作时,在风机3的作用下,车室外的空气经滤网罩组合4与热交换器2的冷却液进行热交换升温后,通过出风口1经管道和喷口吹向前风窗玻璃内表面,用于清除客车前风窗玻璃上的积雪、结雾或结冰。水暖除霜(雾)设备的使用地区不受限制,只需整车提供加热后的冷却液即可。

 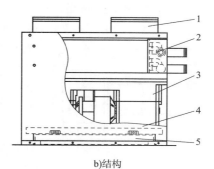

a) 外形　　　　　　　　　　　　　b) 结构

图 3-51　水暖除霜(雾)器
1-出风口；2-热交换器；3-风机；4-盖板；5-滤网罩组合

3. 冷暖除霜(雾)系统

冷暖除霜(雾)系统的除霜(雾)装置结构如图3-52所示，由安装壳体、风机、热交换器、风门执行机构总成和温度传感器等五部分组成。其中，安装壳体包括出风罩、风机固定罩、固定板、管路连接板和新风罩等。在出风罩上设有吹向前风窗玻璃的出风口1以及吹向驾驶员和导游位的出风口2，风门执行机构总成12通过控制其风门来实现开启和关闭出风口1。热交换器5安装在内表面贴有密封条8和装有车内回风口15的固定板上，在热交换器的热盘管上焊接有进水管6和出水管11，流入进水管的热水通过热交换器5的热盘管，与风机2从车内回风口15吸入的空气进行热交换后，由出水管11排出。在车内回风口处固定板上焊接有用于探测车内回风温度的传感器19的支架，传感器19和插入热交换器冷盘管上的除霜温度传感器4将温度信号传给控制系统，确保冷暖除霜在预先设置的温度范围内正常工作。膨胀阀9一端与热交换器的冷盘管连接，另一端通过管路连接板与制冷剂进液管20和制冷剂出气管21连接。高温高压液体制冷剂从进液管经过膨胀阀节流降压后，成为雾状进入热交换器总成的制冷剂管内，吸收风机吸入的空气热量，最后变成低温低压的蒸气从制冷剂出气管排出。新风罩上设有用于补充外界新鲜空气的新风口16，新风口的开启和关闭通过风门执行机构总成22控制风门来实现。新风罩上还设有滴水管17，用来排出制冷时热交换器的冷盘管外表面生成的冷凝水。

 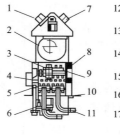

a) 外形　　　　　　　　　　　　　b) 结构

图 3-52　冷暖除霜(雾)装置结构简图

1-出风口1；2-风机；3-管路连接板；4-除霜温度传感器；5-热交换器；6-进水管；7-出风口2；8-密封条；9-膨胀阀；10-新风罩；11-出水管；12-风门执行机构总成；13-风机固定罩；14-固定板；15-回风口；16-新风口；17-滴水管；18-出风罩；19-温度传感器；20-制冷剂进液管；21-制冷剂出气管；22-风门执行机构总成

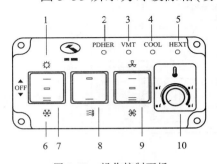

图 3-53 操作控制面板
1-制热标识；2-电源指示灯；3-新风指示灯；4-制冷指示灯；5-制热指示灯；6-制冷标识；7-选择开关；8-新风开关；9-风量开关；10-温度控制旋钮

图 3-53 所示为冷暖除霜(雾)系统的操作控制面板,其控制原理是(结合图 3-52)：制冷时打开选择开关 7,电源指示灯 2 亮；根据需要选择风机工作挡位和通过温度控制旋钮 10 设定温度(15～30℃)；当回风温度传感器探测回风温度大于设定温度 2℃ 时,制冷指示灯 4 亮,冷暖除霜(雾)装置进入制冷工作状态；控制系统打开车顶空调供液电磁阀,冷凝后的高温、高压液态制冷剂由进液管经过膨胀阀节流降压后,成为雾状进入热交换器总成的冷盘管,吸收风机吸入的空气热量,变成低温低压的蒸气从制冷剂出气管排出；风机从车内回风口吸入的车内空气经冷盘管冷却后从出风口 2 排出,冷却后的空气经仪表板出风口送给驾驶员和导游位。当车内需要补充新鲜外界空气时可打开新风开关 8,图 3-52 中风门执行机构总成 12 打开风门,新风即通过新风口由风机吸入。当回风温度达到设定温度或除霜温度传感器探测冷盘管表面温度低于 4℃ 时制冷停止,指示灯 4 熄灭并切断供液电磁阀。

制热时打开选择开关 7 的制热挡,电源指示灯 2 亮。选择风机工作挡位和设定温度,当设定温度高于回风温度 2℃ 以上时,制热指示灯 5 亮,冷暖除霜(雾)装置进入制热工作状态。控制系统打开水路的热水电磁阀和水泵,来自发动机或经加热器加热后的防冻液经进水管进入热交换器的热盘管,加热风机吸入的车内空气和新鲜外界空气后从出水管排出。制热时,控制系统打开出风口 1 可用于前风窗玻璃除霜,出风口 2 则可以供驾驶员和导游位取暖。当回风口的温度达到设定温度时制热停止,指示灯熄灭并切断热水电磁阀和水泵。当温度控制旋钮在强制挡时,制热工作不受回风温度传感器的控制。

在客车上安装冷暖除霜(雾)系统需对原空调系统做如下改进：高温高压制冷剂从原空调系统的干燥器和膨胀阀中间管路中抽取并由供液电磁阀控制。当操作控制面板输入制冷控制信号时,打开制冷剂供液电磁阀；当操作控制面板或温度传感器切断制冷控制信号时,关闭制冷剂供液电磁阀。制冷剂从冷暖除霜(雾)装置的制冷剂出气管排出后与原空调系统的低温低压制冷剂蒸气汇合,然后进入压缩机形成新一轮循环。制热时需增加一个热水电磁阀,并与原水暖系统的水泵采取同步控制。操作控制面板输入制热控制信号时,打开水泵和热水电磁阀；操作控制面板或温度传感器切断制热控制信号时,关闭水泵和热水电磁阀。

冷暖除霜(雾)装置在客车上实施的系统示意图和控制原理如图 3-54 和图 3-55 所示。

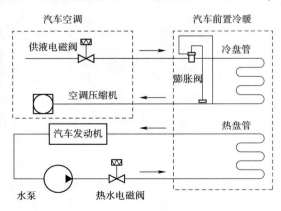

图 3-54 冷暖除霜雾装置系统示意图

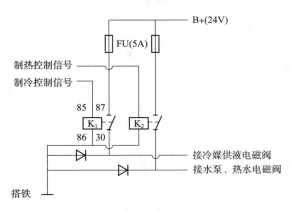

图 3-55　冷暖除霜雾控制原理

二、高寒地区的前风窗玻璃除霜

高寒地区前风窗玻璃除霜的总体思路,就是利用外界的干燥寒冷空气经加热后通过仪表板上的风口送出,在前风窗玻璃内侧表面形成一风幕,阻止车内人员呼吸产生的湿空气在玻璃内表面结霜,从而保证驾驶员视野。

1．技术方案

1）引入并加热外界干燥空气

通过在仪表板处安装的除霜器外循环功能来实现。除霜器上设置一个电动风门,仪表板上设计一个除霜开关和一个外循环控制开关,当上述开关按下时,电动风门打开,除霜器即与车外相通,在除霜风机的作用下,车外干燥寒冷的空气进入除霜器与其内的热交换器进行热交换,热交换器内的防冻液来自发动机。一般在客车水暖系统设计时就要确保发动机送出的防冻液首先流经除霜器的热交换器,这样即使用户不开启燃油加热器,外界寒冷空气也可由 -20℃ 迅速提高到 50℃ 左右。当外界空气比较污浊或有雪花时,可通过开关关闭除霜器的外循环,短时间内采用车内空气循环加热供前风窗玻璃除霜。

2）仪表板合理送风

在仪表板内设计一专用风道,将除霜器产生的 50℃ 左右高温干燥空气通过两个直径 120mm 的圆形橡胶伸缩风管送入该风道内,而橡胶伸缩风管通过自然弯曲最大限度减少了送风阻力。橡胶伸缩风管与风道的接口位于风道中部位置（即客车宽度方向）,风道截面面积应为不小于直径 120mm 的圆形面积,这种设计会使该风道形成一个稳定的"静压腔"。该静压腔的形成,确保了仪表板上与风道连接的各个出风口风速基本均匀,对两侧靠近后视镜处的出风口增大风速,因此有利于防止驾驶员观察后视镜处的车窗玻璃结霜。

3）在前风窗玻璃内侧表面形成一风幕

这一要求主要通过仪表板上出风口的形式和布置来实现。为此,通常在仪表板上距离前风窗玻璃内表面 80～100mm 之间沿车宽方向均匀布置 8～10 个长 130mm、宽 20～30mm 的长条形可调出风口。这种风口形式和布置位置可以保证出风口的出风速度控制在 2～7m/s,具体大小根据实际使用情况通过除霜开关挡位控制来调节,同时也满足了驾驶区噪声控制要求。出风口的温度、形式和布置共同决定了可在前风窗玻璃内表面形成一个干燥的空气风幕,该风幕自仪表板处一直到前成型车顶,基本覆盖全部前风窗玻璃,有效阻止了车内乘员呼吸产生的湿空气在玻璃内表面结霜。

2. 关键技术

1) 空气湿度调节技术

在一定温度和压力条件下,单位质量空气所含的水蒸气量为定值,当相对湿度达到100%,如果水蒸气继续增加则必然会产生结露。要防止结露,必须提高温度,使其可容纳的水蒸气更多,相对湿度随之下降,就不会产生或减少结露或结霜。据测试,车长12m、乘员数50人的客车在环境温度20℃条件下1h内呼吸产生的水量约为2.5kg。目前,我国营运的大多数客车通风换气质量不高,无法及时将这些湿气排除,造成车内湿度越来越大,当到达车内温度条件下最大含湿量时必然会产生结露和结霜现象。由于前风窗玻璃附近温度要远低于车内温度,因此造成的结霜现象将更为严重。现有条件下,解决这一问题的主要途径是将湿润空气与前风窗玻璃隔绝。若车外空气温度-20℃,即使车内相对湿度近乎100%,如果将前风窗玻璃内表面附近的温度升高到50℃,其相对湿度就会迅速降低。因此,采用除霜器将热空气均匀覆盖到玻璃内表面使之与车内空气隔绝,就不会出现结霜。

2) 静压不变的均匀送风风道设计技术

要确保仪表板上各个出风口出风速度均匀,就必须在仪表板内设计风道以便形成一个稳态的"静压腔"。出风口的出风速度大小由该处静压决定,如果静压相等,相同出风口的出风量必然相同。而整个风道内全压保持不变(全压等于动压和静压之和,动压与风道内风速的平方成正比),且除霜器上的橡胶伸缩风管位于风道中部,在相同的风道截面积条件下,仪表板中部动压大,两侧动压小,也就是说仪表板中部的静压小,出风两侧静压大出风速度高,这对于解决驾驶员观察后视镜区域的车窗玻璃除霜较为有利。实际设计时两侧风道面积要略小于中部风道面积,一般中部风道的截面积等效于直径120mm的圆形截面,两侧风道的截面积等效于直径100mm的圆形截面,就基本可以做到既确保各个出风口风速相同,又使得吹向观察后视镜处车窗玻璃的风口风速适当增大。

3) 非等温受限贴附射流技术

所谓非等温,意味着仪表板出风口温度50℃,而驾驶区空间温度约为20℃,靠近前风窗玻璃表面空间的温度则更低,这样既有利于增加气流的射程,还可避免外界-20℃的气温直接传入车内,迅速降低驾驶区温度造成驾驶员和导游的不舒适。而受限贴附射流,则是指从仪表板长条形风口吹出的50℃高温空气受到前风窗玻璃的限制,只能与另一侧驾驶区的空气进行热交换,所以沿射流射程所混入的空气量比自由射流时约减少一半,因此射流衰减慢,射程与同样风口的自由射流射程相比,可增加至车顶前成型顶处,有利于在前风窗玻璃内侧表面形成一干燥的风幕。

第四节 通风换气系统

由于客车室内空间狭小,乘员众多,车内空气将因乘员排出的CO_2、水蒸气及其他异味等受到污染。为此,客车上设有通风换气系统,以便随时从车外引入新鲜空气来净化车内的污浊空气,调节室内的温度和湿度。同时,通风对防止车窗玻璃起雾也起着积极作用。客车上采用的通风形式有动压通风(亦称自然通风)、强制通风和综合通风三种。

一、动压通风

一般,未采用空调技术的客车都采用动压通风。这种通风方式利用车辆行驶时大气对车身外部所产生的风压,在适当地方开设进风口与排气口,以及利用侧窗的开启来实现车内通风。最简单的是除侧窗外在车顶开设若干个顶风窗或在车身前围开设进风口。也有为适应雨天通风(顶窗、侧窗不能开启),在前风窗帽檐处开设进风口,在车内两侧侧窗上部设置通风道和出风口,在最后一根立柱处设置排气口的方法,实现车内通风。

动压通风的进出风口位置选择恰当与否,对通风效果影响极大。正确的位置应根据风洞试验或实车试验所测得的风压分布图来设定。一般进风口应设在正压区,即前围、前风窗玻璃上部或前后轴间的车顶;排气口应设在负压区,即车顶前后部或侧围各处(图3-56)。进入车内的空气流速一般控制在1.5~2.0m/s的范围。

动压通风不需要消耗专门的能源和设备,结构也很简单。其主要缺点是:容易在车内造成"穿堂风",且通风不均匀,靠近窗口或风口的地方风较大;进风量取决于汽车与空气的相对速度;通风量的大小受车速变化影响大,特别是在慢行或停车以及下雨车窗不能开启时,通风受到的影响更大;与采暖和制冷设备的结合较为困难。

二、强制通风换气

1. 多功能强制通风换气装置

多功能强制通风换气装置是采用电动风扇(换气扇)强制空气的进入或抽出,以达到通风换气的目的。强制通风换气装置多用于装有空调的大型客车,一般设计有五种功能,中、大型客车安装2~3个通风换气扇就可以满足多种气候条件下的通风换气要求。

图3-57所示为某国产DF234C强制通风换气扇结构。该通风扇气设计有如下五种功能:

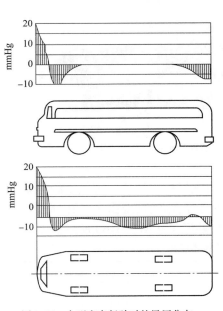

图3-56 大型客车行驶时的风压分布

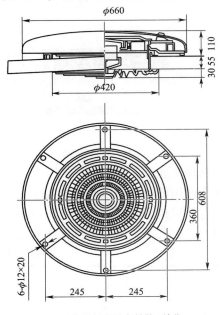

图3-57 国产强制通风扇结构(单位:mm)

(1)停止:当开关处于"停止"挡位时,风扇停转,气室盖关闭,此时车厢密封。

(2)自然通风:当开关处于"自动"挡位时,电流经限位开关使电机齿轮做逆时针旋转,气室盖随之上移。转过1/2圈后气室盖上移约35mm,由于限位开关的作用,电机自动停止,风扇停转,气室打开,车内外空气进行自然流通。

(3)吸气:开关处于"吸气"挡位时,电流通过继电器而使电机顺时针旋转,呈吸气状态。

(4)排气:开关在"排气"挡位,换气扇通过继电器控制而做逆时针旋转,将车内污浊空气排出车外。

(5)循环:开关在"循环"挡位,由于限位开关的作用,使气室盖下移,直至盖紧风道口,风扇做逆时针旋转,此时车内空气在风扇作用下循环流动。

该换气扇的风量控制是通过风扇电机的高速与低速来实现的。当开关处于"高速"位置时,风扇电机高速运行,风量较大(进、排、循环);处于"低速"位置时,由于限流电阻的作用,风扇电机转速减慢,从而风量减少。

2. 带车顶逃生功能的强制通风换气装置

这种强制通风换气装置有两个功能:一是车顶逃生功能,从车外和车内均可以打开,供乘客在关键时逃生,如图3-58所示,逃生口尺寸为780×510mm;二是换气功能,工作时轴流风扇通电后,车内污浊空气通过通风换气装置顶部两侧排出车外,如图3-59所示。

图3-58 带逃生功能的强制通风装置

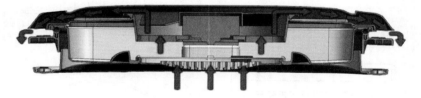

图3-59 强制通风装置换气通道

3. 单独通风装置

客车上使用的单独通风装置安装在车顶上,由进气系统和负压排气系统等组成。其中,进气系统包括风机、开启装置、迷宫风道和车内风道等;排气系统由排气孔、防雨罩口框和装饰罩等组成。进气系统的有关技术参数见表3-2,外形尺寸如图3-60所示。

表3-2 进气系统的有关技术参数

输入电压(V)	DC 24/27
电机功率(W)	170~190
新风量(m³/h)	900

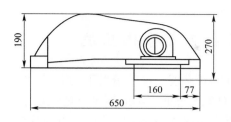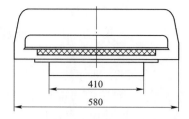

图 3-60　进气系统外形尺寸(单位:mm)

当气压大于 101.325kPa 时,车厢内气体由排气系统自动排出,其外形尺寸如图 3-61 所示。单独通风装置在整车上布置安装如图 3-62 所示。

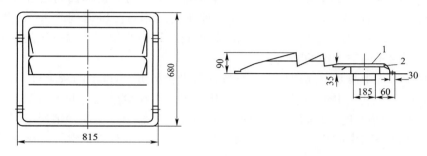

图 3-61　排气系统外形尺寸(单位:mm)

1-罩壳;2-口框

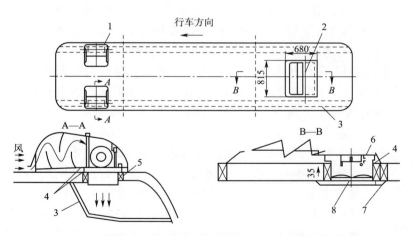

图 3-62　单独通风装置在客车上的布置安装示意图(单位:mm)

1-进气系统;2-排气系统;3-风道;4-密封胶;5-安装支架;6-罩壳;7-装饰罩;8-密封条

三、综合通风

所谓综合通风,是在指一辆车上同时采用强制通风和动压通风。采用这种通风方式虽然车身结构设计复杂,但节省能源、经济性好。特别是在春秋季节,用动压通风导入凉爽的车外空气,以取代制冷装置工作,同样可以保证舒适性。这种通风方式在早、中期装有空调的大型客车上得到普遍应用,近年来由于全密封式车身结构的出现,仅在普通型客车上还有所采用。

第五节　加湿与空气净化系统

冬季,车外气温较低,即使是在外界空气相对湿度较高的情况下,其含湿量也不高,而经加热后送入车室内的空气,有可能使车内相对湿度过低而不能满足舒适性要求。另外,干燥的空气也十分容易产生静电,为乘员带来诸多不必要的麻烦。例如,当外界温度为 -12℃ 时,饱和空气含湿量为 1.5g/kg,若车内温度18℃,此时每位乘客散发的湿量约为 32.4g/kg,如无其他散湿源,当每人供给新风量为 20~25m³/h 时,根据湿平衡,可以求得车内的含湿量为 2.6~2.9g/kg,能达到的湿度 <30%RH。若考虑冬季人们的新陈代谢过程变慢,换气需要的新风可以减少到每人 10~15m³/h,从而可使车内的相对湿度得到改善,但仍难以满足舒适性要求。为此高级豪华型客车多采用加湿的方法,以适当提高车内空气的相对湿度,改善空气质量,消除车内空气中的静电。

此外,由于空气中总是不同程度地含有各种灰尘和杂质,而过多的灰尘进入车内不仅会影响乘员的舒适和健康,也不利于空调设备工作。当汽车在尘土飞扬的土石路上行驶,或在公路隧道中行驶和堵车时,多采用空气内循环或内外循环兼用。在这种情况下,就更需要采取有效措施,清除空气中的粉尘、烟味、臭味及有害气体。这就是汽车空气净化的任务。

一、空气加湿

目前,常见的空气加湿器有三种型式,分别是超声波、电加热型和纯净型加湿器。

超声波加湿器采用超声波高频振荡原理,将水雾化为 1~5μm 的超微粒子,通过风动装置将水雾扩散到空气中,达到均匀加湿空气的目的。这种加湿器加湿强度大,加湿均匀,效率高,并具有省电、使用寿命长的优点,很受欢迎。缺点是对水质有一定的要求。

电加热型加湿器是技术最简单的加湿方式,利用发热体将水加热至沸点,产生水蒸气释放到空气中。这种加湿方法将蒸汽直接与空气混合,对水质没有要求,但缺点是能耗较大,不能干烧,安全系数较低,加湿器上容易结垢。

纯净型加湿器是加湿领域近年采用的新技术,它通过分子筛蒸发技术除去水中的钙镁离子,彻底解决水质不好造成的"白粉"问题。由于是通过水幕洗涤空气,在将空气加湿的同时,也可净化空气,再经风动装置将湿润洁净的空气送到室内从而提高环境湿度。新一代纯净型加湿器采用模糊控制,随温度、湿度变化而自动调节加湿量,运用动平衡原理将环境相对湿度控制在人体最适宜的 45%~65%RH 之间。当室内湿度高于 50%RH 时,加湿器便自动降低加湿量,使环境始终处于恒湿状态,且不受水质限制。这种加湿器还能过滤空气和杀灭细菌,不仅使加湿更加纯净,还能以净水洗涤空气,有效去除空气中的污染,促进室内空气循环,最大限度地保证了人体健康,降低了呼吸道感染的概率。

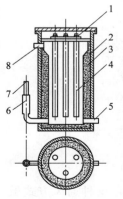

图 3-63　电极式加湿器
1-接线柱;2-外壳;3-保温层;4-电极;5-进水管;6-橡皮短管;7-溢水管;8-蒸汽出口

图 3-63 所示的电极式加湿器结构在车辆空调设备中应用较为广泛。这种加湿器是在金属或耐裂陶瓷做成的圆筒中盛上一定高度的水,将三根不锈钢棒或炭棒插入其中作为电极,与三相电源连接。电极棒通

电后,就有电流从水中通过,水相当于电阻。水被加热而产生的蒸汽由排出管引至欲加湿的空气中去,直接与空气混合。显然,水位越高,导电面积越大,因此水位高低决定了产生蒸汽量的多少。水位高度一般由溢水管的高低来调节。

客车上采用的电极式加湿器为两根极棒,或利用两个同心不同直径的金属网当电极。电极式加湿器可由室内相对湿度的大小来控制电流的通或断,使蒸汽发生或停止。

蒸汽发生量与所需的电功率 N 可按下式计算:

$$N = \frac{Q}{3600} = \frac{D \cdot i_{zq}}{3600} \quad (\text{kW}) \tag{3-1}$$

式中:D——蒸汽发生量,kg/h;
$\quad i_{zq}$——蒸汽的焓,一般取 $i_{zq} = 2678.9 \text{kJ/kg}$;
$\quad Q$——产生 D 千克蒸汽需要的热量,kJ/h。

电极式加湿器若圆筒内无水时电流就不接通,因此极为安全,加湿量也容易控制。缺点是容易积水垢,电极易腐蚀。

二、空气净化

1. 空气净化原理

客车上采用的空气净化方法主要通过如下措施实现,如图3-64所示。

图 3-64 车用空气净化器的原理

1) 初效过滤

采用捕集率80%的合成纤维层,初步净化空气中大的悬浮颗粒。由于主要针对大颗粒和毛屑等的过滤,一般采用 PP(聚丙烯)纤维棉、无纺布、海绵、塑料细网等材质,做成可清洗免更换的模块。利用其高密集度和强透气性的物理特性,过滤悬浮于空气中的尘埃大颗粒。

2) 活性炭强效吸附

可高效去除空气中的绝大部分异味物质、细微颗粒、有害气体、甲醛、苯和氨气等。活性炭材料中有大量肉眼看不见的微孔,其绝大部分微孔的孔径在 $50\sim5000\mu m$ 之间,一般每克活性炭中微孔的总内表面积可达 $700 m^2$ 以上。利用其善于吸附的活性特征,可选择性地高效去除空气中绝大部分异味物质、细微颗粒、有害气体、甲醛、苯和氨气等。

3) HEPA 高效过滤

针对 $0.3\mu m$ 以上的微细颗粒能达到 99.9% 的过滤效果,对空气中的微生物、悬浮颗粒、细菌、病毒有很强的净化作用。高效过滤器(High Efficiency Particulate Air Filter,缩写 HEPA),是目前世界上公认最好的高密度滤材,采用先进的 HEPA 滤芯装置及快速高集尘的三层结构,由许多杂乱交织的纤维形成对粒子的无数道屏障,纤维空间大小只允许气流顺利通过。

4) 光催化转化器空气净化

光催化转化器即二氧化钛(TiO_2)在适当的紫外线(波长 $254\mu m \leq \lambda \leq 365\mu m$)的激发下,在表面形成电子—空穴对,利用所产生空穴的强氧化作用和电子的强还原作用,使表面接触到的 H_2O、O_2 发生分解,得到活性羟基、高活性电子、负离子氧等,具有杀菌、除臭、分解有机物等作用,能迅速分解空气中的甲醛、苯、氨等有害气体分子,并杀灭各类细菌。

5) 负离子

负离子可以吸附空气中带正电的悬浮微粒和空气中过多的正离子,如灰尘、烟雾、废气等,使其成为尘埃落地,从而营造清新、自然的微气候环境。

图 3-65 所示为一种较为简单适用的静电集尘式空气净化装置的结构及工作过程。首先由粗滤器除去空气中较粗的尘粒,由静电集尘器吸附细微尘埃,通过活性炭滤清器除去烟气和臭气,再由负离子发生器供给负离子,最后由鼓风机将净化的空气送入车内。

2. 空气净化器类型

根据风机是否单独使用,空气净化器可以分为独立式和非独立式两种,如图 3-66 和图 3-67 所示。其中,前者为一种独立空气净化器,后者为一种将净化器和天窗集成为一体的具有空气净化和逃生功能的非独立式空气净化器。

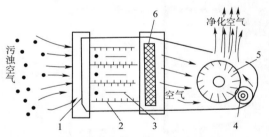

图 3-65 静电集尘式空气净化装置

1-粗滤器;2-集尘电极;3-充电电极;4-负离子发生器;
5-风机;6-活性炭滤清器

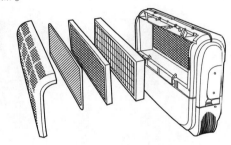

图 3-66 独立式空气净化器

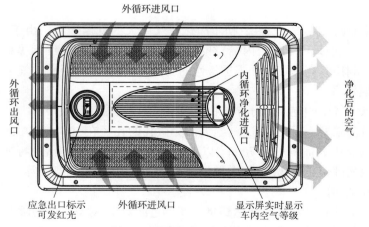

图 3-67 非独立式空气净化器

第六节 电池热管理系统

由于新能源客车的动力电池性能对整车使用性能和安全性有着非常大的影响,而电池工作温度不仅与电池性能密切相关,同时也影响着电池的使用寿命和安全性能。因此,电池热管理系统受到了人们广泛的关注。

一、电池热管理的目的

电池热管理系统就是通过外部设备来调节电池电芯的工作温度,使之始终能在合适的温度范围内工作。对于锂电池,电芯温度的最佳工作状态是 20~35℃。温度较低时其容量衰减,功率性能下降;温度较高时自放电风险增加,内部负反应增多,影响电池的可用容量,降低了使用寿命和效率。电池热管理包括两部分:夏天当电池温度过高时,通过热管理系统给电池降温,避免电池产生不可逆的热反应而造成安全事故;冬天当电池温度过低时,能够给电池加热,保证充放电性能,同时避免电池低温工作时在负极产生析锂而造成内部短路等风险。

二、电池热管理的几种型式

电池热管理常见的降温方式主要有自然冷却、强迫风冷、液冷和制冷剂直冷四种。其中,强迫风冷包括直接将车内的空气或空调出风或车外对流风引入电池安装舱,对电池包进行冷却;液冷是引空调出风或采用单独蒸气压缩式制冷循环设备的制冷剂对冷却液进行降温,冷却液进入电池包内换热板,与其上部安装的电芯进行热传导,从而实现降温的目的;制冷剂直冷则是直接将单独蒸气压缩式制冷循环设备的制冷剂引入电池包内换热板,与其上部安装的电芯进行热传导来给电池降温。

目前,在电池热管理技术中应用较多的电池加热形式主要有两种:一种是采用电池包内部集成电加热膜直接对电芯加热;另外一种是采用电液体式加热器对冷却液进行加热,冷却液进入电池包内换热板,与其上部安装的电芯进行热传导,从而实现升温的目的。

表 3-3 从冷却性能、体积和质量、控制难易程度、能耗、系统成本、技术难易程度、工艺可靠性和风险等角度,列出了几种电池热管理形式的比较。

不同热管理形式对比　　　　表 3-3

冷却形式	自然冷却	强迫风冷	液冷	制冷剂直冷
冷却性能	冷却能力取决于外界环境	冷却性能较差	冷却性能良好	冷却性能优秀
体积和质量	不占用空间,体积最小	质量较轻,系统体积最大	质量较大,系统体积较小	质量较轻,系统体积较小
控制难易程度	无控制	控制容易	控制原理成熟,难度中等	控制困难
能耗	无能耗	能耗低	能耗高	能耗较低
系统成本	很低	较低	成本最高	成本中等
技术难易程度	很低	低	低	难度高
工艺可靠性	最高	高	一般	较高
风险	风险低	风险高	风险较高	风险较高

三、客车常用电池热管理系统的结构及工作原理

目前,制冷剂直冷技术并不十分成熟,虽然这种冷却方式提高了换热效率,但制冷剂在电池包内蒸发通道中蒸发时各处温度相差较大,导致电池温度的一致性较差,从而影响电池的充放电容量。此外,客车用电量大,电池包数量多,采用制冷剂直冷方式管路布置复杂以及存在容易泄漏的风险,目前尚处于研究阶段,并未进入工程实施。但通过冷却液来间接调节电池温度则是当前客车上普遍采用的一种方式,其降温主要靠冷却液,由 PTC 电液体式加热器(简称 PTC 加热器)加热。为了更好地进行传热,电池热管理系统工作时,温控的目标水温为上限 15℃,下限 10℃,最低不小于 5℃;加热时目标水温上限为 50℃,下限为 45℃,最高不大于 65℃。以下主要介绍客车常用的三种液冷(热)式电池热管理装置。

1. 简易机组

简易机组集板式换热器、水泵、风机和 PTC 加热器为一体,其结构及系统原理如图 3-68 和图 3-69 所示。

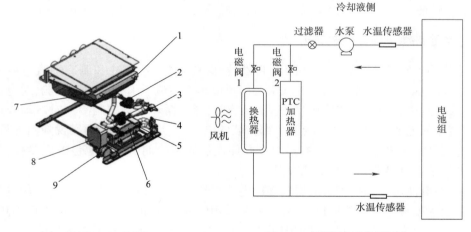

图 3-68 简易机组结构图
1-换热器;2、5-电磁阀门;3-水温传感器;4-水温传感器;6-PTC 加热器;7-风机;8-控制器;9-水泵

图 3-69 简易机组系统原理图

当收到制冷信号时,电磁阀 1 打开,电磁阀 2 关闭,风机和水泵开始工作,由引风管从风道内抽取冷空气,冷空气通过机组内的板式换热器与系统中的冷却液完成热交换,然后通过水泵将冷却液送入电池组内部的换热器中,从而达到降低电池温度的目的。当收到制热信号后,电磁阀 1 关闭,电磁阀 2 打开,机组内部的 PTC 加热器和水泵开始工作,给系统中的冷却液加热。同制冷循环原理一样,通过冷却液与电池内部换热板的热交换达到使电池升温的目的。除了加热和冷却外,水冷机组一般还具有自循环功能,主要是为了解决电池内部温差过大的问题。当收到 BMS(电池管理系统)的自循环指令后,PTC 加热器和风机均停止工作,水泵正常运行,冷却液通道打开(具体是哪个支路取决于上一个工作状态是加热还是制冷)。

由于结构简单,简易机组价格相对低廉。但因没有独立的制冷系统,需要从车厢内抽取冷空气来降低冷却液温度,导致制冷量较小,不适合在电池持续运行工况大于 1.2C 时使用。

此外,由于受到空调系统工作状态的影响,简易机组的使用具有局限性。

2. 非独立机组

非独立机组不需要单独的制冷系统,靠从空调系统分流一部分制冷剂来对通过水冷机组内部蒸发器的冷却液进行降温。图3-70和图3-71分别为某非独立机组的电池热管理系统原理图和结构示意图。图中,蒸发器1为空调系统内部蒸发器,用于给车厢内部空气降温;蒸发器2为水冷机组内部蒸发器,冷却液与制冷剂在此完成热交换,通过降低冷却液的温度达到给电池降温的目的。两个蒸发器总成处于并联状态,二者共用一套压缩机、冷凝器、干燥器等部件,通过电磁阀1和电磁阀2分别控制两路制冷剂的流通,同时利用膨胀阀1和膨胀阀2分别调节两路制冷剂的流量大小。当电池需要升温时,电磁阀2关闭,水泵和PTC加热器开始工作,冷却液被PTC加热器加热后送入电池内部换热器,从而达到给电池加热的目的。自循环模式时,电磁阀2关闭,PTC加热器停止工作,水泵运行。

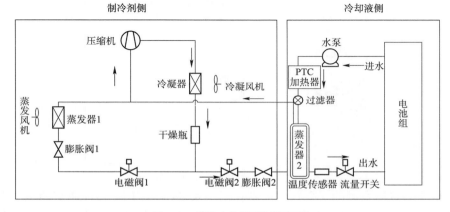

图3-70 非独立机组系统原理图

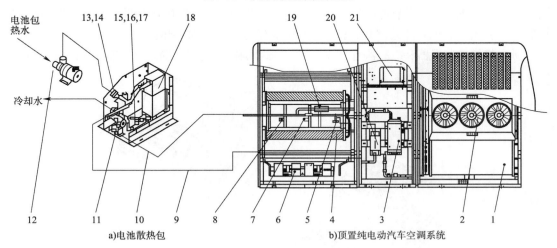

图3-71 非独立机组系统结构示意图

1-冷凝器芯体总成;2-冷凝风机;3-电动压缩机总成;4-蒸发器1芯体总成;5-膨胀阀1组件;6-蒸发风机;7-电磁阀1;8-电磁阀2;9-低压气体制冷剂管路;10-高压液体制冷剂管路;11-膨胀阀2组件;12-电动水泵;13-蒸发器2进水管组件;14-水过滤器;15-蒸发器2出水管组件;16-水温传感器;17-流量开关;18-蒸发器2芯体总成;19-干燥器;20-气液分离器;21-电控系统

非独立机组不需要单独的制冷系统,可以降低热管理装置的成本。但由于非独立机组需要从空调系统分流一部分制冷剂,必然会对乘客区的制冷效果产生一定影响,增大系统的负荷;而空调系统到电池水冷机组之间过长的高低压管路也不利于提高系统的能效比。此外,客车空调的冷凝器、蒸发器总成一般布置在车顶,因此限制了电池热管理装置的安装位置,当电池组底置时,电池水冷机组和空调系统之间的高低压管路连接会比较困难。

实际上,对于客车企业而言,每个车型的空调制造厂家和型号并不固定,因此导致水冷机组和空调的匹配较为困难,这也是限制非独立机组使用的一个现实因素。

3. 独立机组

独立机组相当于一个小型的纯电动空调,具有一套独立完整的制冷系统,图3-72所示为采用独立机组的电池热管理系统原理图。

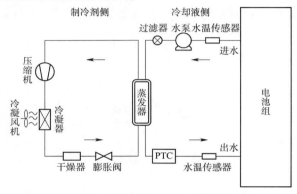

图 3-72 独立机组系统原理图

独立机组与普通空调的一个较大差别在于蒸发器的结构不同,普通空调蒸发器用于空调制冷剂与空气间的热交换,而电池水冷机组内部蒸发器则用于空调制冷剂与冷却液之间的热交换。这种特殊的热交换器一般采用套管式结构,换热管道分为两层,空调制冷剂在内层管道,冷却液在外层管道,两层管道之间分布有翅片以增加换热面积。

独立机组的蒸发器和冷凝器有分体式和一体式两种,其结构分别如图3-73和图3-74所示。

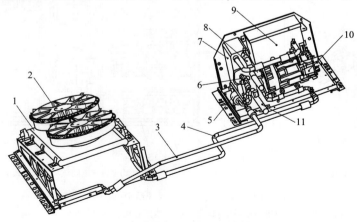

图 3-73 分体式独立机组系统结构图

1-冷凝器;2-冷凝风扇;3-高压液体制冷剂管路;4-高压气体制冷管管路;5-干燥过滤器;6-膨胀阀;7-板式换热器;8-板式换热器进水管组件;9-控制器;10-电动涡旋压缩机;11-板式换热器出水管组件

独立机组可根据需要设计不同的功率,匹配相应功率的压缩机、蒸发器等部件,因此可以满足不同制冷功率大小的需求,具有更广泛的使用范围。相较于非独立机组,其对电池内部温度变化响应更迅速,不用考虑乘客区对空调制冷性能的要求,布置也相对灵活。

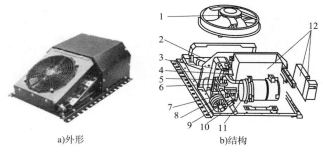

图 3-74 一体式独立机组外形和结构示意图

1-冷凝器风机;2-冷凝器芯体;3-板式换热器;4-膨胀阀;5-压缩机制冷剂吸入管;6-冷凝器制冷剂排出管;7-水泵;8-温度传感器;9-换热器出水管;10-压缩机制冷剂排出管;11-压缩机;12-电气箱

第七节 客车空调系统的控制与保护

为了确保客车空调系统正常工作和出现故障时不至损坏,系统中设置了一系列控制调节装置、执行机构和安全保护装置,从不同角度以不同方式对空调系统进行控制和保护。

传统的客车空调系统由驾驶员手动控制,近年来随着制冷和采暖装置整体化(制冷、采暖、通风合为一体)的技术进步,自动控制技术得到了很大发展。目前,微型电子计算机技术、故障诊断技术、CAN(控制器局域网络)总线和图像显示技术等已在客车自动温控空调系统得到广泛应用。

一、对客车空调系统控制装置的要求

对客车空调系统控制装置的要求是:各控制手柄和按钮应操纵轻便、灵活,不得有松动或卡死现象;控制应明确、可靠,具有较强的抗振动性能;在满足控制要求的前提下,应尽可能减少操纵手柄和按钮;为使操纵简单、确保安全,应有控制显示和报警装置,以利于驾驶员随时掌握运行情况;对自动控制装置,应有故障诊断、显示功能,当自动控制失效时,应具有一定的手动控制能力,以保证最低限度的空调要求;结构简单、维修方便。

二、常见的客车空调系统控制方法

目前,大部分空调客车都装备的是单件式空调。所谓单件式空调,是指组成空调系统的各装置自成体系,可在车上单独安装,并独立控制的制冷、采暖、通风、除霜和空气净化装置。这种空调系统由于分别由驾驶员手动控制,亦称手动空调控制系统,是一种最普通、最经济的控制方式,其温度设置、功能选择、工作模式、开机、关机等均由驾驶员通过各种旋钮、按键进行操作。因此,操纵复杂,占用空间多,维修较为困难。

1. 制冷系统控制
1) 常规制冷系统
(1) 控制方法。
常规制冷控制装置一般采用闭环控制,由驾驶员通过控制面板上的各种旋钮、按键输入控

制信号,制冷系统接收信号后按规定要求开始工作;运行中的有关信息,如车内温度、芯体温度、压力、电源、电压及故障信息等则通过控制面板上的显示屏或灯光、声响进行反馈,以便驾驶员随时了解掌握工作情况。常规制冷系统的操作控制方法及控制内容如图3-75所示。

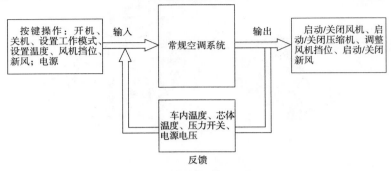

图3-75 常规制冷系统的控制方法

(2)工作流程。

常规制冷控制装置的工作流程如图3-76所示。由图中可见,所有的控制节点都是闭环系统,在任一节点,如果不满足控制要求,系统将根据问题(故障)程度,自动返回上一节点或直接回到开始状态。

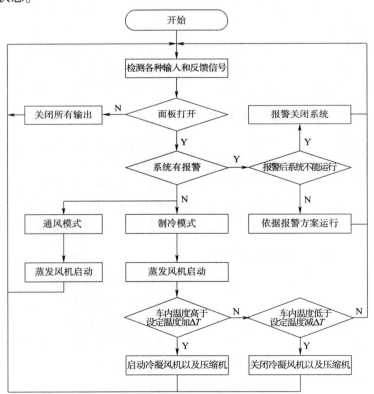

图3-76 常规制冷控制装置的工作流程

(3)工作原理。

常规制冷系统的控制工作原理如图3-77所示。

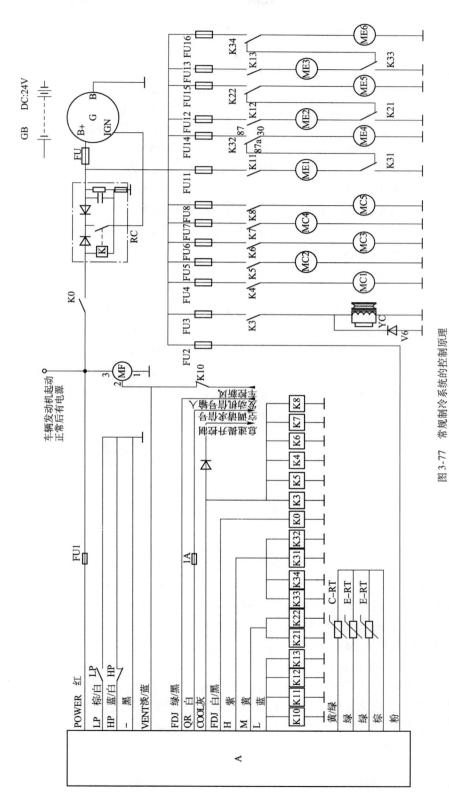

图 3-77 常规制冷系统的控制原理

MC1~MC5-冷凝风机；ME1~ME6-蒸发风机；YC-压缩机电磁离合器；FU-保险总成，150A；FU1~FU8，FU11~FU16-片式熔断器，5A；A-控制面板；HP，LP-高低压开关；K-继电器，DC24V；C-RT-车内温度传感器；E-RT-除霜温度传感器；MF-新风电机；G-发动机；RC-阻容箱

工作时,车辆点火起动,控制面板得电。打开空调控制面板启动开关后,控制器内部单片机快速对压力开关、传感器、电压等进行检测,无问题则低挡风(L)有高电平输出,对应的继电器 K10、K11、K12、K13 吸合;K10 吸合外部新风控制失效,K11 吸合蒸发风机 ME1 和 ME4 串联工作;K12 吸合蒸发风机 ME2 和 ME5 串联工作;K13 吸合蒸发风机 ME3 和 ME6 串联工作。面板跳到中挡风,低挡风(L)和中挡风(M)都有高电平输出,K10、K11、K12、K13、K21、K22 吸合,K21 和 K22 吸合后蒸发风机 ME2 和 ME5 全速运行,蒸发风机 ME1 和 ME4 串联工作,ME3 和 ME6 串联工作。面板跳到高挡风,低挡风(L)、中挡风(M)和高挡风(H)都有高电平输出,K12、K13、K21、K22、K31、K32、K33、K34 吸合,蒸发风机 ME1、ME2、ME3、ME4、ME5、ME6 全部高速运行。面板设置到制冷模式,且车内温度高于设定温度,发动机起动,制冷(COOL)有高电平输出,继电器 K3、K4、K5、K6、K7、K8 吸合,压缩机离合器吸合压缩机工作,冷凝风机 MC1、MC2、MC3、MC4、MC5 工作。若系统压力正常,高低压开关 HP、LP 都是闭合状态。继电器 K0 用于控制发电机的励磁,发动机起动,开启面板就有输出。

2)电动空调制冷系统

(1)控制方法。

电动空调的控制和常规制冷系统的控制基本相同,多采用闭环控制,由驾驶员通过控制面板上的各种旋钮、按键或触摸屏输入控制信号,制冷设备接收信号后按规定要求开始运行。运行中的有关信息,如车内外温度、蒸发芯体温度、冷凝芯体温度、压力、电源、电压及故障信息等则通过控制面板上的显示屏或灯光、声响进行反馈,以便驾驶员随时了解掌握制冷设备的工作情况。电动空调的操作控制方法及控制内容如图 3-78 所示。

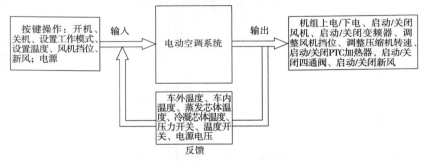

图 3-78 电动空调的控制方法及控制内容

(2)工作原理。

电动空调的控制原理如图 3-79 所示。车辆起动输入高压电后,高压侧有高压电,低压 24V 有电。开启面板空调启动信号有输出,直流接触器 JK1 吸合,DC-DC 转换器和变频器上电,DC-DC 把高压电转换为 24V 电用于风机电源,风机通过调速模块(SC)控制采用脉冲宽度调制(Pulse Width Modulation,PWM)无级调速方式,变频器采用 RS485 通信与主板进行通信控制,M1 和 M2 为电气安装空间的散热风扇,该风扇经 DC 启动后自动开启。在通风模式下只通过蒸发风机调速模块开启蒸发风机,依据面板挡位调整 PWM 占空比调整风机转速。

制冷模式下,开启蒸发风机,车内温度大于设定温度,冷凝风机开启,冷凝风机也是通过 PWM 控制启动以及调速。当压缩机启动信号有高电平输出,直流接触器 K1 吸合,变频器启动并依据主板给定频率控制压缩机运转,变频器输给压缩机的为三相电,额定电压 220V。变频器与压缩机(CPM)接线的接线端子 UVW 不能接反,否则压缩机反转会损坏压缩机。

第三章 客车空调系统的结构与工作原理

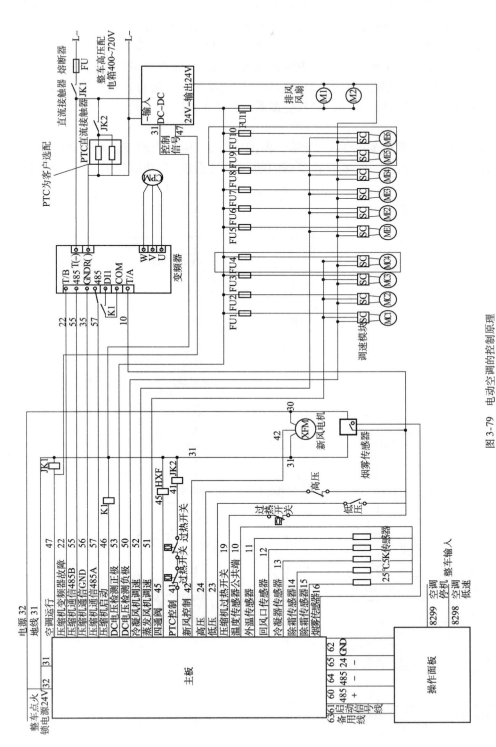

图3-79 电动空调的控制原理

JK1、JK2-直流接触器；PTC-PTC加热器；DC-DC-高压转24V电压转换器；CPM-电动压缩机；FU-熔断器；XFM-新风电机；FU1~FU11-保险片；SC-风机调速模块；M1、M2-电气箱排风扇；K1-变频器启动继电器；HXF-四通阀线圈

91

制热模式下在开启压缩机前先会开启四通阀（HXF），如环境温度低于零下5℃时，采用PTC加热，PTC控制有高电平输出，该信号经过PTC内部过热保护器，直流接触器JK2吸合后PTC上电即开始工作。压力开关、压缩机排气温度（过热开关）、变频器故障开关正常工作时都是闭合状态。面板与主板之间采用RS485通信控制，面板处预留有与整车对接的停机和降速请求信号，当面板接到上述信号后按照整车对应需求进行运行。收到降速信号，压缩机降低一个频率挡位运转；收到停机信号，空调系统停止工作。

（3）工作流程。

电动空调的控制工作流程如图3-80所示。由图中可见，所有控制节点都是闭环系统，在任一节点，如果不满足控制要求，系统将根据问题（故障）程度，自动返回上一节点或直接回到起始状态。

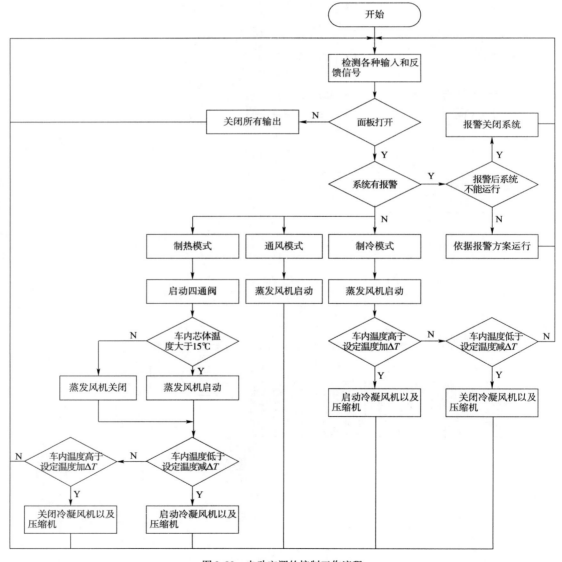

图3-80　电动空调的控制工作流程

2. 采暖系统控制

采暖系统根据组成部件的不同,其控制方式分别如下。

1) 采用独立燃油液体加热器的采暖系统

图 3-81 所示为采用独立燃油液体加热器的采暖系统控制原理图。

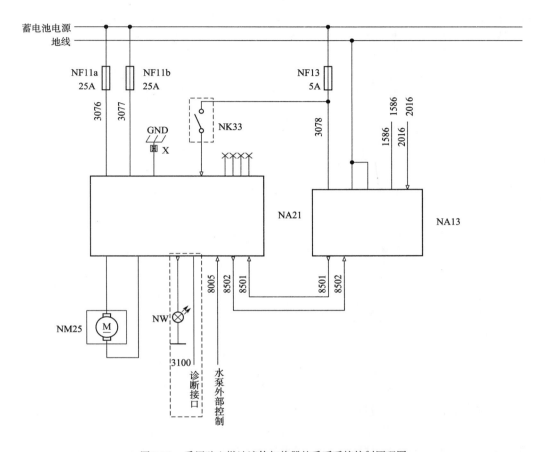

图 3-81 采用独立燃油液体加热器的采暖系统控制原理图

NA21-加热器控制单元;NA13-加热器定时器;NF11a-加热器控制单元熔断器 1;NW-火焰探测指示灯;NM25-水泵;NF11b-加热器控制单元熔断器 2;NF13-加热器控制面板熔断器;NK33-经济运行模式开关

图中 NA13 为加热器定时器,NA21 为安装在加热器上的控制单元执行机构。当 NA13 设置的启动时间到点时,输出启动控制信号(8501)给 NA21 启动燃油加热器(包括安装在加热器上的水泵 NM25),加热器按照预先确定程序工作,同时检测系统工作情况,如发生故障时一方面可以通过图中诊断接口和火焰探测指示灯 W 进行诊断,另一方面直接将故障信号(8502)输出给加热器定时器 NA13,NA13 将具体的故障通过其上的显示屏告知驾驶员。夜间工作时有小灯信号(2016)输入,以确保显示屏背光开启。当经济运行模式开关 NK33 闭合时,加热器处于经济运行模式工况。

2) 采用强制散热器的采暖系统

图 3-82 所示为一种典型的采用强制散热器的采暖系统控制原理图。

当控制开关 NK13b 和 NK13d 在 Ⅰ 挡工作时,强制散热器风机 NM1～NM8 的 L 端有电,风机处于低速运行;Ⅱ 挡工作时,强制散热器风机 NM1～NM8 的风机处于高速运行。强制散热器的风机无论低速运行还是高速运行,控制开关 NK13b 和 NK13d 的工作指示灯都变亮。当某一风机电路出现短路时,熔断器(NF1 或 NF2)熔断,起到保护电路安全作用。

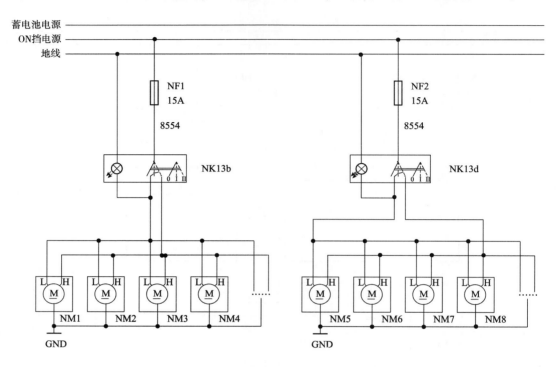

图 3-82　采用强制散热器的采暖系统控制原理图
NM1～NM8-散热风机;NK13b-控制开关;NK13d-控制开关

3)采用自然散热器的采暖系统

图 3-83 所示为一典型的采用自然散热器的采暖系统控制原理图。当车辆需要预热时,可通过设置燃油加热器的定时器启动时间来实现(如车辆启动前燃油加热器先工作一段时间),具体参见图 3-82。燃油加热器水泵启动后,控制继电器 N23 接通水路控制阀 NV2b,此时自然散热器可实现车内预热。车辆起动后(开关 S 通电),当车内温度低于温控面板 NA3b 设定温度时,NA3b 输出控制信号(8511)给控制继电器 N23 接通水路控制阀 NV2b,车内温度升高;当车内温度达到温控面板 NA3b 设定温度时,控制继电器 N23 断开,水路电磁阀 NV2b 关闭。

4)采用电空气式加热器的采暖系统

图 3-84 所示为采用电空气式加热器的采暖系统控制原理图。

控制开关在 Ⅰ 挡工作时,仅风机在低速挡工作;当控制开关在 Ⅱ 挡工作时,除风机在高速挡工作外,同时吸合高压继电器,高压电源给 PTC 发热体组合供电(图 3-41),由风机将车内的空气吸入电空气式加热器并吸收 PTC 发热体组合产生的热量后重新送入车室内。

第三章 客车空调系统的结构与工作原理

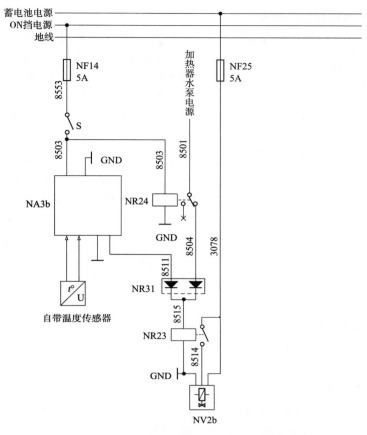

图 3-83 采用自然散热器的采暖系统控制原理图

NA3b-温制面板；NF14-定时器熔断器；NF25-水路电磁阀熔断器；NR23-水路控制阀控制继电器；NR24-定时器控制水路控制阀继电器；NR31-水路电磁阀控制二极管组；NV2b-水路控制阀

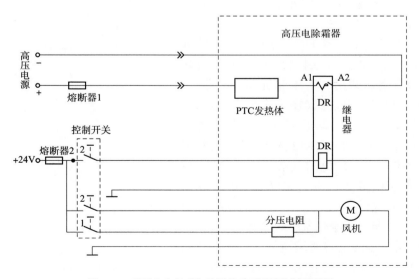

图 3-84 采用电空气式加热器的采暖系统控制原理图

5) 采用电液体式加热器的采暖系统

电液体式加热器一般根据冷却液的控制温度对 PTC 加热器进行分组控制，以使冷却液的温度始终保持在控制温度要求的范围内，类似于独立液体式加热器的温度控制，其分挡控制的原理如图 3-85 所示。图 3-85 中 1、2、3 接高压电源正极(红)，4 接高压电源负极(黑)；R3 和 R6 组成第一组 PTC 发热体；R2 和 R7 组成第二组 PTC 发热体；R1、R4、R5 和 R8 组成第三组 PTC 发热体。这三组 PTC 发热体根据冷却液的温度与设定温度之差来决定全部或部分工作，主要通过控制是否给 1、2、3 提供高压电源来实现。当冷却液温度与设定的温度差较大时，PTC 发热体 R1～R8 全部通电工作；当冷却液温度与设定温度接近时，仅部分 PTC 发热体通电工作，如 R3 和 R6；当冷却液温度达到设定温度时，所有 PTC 发热体停止工作。

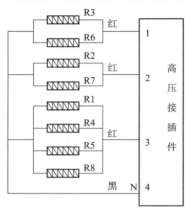

图 3-85 PTC 电液体式加热器的分组控制

3. 除霜(雾)系统控制

1) 电除霜(雾)系统

电除霜(雾)系统的控制原理与电空气式加热器采暖系统的控制原理相同(图 3-84)。

2) 水暖除霜(雾)系统

图 3-86 所示为水暖除霜(雾)系统的控制原理图。当除霜风机开关 NK11 在 I 挡工作时，除霜器 NM11 的 L 端有电，除霜风机低速运行；当除霜开关 NK11 在 II 挡工作时，除霜器 NM11 的 H 端有电，除霜风机高速运行。外循环开关 NK12 通电时，除霜器 NM11 的外循环风门打开，风机进风由车室内进风转换为从车室外进风。

3) 冷暖除霜(雾)系统

典型的冷暖除霜(雾)系统的控制原理如图 3-87 所示。通过旋钮控制制冷开路上的电磁阀，此时与顶置空调共用一套压缩机和冷凝器；制热时开启水泵和热水电磁阀(图中未示出，与水泵为同一信号)，采用发动机冷却液进行制热(图 3-53 和图 3-54)。K11、K12、K13 用于控制风机转速，通过串联不同的电阻调节风机转速。K11 闭合是串联两个电阻，K12 闭合串联 1 个电阻，K13 闭合全速不串联电阻。

4. 通风换气和空气净化系统的控制

目前，使用较多的是将通风换气和空气净化功能集成为一体的系统，以此取代传统的强制通风换气扇。

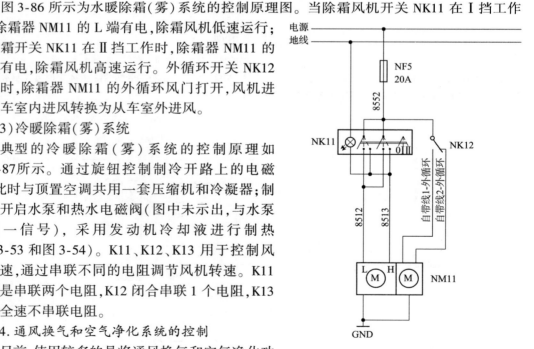

图 3-86 水暖除霜(雾)系统控制原理
NF5-除霜熔断器；NK11-除霜开关；NK12-除霜外循开关；NM11-除霜器

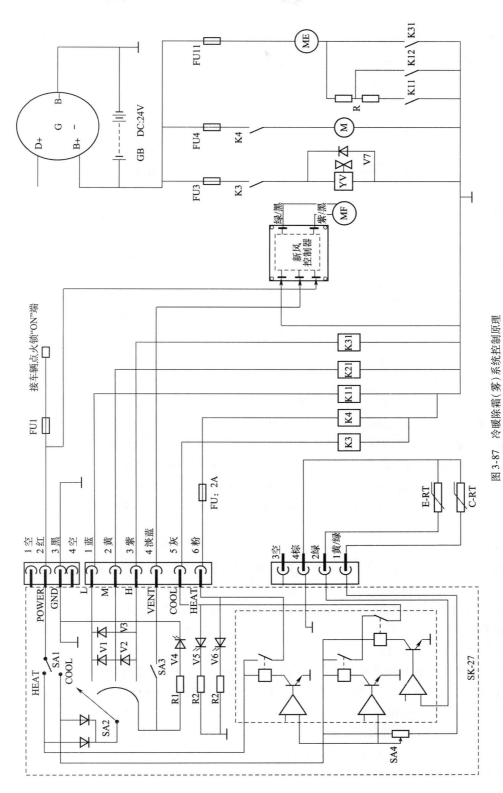

图 3-87 冷暖除霜(雾)系统控制原理

MF-新风门;ME-蒸发风机;YV-制冷电磁阀;K4-继电器;M-水泵;FU1-片状熔断器,5A;FU11-片状熔断器,20A;SK-27-控制面板;V1~V3-二极管;V4~V7发光二极管;C-RT-车内温度传感器;E-RT-化霜温度传感器;SA1-冷热选择开关;SA2-风挡选择开关;SA3-新风开关;SA4-温控开关;GB-蓄电池;G-发电机;R-蒸发风机调速电阻

1)组成和工作原理

图 3-88 所示为一种典型的带空气净化功能的强制通风换气系统的控制框图。该控制系统由安装在仪表板上的控制面板和安装在车顶的安全天窗组成,控制面板上设置有自动控制开关和手动内、外循环开关。

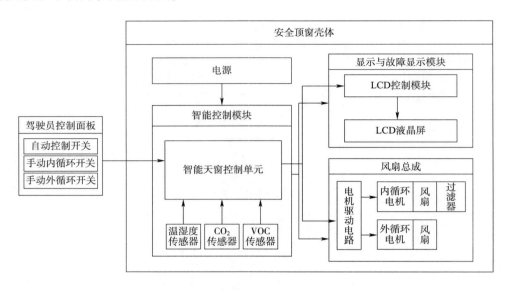

图 3-88 带空气净化功能的强制通风换气系统控制框图

安全天窗集成了智能控制模块、显示模块和风扇总成。智能控制模块通过智能天窗控制单元采集其内部的温/湿度传感器、CO_2 传感器和 VOC(挥发性有机化合物)传感器相关信号,输出给显示模块和控制风扇总成工作。显示模块由 LCD 控制模块和 LCD 液晶屏组成,主要用来显示车室内温/湿度、污染物参数信息和系统各种故障信息。风扇总成的电机驱动电路接收到智能控制模块的信号后,或驱动内循环电机和风扇通过过滤器对车室内的空气进行净化处理,或开启外循环电机和风扇进行通风,从而降低车室内的 CO_2 浓度。

2)控制流程

带空气净化功能的强制通风换气系统的控制流程如图 3-89 所示。控制流程如下:

首先判断是手动控制还是自动控制,如果是手动控制,则驱动相应的设备直接运行。当按下手动内循环开关时,电机驱动电路驱动内循环电机带动风扇,使车室内的空气流经过滤器净化后重新吹入车内;当按下手动外循环开关时,电机驱动电路驱动外循环电机带动风扇运行,将车外空气送入车室内。

如果是自动控制,则由传感器采集室内空气中的 CO_2 和 VOC 信息,根据其是否超标来判断下一步工作。如果 CO_2 和 VOC 没有超标,则系统一直监测;当 CO_2 超标,VOC 没有超标时,电机驱动电路驱动外循环电机带动风扇工作,直到程序计算的工作时间为止,然后电机驱动电路驱动内循环电机和风扇,由过滤器对车室内的空气进行净化处理,直到程序计算的工作时间为止;当 CO_2 没有超标,仅 VOC 超标,则电机驱动电路只驱动内循环电机和风扇,由过滤器对车室内的空气进行净化处理,直到程序计算的工作时间为止。

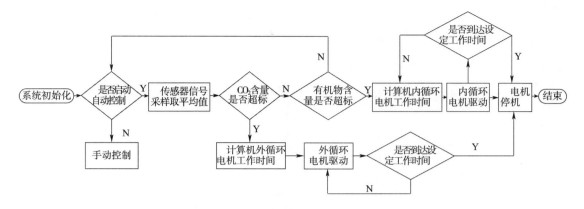

图 3-89　带空气净化功能的强制通风换气控制系统的工作流程

5. 电池热管理系统控制

1) 控制方法

电池热管理系统的控制方法如图 3-90 所示，其工作状态由电池管理系统（Battery Management System，BMS）决定。BMS 通过 CAN 报文发送制冷、采暖、自循环和停机指令给电池热管理系统，由该系统发出控制指令给相应部件工作，同时实时反馈相关的温度、开关状态和电源电压信号给 BMS，BMS 根据反馈信号继续或变更指令给电池热管理系统。如电池热管理系统发生故障，BMS 将及时发出报警或停车信息给整车，严重时发送停机信号给电池热管理。

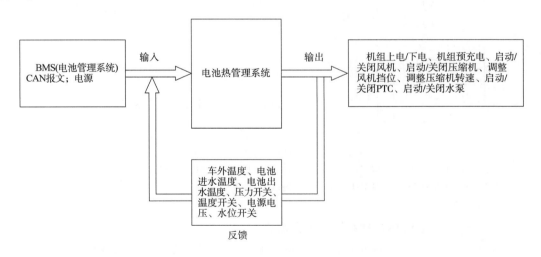

图 3-90　电池热管理系统的控制方法

2) 工作原理

电池热管理系统的工作原理如图 3-91 所示。控制主板与 BMS 之间采用 CAN 总线通信，主板收到 BMS 的数据后，首先进行高压上电，JK1 吸合，通过压缩机反馈电压确认预充完成，JK2 吸合。压缩机与主板采用 CAN 总线控制，风机采用 PWM 无级调速。按照 BMS 发送的工作模式，自循环模式只开启水泵，制冷模式开启水泵、冷凝风机和压缩机。

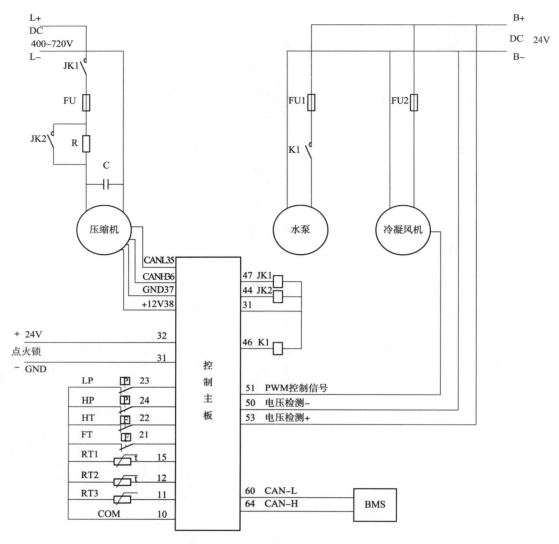

图 3-91 电池热管理设备的工作原理

JK1、JK2-直流接触器；R-充电电阻；C-电容；FT-流量开关；HP-高压开关；HT-温度开关；FU1、FU2-熔断器片；RT1-PACK 出水温度；RT2-PACK 进水温度；RT3-车外温度；K1-水泵继电器；FU-熔断器

3）工作流程

图 3-92 所示为电池热管理系统的工作流程。

控制系统通电后，实时通过 CAN 报文将电池进水温度发送给 BMS，BMS 实时通过 CAN 报文发送通知给电池热管理进行高压电源预充，预充完成后 BMS 通过 CAN 报文根据进水温度和电池电芯温度情况发送不同的工作指令给电池热管理系统，包括制冷模式、制热模式、自循环模式和停机模式。在制冷模式下，压缩机和冷凝器、膨胀阀和板式换热器组成单独蒸气压缩式制冷循环，将流经板式换热器的防冻液温度降低后通过水泵进入电池包内的热交换器，与其上部安装的电芯进行热传导，从而实现降温的目的；在制热模式下，防冻液被 PTC 加热后送入电池内部换热器，从而达到给电池加热的目的。在自循环模式下，仅水泵运行。

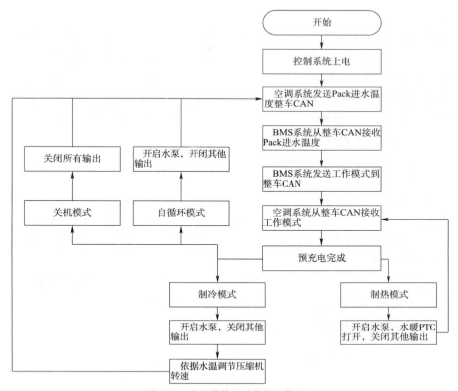

图 3-92　电池热管理系统的工作流程

三、客车空调的自动控制系统

近年来,为使车内气候条件始终保持在最佳水平,满足乘员的人体舒适性要求,客车空调的自动控制技术得到了很大发展。在欧美发达国家,客车空调已全部采用了一体化全自动空调系统。为满足出口市场的要求,国内各大型客车和空调制造企业先后开发了一体化客车空调系统并批量装车出口欧、美市场。

1. 控制系统的组成和特征

1) 控制系统组成

客车空调的控制系统一般由控制面板和控制模块组成,控制面板安装在仪表板上,控制模块安装在车顶空调内。图 3-93 所示为国内某大型客车企业开发的一款国内首创的一体化空调控制系统的控制面板和控制模块外形。

a) 控制面板　　　　　　　　b) 控制模块

图 3-93　控制面板和控制模块

2)控制系统特征

该控制系统的主要特征包括:采用集中微处理控制器;分别实现了驾驶区和乘客区空调的集中控制和分区控制;具有 LCD 显示屏,带背光按键;采用了 9 只温度传感器,可以实时感知车外温度、驾驶区温度、驾驶区蒸发器温度、驾驶区风道出风温度、乘客区温度、乘客区左侧蒸发器温度、乘客区右侧蒸发器温度、乘客区风道出风温度和地板表面温度;设置了外部编程连接器;控制面板和控制模块之间、控制面板与整车系统之间采用 CAN 总线通信;具有自检、实时操作、过载和短路保护等功能。

2. 控制系统的输入输出信息和主要技术指标

1)输入输出信息

控制系统的主要输入和输出关系如图 3-94 所示。输入和输出的信息如下:

(1)控制面板:负责空调系统与整车的 CAN 通信,并将指令通过 CAN 通信传送给控制模块;负责接收用户操作命令及各传感器信号,对相应执行器发出动作指令;完成整个空调系统的工作状态信息显示。

(2)控制模块:负责接收控制面板传递的操作命令,并根据控制逻辑对相应执行器发出指令;将受其控制的相应执行机构的工作参数传递到控制面板。

(3)当各执行器出现故障时,通过控制面板显示故障符号。

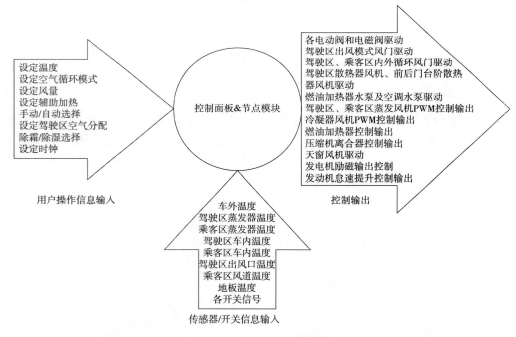

图 3-94 一体化控制系统输入输出

2)主要技术指标

一体化空调控制系统的主要技术指标是:驾驶区和乘客区温度单独控制、温度控制范围 17~27℃、温度控制精度 0.1℃、驾驶区与乘客区可设定的温差范围 3℃。

3. 控制原理

控制面板和控制模块的控制原理如图 3-95 和图 3-96 所示。

第三章 客车空调系统的结构与工作原理

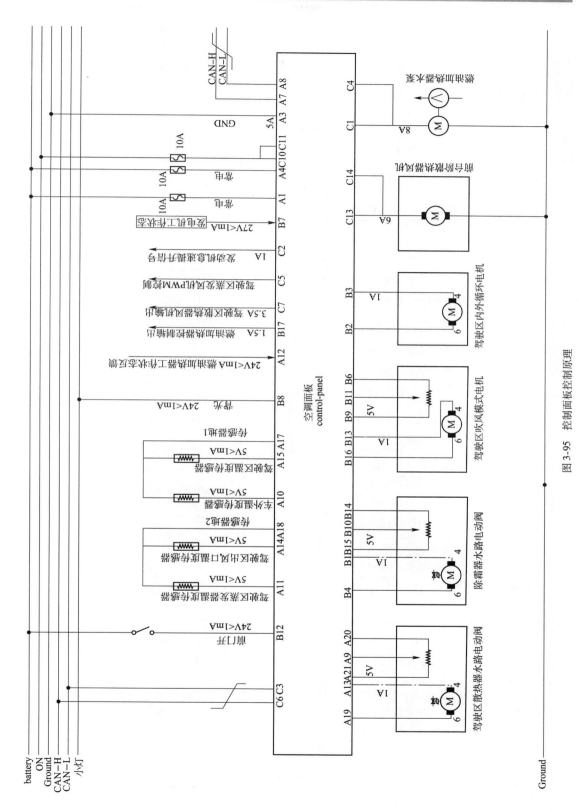

图 3-95 控制面板控制原理

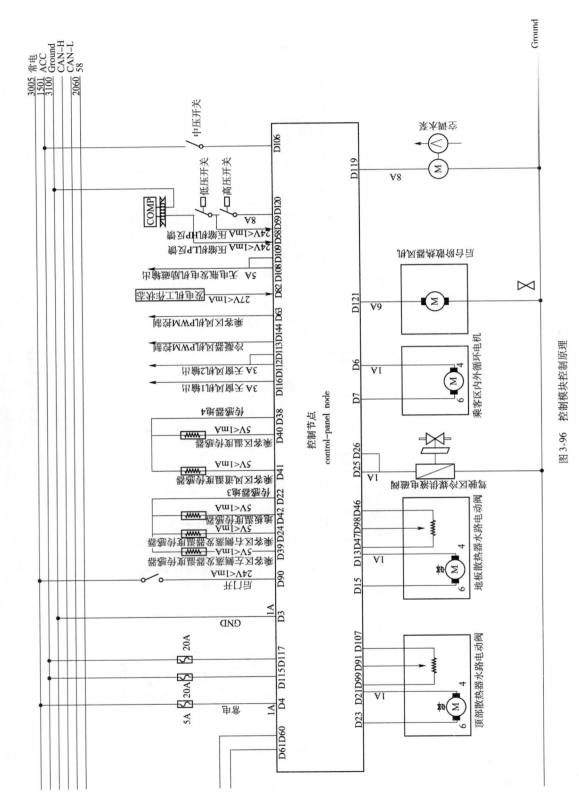

图 3-96 控制模块控制原理

4. 控制内容

1) 控制面板

控制面板的主要控制内容包括：驾驶区蒸发风机5挡脉冲宽度调制（Pulse Width Modulation，PWM）调速，驾驶区外循环/内循环控制，前门台阶散热器和驾驶区散热器水路流量控制，驾驶区和前门台阶散热器风机控制，发动机怠速提升输出，前风窗玻璃除霜、除雾控制，前除霜水路流量控制，吹脚/吹前风窗玻璃空气分配控制，燃油加热器控制和工作状态反馈，燃油加热器水泵控制等。

2) 控制模块

控制模块的主要控制内容包括：乘客区蒸发风机5挡PWM调速，乘客区冷凝风机2挡PWM调速，乘客区外循环/内循环控制，地板散热器水路流量控制，顶部散热器水路流量控制，空调水泵控制，压缩机离合器控制，车顶通风换气扇控制，后门台阶散热器风机控制，无蓄电池发电机励磁输出等。

5. 自动控制的实现

自动控制的实现是以设定温度为系统工作目标来进行的。即当前工作模式是处于制冷还是采暖，当前温度距离设定温度不同和当前温度是处于上升还是下降方式等，均对应不同的逻辑程序，以确保最快达到设定温度并保持。以乘客区为例，其制冷模式下的工作情况见表3-4。

乘客区制冷模式下运行逻辑　　　　　表3-4

温度下降过程不同温度范围运行逻辑		温度上升过程不同温度范围运行逻辑	
车内温度≥设定温度+1.2℃	蒸发风机4挡运转；压缩机启动；室外温度＜车内温度，新风打开；室外温度＜车内温度，新风关闭	蒸发风机4挡运转；压缩机启动；室外温度＜车内温度，新风打开；室外温度＞车内温度，新风关闭	车内温度≥设定温度+2.5℃
设定温度≤车内温度＜设定温度+1.2℃	蒸发风机3挡运转；压缩机启动；室外温度＜车内温度，新风打开；室外温度＞车内温度，新风关闭	蒸发风机3挡运转；压缩机启动；新风打开	设定温度+1.5℃≤车内温度＜设定温度+2.5℃
	—	蒸发风机2挡运转；压缩机停止；新风打开	设定温度+0.4℃≤车内温度＜设定温度+1.5℃
设定温度＞车内温度≥设定温度-0.4℃	蒸发风机2挡运转；压缩机停止；新风门打开	蒸发风机2挡运转；压缩机停止；新风打开	设定温度+0.4℃＞车内温度≥设定温度
设定温度-0.4℃＞车内温度≥设定温度-2.5℃	蒸发风机2挡运转；压缩机停止；新风门打开	蒸发风机2挡运转；压缩机停止；新风打开	设定温度＞车内温度≥设定温度-2.2℃
车内温度＜设定温度-2.5℃	蒸发风机2挡运转；压缩机停止；室外温度＜车内温度，新风关闭；室外温度＜车内温度，新风打开	蒸发风机2挡运转；压缩机停止；室外温度＜车内温度，新风关闭；室外温度＞车内温度，新风打开	车内温度＜设定温度-2.2℃

注：表中温度数字前的"＋""－"号，表示设定温度"加""减"度数。

第四章　空调负荷计算

空调装置与车室冷热负荷密切相关,冷热负荷越大,所需空调装置的能力就越大,其本身的体积、质量也越大,消耗的动力也就越多。客车空调负荷计算的目的,就是预测车辆运动中的动态负荷,选择适合的空调机组,保证车内乘员的舒适性和优化运行成本。

第一节　空调装置与车室冷热负荷的关系

汽车空调是维持车内舒适环境的装置,要实现这一目标必须在夏季排除车内余热余湿,在冬季向车内补充热量,使车内环境参数如温度、湿度、风速及空气品质等保持在人体舒适的范围内。由于汽车运行环境和空间是不断变化的,不仅来自车外环境的温度、太阳辐射以及车门开启情况和发动机状况等外部和内部干扰是变化的,且乘员人数也在随机变化,从而使车内环境状况随着车内外热湿干扰量的作用而不断变化。因此,要维持车内空气的舒适状态,汽车空调就必须具备不断平衡这些干扰量的能力。

要想准确计算客车的空调负荷,就必须全面了解空调装置与车室冷热负荷的关系,在此基础上才能正确、合理地选用空调装置,最大限度地加以利用。

一、制冷装置与车室冷负荷的关系

1. 车室冷负荷

夏天人要感到舒适,身体接收和产生的热量与向外界散发的热量必须保持平衡。人体工程学的研究和统计资料表明,夏季,我国人体舒适与不舒适的温度分界点大约是28℃,相对湿度不超过70%。一般取24~26℃,相对湿度35%~65%作为客车空调的夏季室内气候参数。

除少数地区外,我国夏季气候普遍炎热,外界气温很高,车室内温度更高,在客车门窗关闭的情况下,车室内温度可达50~60℃。车室温度与外界气温、日照状况、车速及乘员多少等因素有关,其根本原因是各方面热量自动向车内转移。要使车室维持人体舒适温度,必须采取措施排出多余的热量,这部分多余的热量就是车室的冷负荷。冷负荷的大小与外气温度密切相关,要确定车室冷负荷的数量,需要首先确定外气温度。由于我国幅员辽阔、气候复杂,客车又在不同地区运行,制造厂家必须根据车辆使用地区的不同气候条件,确定恰当的外气参数,并由此计算车室的冷负荷,这样选择的制冷装置才能经济实用地满足不同地区的使用要求。为便于比较,在粗略计算时,不管是南方还是北方使用的客车,可给出一个统一的外气参数,具体设计时应根据使用地区的气象资料来确定。

外界空气参数确定以后,车室冷负荷的大小就取决于所选车室的空气参数。

2. 车室冷负荷是选择制冷装置的依据

车内外空气参数确定以后,就可以根据车身结构、车内空间大小、乘员人数等计算车室冷负荷。客车空调是用人工制冷的方法将车内的热量向车外转移,所以车室冷负荷就是制冷装置的冷负荷,即制冷量。如果制冷装置的制冷能力过小,将达不到要求的气候条件;制冷能力过大,将导致装置的体积、质量、成本增大。因此,必须较为准确地计算车室冷负荷的大小。

3. 车室冷负荷的大小决定动力消耗

热量自低温向高温转移是一个非自发的过程,要实现这一过程必须消耗动力,动力消耗的多少主要取决于所转移热量的多少。图 4-1 给出了某轻型客车制冷装置制冷量与动力消耗的关系,由此就可以近似得到车室冷负荷大小与制冷装置动力消耗量的关系。

由图中可以看出,降低车室冷负荷是减少动力消耗的最好办法。冷负荷的减少,不仅可以相应减小制冷装置的体积、质量、成本,而且对于采用非独立式制冷装置的客车,由于各车型的发动机负荷都已很大,如果不设法降低车室冷负荷,动力消耗的少量增加都将

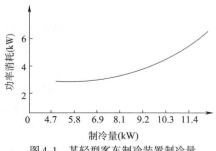

图 4-1 某轻型客车制冷装置制冷量与动力消耗的关系

导致发动机耗油量的较大增加,使整车动力性能下降。当冷凝器置于发动机散热器前时,山区行驶的客车将出现散热器过热,因为冷凝器散发的热量为车室负荷和压缩机做功热之和。对于采用独立式制冷装置的客车,如果车室冷负荷过大,将使辅助发动机的功率、体积、质量也相应增大,经济性变差。

二、车室冷负荷的来源

1. 太阳辐射热

太阳辐射热是车室冷负荷的主要来源,试验表明,太阳辐射热约占整车冷负荷的一半以上。

太阳以电磁波的形式向地球表面投射热能,这种热能由阳光直射和通过其他物质的散射两部分辐射能组成。太阳辐射能照射在车顶、车身侧壁和车窗玻璃上,其中照在车身表面的太阳辐射能被反射、吸收,被吸收的热量部分通过车体传入室内;而照在玻璃表面的太阳辐射能被反射、吸收、透过,吸收的热量部分从玻璃传入车室,透过的部分则使车内座椅、内行李架等温度升高,从而使车室温度升高。此外,地板等还吸收地面的太阳散射热能。所有这些使车室温度升高的部分太阳辐射能称之为太阳辐射热。太阳辐射热的多少和太阳辐射强度、太阳光入射角度及车身表面颜色等关系很大。

太阳辐射热传入车室的方式如图 4-2 所示。

2. 车身传导热

客车的车身是指形成车室的六个壁面,包括门、窗玻璃在内。车身传导热是指考虑太阳辐射的影响,由车内外温差引起的热传导。当车身某一壁面两侧温度不同时,热流就会从高温一侧传向低温一侧,即从车的外表面传入车室中的内表面。为使车室温度维持在一定范围,要求车身必须具有一定的隔热性能。为此,通常在车壁中敷设一定厚度的隔热材料。

车身的隔热壁结构和热量的传导过程如图 4-3 所示,该传热过程大致可以分为三个阶段:

（1）车身外表面吸热。这种吸热以对流和辐射为主要形式,热量从外界空气传到车身外表面,外表面所吸收的热量多少和车身外表的黑度、车速等因素有关。

（2）车身隔热壁结构透热。透热以热传导为主要形式,热量从车身外表面通过隔热层传到内表面,透过热量的多少主要取决于车壁的结构、隔热材料的厚度和导热系数。

（3）车身内表面放热。车身内表面的放热以对流和辐射为主要形式,热量从车身内表面传入车室。车身内表面一般是一层装饰板,或采用在装饰板上贴一层软化层或化纤织物的结构。内表面越粗糙、颜色越深,放出的热量越多。

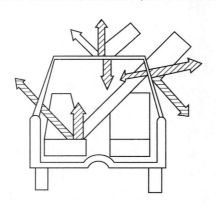

图4-2　太阳辐射热的传导

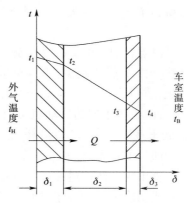

图4-3　热量在车壁中的传递

除图4-3所示车身结构外,客车车身还有多种不同的结构,因此各部分的传热过程和方式有较大区别,有关典型结构的传热过程将在后面有关章节详细介绍。

3. 外气导入热

由于乘员呼吸,车室内二氧化碳的浓度增大,加之部分乘员的体味、汗气和个别车身零部件产生的气味,使车内空气变得污浊,而相对来说车外的空气则是新鲜的。为了保持车内空气的洁净,需要不断排除车内空气,引入外气。但外气较车内空气温度高、湿度大,因此外气的引入将带进大量的热量,成为车室冷负荷的重要组成部分。

此外,车门、车窗和驾驶区操纵杆等处有一定的缝隙存在,行驶中部分外气将由此渗入车内,除带入灰尘外还带入大量热量,增加了车室的冷负荷。

4. 人体散热

行车时驾驶员在紧张地驾驶车辆,乘客在进行新陈代谢,他们均通过呼吸和身体表面向车室放出体内多余的热量,使车内温度升高、湿度增大。人体散发的热量为潜热和显热之和。

5. 发动机传入热

客车采用的发动机一般为水冷式(仅有少量风冷式)。夏季汽缸盖表面的温度高达80～90℃,而排气管、消声器处的温度则更高。不管是前置、中置还是后置发动机,无论如何设计发动机舱和采用何种隔热措施,发动机产生的热量都将有一部分传入车内。其中,因前置发动机的特殊布置型式,这种车型的发动机传入热量最多。发动机传入车室内的热量多少与发动机舱设计、隔热材料和传热面积等因素有关。

6. 电气装置产生的热量

随着客车舒适程度的不断提高,车内安装的电气设备不仅越来越多,且功率也越来越大,如闭路影视系统、立体音响系统、电源变换装置、安全报警显示装置和车用冰箱等。这些电气设备和车内通风换气的风扇电机工作时产生的热量都直接传入车内,加大了车室的冷负荷。电气设备产生的热量多少由其功率、效率和工作时间决定。

三、采暖装置与车室热负荷

冬季,我国北方气候寒冷,新疆、内蒙古、黑龙江、西藏等部分地区温度最低达 $-40 \sim -30℃$。即使长江流域,由于湿度较大,且经常受寒流影响,气温也比较低,冬季平均温度在10℃左右,低于5℃的低温天数也常有出现。为了提高冬季的乘坐舒适性,目前大部分客车都装有采暖装置,以改善车室内的气候条件。

1. 车室热负荷的概念

由于冬季车内外温差较大,经车体隔热壁的热损失较多,乘员及发动机和电气设备等产生的热量不足以补偿车体热损失,为保证舒适的室内温度,必须对送入车室的空气进行加热。一般,为保持车内规定舒适温度所需要的采暖总热量由以下几部分组成:

(1)加热车室内部空气所需的热量;
(2)通过车体各部分传出的热量;
(3)通风换气损失的热量;
(4)乘员所散发的热量。

在上述四部分热量中,由于冬季乘员所穿衣物较多且保暖性较好,所散发的热量极为有限。据有关资料介绍,一般情况下人的放热量为419kJ/h,仅占整个热量中的一小部分,而当车内乘员少时,对车室温度几乎没有影响,往往忽略不计。所以,前三项就是要保持车内舒适温度的热负荷。

热负荷的大小与外气温度密切相关。在设计时,需要首先确定恰当的外气参数,并由此计算出车室的热负荷,再根据热负荷来选择暖风装置。

2. 车室热负荷的来源

1)加热车室内空气所需的热量

一般情况下客车采暖装置多采用内循环式,即将车室内的空气和换气抽入的外界空气吸入采暖装置加热,然后排入车内,再将车内已降温的空气吸入加热,再排出,如此不间断地循环,以达到保持车内温度的目的。加热车室内部空气所需的热量与采暖装置的风量、空气的比热容和密度、外气湿度以及车室内需要保持的舒适温度有关。外气温度越低、车室温度要求越高,所需要的热量越大,采暖装置的容量、体积也就越大,能耗越高。

2)通过车体各部分传出的热量

由于车内外温差的存在,车室内部的热量必然向车外传导,这是采暖装置必须提供的一部分主要热量。车体传热量的大小和车内外温差成正比,与车体各部分的传热系数成正比。

车体的隔热措施好坏与否,对热量的传导影响极大。在车身设计时,采用良好的隔热措施,减少"热桥",是降低热负荷行之有效的方法。

3)换气损失的热量

为了保证车内空气的洁净度,必须随时给车内更换新鲜空气。因此,车室内的热量必然随室内污浊空气的排出而散失,同样,室内温度也将随外界低温的新鲜空气的进入而降低。

换气损失热量的多少与乘员人数和换气量大小有关,与车室内外的温差有关。

4) 泄漏热量

由于车室由六个壁面组成,因功能的需要壁面上分别设有车门(乘客门、驾驶室门或安全门)、车窗(侧风窗玻璃、前后风窗玻璃、顶风窗玻璃)和检修孔、操纵杆孔等,虽然设计上采取了各种密封措施,但不可避免地有缝隙存在,这些缝隙即成为室内热量散失的通道。泄漏热量的大小与缝隙长度、宽度密切相关,设计时应尽量提高车身的密封性来减少这部分热损失。

3. 车室热负荷决定采暖装置的大小

车室内外的空气参数确定以后,即可根据车身结构、车室空间的大小和乘员人数等计算出车室热负荷,这就是为保持所需舒适温度的加热量。采暖装置的加热能力过小,将使车室达不到所要求的温度条件;加热能力过大,将导致装置的体积、质量、成本和油耗增大,经济性变差。所以,在设计时应较为准确地计算车室热负荷的大小。

四、除霜(雾)能力与热负荷

冬季,空气中湿度较大,且每个乘员每小时约向车内提供 50g 水汽。如果风窗玻璃内表面的温度低于露点温度,车室内的潮湿空气就会在风窗玻璃内表面结雾,使玻璃变得模糊不清,影响行车安全。此外,北方冬季的霜、雪结附于风窗玻璃的外表面,也给行车准备和行车安全带来影响。为了确保驾驶员的视野,应尽量保持风窗玻璃内外表面不能结霜(雾)。要做到这一点,需要大量的热空气使玻璃表面的冰、霜雪融化。因此,加大了车室的热负荷。

一般情况下,在北方使用的车辆,为保证除霜(雾)能力所需要的热负荷占整车热负荷的 1/5~1/4。

五、空气循环方式对车室冷热负荷的影响

在空调工况下,车室空气的循环方式对冷热负荷影响较大。在空调装置的三种空气循环方式中,采用内循环式的客车,因空调装置是从车室内吸气,经冷却或加热后再向室内吹出,因此,对车室的负荷影响较小,节约能源。采用外循环式的客车,因空调装置从车外吸气,虽然能保证车内空气的新鲜和洁净,但加大了车室负荷,增加了消耗。据估算,采用外循环的客车比采用内循环的客车车室负荷将增加近 1/4。而采用内外循环综合式的客车,其对车室负荷的影响介于内循环式和外循环式之间。可见,在客车空调系统的设计中,空气循环方式选择恰当与否,对车室负荷影响较大,必须综合各方面的要求,合理进行选择。

第二节 车室内外空气计算参数的确定

在客车空调系统设计中,计算通过隔热壁传入车内或由车内传至车室外的热量,都要以外界空气计算温度为依据。另外,由于通风换气,将不断有部分新鲜空气引入车室和将室内污浊空气排出车外以满足人体舒适性要求,而加热或冷却这部分新鲜空气所需热量或冷量也都与外界空气的计算干、湿球温度有关。因此,车室外空气计算参数的确定就显

得十分重要。如确定过高,将增加空调装置投资和运行费用;确定过低,则难以满足空调负荷的要求。

外界空气的干、湿球温度不仅随季节变化,即使在同一季节的每个昼夜里,每时每刻温湿度都在变化。了解外界空气参数的变化,掌握其变化规律,对车室外空气计算参数的确定非常重要。在进行空调负荷计算确定车外空气计算参数时,通常要设定汽车所处的位置。

民用建筑空调室外计算参数中,温湿度都是根据历年不保证时间来确定的,即在这一时间内,允许空调房间温湿度参数超过规定的波动范围。这一时间越长,则所取温湿度就越高(夏季)。对连续运行的建筑空调系统而言,"不保证"出现的时间在整个空调过程中可能极短,例如一天中不保证时间出现2h。而对汽车空调而言,不保证时间出现2h,就可能导致整个旅程不舒适,因为汽车单程旅途时间往往较短。但从汽车长期使用角度来看,少数几个旅程中空调参数超过波动范围,对乘员来说也是可以承受的。因此,在缺乏汽车空调专门研究成果时,车外计算参数可以参照《民用建筑供暖通风与空气调节设计规范》(GB 50736—2012)中相应的规定。

一、外界空气温、湿度的变化规律

1. 室外空气温度的日变化

外界空气温度在一昼夜内的波动称为气温的日变化。气温日变化是由于地球每天接受太阳辐射和放出热量而形成的。白天,地球吸收太阳辐射热,使靠近地面的空气温度升高;夜晚,地面得不到太阳照射,还要向大气层释放热量。黎明前为地面放热的最后阶段,故气温一般在凌晨四、五时最低,随着太阳的逐渐升高,地面获得的太阳辐射热量逐渐增多,到下午二、三时,达到全天的最高值。此后气温又随太阳辐射热的减少而下降,到下一个凌晨,又达最低值。显然,气温日变化是以24h为周期的周期性波动。

图4-4所示为北京地区1975年夏季最热一天的气温日变化曲线。周期性的气温波动并非谐波,全天最低温度与最高温度的间隔时间不一定等于最高温度与下一个最低温度的间隔时间。

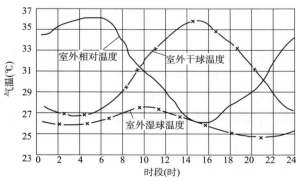

图4-4 气温日变化曲线

在我国中、南部主要城市,夏季平均最高气温为34.9℃,平均最高相对湿度为64%,推荐车外空气设计温度为35℃,相对湿度为65%;冬季气温为0℃,相对湿度为55%。因此,对我国一般地区而言,车外设计参数可以选取干球温度 35±1℃、湿球温度 24±0.5℃ 来进行计算。表 4-1 所示为我国几个大城市的室外气象参数。

我国几个大城市的室外气象参数　　　　　表 4-1

地区	相对湿度(%)			干球温度(℃)						风速(m/s)	
	冬季空调	最热月均	夏季通风	采暖	冬季通风	夏季通风	冬季空调	夏季空调	夏季空调日均	冬季	夏季
北京	41	77	62	-9	-5	30	-12	33.8	29	3	1.9
上海	73	83	67	-2	3	32	-4	34.0	30	3.2	3
广州	68	84	66	-7	13	32	5	33.6	30	2.4	1.9
武汉	75	80	62	-2	3	33	-5	35.2	32	2.8	2.6
西安	63	71	46	-5	-1	31	-9	35.6	31	1.9	2.2

2. 气温的季节性变化

气温的季节性变化也呈周期性。全国各地的最热月份一般在 7—8 月,最冷月份在 1 月。图 4-5 给出了北京、西安、上海三地近十年(2008—2018 年)的平均月平均气温变化曲线。

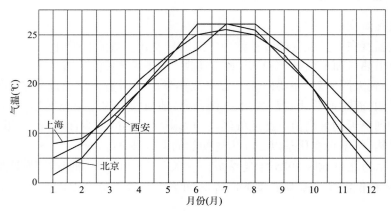

图 4-5　三地的气温月变化曲线

3. 室外空气湿度变化

空气的相对湿度取决于空气的干球温度和含湿量,如果空气的含湿量保持不变,干球温度增高则相对湿度变小;干球温度降低,则相对湿度加大。就一昼夜内的大气而论,含湿量变化不大(可看作定值)。大气相对湿度变化规律正好与干球温度的变化规律相反,即中午低、早晚高(图 4-5)。此外,湿球湿度的变化规律与干球湿度的变化规律相似,但峰值出现的时间不同。

二、夏季室内外空气计算参数

1. 夏季室外空气计算参数

为了保证车室内空调工况时温湿度处于规定值,需要合理确定外界空气的设计计算参数。如采取多少年才出现一次且持续时间很短(几小时或几昼夜)的当地室外最高干、湿球温度作为计算参数,必然会导致空调装置容量庞大而形成浪费。一般,按照全年大多数时间里能满足车室内的舒适性要求来确定室外空气计算参数。

1)夏季空调客车室外计算干、湿球温度

夏季空调客车室外计算干、湿球温度采用历年平均不保证50h的干、湿球湿度。也可按下式简化计算。

室外计算干球温度:

$$t_{Hg} = 0.47 t_{rp} + 0.53 t_{max} \quad (℃) \qquad (4-1)$$

室外计算湿球温度:

$$t_{Hs} = 0.8 t_{srp} + 0.2 t_{smax} \quad (℃) \qquad (4-2)$$

式中:t_{rp}——历年最热月平均温度,℃;

t_{max}——历年中的极端最高温度,℃;

t_{srp}——由历年最热月平均温度和平均相对湿度在当地大气压力下的焓湿图上查得的湿球温度,℃;

t_{smax}——由历年极端最高温度和历年最热月平均相对湿度在当地大气压力下的焓湿图上查得的湿球温度,℃。

2)夏季空调客车隔热壁传热的最高计算温度和新风计算温度

夏季空调客车隔热壁传热的最高计算温度和新风计算温度,可采用夏季空调客车室外计算干球温度。也可按下式简化计算:

$$t_{Hf} = 0.7 t_{rp} + 0.29 t_{max} \quad (℃) \qquad (4-3)$$

式中:t_{rp}、t_{max}意义同上。

3)夏季室外计算日平均温度

夏季室外计算日平均温度,应采用历年平均每年不保证5天的日平均温度。也可按下式简化计算:

$$t_{Hp} = 0.8 t_{rp} + 0.2 t_{max} \quad (℃) \qquad (4-4)$$

4)夏季室外计算风速

夏季室外计算风速应采用历年最热三个月平均风速的平均值。

5)夏季室外大气压力

夏季室外大气压力应采用历年最热三个月平均大气压力的平均值。

在我国,考虑这一因素或按稳态传热方法计算客车空调负荷时,夏季车外空气计算干球温度一般采用35℃,相对湿度取50%~60%,车外风速不超过5m/s。另外,以我国主要城市空调室外气象参数做参考,结合新制定的客车质量检查标准,推荐夏季车外空气计算参数见表4-2。

夏季汽车空调室外空气计算参数　　　　表4-2

计算参数	乘用车	公路、旅游客车	城市公交客车	载货汽车	工程车
干球温度(℃)	35	35	35	35	36
相对湿度(%)	60	65	65	>50	>50
空气流速(m/s)	<0.2	<0.2	<0.2	<0.2	<0.2
外气量[m³/(人·h)]	10~30	10~30	10~30	10~30	10~30

2. 夏季室内空气计算参数

对于不同型式、不同用途的空调客车,其室内的空气参数基数是不同的。结合我国国情和兼顾舒适性、经济性考虑,将汽车空调夏季室内空气的计算参数列于表4-3,供设计、选型参考。

汽车空调夏季室内空气计算参数　　　　表4-3

计算参数	乘用车	公路、旅游客车	城市公交客车	载货汽车
温度(℃)	24~26	25~27	26~28	26~28
相对湿度(%)	50~60	50~65	50~65	50~60
空气流速(m/s)	0.25~0.5	0.25~0.5	0.25~0.5	0.25~0.5
新风量[m³/(人·h)]	20~30	20~30	20~30	20~30
二氧化碳(%)	<0.1	<0.1	<0.1	<0.1
一氧化碳(%)	0.01	0.01	0.01	0.01
含氧量(%)	18~20.7	18~20.7	≥20	18~20.7
粉尘(g/m³)	<3	<3	<3	<3
垂直温差(℃/m)	<1.5	2	2	<1.5
水平温差(℃/m)	—	1.5	1.5	—

一般,车室内外温差在5~7℃范围较为适宜,也可按下式计算:

$$t_L = 20 + 0.5(t_H - 20) \tag{4-5}$$

式中:t_L——车内温度,℃,距离地板1m高处测量;

t_H——车外温度,℃。

可见,车外温度越高,温差也越大。因此,车外温度过高时,车内外温差可增大8~10℃,车内相对湿度为50%~60%。实际上一般保持在30%~70%,随着温度的升高,相对湿度值应取低值。

车内空气流速控制在0.25~0.5m/s,且各处空气流速差不要太大。为了排除多余热量,保持车内热量平衡,防止疲劳、头痛、恶心,车内乘员以每人计所需空气更换量为20~30m³/h,甚至最高达40~60m³/h。空气中CO_2、CO、气味、粉尘等都应控制在允许的范围内。

三、冬季车室内外空气计算参数

1. 冬季室外计算参数

1) 冬季室外计算温度

冬季室外计算温度采用历年平均每年不保证1天的日平均温度。也可采用下式近似计算:

$$t_{Hd} = 0.3t_{lp} + 0.7t_{pmin} \quad (℃) \tag{4-6}$$

式中:t_{lp}——历年最冷月平均温度,℃;

t_{pmin}——历年最低日平均温度,℃。

2) 冬季室外计算相对湿度

冬季室外计算相对湿度,应采用历年一月份平均相对湿度的平均值。

3) 冬季室外风速

冬季室外风速应采用历年最冷三个月平均风速的平均值。

4) 冬季室外大气压力

冬季室外大气压力应采用历年最冷三个月平均大气压力的平均值。

室外计算参数的统计年份,一般取近期 20 年,如条件限制,可取近期 10 年,少于 10 年时,应与附近气象台的气象资料进行比较。

由于冬季空调加热加湿能耗远小于夏季冷却去湿能耗,因此,冬季空调负荷通常按稳定传热方法计算。室外计算干球温度一般采用当地干球温度值,不考虑气温波动。

2. 冬季室内空气计算参数

冬季汽车空调室内空气计算参数虽说与夏季有数值上的差别,但一般还需考虑我国国情。

冬天我国乘员大多身着暖和衣服,车内温度不宜太高,否则下车后车内外温差过大会引起感冒等疾病。乘用车、客车的车内温度一般维持在 16~18℃ 为宜。车室内各部位温差不要大于 10℃,头部气温应比车内平均温度低 2~3℃,腿以下部位应高 2~3℃。车内相对湿度不应小于 30%,一般应大于 50%。空气流速希望偏低,一般不大于 0.2m/s。新鲜空气量应达到 20~30m³/(人·h)。

车内 CO_2、CO、粉尘含量不应超过夏季车内的允许范围,采暖装置应尽可能装备外气或内外空气并用式。表 4-4 列出了中国、美国、日本车室内空气计算参数的对比,供设计、选型参考。

中国、美国、日本车室内空气计算参数值对比　　　表 4-4

季节	温度 (℃)			相对湿度 (%)			流速 (m/s)		外气量[m³/(人·h)]
	中国	美国	日本	中国	美国	日本	中国	日本	美国
夏季	24~28	21~22	19~23	50~65	60~75	60~75	0.25~0.5	0.2	20~30
冬季	16~18	19~20	16~20	>50	55~70	55~70	<0.2	0.2	20~30

四、选择客车空调系统设计参数应注意的问题

在汽车空调系统设计中,车内设计参数是一个重要指标,它确定了空气处理的终极目标,决定了能否满足乘员的舒适性和使用经济性要求。

1. 车内温度和车内外的合理温差

由试验研究可知,夏季人体感到舒适的温度是 24~26℃,由舒适转为不太舒适的分界线在 28℃ 左右。当车外气温为 35℃、太阳辐射强度为 766W/m² 时,可把 28~29℃ 作为我国普通客车夏季车内设计温度;对于高级客车,车内空调温度可定为 27℃ 左右,因此夏季车内温度宜取在 24~28℃ 范围内。当冬季车外环境温度为 -15℃ 时,车内 16~25℃ 是人体感到舒适的范围。

在考虑车内温度时,对车内外温差也有一定限制。尽管外界环境温度是变化的,但可以认为在空调车内人体总是保持恒温。过大温差将形成较大的热冲击,人的体温调节机能就会不适应。因此,在设计客车空调系统时,车内外温差应控制在一定范围内,夏季一般为 5~

7℃,车外温度过高时,可增至8~10℃,也可按式(4-5)计算,车外温度越高,温差越大。

2. 车内垂直方向的温度场分布

人体的放热约有80%通过皮肤进行,皮肤以及与其相关联的血管对温度变化的反应非常敏感。当外界气温下降时,血管和皮肤便收缩,使其向外散发的热量显著减少,所以人体容易感到冷。冬季取暖时,首先要提高大腿部及足部温度;夏季制冷时则首先要降低面部温度。

3. 车内相对湿度

相对湿度也是影响人体舒适的重要因素。当温度一定时,降低湿度会使皮肤表面的汗液加快蒸发,人便感觉凉爽。在夏季,当车内温度小于26.7℃时,湿度对人体影响不明显,但当车内温度超过28℃后,空气的相对湿度对人体的影响就比较明显了。相对湿度小于30%或大于70%,都使人感到不舒服,而在40%~60%之间则较为适宜。

4. 车内空气流速

空气流速影响人体散热和保湿,如果空气流动不好,就不能很好地进行散热和保温调节。据相关试验显示,车内风速以0.15~0.4m/s为宜。夏季制冷时,风速取上限值,气流宜指向面部;冬季则取下限值,气流宜指向足部。

此外,因车内设有座椅和行李架等装置,所以要想使整个车内的风速分布均匀,确实相当困难,但在系统设计时应给予充分注意。

5. 车内空气质量及新鲜风量

随着乘员对车型的需求和满意程度的日趋多样化,为满足舒适度要求,车内采用了大量高档装饰材料。其中,有些材料和涂料的挥发性有机化合物和悬浮颗粒等将引起车内空气中有害物质的品种和数量增加,影响人体健康。

根据人体卫生要求,人的正常生活应有20~30m³/h的新鲜空气量。考虑到乘客一般在车内连续停留时间不会太久,空调压缩机容量不可能太大,过多的新鲜空气将耗费空调能量,因而设计计算时,车内新鲜空气量的下限可定为20m³/h,或占全部通风量的20%。

6. 有效温度

有效温度综合考虑了上述各因素的影响。例如,夏季车外温度较高时,用提高车内温度标准加大空气流速的办法,可得到同样的舒适效果,并降低空调装置费用。例如,当空气的干球湿度为22℃,相对湿度为50%,空气流速为1m/s时,有效温度为18℃,即此时人体的感觉与静止空气下18℃气温时的感觉相同。

综上所述,推荐我国客车空调系统的设计参数见表4-5。

客车空调设计参数推荐值 表4-5

项　目	夏　季	冬　季
车外温度(℃)	35~35.5	-10~-20
车外相对湿度(%)	65	55
车内温度(℃)	25~28	12~15
车内相对湿度(%)	<65	>40

续上表

项 目	夏 季	冬 季
车内空气流速(m/s)	0.3~0.4	0.15~0.25
车内新风量[m³/(h·人)]	≥20	20~25
车内外温差	5~7	—
车内垂直方向温差(℃)	~2	~5

据有关资料介绍,在满足人体健康条件下,室内温度基数夏季应尽可能提高,冬季应尽可能降低。通常对空调温度基数,夏季室内每升高1℃,约减少冷负荷10%;冬季每降低1℃,约减少热负荷12%。如夏季空调温度基数由20℃提高到23℃,可以减少冷负荷30%左右。对于相对湿度,在满足人体舒适性和健康条件下,相对湿度基数应尽量靠近极限值;而露点温度应尽量控制在较高值,如夏季由10℃提高到12℃,可减少冷负荷达17%左右;冬季由10℃降到8℃,可减少热负荷约5%。

第三节 制冷系统负荷计算

为了既简化计算,又使计算结果具有一定的精确度,空调客车制冷装置的负荷计算多采用稳定传热原理,在温差传热基础上考虑运行条件、太阳辐射、车身隔热壁内"热桥"、车体和车内装置及人体衣着降温等不稳定因素的影响,可以得到较为满意的结果。这对于要求不高的客车空调系统设计计算来说,是方便易行的。

夏季,由于车外温度高于车内,加上太阳辐射的作用,大量热量通过车身隔热壁、缝隙等传入车内。为使车内的温度条件达到空调工况的要求,所选用的制冷装置必须具备足够的除去车内全部显热和潜热的能力,这个能力就是所需的制冷量。

一、制冷负荷的稳定传热计算

制冷装置的总负荷为:
$$Q = Q_1 + Q_2 + Q_3 + Q_4 + Q_5 + Q_6 + Q_7 + Q_8 + Q_9 \quad (kW) \tag{4-7}$$
式中:Q_1——通过车身隔热壁的总传热量,kW;

Q_2——通过车窗玻璃传入车内的热量,kW;

Q_3——制冷送风管道所消耗的冷量,kW;

Q_4——通风换气热损失,kW;

Q_5——人体散热量,kW;

Q_6——车内电气设备的散热量,kW;

Q_7——由车身缝隙传入车内的热量,kW;

Q_8——车体降温消耗的冷量,kW;

Q_9——车室内人体衣着、座椅、行李和其他设备降温所消耗的冷量,kW。

1. 通过车身隔热壁的总传热量 Q_1

通过车身隔热壁传入车内的热量由两部分组成,一部分为车外空气和车内空气的温差引起的温差传热,另一部分为太阳辐射使车外表面温度升高通过车身隔热壁进行的辐射换热(热辐射)。而车身隔热壁根据其形状、结构和在车上所处位置及传热情况又可分为车顶及前后左右围护结构(不包括玻璃)、地板、发动机舱盖、乘客门踏步板、车门等部分,设计时应分别计算各部分的传热量,车身隔热壁的总传热量即为这几部分之和。即:

$$Q_1 = Q_{1a} + Q_{1b} + Q_{1c} + Q_{1d} + Q_{1e} \quad (\text{kW}) \tag{4-8}$$

式中:Q_{1a}——车顶及前后左右围护结构传热量,kW;

Q_{1b}——地板传热量,kW;

Q_{1c}——发动机舱盖传热量,kW;

Q_{1d}——乘客门踏步板传热量,kW;

Q_{1e}——车顶传热量,kW。

1)通过车顶及前后左右围护结构的传热量 Q_{1a}

夏季,通过车顶及前后左右围护结构传入车室内的热量可由下式求得:

$$Q_{1a} = K \cdot F(t_H - t_B)$$
$$= \frac{1}{\frac{1}{\alpha_H} + R_D + \frac{1}{\alpha_B}} \cdot F(t_H - t_B) \tag{4-9}$$

式中:α_H——隔热壁外壁面的放热系数;

α_B——隔热壁内壁面的放热系数;

R_D——隔热壁内部的热阻;

F——所计算部分隔热壁的面积。

在计算 Q_{1a} 时,五个壁面的温差传热形式是基本相同的,但由于各个壁面的朝向不同,所受太阳辐射强度不同,应区别不同朝向的壁面分别予以计算。为使计算简便,可只考虑车身隔热壁三面承受太阳辐射的情况,其他两壁面仅考虑温差传热。

由于车身隔热壁中存在着不同形状的金属骨架,凡有骨架的地方都属于组织不均匀结构,这种结构在隔热壁中占有相当的比重。金属骨架在隔热壁的热传导过程中起着所谓"热桥"的作用,所以其传热计算将比均匀平壁的计算复杂得多。客车隔热壁的"热桥"大部分为"穿透热桥",即骨架直接和内外蒙皮连接。

对热桥引起的热流短路,可以用以实验方法为依据的圆热流法进行计算。

客车车身隔热壁的骨架结构基本上可以分为图 4-6 所示的三种型式。计算时,应先根据每个壁面的结构求出不同类型单元的导热系数,然后即可求出整个壁面的导热系数。

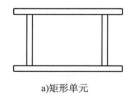 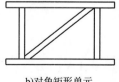 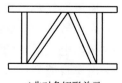

a)矩形单元　　　　　　b)对角矩形单元　　　　　　c)非对角矩形单元

图 4-6　车身骨架单元型式

(1)矩形单元传热系数。

计算时,可把骨架结构的矩形单元划分为五个区域,如图 4-7 中的Ⅰ、Ⅱ、Ⅲ、Ⅳ、Ⅴ区域,先分别计算各区域的传热系数和传热面积,然后即可求出整个壁面的传热系数和传热面积。

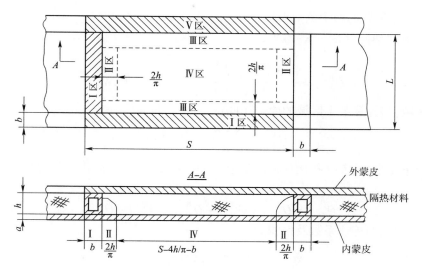

图 4-7 骨架结构矩形单元的传热示意图

由热桥传热过程分析可知各区域的计算方法。

第Ⅰ区域:
$$F = bL + (S - b) \cdot b \tag{4-10}$$

则通过该面积的热量:
$$Q_{\Delta t=1}^{\text{I}} = \frac{bL + (S - b) \cdot b}{a/\lambda_m} \quad (\text{kW/K}) \tag{4-11}$$

式中:a——内蒙皮厚度,m;

λ_m——内蒙皮的导热系数,kW/(m·K)。

第Ⅱ区域:根据圆热流法:

$$Q_{\Delta t=1}^{\text{II}} = 2 \int_0^{\frac{2h}{\pi}} \frac{(L - b)\mathrm{d}r}{a/\lambda_m + \frac{1}{\lambda_{ge}} \cdot \frac{\pi}{2} r} = \frac{4}{\pi}(L - b) \cdot \lambda_{ge} \cdot \ln \frac{\frac{h}{\lambda_{ge}} + \frac{a}{\lambda_m}}{\frac{a}{\lambda_m}} \quad (\text{kW/K})$$

$$\tag{4-12}$$

式中:λ_{ge}——隔热材料的导热系数,kW/(m·K);

h——隔热材料厚度,m。

第Ⅲ区域与第Ⅱ区域原理基本相同,通过该区域的热量:

$$Q_{\Delta t=1}^{\text{III}} = \frac{4}{\pi}(S - b) \cdot \lambda_{ge} \cdot \ln \frac{\frac{h}{\lambda_{ge}} + \frac{a}{\lambda_m}}{\frac{a}{\lambda_m}} \quad (\text{kW/K}) \tag{4-13}$$

第Ⅳ区域:热流平行穿过隔热壁,由式(4-14)可得,通过该区域的热量按式(4-15)计算:

$$Q = \frac{1}{R_D} \cdot F(t_1 - t_{n+1}) \tag{4-14}$$

式中:Q——传递的热量,kW;
F——传热面积,m^2;
t_1、t_{n+1}——n 层平壁的两个侧面温度,℃;
R_D——导热热阻,$(m^2 \cdot K)/kW$。

$$Q^{\text{IV}}_{\Delta t=1} = \frac{\left(S - b - \dfrac{4h}{\pi}\right)\left(L - b - \dfrac{4h}{\pi}\right)}{h/\lambda_{ge} + a/\lambda_m} \quad (kW/K) \qquad (4\text{-}15)$$

第 V 区域:与计算第 I 区域的原理相同:

$$Q^{\text{V}}_{\Delta t=1} = \frac{S \cdot b}{a/\lambda_m} \quad (kW/K) \qquad (4\text{-}16)$$

在整个单元内,其 KF(指两侧面的温差为 1K 时,通过 Fm^2 面积上的热量)值用 $Q^j_{\Delta t=1}$ 表示,则:

$$Q^j_{\Delta t=1} = Q^{\text{I}}_{\Delta t=1} + Q^{\text{II}}_{\Delta t=1} + Q^{\text{III}}_{\Delta t=1} + Q^{\text{IV}}_{\Delta t=1} + Q^{\text{V}}_{\Delta t=1} \qquad (4\text{-}17)$$

因此,该单元的传热系数及面积为:

$$K^j_{Di} = \frac{Q^j_{\Delta t=1}}{F^j_i} \quad [kW/(m^2 \cdot K)] \qquad (4\text{-}18a)$$

单元面积:

$$F^j_i = S \cdot L \quad (m^2) \qquad (4\text{-}18b)$$

(2)对角矩形骨架结构单元的传热系数。

对角矩形骨架结构单元如图 4-8 所示。由图中可见,对角矩形结构只比矩形结构多了一个对角斜撑。所以这种单元的传热系数计算除可以引用矩形单元的五个区域计算式外,只需另外增加两个区域的计算,即图 4-8 的第 VI 和第 VII 区域。而在第 IV 区域的传热计算中则需要减去 VI、VII 区域的传热面积。

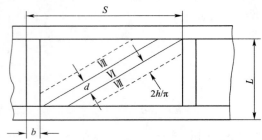

图 4-8 带斜撑的矩形单元(对角矩形单元)

第 VI 区域与矩形单元的第 I 区域计算同理,其面积近似为:

$$F = d \cdot \sqrt{(L-b)^2 + (S-b)^2} \qquad (4\text{-}19a)$$

则:

$$Q^{\text{VI}}_{\Delta t=1} = \frac{d \cdot \sqrt{(L-b)^2 + (S-b)^2}}{a/\lambda_m} \qquad (4\text{-}19b)$$

第 VII 区域与矩形的第 II 区域计算同理。即:

$$Q^{\text{VII}}_{\Delta t=1} = \frac{4}{\pi} \sqrt{(L-b)^2 + (S-b)^2} \cdot \lambda_{ge} \cdot \ln \frac{h/\lambda_{ge} + a/\lambda_m}{a/\lambda_m} \qquad (4\text{-}20)$$

对于对角矩形单元,其 KF 值用 $Q^d_{\Delta t=1}$ 表示,则:

$$Q^d_{\Delta t=1} = Q^{\text{I}}_{\Delta t=1} + Q^{\text{II}}_{\Delta t=1} + Q^{\text{III}}_{\Delta t=1} + Q^{\text{IV}}_{\Delta t=1} + \cdots + Q^{\text{VII}}_{\Delta t=1} \qquad (4\text{-}21)$$

从而对角矩形单元的传热系数：

$$K_{Di}^d = \frac{Q_{\Delta t=1}^d}{S \cdot L} \quad [kW/(m^2 \cdot K)] \quad (4\text{-}22a)$$

单元面积：

$$F_i^d = S \cdot L \quad (m^2) \quad (4\text{-}22b)$$

（3）非对角矩形骨架结构单元的传热系数。

非对角矩形骨架结构单元如图 4-9 所示，比矩形单元仅多了两根斜撑。因此，其导热系数的计算除可引用矩形单元的五个计算式外，只需另外增加图中所示的四个区域，即 Ⅵ、Ⅶ、Ⅷ、Ⅸ（注意，在计算第Ⅳ区域时，应减去Ⅵ、Ⅶ、Ⅷ、Ⅸ区域的传热面积）。根据上述计算原理，可得以下公式。

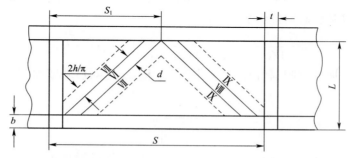

图 4-9 带有非对角斜撑的矩形单元

第Ⅵ区域：

$$Q_{\Delta t=1}^{VI} = \frac{d \cdot \sqrt{(S_1-b)^2 + (L-b)^2}}{a/\lambda_m} \quad (4\text{-}23a)$$

第Ⅶ区域：

$$Q_{\Delta t=1}^{VII} = \frac{4}{\pi}\sqrt{(S_1-b)^2 + (L-b)^2} \cdot \lambda_{ge} \cdot \ln\frac{h/\lambda_{ge} + a/\lambda_m}{a/\lambda_m} \quad (4\text{-}23b)$$

第Ⅷ区域：

$$Q_{\Delta t=1}^{VIII} = \frac{d \cdot \sqrt{(S-S_1)^2 + (L-b)^2}}{a/\lambda_m} \quad (4\text{-}23c)$$

第Ⅸ区域：

$$Q_{\Delta t=1}^{IX} = \frac{4}{\pi} \cdot \sqrt{(S-S_1)^2 + (L-b)^2} \cdot \lambda_{ge} \cdot \ln\frac{h/\lambda_{ge} + a/\lambda_m}{a/\lambda_m} \quad (4\text{-}23d)$$

则：

$$Q_{\Delta t=1}^f = Q_{\Delta t=1}^I + Q_{\Delta t=1}^{II} + \cdots + Q_{\Delta t=1}^{IX} \quad (4\text{-}23e)$$

可得非对角矩形单元的传热系数：

$$K_{Di}^f = \frac{Q_{\Delta t=1}^f}{S \cdot L} \quad [kW/(m^2 \cdot K)] \quad (4\text{-}24a)$$

单元面积：

$$F_i^f = S \cdot L \quad (\text{m}^2) \tag{4-24b}$$

(4) 车身隔热壁的传热系数。

当求出上述三种骨架结构的传热系数及面积后,由于每个壁面都是由若干个这种单元组成的,因此就可以求出整个壁面的传热系数。

设某一朝向壁面是由 p 个矩形单元、q 个对角矩形单元、r 个非对角矩形单元组成,则该朝向隔热壁的传热系数为:

$$K_P = \frac{\sum_{i=1}^{p} K_{Di}^j \cdot F_i^j + \sum_{i=1}^{q} K_{Di}^d \cdot F_i^d + \sum_{i=1}^{r} K_{Di}^f \cdot F_i^f}{\sum_{i=1}^{p} F_i^j + \sum_{i=1}^{q} F_i^d + \sum_{i=1}^{r} F_i^f} \quad [\text{kW}/(\text{m}^2 \cdot \text{K})] \tag{4-25}$$

式中, $p = 0、1、2、3\cdots$; $q = 0、1、2、3\cdots$; $r = 0、1、2、3\cdots$。

从而该朝向隔热壁总的传热系数为:

$$K = \frac{1}{1/\alpha_H + 1/K_P + 1/\alpha_B} \quad [\text{kW}/(\text{m}^2 \cdot \text{K})] \tag{4-26}$$

当不考虑该壁面的太阳辐射时,上式中的 α_H 和 α_B 为隔热外壁面和内壁面的对流放热系数,即:

$$\alpha_H = \alpha_{KH} \tag{4-27a}$$

$$\alpha_B = \alpha_{KB} \tag{4-27b}$$

当考虑该壁面的太阳辐射时,上式中的 α_H 和 α_B 应为该隔热壁外壁面和内壁面的总放热系数(复合放热系数),即:

$$\alpha_H = \alpha_{KH} + \alpha_r \tag{4-28}$$

$$\alpha_B = \alpha_{KB} + \alpha_r \tag{4-29}$$

式中的 α_H、α_B、α_r 可分别由式(4-30)、式(4-31)和式(4-32)求得。

车身隔热壁外表面与外界空气发生对流换热的放热系数常采用下式计算:

$$\alpha_{KH} = 0.0073 v^{0.656} + 0.0038 e^{-1.91v} \quad [\text{kW}/(\text{m}^2 \cdot \text{K})] \tag{4-30}$$

式中: v——靠近外表面处的空气流动速度,它取决于车辆的运行速度和风速,m/s;

e——自然对数的底数。

车体隔热壁内表面与车内空气发生对流换热时,放热系数 α_{KB} 用下式计算。

当 $\Delta t_B = |t_2 - t_B| < 5℃$ 时:

$$\alpha_{KB} = 0.0035 + 0.0001 \Delta t_B \quad [\text{kW}/(\text{m}^2 \cdot \text{K})] \tag{4-31a}$$

当 $\Delta t_B > 5℃$ 时:

$$\alpha_{KB} = 0.0012 b \cdot \Delta t_B^{0.25} \quad [\text{kW}/(\text{m}^2 \cdot \text{K})] \tag{4-31b}$$

式中: t_2——隔热壁内表面温度,℃;

t_B——车内空气温度,℃;

b——与车内空气流动和温差有关的系数,在自然循环时,$b = 2.3 \sim 2.8$。

当车内空气被强迫循环时,内表面的对流放热系数 α_{KB} 急剧增加,此时可按式(4-30)计算。

需要说明的,虽然式(4-30)和式(4-31)看起来简单,却只是片面地考虑了过程进行的某几个因素,例如温差 Δt 或空气流速 v,而对实际影响过程的其他因素则忽略不计,因此虽然使用方便,但应用范围和条件受到一定的限制。

对于隔热壁外表面或内表面的辐射换热系数,常采用如下简化公式计算:

$$\alpha_r \approx \frac{1}{4500}\varepsilon_n \left(\frac{T_m}{100}\right)^3 \quad [kW/(m^2 \cdot K)] \quad (4-32)$$

式中: T_m——物体表面的温度和周围空气的绝对温度的平均值,K;

ε_n——当量黑度。

若采用综合外气温度来计算,则车顶及前后左右围护结构的传热量可由下式计算:

$$Q_{1a} = K \cdot F(t_C - t_B) = \frac{F}{\frac{1}{\alpha_H} + \frac{1}{K_P} + \frac{1}{\alpha_B}}(t_C - t_B) \quad (kW) \quad (4-33)$$

式中: t_C——综合反映外气温度和太阳辐射对隔热壁外表面所起双重作用的综合外气温度,℃;

t_B——车身隔热壁内侧的空气温度,℃;

α_H——车身外表面的放热系数,kW/(m² · K);

α_B——车身内表面的放热系数,kW/(m² · K)。

$$t_C = t_H + \frac{\rho J}{\alpha_H}$$

式中: t_H——车身隔热壁外侧的空气温度,℃;

ρ——车身外表面材料对太阳的吸热系数,可由有关材料手册查得;

J——车身外表面的总辐射强度,kW/m²。

2) 地板的传热量 Q_{1b}

$$Q_{1b} = K \cdot F(t_C - t_B) = \frac{F}{\frac{1}{\alpha_H} + \frac{\delta_1}{\lambda_1} + \frac{\delta_2}{\lambda_2} + \frac{1}{\alpha_B}}(t_C - t_B) \quad (kW) \quad (4-34)$$

式中: δ_1、λ_1——地板的厚度和导热系数;

δ_2、λ_2——地毯或地板革的厚度和导热系数;

F——地板(除发动机舱盖和踏步板)面积,m²;

t_C——考虑地面反射的外气综合温度,℃。

$$t_C = t_H + \frac{\rho_g J_{SS}}{\alpha_H} \quad (4-35)$$

式中: ρ_g——地面反射系数,取 $\rho_g = 0.2$;

J_{SS}——水平表面的太阳直射辐射强度。

3) 发动机舱盖的传热量 Q_{1c}

$$Q_{1c} = K \cdot F(t - t_B) = \frac{F}{\frac{1}{\alpha_H} + \frac{\delta_1}{\lambda_1} + \frac{\delta_2}{\lambda_2} + \frac{1}{\alpha_B}}(t - t_B) \quad (kW) \quad (4-36)$$

式中: F——发动机舱盖面积,m²;

t——发动机舱温度,℃;

δ_1、λ_1——发动机舱盖的厚度和导热系数；

δ_2、λ_2——隔热材料的厚度和导热系数。

4）乘客门踏步传热量 Q_{1d}

$$Q_{1d} = K \cdot F(t_C - t_B) = \frac{F}{\frac{1}{\alpha_H} + \frac{\delta_1}{\lambda_1} + \frac{\delta_2}{\lambda_2} + \frac{1}{\alpha_B}}(t_C - t_B) \quad (\text{kW}) \qquad (4-37)$$

式中：F——乘客门踏步面积，m^2；

δ_1、λ_1——踏步所用材料的厚度和导热系数；

δ_2、λ_2——踏步处隔热材料的厚度和导热系数；

t_C——考虑地面反射热量的外气综合温度，℃。

$$t_C = t_H + \frac{\rho_g J_{SS}}{\alpha_H} \qquad (4-38)$$

5）车门传热量 Q_{1e}

现代客车根据使用对象不同，开设的车门数量和位置也不同。有的设有驾驶员门和乘客门，有的没有驾驶员门只设有乘客门和安全门，有的仅设有乘客门（安全出口为安全窗和带逃生口的车顶通风换气扇），有的乘客门则不止一扇。不管门的数量多少，从安全性出发，每辆车在两个壁面都应设有逃生口。因此，在计算车门传热量时应根据车门设置的壁面位置，分别计算不同朝向车门的传热量，而整车的车门传热量即为不同朝向车门传热量之和。即：

$$Q_{1e} = Q_{1e1} + Q_{1e2} = \sum_{i=1}^{2} Q_{1ei} = \sum_{i=1}^{2} \frac{F_i}{\frac{1}{\alpha_H} + \frac{\delta_{1i}}{\lambda_{1i}} + \frac{\delta_{2i}}{\lambda_{2i}} + \frac{1}{\alpha_B}}(t_{Ci} - t_B) \quad (\text{kW}) \qquad (4-39)$$

式中：F_i——某一朝向壁面车门的面积，m^2；

δ_{1i}、λ_{1i}——车门内外蒙皮的厚度和导热系数；

δ_{2i}、λ_{2i}——门壁内隔热材料的厚度和导热系数；

t_{Ci}——考虑太阳辐射作用的某一朝向外气综合温度，℃。

$$t_{Ci} = t_H + \frac{\rho J}{\alpha_H} \qquad (4-40)$$

式中：ρ——材料对太阳辐射的吸收系数；

J——根据不同的朝向取不同的辐射强度。

2. 通过车窗玻璃传入车内的热量 Q_2

热流通过客车车窗的传热途径是车窗玻璃内外表面的空气层和玻璃本身。夏季通过车窗传入车内的热量主要由车内外温差的传热量和因太阳辐射而传入的热量组成。即：

$$Q_2 = Q_2' + Q_2'' = K \cdot F_C(t_H - t_B) + \eta K_S U + \rho \frac{\alpha_B}{\alpha_H} U \quad (\text{kW}) \qquad (4-41)$$

式中：K——不考虑太阳辐射的车窗传热系数。

$$K = \frac{1}{\frac{1}{\alpha_H} + \frac{\delta_1}{\lambda_1} + \frac{1}{\alpha_B}} \quad [\text{kW}/(m^2 \cdot K)] \qquad (4-42a)$$

式中：δ_1——车窗玻璃的厚度，m；

λ_1——车窗玻璃的导热系数，kW/(m²·K)；

F_C——车窗的传热面积(包括窗框)，m²；

η——太阳辐射通过车窗玻璃的透过系数；

K_S——遮阳系数；

U——车窗的太阳辐射量，kW。

$$U = F'_C J + (F_C - F'_C)J_S \qquad (4\text{-}42\text{b})$$

式中：F'_C——阳面车窗面积，m²；

J——车窗外表面太阳辐射强度；

J_S——车窗外表面太阳散射辐射强度。

λ_1、η 和 K_S 的值见表4-6。

部分材料的传热特性　　　　　表4-6

种　　类	厚度(mm)	导热系数[W/(m·K)]	遮阳系数	吸收系数	透过系数
浮法平板玻璃	3	1.63	1.0	0.074	0.849
	5	1.61	1.0	0.115	0.811
吸热玻璃(蓝片)	5	1.61	0.8	0.358	0.583
	8	1.55	0.76	0.405	0.539
白色窗帘	—	—	0.48	0.05	0.35
茶色窗帘	—	—	0.64	0.44	0.14
浅茶色窗帘	—	—	0.56	0.26	0.23
深绿色窗帘(涂乙烯)	—	—	0.88	0.85	0

3. 制冷送风管道所消耗的冷量 Q_3

对于采用独立制冷装置的空调客车，其车外冷风送风管道除矩形外，也有圆形。在计算夏季制冷负荷时，应计算外露于车厢外的送风管道所消耗的冷量。

对于矩形送风管：

$$Q_3 = \frac{1}{3600} cG\Delta t_c \quad (\text{kW}) \qquad (4\text{-}43)$$

对于圆形送风管：

$$Q_3 = \frac{1}{3600} cG\Delta t'_c \quad (\text{kW}) \qquad (4\text{-}44)$$

Δt_c、$\Delta t'_c$ 分别为矩形、圆形管道的温升(负值为温降)，单位为℃，按式(4-45)计算。

$$\begin{cases} \Delta t_c = (t_w - t_1)(1 - e^{-\frac{Nl}{cGR}}) \\ \Delta t'_c = (t_w - t_1)(1 - e^{-\frac{l}{cGR}}) \end{cases} \qquad (4\text{-}45)$$

式中：t_w——管外温度，取夏季车外计算干球温度，℃；

t_1——管内介质的初始温度(进入风管的气流温度)，℃；

N——管道保温后的平均周长，m；

l——管长，m；

c——管道内介质的定压比热容，对于空气 $c = 1.01\text{kJ/(kg·℃)}$；

G——介质流量,kg/h;
R——管子的热阻。

若采用矩形管:

$$R = \frac{1}{\alpha_n} + \sum_{i=1}^{n} \frac{\delta_i}{\lambda_i} + \frac{1}{\alpha_w} \quad [(m^2 \cdot K)/kW] \quad (4-46)$$

若采用圆形管:

$$R = \frac{1}{\pi}\left(\frac{1}{\alpha_n d_0} + \frac{1}{2}\sum_{i=1}^{n}\frac{1}{\lambda_i}\ln\frac{d_{i+1}}{d_i} + \frac{1}{\alpha_w d_{n+1}}\right) \quad [(m^2 \cdot K)/kW] \quad (4-47)$$

式中:α_n——管内壁对流换系数,kW/(m²·K);
　　　α_w——保温层最外表面的换热系数,kW/(m²·K);
　　　δ_i、λ_i——各层保温层的厚度及保温材料的导热系数,m、kW/(m·K);
　　　d_i——各层直径,m;
　　　d_0、d_1——管内、外直径,m。

4. 通风换气热损失 Q_4

车外空气进入车内带入的热量包括两部分,一是为了满足乘员生理卫生要求而必须引入的主动新风所带入的热量,二是泄漏风量即被动新风带入的热量。为保证乘员健康而进行的通风换气必然会带进大量热量,从而增大车室冷负荷。为节约能量,降低使用成本,空调客车多采用内循环空气,即制冷(或采暖)用空气直接由车室内吸取,经处理后再送入车内,仅靠更换部分室内空气来保持必要的洁净度。随着车身制造水平的提高,泄漏风量很小,设计计算时,可将泄漏风量看成是主动新风的补充,两者合二为一,按《客车空调系统技术条件》(JT/T 216—2006)推荐的人均每小时最少风量计算。对于普通型空调客车,Q_4 一般按下式近似计算:

$$Q_4 = n \cdot \gamma \cdot \nu \cdot c(t_H - t_B) \quad (kW) \quad (4-48a)$$

式中:n——客车的设计乘员数;
　　　γ——车室内空气密度,kg/m³;
　　　ν——乘员人均对新鲜空气的需求量,m³/s;
　　　c——空气的定压比热容,kJ/(kg·℃),参见表4-7。

空气的部分物理参数　　　　　　表4-7

空气温度 (℃)	干空气密度 (kg/m³)	定压比热容 [kJ/(kg·℃)]	导热系数 W/(m·K)	饱和水蒸气分压力 (mmHg)	水蒸气的凝结热 (kJ/kg)
-20	1.396	1.010	0.0225	0.941	
-15	1.368			1.434	
-10	1.342			2.147	
-5	1.317			3.161	
0	1.293	1.010	0.0242	4.581	2503.5
5	1.270			6.540	
10	1.248			9.205	2479.6
15	1.226	1.014		12.789	
20	1.205		0.0258	17.526	

续上表

空气温度 (℃)	干空气密度 (kg/m³)	定压比热容 [kJ/(kg·℃)]	导热系数 W/(m·K)	饱和水蒸气分压力 (mmHg)	水蒸气的凝结热 (kJ/kg)
25	1.185			23.759	
30	1.165			31.819	2432.7
35	1.146	1.014		42.180	
40	1.127		0.0272	55.34	2408.8
80	1.00		0.0303	472.28	
90	0.973	1.014		699.31	

对于高档豪华型空调客车,其不仅对车室的温度有较高要求,还对空气洁净度和湿度有较高要求。这类客车多采用部分再循环空气或全部采用外气,因此大大增加了制冷装置的冷负荷。在计算采用部分再循空气客车的通风换气热损失时,建议采用如下公式计算:

$$Q_4 = n \cdot \gamma \cdot \nu [c(t_H - t_B) + \gamma_0(\phi_1 d_1 - \phi_2 d_2)] \quad (\text{kW}) \quad (4\text{-}48\text{b})$$

式中:n、γ、ν、c——含义与式(4-48a)相同;

γ_0——水蒸气的凝结热或凝固热,kJ/kg,见表4-7;

ϕ_1、ϕ_2——车室外及车室内的相对湿度,%;

d_1、d_2——相应于 t_H 及 t_B 情况下,完全饱和的空气含湿量,kg/kg 干空气,其值可按下式计算:

$$d_1 = 622 \frac{p_1}{B - p_1} \times \frac{1}{1000} \quad (4\text{-}49)$$

$$d_2 = 622 \frac{p_2}{B - p_2} \times \frac{1}{1000} \quad (4\text{-}50)$$

p_1、p_2——对应 t_H、t_B 的饱和水蒸气分压力,见表4-7;

B——大气压力,mmHg。

注意,采用上式计算时,公式中的 $n \cdot \nu$ 值应减去制冷装置所引入的外气量。对不采用循环空气的空调客车,因所需的空气全部由制冷装置送入,故不必单独计算通风换气热损失。

5. 人体散热量 Q_5

$$Q_5 = q_1 + (n-1)q_2 \quad (\text{kW}) \quad (4\text{-}51)$$

式中:q_1——驾驶员散发的全热(显热和潜热之和),kW;

n——设计乘员数;

q_2——乘客散发的全热,kW。

在计算 Q_5 时,一般驾驶员按中等体力劳动的散热量计算,乘客按静坐散热量计算,也可不分驾驶员和乘客。因为人体散发的热量与周围空气温度的高低及劳动强度有关,客车行驶时,除驾驶员在劳动外其余乘客都可视为静坐,且乘客中有老有小有胖有瘦,故计算时人体散发的热量可按表4-8所列参数选取。

成年人散发的热量及水汽量　　　　　　　　　　　　　　　　　　　表 4-8

空气温度(℃)	显热(kJ/h)	水汽量(g/h)	潜热(kJ/h)
18	356	32.4	79
21	316	45.4	111
24	279	55.7	137
27	233	77.8	179
30	174	99.7	237

6. 车内电气设备的散热量 Q_6

车内电气设备一般指照明、电视音响、通风换气装置等工作时散发的热量。由于白天行车时不使用照明装置,而车室最大热负荷的时间一般在中午12时至14时之间。因此,在计算车内电器设备的散热量时,只需考虑电视音响装置和通风换气装置工作时的散热量。

$$Q_6 = Q_{6d} + Q_{6t} \quad (\text{kW}) \tag{4-52}$$

$$\begin{cases} Q_{6d} = n_1 n_2 n_3 n_4 N & (\text{kW}) \\ Q_{6t} = n_1 n_2 n_3 n_4 \dfrac{N}{\eta} & (\text{kW}) \end{cases} \tag{4-53}$$

式中:Q_{6d}——电视音响的散热量;

Q_{6t}——通风换气装置电机的散热量;

n_1——额定功率的利用系数,取 0.7 ~ 0.9;

n_2——负载系数(平均功率与最大功率之比),取 0.5 ~ 0.8;

n_3——同时使用系数(同时使用的装置功率与总安装功率之比),取 0.5 ~ 1.0;

n_4——考虑空气吸热量的系数,取 0.65 ~ 1.0;

N——所计算电气设备的总功率,kW;

η——电动机效率,参照表4-9选取。

JO_2 电动机的效率　　　　　　　　　　　　　　　　　　　表 4-9

电动机功率(kW)	0.25 ~ 1.1	1.5 ~ 2.2	3.0 ~ 4.0	5.5 ~ 7.5
电动机效率	0.76	0.80	0.83	0.85

7. 由车身缝隙传入车内的热量 Q_7

Q_7 的计算分两种情况:

(1)对采用推拉式车窗和折叠式乘客门的普通客车及公交客车,采用下式计算:

$$Q_7 = \frac{1}{3600} M \cdot c_B (t_H - t_B) \quad (\text{kW}) \tag{4-54}$$

$$M = \sum (\alpha' \cdot m_1 \cdot l) \tag{4-55}$$

式中:M——通过缝隙进入车室的透风量,kg/h。

α'——缝隙系数,车门 $\alpha' = 2.0$,车窗 $\alpha' = 0.65$,车身其他缝隙 $\alpha' = 2.0$。

m_1——通过每米长缝隙的透风量,与风速 V_a 有关:当 $V_a \geq 2.56 \text{m/s}$ 时,$m_1 = 15 \sim 30 \text{kg/(m·h)}$;$V_a < 2.56 \text{m/s}$ 时,$m_1 = 3 \sim 15 \text{kg/(m·h)}$。

l——缝隙长度,一般取门窗等接缝长度的 10% ~ 12%。

c_B——空气的定压比热容,在 0~100℃ 范围内,c_B 可近似取 0.995kJ/(kg·℃)。

对于部分采用全黏结玻璃和内摆式乘客门的公交客车,式中通过缝隙进入车室的透风量 M 只需计算能开启的车窗和乘客门缝隙的透风量。

（2）对采用全黏结玻璃和外移式乘客门的中高档公路和旅游客车,因其密封性能好,该项可以不用计算。

8. 车体降温消耗的冷量 Q_8

夏季空调客车运行时,由于车体温度超过人体感觉的舒适温度,因此必须降温预冷。使车体降温消耗的冷量 Q_8 可按下式计算:

$$Q_8 = \frac{1}{3600} G_T \cdot c_T \cdot \frac{\Delta t}{2} \quad (\text{kW}) \tag{4-56}$$

式中:G_T——车身隔热壁的质量,kg;

c_T——隔热壁的平均比热容,kJ/(kg·℃)。

$$c_T = \frac{\sum_{i=1}^{n} c_i}{n} \tag{4-57}$$

式中:c_i——隔热壁所用材料的比热容,可由 4-10 查取;

n——材料种类;

Δt——车室内每小时的平均降低温度,℃,一般取 $\Delta t = 6$℃。

部分材料的物理性能见表 4-10。

部分材料的物理性能　　　　　　　　　　　　　　　　　　　表 4-10

材料名称		导热系数[W/(m·K)]	比热容[kJ/(kg·℃)]	密度(kg/m³)
钢	C=0.5%	54.167	0.465	7833
	C=1.5%	36.111	0.486	7753
玻璃钢		0.500	0.838	1780
铝(1100)		221.667	0.897	2739
有机玻璃		0.200		1188
普通玻璃		0.761	0.842	2500
木板		50.833	0.469	783
胶合板		0.119	1.215	545
纤维板		0.139~0.209		1050
地毯		0.080		400
塑料板		0.190		1500
化、棉织物			1.257	
石棉毡		0.083	0.838	42
玻璃棉		0.058	0.754	100
泡沫塑料		0.042	0.838~1.0480	50~80
聚苯乙烯泡沫塑料		0.0267	2.011	30
泡沫石棉		0.041~0.056		30~50

续上表

材 料 名 称	导热系数[W/(m·K)]	比热容[kJ/(kg·℃)]	密度(kg/m³)
聚氨酯泡沫塑料	0.026~0.028	1.886	45~65
聚氯乙烯泡沫	0.036		30~70
钢化玻璃	0.468		2500
中空玻璃(平均温度293K,内外温差10K条件下)	0.246		
中空玻璃(平均温度293K,内外温差20K条件下)	0.273		

9. 车室内人体衣着、座椅、行李和其他设备降温所消耗的冷量 Q_9

客车空调工作时,要使室内温度达到预定的、使人感到舒适的温度,除上述手段外,还必须使温度较高的衣着、座椅、行李和其他设备降温。所消耗的冷量为:

$$Q_9 = \frac{1}{3600}(m_1c_1 + m_2c_2 + m_3c_3 + m_4c_4)\Delta t \quad (kW) \quad (4-58)$$

式中:$m_1 \sim m_4$——车室内人体衣着、行李、座椅和其他设备的平均质量,kg;

$c_1 \sim c_4$——车室内人体衣着、行李、座椅和其他设备的平均比热容,kJ/(kg·℃);

Δt——车室内每小时平均降低的温度,一般取 $\Delta t = 6℃$。

当求出上述九个方面的热量后,即可得出夏季空调客车制冷时的总冷负荷:

$$Q = Q_1 + Q_2 + Q_3 + Q_4 + Q_5 + Q_6 + Q_7 + Q_8 + Q_9 \quad (kW) \quad (4-59)$$

在上述各项中,通过车身隔热壁的总传热量 Q_1、通过车窗玻璃传入车内的热量 Q_2、通风换气热损失 Q_4 及人体散热量 Q_5 是空调客车制冷的主要冷负荷。

在了解夏季空调客车制冷所需的冷量后,即可确定制冷装置冷负荷的大小。由于上述各冷负荷都是按最大负荷使用条件下计算的,所以 Q 就是制冷装置所应承担的最大制冷负荷。

二、制冷负荷的经验估算

由于客车空调负荷受许多因素的影响,且不同厂家的车型及制造质量又有较大差异,因此按上述方法计算的负荷与实际情况还有一定差距。此外,在实际选择客车空调装置时,有时受条件限制,或者要求不是很严格的情况下,为简化起见,对不同车型适用的空调制冷量还可以根据实际的装车经验即乘员数、车型等进行估算。

1. 乘员估算法

该方法根据客车的额定乘员人数来确定空调制冷量。也就是说,在知道客车额定乘员人数后,根据表4-11,在乘员人数段中选择相应的人均制冷量值,再与乘员人数相乘,就可以得到客车所需的空调制冷量,即制冷量 = 人均制冷量 × 乘员人数。

乘员人数与制冷量的关系 表4-11

乘员数(人)	人均制冷量(kW)	乘员数(人)	人均制冷量(kW)
<9	0.850	38~47	0.550
9~15	0.750	48~55	0.515
16~30	0.600	56~65	0.500
31~37	0.575		

2. 车型估算法

目前,国内外客车设计已基本规范化。一般情况下,客车的乘坐人数基本决定了车室空间的大小,由此可以确定大致的制冷负荷范围,这对选择制冷装置制冷量大小有很好的参考价值,且简单易行。客车空调系统制冷量的推荐选择范围见表 4-12。

客车空调系统制冷量选择范围推荐表　　表 4-12

客车总长(m)	乘员数(人)	制冷量(kW)
6~7	17~28	9.880~14.950
8~9	30~40	14.950~20.430
9~10	40~50	20.430~27.910
11~12	50~60	27.910~32.900

第四节　采暖系统负荷计算

冬季,外气温度低,车内温度高,车内外存在温差,必然出现由高温向低温传热。若没有隔热保温措施和热量补充,将导致车内外温度相等,影响乘坐舒适性。为保证空调客车的人体舒适性要求,必须对车内空气进行加热,使之达到预期的舒适状态。

影响车内空气温度升降的因素是车室的得热量与失热量。在稳定传热条件下,用车室在设计条件下得失热量的平衡,便可确定采暖装置热负荷。

一、空调客车冬季采暖所需热负荷的确定

采暖所需热负荷是根据车内热平衡条件来确定的,一般由以下几部分构成,即:

$$Q_L = Q_{L1} + Q_{L2} + Q_{L3} + Q_{L4} + Q_{L5} + Q_{L6} + Q_{L7} + Q_{L8} + Q_{L9} \quad (kW) \quad (4-60)$$

式中:Q_{L1}——通过车身围护结构的总传热量,kW;

Q_{L2}——通过车窗玻璃传出的热量,kW;

Q_{L3}——暖风管道热损失所消耗的热量,kW;

Q_{L4}——通风换气热损失,kW;

Q_{L5}——人体散热量,kW;

Q_{L6}——车内电气设备的散热量,kW;

Q_{L7}——由车身缝隙传出的热量,kW;

Q_{L8}——车体升温所消耗的热量,kW;

Q_{L9}——车室内人体衣着、座椅、行李和其他设备升温所消耗的热量,kW。

上式和夏季制冷时的冷负荷计算式形式上完全相同,主要区别是考虑了车室热量的散失(热负荷的增加)。

1. 通过车身围护结构的总传热量 Q_{L1}

在计算冬季通过车身围护结构传出的热量时,只需考虑车内外温差引起的温差传热,这是因为冬季太阳辐射强度很低,对整车的传热量影响极小。此外,采暖的最大热负荷并不发

生在太阳辐射较强的时间段,而在冬季阴天早晚和冰冻时,基本没有太阳辐射的影响。所以,忽略太阳辐射是符合实际情况的。

$$Q_{L1} = Q_{L1a} + Q_{L1b} + Q_{L1c} + Q_{L1d} + Q_{L1e} \quad (\text{kW}) \tag{4-61}$$

式中:Q_{L1a}——通过车顶及前后左右围护结构传出的热量:

$$Q_{L1a} = KF(t_B - t_H) = \frac{F}{\dfrac{1}{\alpha_H} + \dfrac{1}{K_P} + \dfrac{1}{\alpha_B}}(t_B - t_H) \quad (\text{kW}) \tag{4-62}$$

Q_{L1b}——通过地板传出的热量:

$$Q_{L1b} = KF(t_B - t_H) = \frac{F}{\dfrac{1}{\alpha_H} + \dfrac{\delta_1}{\lambda_1} + \dfrac{\delta_2}{\lambda_2} + \dfrac{1}{\alpha_B}}(t_B - t_H) \quad (\text{kW}) \tag{4-63}$$

Q_{L1c}——由发动机舱传入车室的热量:

$$Q_{L1c} = -KF(t - t_B) = \frac{-F}{\dfrac{1}{\alpha_H} + \dfrac{\delta_1}{\lambda_1} + \dfrac{\delta_2}{\lambda_2} + \dfrac{1}{\alpha_B}}(t - t_B) \quad (\text{kW}) \tag{4-64}$$

Q_{L1d}——通过乘客门踏步传出的热量:

$$Q_{L1d} = KF(t_B - t_H) = \frac{F}{\dfrac{1}{\alpha_H} + \dfrac{\delta_1}{\lambda_1} + \dfrac{\delta_2}{\lambda_2} + \dfrac{1}{\alpha_B}}(t_B - t_H) \quad (\text{kW}) \tag{4-65}$$

Q_{L1e}——通过车门传出的热量:

$$Q_{L1e} = KF(t_B - t_H) = \sum_{i=1}^{n} \frac{F_i}{\dfrac{1}{\alpha_H} + \dfrac{\delta_{1i}}{\lambda_{1i}} + \dfrac{\delta_{2i}}{\lambda_{2i}} + \dfrac{1}{\alpha_B}}(t_B - t_H) \quad (\text{kW}) \tag{4-66}$$

F_i——某一车门的传热面积,m^2;

δ_{1i}、λ_{1i}——该车门内外蒙皮的厚度和导热系数;

δ_{2i}、λ_{2i}——该车门隔热材料的厚度和导热系数。

若所有车门的结构、材料和厚度均相同时,上式中的导热系数相同,则:

$$Q_{L1e} = K \cdot \sum_{i=1}^{n} F_i(t_B - t_H) = \frac{\sum_{i=1}^{n} F_i}{\dfrac{1}{\alpha_H} + \dfrac{\delta_1}{\lambda_1} + \dfrac{\delta_2}{\lambda_2} + \dfrac{1}{\alpha_B}}(t_B - t_H) \tag{4-67}$$

2. 通过车窗玻璃传出的热量 Q_{L2}

在只考虑温差传热的条件下,通过车窗玻璃传出的热量为:

$$Q_{L2} = K \cdot F_C(t_B - t_H) \quad (\text{kW}) \tag{4-68}$$

3. 暖风管道热损失所消耗的热量 Q_{L3}

在计算 Q_{L3} 时,主要计算车室外的暖风管道,其计算方法和制冷送风管道相同,只不过式中的 t_w(管外温度)应取冬季车外的计算干球温度。

4. 通风换气热损失 Q_{L4}

冬季,由于通风换气将从车内带走大量的热量,从而增大车室热负荷。设计时,为达到预期的采暖效果,并使结构简单、节约能源,提高使用经济性,普通空调客车的燃烧式和水暖式采暖装置多采用内循环式。对于这类空调客车,其 Q_{L4} 可按下式近似计算:

$$Q_{L4} = n \cdot \gamma \cdot v \cdot c(t_B - t_H) \quad (\text{kW}) \tag{4-69}$$

式中:n——客车设计乘员数;

γ——车室内空气的密度,kg/m^3;

v——乘员人均对新鲜空气的需求量,冬季 v 取下限,m^3/s;

c——空气的定压比热容,$\text{kJ/(kg} \cdot ℃)$,见表 4-7。

对于高档豪华型空调客车,因其对车室气候要求较高,多采用部分再循环空气或全部采用外气。在计算采用部分再循环空气的采暖装置的通风换气热负荷时,建议采用如下公式计算:

$$Q_{L4} = n \cdot \gamma \cdot v [c(t_B - t_H) + \gamma_0 (\phi_2 d_2 - \phi_1 d_1)] \quad (\text{kW}) \tag{4-70}$$

式中,各符号的含义与式(4-48b)相同,但应取冬季推荐值。

同样需要注意的是,采用上式计算时,因是部分再循环,所以公式中的 $n \cdot v$ 值应减去采暖装置所引入的外气量。而对完全采用外气循环的空调客车,因车室所需的新鲜空气全部由采暖装置送入,故不必单独计算通风换气的热损失。

5. 人体散热量 Q_{L5}

计算公式如下:

$$Q_{L5} = -[q_1 + (n-1)q_2] \quad (\text{kW}) \tag{4-71}$$

6. 车内电气设备的散热量 Q_{L6}

计算公式如下:

$$Q_{L6} = -(Q_{6d} + Q_{6t}) \quad (\text{kW}) \tag{4-72}$$

7. 由车身缝隙传出的热量 Q_{L7}

计算公式如下:

$$Q_{L7} = M \cdot c_B (t_B - t_H) \quad (\text{kW}) \tag{4-73}$$

8. 车体升温所消耗的热量 Q_{L8}

计算公式如下:

$$Q_{L8} = G_T \cdot c_T \cdot \frac{\Delta t}{2} \quad (\text{kW}) \tag{4-74}$$

式中:Δt——车内每小时平均升温,℃,Δt 一般取 6℃。

9. 车室内人体衣着、座椅、行李和其他设备升温所消耗的热量 Q_{L9}

计算公式如下:

$$Q_{L9} = (m_1 c_1 + m_2 c_2 + m_3 c_3 + m_4 c_4) \Delta t \quad (\text{kW}) \tag{4-75}$$

上述各计算式中未注明的符号及计算公式与制冷负荷计算相同。

二、除霜负荷的确定

为了保证驾驶员的视野,防止风窗玻璃内外表面结霜(雾),空调客车上设有专门的除霜(雾)装置。目前,采用最多的是热风除霜法,即向风窗玻璃内表面吹热风,靠热风气流将玻璃内外表面的冰霜融化。

由统计和试验知,一般大客车所需的除霜风量大约为 $150\text{m}^3/\text{h}$,则除霜所需要的负荷为：

$$Q_S = M \cdot \gamma \cdot c_B(t_B - t_H) \quad (kW) \qquad (4-76)$$

式中：M——除霜所需风量，m^3/s；

γ——空气密度，kg/m^3，见表4-7。

c_B——空气的定压比热容，$kJ/(kg \cdot ℃)$，见表4-7。

三、采暖装置热负荷的确定

在计算出空调客车冬季采暖所需热负荷和除霜所需热负荷后，即可确定采暖装置热负荷的大小。如果所设计的客车采用的是独立式除霜装置，则以上计算的采暖所需热量就是采暖装置所应承担的最大热负荷。即：

$$Q = Q_L \quad (kW) \qquad (4-77)$$

如果所设计的客车采用的是非独立式除霜装置，即利用采暖装置产生的热量进行除霜，则采暖装置的热负荷就应该是采暖负荷与除霜负荷之和：

$$Q = Q_L + Q_S \quad (kW) \qquad (4-78)$$

因为上述计算是按冬季最大热负荷使用条件进行的，所以由此选用的采暖装置能够满足使用要求，且一般情况下都可以保证加热器在较为经济的状态下工作。

第五章　客车空调系统的选型与匹配

在客车空调系统设计中,总成的选配十分重要,它不仅关系到布置设计的难易程度、工作量大小,而且关系到车身造型的美观、燃料消耗和设备能力的合理利用等,同时还对整车总布置设计、车身内饰设计等产生较大影响。

客车类型很多,在中国一般按用途分为长途、城市、团体、旅游和特种客车五大类,而每一类又有不同的车型。如大型城市客车可分为单层、双层、单铰接、双铰接等型式。这些不同的客车,对空调系统的选配有不同要求,设计时应针对不同要求,合理选配各空调总成,方能在满足要求的前提下,最大限度发挥设备效能。

第一节　制冷系统的选型与匹配

目前,客车采用的制冷系统各总成均由专业厂家直接配套供应,或按客车生产企业要求定制生产。因此,在空调系统设计中,制冷系统的选配只是制冷能力和结构型式的选择。

一、车用制冷系统的制约条件

由于客车的特殊性,给车用制冷系统提出了较为严格的要求。因此,客车用制冷系统与飞机、船舶、建筑等行业使用的制冷系统相比有如下特点:

(1)与被冷却的空间相比,乘员数量较多,人均通风量大,所需要的人均制冷量大。
(2)使用电力驱动时消耗电池功率大,对电动客车续驶里程影响大。
(3)受整车质量指标和安装空间的限制,系统组件因车型而异,通用化较为困难。要求系统各总成可靠性好、结构紧凑、体积小、质量轻、使用维修方便。
(4)车内高度较低,气流分配组织困难,难以做到车室温度均匀分布。
(5)由于是移动的建筑物,且车窗玻璃面积较大,对整车隔热保温提出了更高的要求。

二、制冷系统的分类

客车空调制冷系统有多种分类方法。按驱动形式,可分为采用辅助发动机驱动(独立式)、采用客车主发动机驱动(非独立式)、采用电力驱动(电动式,用于电动空调)和可分别采用客车主发动机或电力驱动(双动力空调)四大类。

1. 独立式制冷系统

独立式制冷系统最明显的特征是,配置有一台专用发动机驱动整个制冷系统运行,不受主发动机动力的限制,制冷系统工作稳定可靠,效果良好。特别是对需要经常较长时间停车的旅游客车和长途客车停车休息、等候陆续回来的乘客时,其优越性更加明显。缺点是多了一套发动机及配套的系统部件,成本增加,整备质量也增大很多,维修困难。

独立式制冷设备一般有独立整体式和独立分置式两种型式。

1）独立整体式

独立整体式制冷系统是把辅助发动机、压缩机、蒸发器和冷凝器等全部装配到一个机架上，组成一套独立整体式制冷机组（图5-1），通过风道将冷空气送到车室内。图5-2所示为独立整体式制冷机组安装在客车前轴之后的情况。

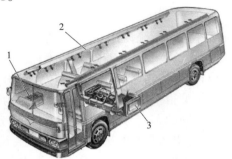

图5-1 独立整体式制冷设备
1-冷凝器和发动机散热器总成;2-辅助发动机;
3-压缩机;4-蒸发器

图5-2 独立整体式制冷设备在客车上安装
1-控制面板;2-送风风道;3-独立整体式制冷设备

2）独立分置式

与独立整体式相比，独立分置式制冷设备的最大特点是将冷凝器、蒸发器与辅助发动机和压缩机机组分开布置，辅助发动机和压缩机机组包括压缩机、发动机及配套部件，如冷却水箱等（图5-3）;冷凝器和蒸发器可根据需要灵活布置在客车车身的不同位置，通过高低压制冷剂管路与压缩机连接，如图5-4所示。

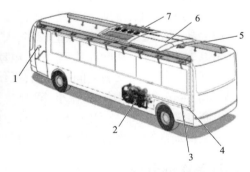

图5-3 辅助发动机压缩机机组
1-压缩机;2-发动机;3-发动机冷却水箱

图5-4 独立分置式顶置型制冷系统在客车上安装
1-控制面板;2-辅助发动机压缩机机组;3-高压制冷剂管路;4-低压制冷剂管路;5-新风口;6-蒸发器;7-冷凝器

独立分置式制冷系统根据蒸发器和冷凝器的安装位置不同，又可分为下置型和顶置型两种。其中下置型制冷系统对前置发动机后驱动的客车来说，多纵置于轴间，冷凝器、辅助发动机及压缩机机组和蒸发器分别安装在汽车纵轴线的两边；也有将冷凝器、辅助发动机及压缩机机组布置于轴间，将蒸发器布置于后悬的型式。顶置型制冷系统一般将冷凝器、蒸发器做成一体，安装于车厢顶部，辅助发动机及压缩机机组安装于轴间（图5-4）。

独立分置式制冷系统比独立整体式制冷系统的布置设计更方便灵活。前者的缺点是结构复杂、体积质量大,占用行李舱多;当客车采用整体式车架时,安装该型制冷总成使车架改动较大,工艺较复杂,对车架的结构强度和刚度将产生一定影响;对辅助发动机的性能要求也十分严格。

2. 非独立式制冷系统

这种制冷系统结构较为简单,体积小,不需另加辅助发动机,因而成本低、质量轻(一般辅助发动机组重约200kg),可将压缩机布置在底盘发动机舱内,直接由客车主发动机驱动而不必另占空间,如图5-5所示。非独立式制冷系统在客车中应用较广,但因直接消耗主发动机的功率,要求客车配备的发动机功率较大,需在底盘设计时考虑空调系统的负荷,否则在需要发动机短时间内发出全部功率时(如爬陡坡或大负荷运行时),则要关闭制冷设备;当停车使用空调时,仍需主发动机工作,此时发动机仅仅为了驱动空调设备而在低负荷高油耗率区工作,经济性差;压缩机排量小,制冷能力下降明显。

根据蒸发器安装位置的不同,非独立式制冷系统分为顶置型、内藏型和背藏型三种。

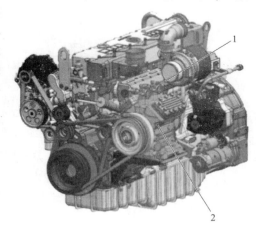

图5-5 客车主发动机驱动压缩机
1-发动机;2-压缩机

1) 非独立顶置型

非独立顶置型制冷系统的蒸发器和冷凝器一般集成为一体,有蒸发器和冷凝器串行布置(图5-6)和并列布置(图5-7)两种结构。即前者采用串行布置蒸发器和冷凝器总成,沿客车前进方向在车顶上纵向安装;后者的蒸发器和冷凝器则沿车横向并列布置,按总布置的设计要求在车顶上安装。

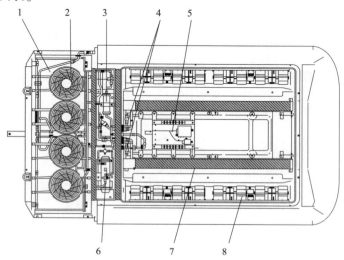

图5-6 串行布置蒸发器和冷凝器总成
1-冷凝器;2-冷凝风机;3-干燥器;4-膨胀阀;5-电控盒;6-储液器;7-蒸发器;8-蒸发风机

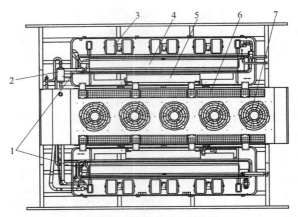

图 5-7 并行布置蒸发器和冷凝器总成
1-膨胀阀；2-储液干燥器；3-蒸发风机；4-蒸发器；5-新风口；6-冷凝器；7-冷凝风机

采用顶置型串行布置的制冷系统在车顶上方的安装如图 5-8 所示，这是目前应用最广泛的一种结构型式，它不仅可有效节约客车的车内空间，而且其配套的送风管道平直，冷风流量损失小，车内气流分布较为均匀；冷凝器处于车顶，远离尘土沙石，冷凝效果好。其不足之处主要是由于蒸发器、冷凝器凸出并外露于车顶，使整车高度增加，对外观造型和整车质心高度有一定影响；同时车身设计复杂，且车顶开孔较多，密封困难。

2）非独立内藏型

大型客车的冷凝器一般布置在裙部或发动机舱上部单独空间，蒸发器布置在车内送风风道中部或前后成型顶内。图 5-9 所示为大型客车采用内藏型制冷系统的布置示意图。由图中可见其总体布置较为困难，冷凝器（图 5-10）布置在客车裙部，乘客区蒸发器（图 5-11）布置在车厢内送风风道中部，前置冷暖除霜（雾）装置布置在仪表板下的地板下部，结果造成高低压冷媒管道长，且走向不尽合理。虽然整车造型美观，但车身设计复杂，维修困难。

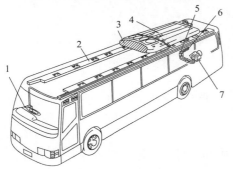

图 5-8 非独立顶置型制冷设备在客车上的安装
1-控制面板；2-送风风道；3-冷凝器；4-蒸发器；
5-高压制冷剂管路；6-低压制冷剂管路；7-压缩机

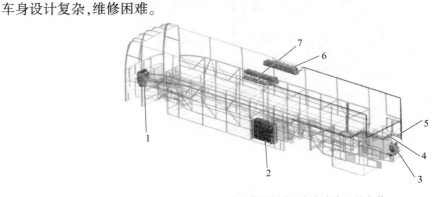

图 5-9 非独立内藏型制冷设备在客车上的安装
1-前置冷暖除霜（雾）设备；2-冷凝器；3-压缩机；4-低压制冷剂管路；5-高压制冷剂管路；6-右侧蒸发器；7-左侧蒸发器

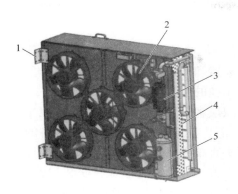

图5-10 冷凝器总成
1-铰链;2-冷凝风机;3-干燥器;4-冷凝器;
5-储液器

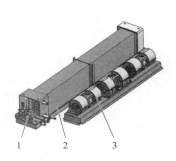

图5-11 蒸发器总成
1-膨胀阀;2-蒸发器;3-蒸发风机

采用非独立内藏型制冷系统的特点是不影响客车外观造型;车顶无须开孔、洞,防雨密封性好;可有效解决客车车顶高度受限的空调布置问题。但内置蒸发器需要占用较大的车内空间,限制了其在城市客车上的使用。

小型客车如轻型客车的冷凝器一般布置在发动机散热器前面,蒸发器布置在仪表板内,与暖风芯体、风机、进风模块和出风模块组成包括制冷、采暖、通风的类似大客车前置冷暖除霜雾设备的内藏式空调系统(Heating, Ventilation and Air Conditioning,HVAC)。

HVAC与仪表板出风风道(图5-12)进行对接,通过出风模块控制风机的风吹向驾驶员面部或吹向前风窗玻璃,而吹向驾驶区或副驾驶脚下的出风一般由HVAC机体直接引出。进风模块则控制车内的循环风为车内进风或车外进风或混合进风。压缩机多采用斜盘或涡旋式,直接安装在发动机上,整个空调系统组成如图5-13所示。

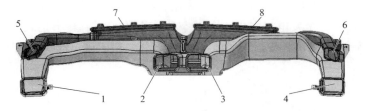

图5-12 仪表板出风风道结构
1、2、3、4-吹面部的出风口;5、6-左右侧后视镜出风口;7、8-前风窗玻璃出风口

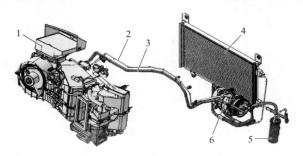

图5-13 轻型客车非独立内藏式空调
1-HVAC;2-高压制冷剂管道;3-低压制冷剂管道;4-冷凝器;5-储液干燥器;6-压缩机

3）非独立背藏型

图 5-14 所示为典型的采用背藏型安装的蒸发器和冷凝器总成结构示意图。背藏型制冷设备的冷凝器和蒸发器集成一体，安装在客车后部发动机舱上方一个单独的舱内。

为适应双层客车、低驾驶区客车、敞篷观光客车对空间的最大化利用，防止车身超高，背藏型制冷设备的蒸发器和冷凝器采用上下垂直布置，利用后排座椅后面的空间，紧凑安装于车尾发动机上方。这种布置形式在安装和大修时，可以使用叉车整体装卸，有效节约安装和维修时间。

图 5-14 蒸发器和冷凝器总成
1-储液干燥器；2-下层出风口；3-蒸发风机；4-蒸发器；5-上层出风口；6-冷凝风机

3. 采用电力驱动的制冷系统（电动空调）

电动空调的电源可以为辅助发动机或客车主发动机带动一个发电机发电，亦可以通过整车电池或外接市电供电，再由电动压缩机驱动制冷系统工作。与独立式制冷系统分类一样，电动空调也分为整体式和分置式两类。

目前，采用电池供电的电驱动整体式电动空调使用最为普遍。由于制冷装置结构简单、质量轻，具有与辅助发动机驱动型式相同的优点，且蒸发器、冷凝器、电动压缩机等部件一般集成在一起，在车顶布置方便灵活，不受位置限制，因此主要安装在纯电动客车上，如图 5-15 所示。其主要缺点是由于布置在车顶，使整车高度增加，同时因本身外形和质量较大，对客车造型和整车质心高度有一定影响；且车身结构设计复杂，需要对骨架和安装支架进行加强；因车顶开孔较多，密封困难。对于采用辅助发动机或主发动机带动一个发电机发电和外接市电电源供电的电动压缩机驱动的制冷系统，前者主要在特种客车和长途客车上采用，要求发电机容量大；后者则主要在城市客车上采用，靠外接市电运行，即传统的电车。图 5-16 所示为主发动机带动一个发电机发电供电动空调使用的实例。其不足之处在于使用场合受到一定的限制，零部件成本较高。

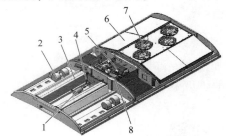

图 5-15 电动空调
1-储液干燥器；2-蒸发风机；3-蒸发器；4-膨胀阀；5-压缩机；6-冷凝器；7-冷凝风机；8-气液分离器

图 5-16 主发动机驱动发电机的电动空调
1-发电机；2-发动机

4. 采用主发动机和电力驱动的制冷系统（双动力空调）

采用主发动机和电力驱动的制冷系统主要应用在特种客车上，如图 5-17 所示。该系统有两套压缩机，共用一套蒸发器和冷凝器。开启式压缩机的功率输入轴伸出压缩机之外，且其安装有由汽车主发动机通过皮带驱动的电磁离合器，行车、制冷系统工作时，电磁离合器闭合,开启式压缩机运转;全封闭式压缩机的电动机和涡旋压缩机封闭在一个缸体内。停车、制冷系统工作时,通过外接市电电源或者车载发电机机组供电,全封闭压缩机运转。两套压缩机通过控制系统实现工作转换。其缺点是使用场合受到限制,需要专门控制器实现两种动力系统的转换,系统较为复杂且零部件成本较高。

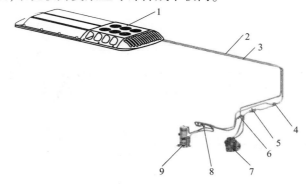

图 5-17 双动力空调

1-蒸发器冷凝器总成;2-高压管路;3-低压管路;4-低压管路三通;5-电磁阀2;6-三通换向阀;7-开启式压缩机;8-电磁阀1;9-全封闭压缩机

三、制冷系统的选型

在设计客车空调系统时,制冷系统的选型与匹配常遵循如下原则:

(1)按客车可提供的驱动型式选择制冷系统。如常规或混合动力客车可选择非独立式或独立式制冷系统;电动客车则选择电动空调;特种客车如采血车等,可采用双动力空调。

(2)根据客车的不同用途选择制冷系统。例如,近年来随着车身制造技术的发展,非独立内藏型制冷系统在高级旅游客车和团体客车上应用越来越普遍。而长途客车因行驶区间长,旅客行李较多,为保证较大行李舱容积,在主发动机功率较大的情况下,应采用非独立顶置型制冷系统;特种客车如机场摆渡车,因车辆等候时间长及为满足旅客舒适性需求,乘客区空调应选择独立分置式顶置型制冷系统。

(3)根据客车的使用条件进行选择。在道路条件较差的地区,路面尘土飞扬,如采用独立整体式制冷系统,将使冷凝器受尘土和地面热辐射的双重影响而引起过高的冷凝压力,降低制冷效果,且冷凝器也容易被飞石击穿或酸性泥土腐蚀。因此,这类地区和沙漠、热带地区使用的空调客车为保证制冷效果和使用寿命,应选用独立分置式或非独立顶置型制冷系统。

(4)按照整车和车身的设计要求进行选择。如果对整车高度有明确的要求和限制,常规客车或混合动力客车可选择独立分置式下置型或非独立内藏型或背藏型制冷系统;电动客车则需选择分置式电动空调。如果乘客区由多个空间组成,如铰接客车和双层客车,则需要根据各个空间的制冷负荷匹配相应的蒸发器或制冷量。

以双层客车为例,在客车主发动机功率较大和整车高度有明确要求的条件下,应根据车身结构特点进行选型。对于双层公交客车,一般无行李舱和车内行李架,多采用非独立背藏式空调系统,如图 5-18 所示。而双层长途客车(城间),不仅根据客车等级对行李舱大小有不同要求,而且车内必须设置行李架,因此需要采用非独立内藏式空调系统;在满足《客车结构安全要求》(GB 13094—2017)关于座椅上方乘员自由空间的条件下,上层空间的蒸发器多布置在上层行李架内,冷凝器布置在发动机上方的独立舱内;由于受车高限制,下层座椅上方的空间较小,蒸发器只能布置在后部行李舱内,需占用一定的行李舱空间,如图 5-19 所示。与图 5-18 所示的公交客车布置方式相比,双层长途客车整个布置结构和空调管路复杂,对设计要求较高。

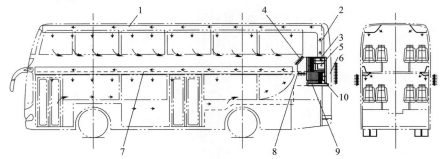

图 5-18 双层公交客车蒸发器和冷凝器布置

1-上层风道;2-上层过渡风道;3-蒸发器上层出风口;4-车内上层回风口;5-蒸发器下层出风口;6-冷凝器出风口;7-下层风道;8-车内下层回风口;9-冷凝器进风口;10-冷凝器蒸发器总成

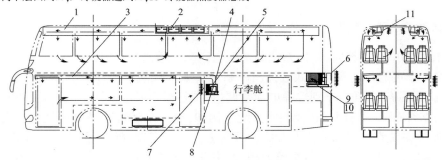

图 5-19 长途客车蒸发器和冷凝器布置

1-上层风道;2-上层蒸发器;3-下层风道;4-下层过渡风道;5-下层蒸发器出风口;6-冷凝器出风口;7-下层蒸发器回风口;8-下层蒸发器;9-冷凝器进风口;10-冷凝器总成;11-上层蒸发器回风口

(5)按整车每个单独空间的制冷负荷要求选择制冷系统。如果制冷系统采用风道送风,需要考虑风道冷量损失后再选择制冷系统具体规格参数,或者按照相关标准(JT/T 216、JT/T 325、JT/T 888)直接选取相应的制冷系统规格参数。选型时还应考虑客车厂现有生产工艺条件和车型的继承性(如车身、车架改动的大小,外形的变化等),以尽量降低制造成本。

四、制冷系统主要总成部件的选配

制冷系统设计时可根据客车驱动型式、用途、使用条件和总布置对整车和车身的设计要求确定制冷装置的具体型式,也可根据整车每个单独空间的制冷负荷要求,按照供应商现有制冷装置的具体规格选择后进行安装布置设计。若无现成产品,则需要进行重新匹配设计。

1. 压缩机的选配

压缩机的选配主要从系统匹配、制造成本、运行经济性等方面考虑。当车型和车身结构确定后,空调系统设计的首要任务就是进行车室热负荷计算,而热负荷的计算结果就是压缩机选配的依据。

1）压缩机型式和排量的选择

（1）压缩机型式的选择。

客车制冷装置的容量属于中小型范围,基本上都采用容积型压缩机。常规中小型客车的制冷系统多采用涡旋式、斜盘式和曲轴连杆式四缸压缩机,大型、特大型客车多采用六缸旋转斜盘式压缩机和螺杆式压缩机,纯电动客车的电动空调则多采用电动变频可调的全封闭涡旋式压缩机。对于大型和特大型客车,出于安装位置或分区控制等的要求,也有采用两台小排量压缩机并联的系统。

由于不同车型的车室空间大小和主发动机功率大小都有一定的范围,因此各车型的空调压缩机排量也有一个经验推荐范围,表5-1所示为营运客车空调压缩机的经验选配推荐范围。

营运客车空调压缩机的经验选配推荐范围　　表5-1

车型	小型	中型		大型		特大型
传统动力客车						
总长（m）	$3.5 < L \leq 6$	$6 < L \leq 9$		$9 < L \leq 12$		$12 < L \leq 13.7$
压缩机型式	蜗旋式或斜盘式	活塞式	斜盘式	活塞式	斜盘式	活塞式
压缩机排量（cm^3/r）	150~250	250~500	430	550~770	550、635或两个330	770~850
纯电动客车						
总长（m）	$3.5 < L \leq 6$	$6 < L \leq 9$			$9 < L \leq 12$	
压缩机型式	涡旋式	涡旋式			涡旋式	
压缩机排量（cm^3/r）	24~34	34(6m)、42(8m)或74.4			74.4	

（2）压缩机排量的确定。

蒸发器产生的冷量来自制冷剂在其中汽化所吸收的汽化潜热,因此制冷剂的质量流量为：

$$G_r = \frac{Q_0}{(1-x)\gamma} \tag{5-1}$$

式中：G_r——制冷剂质量流量,kg/s;

　　Q_0——蒸发器制冷量,kW;

　　x——蒸发器进口处制冷剂的干度,一般取0.15;

　　γ——制冷剂在相应蒸发温度下的汽化潜热,kJ/kg。

制冷剂的体积流量为：

$$V_s = G_r v'' = \frac{Q_0 v''}{(1-x)\gamma} \tag{5-2}$$

式中：V_s——制冷剂体积流量,m^3/s;

　　v''——压缩机吸气口处制冷剂蒸气比体积,m^3/kg。

由于压缩机结构等原因,实际体积流量要比理论体积流量小,即输气系数$\lambda < 1$。λ值与蒸发温度、冷凝温度及压缩机类型等有关,一般λ的取值为0.65~0.75。

若压缩机理论排量为L（单位为cm^3/r）、转速为n（单位为r/min）,那么压缩机的理论输气量为：

$$V_h = \frac{n}{60} \times L \times 10^{-6} \tag{5-3}$$

式中：V_h——压缩机理论输气量，即理论体积流量，m^3/s；

n——压缩机转速，r/min；

L——压缩机理论排量，cm^3/r。

由于输气系数 $\lambda = V_s/V_h$，故压缩机的理论排量为：

$$L = \frac{60Q_0 v''}{n\lambda(1-x)\gamma \times 10^{-6}} \tag{5-4}$$

由该式可以看出，当蒸发器产冷量 Q_0 确定后，压缩机排量 L 仅与其转速 n 有关，并成反比。

2）压缩机传动比与转速的确定

在非独立式空调系统中，压缩机靠客车发动机驱动，其转速取决于发动机转速及两者间的传动比。为了使制冷系统的制冷能力在大部分时间内与客车车厢内的热负荷相适应，非独立制冷系统的压缩机离合器带轮与发动机附件驱动轮间的传动比设计原则是：客车常用车速行驶时压缩机在其名义制冷量转速1800r/min附近运行，因此需要核对发动机高速空转（空载运行）时不得超过压缩机的最高允许转速。

下面以某12m常规动力客车选择非独立顶置式制冷设备为例，介绍压缩机传动比的匹配设计。

该车对制冷设备的名义制冷量 Q_0 需求为27kW（压缩机转速 $n_0 = 1800r/min$）。采用比泽尔 4NFCY 压缩机，要求车辆发动机高速空转（空载运行）下，压缩机转速不超过 3500r/min，空调耗电量110A，运行工况为长时间在高速公路行驶。根据《机动车运行安全技术条件》（GB 7258—2017）10.5.3 的要求，限速 V_a 为100km/h。

采用的发动机型号 WP9H336E62，其最大空载转速2500r/min，在1900r/min时额定功率247kW，在1000~1400r/min时最大转矩1600N·m；主减速比 i_0 为3.55，变速器传动比 i_g 为（6.37:3.71:2.22:1.36:1:0.74）；轮胎滚动半径 r_r 为0.507m。

(1) 常用车速下的发动机转速 n_e。

由于发动机的转速范围较宽，其常用车速下的发动机转速 n_e 为：

$$n_e = \frac{V_a \times i_g \times i_o}{0.377 \times r_r} = \frac{100 \times 0.74 \times 3.55}{0.377 \times 0.507} = 1374(r/min)$$

式中，i_g 取超速挡的传动比0.74，变速器如果没有超速挡选择直接挡传动比1。

(2) 压缩机传动比 i_1。

由于压缩机的额定转速为定值，为保证空调系统的正常工作，压缩机与发动机之间的转速需要靠传动比来协调。正常行驶状态下，当客车发动机转速为1400r/min时，若传动比为1:1.25，则压缩机的转速就可达到1800r/min。

如果压缩机排量选择过大，使所需的转速低于1800r/min，那么压缩机将始终在高于所需转速下工作，其结果是蒸发温度经常降到0℃以下，除霜开关将频繁地断开接通压缩机。如果压缩机排量选择过小，将使所需额定转速高于2000r/min，当发动机怠速时压缩机将因转速过低而导致制冷量严重不足,在车速很高时压缩机转速将超过极限。

一般情况下,压缩机额定空调工况的转速为1800r/min,在汽车发动机怠速时将因转速低而导致制冷量不足。因此,装有非独立式空调的客车都要提高其发动机的怠速转速。若将发动机怠速转速提高到900r/min,此时压缩机转速就可以达1200r/min,为额定转速的77%左右,基本上可以满足客车怠速工况时乘员对空调舒适性的要求。则压缩机传动比i_1:

$$i_1 = n_0 \div n_e = 1800 \div 1374 = 1.31 < 3500 \div 2500 = 1.4$$

满足客车发动机高速空载运行2500r/min条件下,压缩机转速不超过3500r/min的要求。

2. 蒸发器的选配

作为客车空调热交换器之一的蒸发器,除对铝材挤压、机械加工、装配、焊接及表面处理等机械工艺有较高要求外,还对外形尺寸大小有着十分严格的要求,而单位体积散热量或制冷量则是评价汽车空调热交换器性能的关键指标之一。

蒸发器的选配任务是根据制冷量要求,计算规定工况下蒸发器吸热所需面积。通常蒸发器的设计是针对某一车型的空调系统进行的,所以其设计计算就是蒸发器选配的依据。

1)制冷量

蒸发器的制冷量Q_0是根据车型和车身热工结构及性能、系统运行工况、车辆豪华程度及空调降温要求和降温速率等因素确定的,不仅要与计算的车室制冷负荷相匹配,同时还要兼顾汽车发动机功率和车速范围。

2)被冷却介质放出的热量或制冷剂吸收的热量

由于蒸发器换热的特殊性,流经蒸发器的空气放出的热量包括显热和潜热两部分,即:

$$Q_0 = Q_x + Q_q = q_{ma}(h_{a1} - h_{a2}) = q_{mr}(h_{r2} - h_{r1}) \tag{5-5}$$

式中:Q_0——蒸发器的制冷量,kW;

Q_x——显热换热量,kW;

Q_q——潜热换热量,kW;

q_{ma}——空气的质量流量,kg/s;

h_{a1}、h_{a2}——流入和流出蒸发器的空气比焓,kJ/kg;

q_{mr}——制冷剂的质量流量,kg/s;

h_{r1}、h_{r2}——流入和流出蒸发器的制冷剂比焓,kJ/kg。

其中,显热换热量按下式计算:

$$Q_x = q_{ma}c_{pa}(t_{a1} - t_{a2}) \tag{5-6}$$

式中:c_{pa}——空气的定压比热容,kJ/(kg·K);

t_{a1}、t_{a2}——流入和流出蒸发器的空气温度,℃。

3)蒸发器的传热方程

蒸发器的传热方程如下:

$$Q_0 = KA_0\Delta t_m \tag{5-7}$$

式中:K——传热系数,kW/(m²·℃);

A_0——以外表面为基准计算的传热面积,m²;

Δt_m——制冷剂和冷却介质的传热平均温差,℃。

传热系数 K 取决于蒸发器材料的热导率和结构。一般,管片式蒸发器的传热系数比管带式低 10%,板翅式蒸发器的传热系数比管带式的高 10%～35%。蒸发器的详细设计计算,可参考相关专业资料。

3. 冷凝器的选配

与蒸发器相同,冷凝器的设计计算也是选配冷凝器的依据。一般根据匹配车型要求的热负荷,确定冷凝器型式以及在规定工况下所需散热面积和结构参数。在稳态工作时冷凝器的热量是平衡的,即制冷系统要求的热负荷与所传递的热量和被冷却空气带走的热量三者平衡。

1)冷凝器的热负荷

冷凝器的热负荷计算公式如下:

$$Q_k = Q_0 + P_i \qquad (5-8)$$

式中:Q_k——冷凝器的热负荷,kW;

Q_0——蒸发器的制冷量(通常指设计工况下的制冷量),kW;

P_i——压缩机消耗的指示功率,kW。

也可利用简化公式:

$$Q_k = mQ_0 \qquad (5-9)$$

式中:m——负荷系数,由于客车空调冷凝器的工作条件恶劣,一般取 $m=1.4$ 左右为宜。

2)冷凝器传递的热量和被冷却空气带走的热量

(1)冷凝器的传热方程。

冷凝器的传热方程和蒸发器的传热方程完全相同。

(2)被冷却空气带走的热量。

被冷却空气带走的热量也就是制冷剂释放出的热量:

$$Q_k = q_{ma} c_{pa} (t_{a2} - t_{a1}) = q_{mr} (h_{r1} - h_{r2}) \qquad (5-10)$$

式中:q_{ma}——空气的质量流量,kg/s;

c_{pa}——空气的定压比热容,kJ/(kg·K);

t_{a1}、t_{a2}——流入和流出冷凝器的空气温度,℃;

q_{mr}——制冷剂的质量流量,kg/s;

h_{r1}、h_{r2}——流入和流出冷凝器的制冷剂比焓,kJ/kg。

确定冷凝器所需热负荷后,可参考相关专业资料进行具体的结构设计和校核性计算。

4. 膨胀阀的匹配

1)膨胀阀的型式选择

选配膨胀阀的关键是确定其额定容量,该容量必须满足已选配的压缩机、冷凝器与蒸发器等组成的制冷系统在规定工况范围内的工作特性,调节进入蒸发器的制冷剂流量,使蒸发器制冷剂侧的传热面得到充分利用。若容量选择过大,膨胀阀将经常在小开度工作,开闭频繁,既影响车内温度稳定,又降低了阀的寿命;若容量选择过小,则流量太小,不能满足车室内制冷量的要求。一般情况下膨胀阀的容量要比蒸发器制冷量大 20%～30%,否则制冷设备就不能产生足够的制冷量。此外,还应根据蒸发器的压力损失来选择膨胀阀。当压力损失较小时,应选择内平衡膨胀阀;蒸发器的压力损失较大时,宜选择外平衡膨胀阀。

膨胀阀匹配的依据是有关标准和所选膨胀阀的产品技术参数,其额定容量是在额定条件下通过试验而确定的容量。额定容量的计算公式如下：

$$Q_{ox} = q_{mx}(h_0 - h_6)K \tag{5-11}$$

式中：Q_{ox}——热力膨胀阀的额定容量，kW；

q_{mx}——额定条件下的制冷剂质量流量，kg/s；

h_0——蒸发器出口侧制冷剂饱和蒸气的比焓，kJ/kg；

h_6——蒸发器入口侧制冷剂饱和液体的比焓，kJ/kg；

K——过冷度的修正值。

2）膨胀阀的型号确定

压缩机、冷凝器及蒸发器三个总成选配成功后即可知三者匹配平衡点，热力膨胀阀的容量应当与该平衡点的系统容量相适应。

根据制冷剂蒸发温度查阅制冷剂的热力性质表，得出蒸发器入口侧制冷剂饱和液体的比焓 h_6 和蒸发器出口侧制冷剂饱和蒸气的比焓 h_0，再根据过冷度的修正值，按式（5-11）求出该工况热力膨胀阀的额定容量 Q_{ox}，最后根据额定容量选配热力膨胀阀。

也可按膨胀阀前、后的冷凝、蒸发压力确定膨胀阀。本例在压缩机匹配计算中，膨胀阀前的过冷液体制冷剂的冷凝压力 $p_{4'} = 1.492\text{MPa}$，膨胀阀后的蒸发压力 $p_{5'} = 0.35\text{MPa}$，考虑到液体制冷剂经过管路、弯头、干燥过滤器、视液镜和分液器等压降，膨胀阀前后两端的压力降为 $\Delta p = 1\text{MPa} = 10\text{bar}$。

查蒸发温度为5℃时TGEN型外平衡膨胀阀容量表，由膨胀阀前后两端的压力降 Δp 为10bar选取型号为TGEN 10的外平衡膨胀阀，其制冷量为38.6kW，比蒸发器的制冷量27.8kW大38%；选取型号为TGEN8的外平衡膨胀阀，其制冷量为30.7kW，比蒸发器的制冷量27.8kW大11%，综合评估选用丹佛斯固定流口的TGEN10型外平衡膨胀阀。

五、制冷系统与整车性能的匹配

制冷系统与整车性能的匹配主要涉及动力性、车身结构、风道与行李架设计和内饰造型等，如果其中一项设计匹配不好，都将影响制冷系统或整车性能的发挥。

1. 制冷系统与整车动力系统的匹配

1）制冷系统消耗电量与发电机的匹配

对传统客车，制冷系统消耗的电量主要为蒸发器和冷凝器的风机所消耗，该电量基本不随发动机转速而变化。因此发电机传动比 i_2 的确定要确保发动机怠速工作时发电机的发电量满足整车制冷系统的耗电要求，且高速空转（空载运行）时不得超过发电机的最高允许转速。

根据WP9H336E62发动机上的轮径，可确定发电机的传动比 $i_2 = 2.94$。一般，发动机怠速提升后的转速为800r/min，可计算得出怠速时空调无蓄电池发电机的转速为2350r/min。图5-20所示为

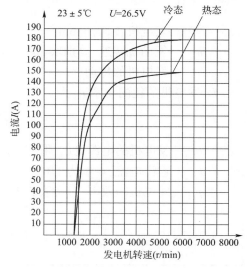

图5-20 发电机转速和电流关系曲线图

发电机厂家提供的热态条件下发电机转速和电流的关系曲线。在热态条件下空调发电机的输出电流为115A,大于制冷设备耗电量的需求;车辆发动机高速空载运行2500r/min条件下发电机转速为7350r/min,小于发电机长时间工作最高转速8000r/min的要求。

2)制冷设备消耗功率与整车动力性能的匹配

制冷设备消耗的功率包括两部分,一部分为压缩机消耗的功率,另一部分为发电机消耗的功率,常规制冷设备与发动机的转速相关,这两者之和即为制冷设备消耗的功耗。

(1)压缩机消耗的发动机功率。

① 压缩机转速 n_c。

$$n_c = n \cdot i_1 \quad (\text{r/min}) \tag{5-12}$$

式中:n——发动机转速,分别取 800、900、⋯r/min;

i_1——压缩机传动比。

② 压缩机消耗的功率 P_c。

$$P_c = \frac{A_{L0}}{k^\zeta} \quad (\text{kW}) \tag{5-13}$$

式中:k——皮带传动的效率,一般取为 0.9;

ζ——传动级数,本例为发动机直接带动压缩机,取 ζ 为 1;

A_{L0}——按选定的压缩机,计算压缩机不同转速下所需轴功率 A_{L0},由压缩机厂家提供。

不同转速下压缩机功耗的计算结果见表 5-2。

不同发动机转速下压缩机消耗的功率　　　　　　　　表 5-2

发动机转速 n(r/min)	800	1000	1200	1400	1600	1800	1900
消耗功率 P_c(kW)	5.56	7.16	8.81	10.34	11.80	13.20	13.87

(2)发电机消耗功耗。

① 发电机转速 n_a:

$$n_a = n \cdot i_2 \quad (\text{r/min}) \tag{5-14}$$

式中:n_a——发电机转速,r/min;

n——发动机转速,分别取 800、900、⋯r/min;

i_2——发电机的传动比。

② 发电机消耗的功率 P_a:

$$P_a = \frac{U \cdot I}{\eta} \quad (\text{kW}) \tag{5-15}$$

式中:U——发电机的电源电压,取 27V;

I——输出电流,本例为 110A;

η——发电机的效率,参考表 5-3 选取。

不同转速下发电机的效率　　　　　　　　表 5-3

发电机转速(r/min)	1500	2000	2500	3000	4000	5000	6000
发电机效率 η	0.64	0.68	0.65	0.63	0.6	0.57	0.54

本例计算不同发动机转速下发电机消耗的功率,如表 5-4 所示。

不同发动机转速下发电机消耗的功率 表5-4

发动机转速 n(r/min)	800	1000	1200	1400	1600	1800	1900
消耗功率 p_a(kW)	4.5	4.5	4.5	4.9	5.2	5.2	5.7

2. 制冷系统与车身的匹配

客车空调性能能否达到设计效果，与车身的结构设计、密封和隔热保温性能以及材料和内饰等密切相关。在满足功能设计的基础上，车身设计应重点考虑隔热保温和密封要求。对此，《客车空调系统技术条件》(JT/T 216—2006)、《客车防尘密封限值》(QC/T 475—1999)和《客车防雨密封限值及试验方法》(QC/T 476—2007)从不同角度提出了较全面的规定和要求，这不仅关系到空调性能的发挥，而且直接影响到运行的经济性。

此外，车内送风风道的结构、外形、材料和出风口的位置、大小、形状、数量及色彩设计等必须与车内行李架设计和室内造型设计统一协调，而出风口的操作方便性则应满足人机工程学的要求。

第二节　采暖及除霜(雾)系统的选型与匹配

采暖和除霜(雾)系统的选型与匹配就是根据系统不同装置的特点，按照客车使用条件对采暖和除霜(雾)负荷的要求，以及车辆结构型式、运行经济性和舒适性要求等进行合理选择，尽可能做到既满足冬季采暖和除霜(雾)要求，又使设备效能得到充分发挥。

一、采暖系统的选型

1. 不同型式的采暖系统比较

1) 余热水暖式采暖系统

这种采暖系统以水冷式发动机的冷却液为热源，经车内散热器加热车厢内空气，具有取得热源容易、热源可靠、成本低等优点，适合对采暖负荷要求不高的客车采用。缺点是取暖受到一定的限制，在严冬季节、发动机怠速运转、停车或客车刚开始运行时热量不足，使用不当会使发动机产生过冷现象。

2) 余热废气液体式采暖系统

这种采暖系统主要是利用水冷式发动机的燃烧废气为热源，通过尾气加热器加热冷却液，经车内散热器加热车厢内空气，具有取得热源容易、热源可靠、成本低等优点。采用该系统的客车可以解决发动机怠速运转、停车或客车刚开始运行时热量不足的问题，但由于尾气加热器只要发动机工作就一直运行，导致无法实现对冷却液温度的控制，容易出现冷却液高温时汽化的现象，如排气不及时将导致水暖管路压力增大出现漏水、爆管等问题。此外，尾气加热器增大了发动机排气阻力，消耗了发动机的部分功率。

3) 独立式采暖系统

独立式采暖系统采暖迅速，因自成体系所以不受任何外界因素的影响。其中，独立燃油(或燃气)液体式加热器通过燃料燃烧产生热量加热冷却液，经车内散热器加热车内空气，因此适合于寒冷地区和较高热负荷车辆，缺点是结构复杂、消耗燃料、运行费用较高；电液体式加热器通过耗电产生热量加热冷却液，经车内散热器加热车内空气；电空气式加热器则通过耗电产生热量直接与车内空气进行热交换。由于电空气（液体）式加热器工作时耗电量大，对电池电量消耗很大，仅适合于对采暖负荷要求不高的电动客车采用，否则使用时会严重影响客车的续驶里程。

4）综合预热式采暖系统

这种采暖系统是在余热水暖式采暖系统的基础上增加独立燃油（或燃气）液体式加热器，用于在严冬季节、发动机怠速运转、停车或客车刚开始运行采暖热量不足时进行热量补充。采用这种采暖系统虽然也消耗一定的燃料，但利用了发动机冷却液热量，节省了能源。它不仅能满足寒冷地区较大热负荷的要求，而且车内温度柔和，是一种较为适用又很有发展前途的采暖系统。此外，在汽车发动机冷却液温度较低时，还可为发动机升温；当发动机冷却液温度较高、车内热负荷较低时，可只用发动机冷却液的热量供车内采暖，减少燃料消耗。

5）电动热泵冷暖系统

受现有热泵技术限制，目前这种采暖系统仅适合环境温度高于-5℃地区的电动客车使用。在温度低于-5℃的地区，须采用辅助电空气式加热器，但随之而来是电池电量消耗增大，严重影响电动客车续驶里程。随着低温热泵技术的进步，这种系统也会在北方寒冷地区的电动客车上推广使用。

2. 采暖系统的选择

空调客车的采暖系统主要是根据使用条件、车室热负荷要求、装备费用高低，以及空调的舒适程度进行选型。

（1）北方使用的客车，因冬季气候寒冷，车辆热负荷大，采暖系统不仅要满足乘员取暖要求，而且还要满足除霜负荷的要求。常规动力及混合动力客车一般应选择余热废气式采暖系统或综合预热式采暖系统，纯电动客车多采用独立式采暖系统。当使用电空气（液体）式加热器时，需要重点考虑电池电量的消耗问题，避免出现车辆续驶里程不足。

（2）我国长江流域和长江以南地区使用的常规动力客车和混合动力客车，由于冬季气温大多在0℃以上，因此车室热负荷和除霜负荷均不大，采暖系统多选用余热水暖式。如果对采暖要求较高，为避免受发动机工况的影响，尤其是混合动力客车为提高节油率，尽可能在纯电工况运行，同时要保持较高的车室舒适性要求，一般应选用综合预热式采暖系统，但整个采暖系统将由此而变得较为复杂，使设备成本增加，维修较为困难。纯电动客车一般采用电动热泵冷暖空调。

（3）对于常规动力的高级豪华型旅游客车，为了保证乘员旅行的舒适性，对车室气候条件要求较高，除对气温变化范围有要求外，还对暖风的柔和程度、清洁度、湿度及燃烧气体的进入有较严格的要求。因此，这类客车应采用综合预热式采暖系统，增加加湿和空气过滤装置，并实现空调气候的自动控制。

（4）按整车每个单独空间的制热负荷要求，根据相关标准（JT/T 216、JT/T 325、JT/T 888）直接选取相应采暖系统的具体规格参数。如对常规动力的轻型客车，因其车内空间较小，多采用水暖式采暖系统；对于铰接客车和双层客车，因其空间较大，多采用综合预热式采暖系统，以便充分利用发动机余热，并额外设置液体式加热器补充热源。

二、除霜（雾）系统的选型

除霜（雾）系统的选型对整车安全驾驶十分重要，除需满足驾驶员的视野要求外，同时还要考虑不同使用地区的气候条件和整车热源的供给情况。

1. 不同型式的除霜(雾)系统比较

1) 电除霜(雾)系统

这种系统以电为热源,根据电压等级的不同分为低压电除雾系统和高压电除霜系统两种。其中,低压电除雾系统的发热功率一般不超过600W,主要用于在福建闽南、广东沿海和海南地区营运的客车除雾,地区使用局限性很大。高压电除霜系统主要应用于纯电动客车除霜(雾),发热功率达到6kW,使用时对电池电量消耗大,长时间使用会影响整车续驶里程;而在高寒地区(环境温度低于-10℃),除霜效果则无法满足车辆的使用要求。

2) 水暖除霜(雾)系统

这种系统以冷却液为热交换介质,热量来源可为发动机冷却液或经过尾气加热器(或独立燃油或燃气液体式暖风装置)再加热,也可由独立燃油或燃气液体式暖风装置单独供给。主要应用于常规动力和混合动力客车,且不受地区使用限制,均能满足客车前风窗玻璃的除霜(雾)要求。不足之处在于夏季雨天为前风窗玻璃除雾时,热风除雾会导致驾驶员和车内前排乘客舒适性变差。

3) 冷暖除霜(雾)系统

这种系统除了可以实现前风窗玻璃的冬季热风除霜和夏季雨天冷风除雾功能外,还可实现驾驶区制冷、采暖、湿度调节和补充外界新鲜空气等多种功能,提高了车辆的主动安全性。随着人们对客车舒适性要求的提高以及对驾驶员人性化关怀的重视,冷暖除霜(雾)系统必将取代水暖除霜(雾)系统成为常规动力和混合动力客车的新一代驾驶区专用系统。

2. 除霜(雾)系统的选择

空调客车除霜系统的选型主要是根据使用条件、除霜(雾)负荷大小,以及整车空调的舒适度要求进行。

(1) 北方使用的常规动力和混合动力客车,因冬季气候寒冷,除霜(雾)系统的使用关系到驾驶员视野范围和车辆行驶安全,一般采用带外循环功能的水暖除霜(雾)系统;纯电动客车使用高压电除霜系统,但环境温度低于-10℃的地区仍需要采用外循环功能的水暖除霜(雾)系统,以尽可能减少对电池电量的消耗,增加整车续驶里程。

(2) 我国长江流域和长江以南地区使用的常规动力客车和混合动力客车,由于冬季气温大多在0℃以上,一般使用水暖除霜(雾)系统,纯电动客车使用高压电除霜系统。对于华南沿海高温地区,如福建闽南、广东沿海(韶关等山区不可行)和海南等地区,出于经济性考虑可以使用低压电除雾系统。

(3) 对于高级豪华型常规动力旅游客车来说,为提高驾驶员舒适性,匹配单独的冷暖除霜(雾)系统已成为主流。采用该系统既可实现前风窗玻璃的除霜(雾),又具有驾驶区和乘客区温度单独控制和补充外界新鲜空气的功能。

第三节 通风和空气净化系统的选型

客车通风系统的作用是将车外的新鲜空气送入车内,并将车室内的污浊空气排出车外,使车室的空气参数达到设计的舒适性要求。当车辆通风无法满足乘员对车内空气质量的要求时,还需要增加空气净化系统。通风和空气净化系统是客车空调系统中不分季节而长期运转的装置,因此选型合理与否直接影响到乘员的舒适性和运行经济性。

一、通风系统的选型

通风系统的选型一般由车室所需的新风量来确定,同时还应根据不同车型对通风换气的要求而采用不同的通风形式。

1. 通风量的确定

在空调客车的设计中,一般以车内二氧化碳的允许浓度作为空调客车的卫生标准。要达到这一标准,通风量的确定就显得十分重要。在第一章中曾介绍了冬、夏季车内每人每小时所需的新鲜空气量范围,对于普通空调客车可以按照下限选取通风系统。而对于舒适性要求较高的空调客车,按上述范围选取就较盲目,需要进行一些必要的计算,以确定满足车内要求的通风量。一般新风量不宜选得过大,以免使冷热负荷增加过多,能耗浪费过大,但一定数量的新风可以保证车内正压,有利于防止外界空气渗入。《运营客车类型划分及等级评定》(JT/T 325—2018)规定:对于特大型、大型和中型中级(包含)以及小型高一级(包含)以上等级客车,人均通风量不小于$25m^3/h$,小型客车中级人均通风量不小于$20m^3/h$。《公共汽车类型划分及等级评定》(JT/T 888—2014)规定:对于特大型、大型和中型高一级(包含)以上等级的公共汽车,人均通风量不小于$20m^3/h$。

(1) 保证二氧化碳含量不超过规定值所需的空气量,即新风量 V_H 可按下式确定:

$$V_H = \frac{nV_1}{V_3 - V_2} \quad (m^3/h) \tag{5-16}$$

式中:n——乘员定员数;

V_1——每人排出的二氧化碳量,$m^3/(h·人)$,一般取 $0.02m^3/(h·人)$;

V_2——车外新鲜空气中的二氧化碳含量,m^3/m^3,一般为 $0.0003 \sim 0.0004m^3/m^3$;

V_3——车内允许的二氧化碳含量,m^3/m^3,一般为 $0.001 \sim 0.0015m^3/m^3$。

表 5-5 列出了人在不同条件下的二氧化碳和水汽散发量,可供设计选型参考。

人的二氧化碳和水汽散发量　　　　表 5-5

人的状态		二氧化碳散发量		水汽散发量	
		(L/h)	(g/h)	空气温度(℃)	水汽量(g/h)
成人	体力劳动	45	68	18	32.4
	轻劳动	23	35	21	45.4
	静止时	23	35	24	55.7
十二岁以下儿童		12	18	27	77.8
		—	—	30	99.7

(2) 根据车内湿平衡概念,计算必需的新风量:

$$V_H = \frac{W}{\dfrac{d_B - d_n}{1000}} \quad (kg/h) \tag{5-17}$$

式中:W——车室内的总散湿量,kg/h;

d_n、d_B——送入车室和排出车室的空气含湿量,g/kg。

2. 通风系统和通风型式的选择

前文已述,空调客车的通风型式一般有强制通风和综合通风两种,这两种通风型式对车身设计有着不同的要求,设计难易程度也不一样。前者对车身设计要求不高,只需在车顶设计出设备的安装孔,安装强制通风换气装置并在驾驶区处设置操纵控制板即可;而后者除有前者相同的要求外,还要在车身的正压区设计进风口,在车内设计风道和控制阀门等。综合通风系统能够满足车内较高空气质量的要求,且经济性好,已广泛用于中、高级空调客车上。

二、空气净化系统的选型

近年来随着人们健康意识的提高,对车内空气质量要求越来越高,为此国家有关部门陆续制定了相关行业标准,对车内空气污染物限值提出了明确要求,见表5-6。

客车室内空气污染物限值 表5-6

项 目	单 位	基本条件	不同等级客车性能要求		
			A级	B级	C级
颗粒物(粒径不大于10μm)	μg/m³	1h均值,不大于		2	6.25
颗粒物(粒径不大于2.5μm)	μg/m³	1h均值,不大于		1.45	3.125
甲醛(HCHO)	mg/m³	1h均值,不大于	0.12		
甲苯(C_7H_8)	mg/m³	1h均值,不大于	0.24		
二甲苯(C_8H_{10})	mg/m³	1h均值,不大于	0.24		
总挥发性有机化合物	mg/m³	1h均值,不大于	0.60		

1. 空气净化系统型式的选择

前文已述,空气净化系统有独立式和非独立式两种型式。其中,独立式空气净化系统不依赖现有的制冷、采暖和通风换气系统,单独运行即可满足车内空气质量的要求,缺点是成本高,需要另外设计安装结构并考虑是否满足客车对通道及乘员自由空间的要求。

非独立式空气净化系统依靠现有的制冷、采暖和通风换气系统,如仅制冷和采暖系统各自单独运行,则具备全部空气净化功能的系统会使成本增加。目前,集成于强制通风系统或冷暖空调回风格栅上的空气净化器是非独立式空气净化系统的发展趋势,其优点是成本低且无须单独设计安装结构,直接取代现有的强制通风换气系统和回风格栅即可。

2. 系统规格参数的确定

独立式空气净化系统均有洁净空气量的技术要求,对于高档旅游客车,一般按人均$10m^3/h$的洁净空气量进行选择。目前,不同厂家生产的空气净化装置除主要功能外,在安装结构等方面还有各自的特点,设计时可根据需要进行选择。

第四节 电池热管理系统的选型

电池热管系统的选型需要结合客车使用条件进行,以满足车辆对电池热管理的要求,确保电池始终处于"舒适"的工作环境,从而提高电池的使用寿命。

一、不同型式的电池热管理系统比较

1. 简易机组

采用简易机组电池热管理系统的电动客车,制冷时是通过将空调制冷系统产生的冷气引入机组内与循环防冻液进行热交换;制热时由电液体式加热器加热循环防冻液。防冻液冷却或加热后进入电池包,对电池进行热管理,确保电池电芯的工作温度始终处于允许的范围内。

与独立机组系统和非独立机组系统相比,简易机组成本最低、系统最简单,且因无蒸气压缩式制冷循环,相对来说也最为安全。但因冷气来自客车的制冷设备,因此采用简易机组的电动客车必须依附空调制冷系统。由于制冷系统刚开始工作时,冷气温度较高,简易机组的制冷能力较差,制冷功率较小(一般小于 2kW),仅适合采用电池充放电倍率较低的慢充电池的混合动力客车采用。

2. 独立机组

采用独立机组电池热管理系统的电动客车,制冷时是通过自带的压缩机、冷凝器和板式换热器所组成制冷循环产生的低温低压制冷剂,在板式换热器内与进入系统内的循环防冻液进行热交换;制热时通过电液体式加热器加热循环防冻液,防冻液冷却或加热后进入电池包,对电池进行热管理,以确保电池电芯的工作温度始终控制在允许的范围内。

与非独立机组系统相比,独立机组多了一套单独制冷用的压缩机和冷凝器,成本较高。但因其为一个独立的系统,控制逻辑相对于非独立机组较为简单,同时制冷剂管路接头数量少,相对也较安全。独立机组系统的制冷能力可根据需要进行选择,一般在 2kW 以上,适合电池充放电倍率较高的快充电池的混合动力客车和纯电动客车采用。

3. 非独立机组

采用非独立机组电池热管理系统的电动客车,制冷时是通过客车空调制冷系统的压缩机、冷凝器和机组自带的板式换热器组成制冷循环产生的低温低压制冷剂,在板式换热器内与进入机组内的循环防冻液进行热交换,制热时通过电液体式加热器加热循环防冻液,防冻液冷却或加热后进入电池包,对电池进行热管理,确保电池电芯的工作温度始终控制在允许的范围内。因此,采用非独立机组系统的电动客车必须具备空调制冷系统。由于变频压缩机的频率有最低值,故造成非独立机组的制冷功率较大,一般在 6kW 以上。

与独立机组相比,装备非独立机组电池热管理系统的电动客车存在和整车制冷的需求冲突,因此控制逻辑最为复杂,适合采用电池充放电倍率较高的快充电池的纯电动客车采用。

二、电池热管理系统的选型

电池热管理系统的选型主要依据电池温度控制的需求来进行,一般考虑以下几个因素:

(1)按照客车和电池的类型进行选择。配装慢充类电池的混合动力客车安装有空调制冷系统且引入冷气较容易时,可选择简易机组,其他情况则需要安装独立机组;配装快充类电池的纯电动客车安装有空调制冷系统时,可选择非独立机组,其他情况则需要安装独立机组。

(2)根据电池对热管理的要求确定热管理系统的制冷和制热功率。一般按照客车的使用环境,若最低环境温度低于 0℃,热管理系统需要配装电液体式加热器。

(3)确定电池对热管理系统的流量需求。通过计算或试验得到热管理系统板式换热器流阻、电液体式加热器的流阻(如果有安装)、电池包内部流阻和管路流阻,以此来确定所需要的水泵流量和扬程。

如已知某型混合动力客车的电池热管理参数是:在环境温度 25℃ 条件下,系统的流量需求不小于 10L/min;每一个电池包内的热交换器流阻在流量 10L/min 条件下为 15kPa,一共三组电池,采用串联布置,没有电液体式加热器。经试验研究得出:在 10L/min 流量时,电池热管理系统板式换热器的流阻为 15kPa,水路管路阻力为 20kPa。由此可得系统在 10L/min 的条件下,总阻力为 80kPa。因此,选择图 5-21 所示工作特性的水泵即可满足要求。该水泵在 80kPa 条件下的流量为 20L/min。

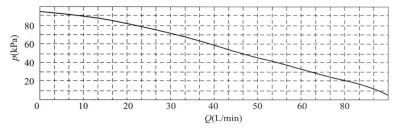

图 5-21 水泵 p-Q 曲线

(4)考虑和整车电气系统的匹配,包括工作电压范围、通信频率等。

(5)在选择设备型号时还需考虑整个热管理系统的布置与整车布置的协调,保证系统的可靠、美观和便于检修。

表 5-7 所示为部分厂家生产的电池热管理系统的型号和主要技术参数,供设计选型参考。

部分厂家电池热管理系统规格参数　　　　　表 5-7

系统型式	型号	技术参数	生产厂家
简易机组	GATMS-ROH5A5-CATL-0101	制冷 1kW,加热 5kW;水泵扬程 11m@10L/min@25℃;电压 DC280~450V	宁德时代新能源科技股份有限公司
	GATMS-ROH5A5-CATL-0102	制冷 1kW,加热 5kW;水泵扬程 11m@10L/min@25℃;电压 DC400~710V	宁德时代新能源科技股份有限公司
独立机组	KL-05DB	制冷 5kW,加热 6kW(选装);水泵扬程 11m@10L/min@25℃;电压 DC400~710V	厦门金龙汽车空调有限公司
	KL-08DBX	制冷 8kW,加热 12kW(选装);水泵扬程 18m@30L/min@25℃;电压 DC400~710V	厦门金龙汽车空调有限公司
非独立机组	JLD-IIG-BDG	制冷 8kW(停车充电);制冷 3kW(行车放电);水泵扬程 18m@30L/min@25℃;电压 DC400~710V	厦门松芝汽车空调有限公司
	JLD-XF-BDG	制冷 6kW(停车充电);制冷 3kW(行车放电);水泵扬程 18m@30L/min@25℃;电压 DC400~710V	厦门松芝汽车空调有限公司

注:@ 代表在此条件下。

第六章　客车空调系统的布置

　　进行空调系统的布置设计时应首先考虑客车的总体设计要求,在满足总体设计的前提下,合理布置各空调装置及相关附件。国内某客车企业曾选择几辆同一级别的客车装用制冷量相同的同一品牌制冷设备,在外界气候及装备情况相同的条件下试验,结果表明,由于空调设备的布置和风道设计、车身密封设计等不同,其降温效果相差很大。若各自保持现有的安装方式和车身结构,要达到相同的降温效果,有的车就必须采用更大容量的制冷设备,从而增大了整车质量和能源消耗。因此,空调系统的布置和风道设计、车身密封设计等的合理与否,将直接影响到客车的空调性能及正常使用,必须给予充分重视。

第一节　制冷系统的布置

　　制冷系统的布置主要包括压缩机、蒸发器、冷凝器、送风管道及辅助发动机(独立式)等总成、部件的布置。

一、独立式制冷系统的布置

　　1. 独立整体式制冷系统的布置

　　独立整体式制冷系统具有总成少(集中为一体)、结构紧凑、制冷量大且不受汽车运行工况影响等优点,在早期的大型客车上使用较广。但由于体积大、自身质量大(一般在400～650kg之间)、安装于客车地板下占用了较大行李舱空间和风道长、送风机压力大等缺点,目前在大中型客车上已很少采用。常见的布置型式有以下几种。

　　1) 制冷机组置于前轴之后

　　制冷机组置于前轴之后(紧靠前轴)的布置型式(前文图5-2)只适用于后置发动机后轮驱动或中置发动机驱动的中、大型客车。其优点是轴荷分配较为有利,可以改善中、后置发动机客车前轴负荷偏小的问题;对车身要求不高,冷风垂直风道直接靠侧窗立柱上行,结构较为简单;因制冷机组紧靠前轴,使用维修比较方便,且机组通风散热良好;由于增加了前轴负荷,使转向盘抖动的情况有一定改善,因此对客车操纵稳定性和行驶安全性都较为有利。缺点是未使用动力转向的客车采用这种布置会使转向沉重;对需要取掉制冷机组的变型车生产较为困难;因冷风垂直风道直接从侧窗立柱上行,使得该窗立柱尺寸变宽,破坏了整车造型的统一;若主风道绕过前轴,垂直风道从第二立柱上行,虽然可以保证整车造型,但又使风道设计过于复杂;此外,由于垂直通道凸出于车室内,影响了该处乘客的乘坐舒适性。

　　2) 制冷机组布置于轴间中部

　　制冷机组布置于两轴间中部的布置型式(图6-1)适用于后置发动机后轮驱动的中、大型客车。其优点是对整车的轴荷分配影响较小,有利于变型;管道布置较为方便,对车身设计要求不高,垂直风道(竖风道)可直接靠侧窗立柱上行;垂直风道处于车内纵向水平风道的中部,冷气分配合理,管道结构也较为简单。缺点是垂直风道从中部侧窗立柱上行,影响了整车造型的完整和统一;车内风道处乘坐舒适性受到一定影响;制冷机组的通风散热较差,使用维修困难;此外,由于制冷机组安装于轴间中部,使得车架中部变形增大,受力情况变坏。

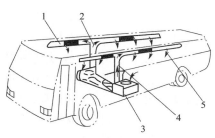

图 6-1　制冷机组布置于轴间
1-右侧风道;2-右侧过渡风道;3-独立制冷机组;4-左侧过渡风道;5-左侧风道

3)制冷机组布置于后轴之前

这种布置型式适用于后置发动机客车。其优点是由于制冷机组布置在后轴之前,通风散热较好,使用维修比较方便;管道布置方便,对车身设计要求不高,垂直风道直接靠侧窗立柱上行,结构简单。缺点是垂直风道从侧窗立柱上行,影响了整车造型和车内风道处的乘坐舒适性;轴荷分配不合理,后轴有超载危险;由于整车质心偏后,使得操纵稳定性下降,变型困难;此外,还增大了车架后悬架前支承处的受力。

4)制冷机组布置于后悬处

前置发动机后轮驱动或中置发动机的大客车多将制冷机组布置于后悬处,如图 6-2 所示。这种布置型式的主要优点是通风散热良好;拆装容易,使用维修方便;管道的布置和设计比较容易,结构较为简单;因垂直风道从车身最后一根立柱上行,有利于保持车身造型的完整和统一,且车内乘客区无凸出管道,使车室布置设计方便容易。主要缺点是轴荷分配不合理,容易出现后轴超载;整车离去角减小,通过性变差;由于制冷机组置于整车的后悬地板下,处于行驶时的气流涡旋区,气流卷起的大量灰尘将影响制冷机组的正常工作。

图 6-2　制冷机组布置于后悬处
1-左侧风道;2-右侧风道;3-独立制冷机组;4-左侧过渡风道;5-右侧过渡风道

综上分析可见,采用独立整体式制冷机组的中、大型客车,在布置时应注意下列问题:

(1)机组安装空间要有较好的通风散热条件,便于空调辅助发动机及各轴承部位的散热。如果布置安装不当,会发生空调辅助发动机过热、汽阻、功率下降等现象,继而出现冷凝温度过高导致冷凝压力过高、制冷能力下降等问题。此外,机组受尘土的影响也不可忽视。为此,在设计时冷凝器与车身之间应设置封闭形的导流板,以加强冷凝器与散热器的散热效果。辅助发动机的吸气口应设在冷凝器前侧,以降低发动机吸气温度,提高功率输出。

(2)在设计制冷机组的安装支架或托架时,必须考虑质心的平衡和安装支架的强度,严格控制机组质量和安装高度,保证必要的离地间隙。

(3)应考虑整车的用电平衡,选装足够容量的发电机和蓄电池。

上述问题对于整车制造成本、燃油消耗及制冷能力等都有直接影响,设计时应比较不同方案,选择最佳的布置位置。

2. 独立分置式制冷系统的布置

独立分置式制冷系统与独立整体式比较,具有布置位置灵活、占用空间较小、能适应整车造型要求等优点,但对车身设计要求较高,安装密封环节多。

1) 独立分置式下置型制冷系统的布置

独立分置式下置型制冷系统对前置发动机后轮驱动的客车来说,多纵置于轴间,其冷凝器、辅助发动机压缩机组和蒸发器分别设置在汽车纵轴线的两边,蒸发器风机由电机带动。也有将冷凝压缩机组布置于轴间,将蒸发器布置于后悬的型式,这样可使垂直风道从车身最后一立柱上行,不会因风道设置而对整车造型产生影响,也不会影响轴荷分配。

对中后置发动机后轮驱动的客车,当采用独立分置式下置型制冷系统时,为了保证一定的行李舱容积,常将分置的制冷系统各总成和油箱、蓄电池、储气筒、采暖装置等配置安装。这样,既解决了整车 Y 轴向的配重问题,又可充分利用地板下空间,使车架受力分配合理。

独立分置式下置型制冷系统与整体式比较,在客车上使用的一个最大优点是对车架没有特殊要求(不管是整体式车架还是格栅式底架),不会像整体式制冷系统那样因机组的高度而必须将车架纵梁断开,并减小断开处的纵梁间距,从而影响车架的强度和刚度;对使用三类底盘改装客车的厂家来说,加大了工艺复杂程度,提高了制造成本。因此,独立分置式下置型制冷系统适用于采用三类底盘或整体式车架客车专用底盘改装生产的中普档客车产品。

2) 独立分置式顶置型制冷系统的布置

这种制冷系统的最大优点是将冷凝器、蒸发器做成一体安装于客车顶部,节省了地板下空间(一般在 $1m^3$ 左右),增大了行李舱容积。同时,因冷凝器在车顶,受泥水、尘土及有害气体侵蚀少,冷凝效果好。当采用外循环空气时,进入车内的空气较为清洁,经简单处理后送入车室,能较好满足室内空气的卫生及乘员舒适性要求。一般,蒸发器和冷凝器组合装置安装于车顶中、后部(图 6-3),单车通常装用一套,铰接车装用两套(图 6-4),即大型客车设置一套,双铰接或三铰接大型客车在每节车厢上都设置一套。

图 6-3 独立分置式顶置型制冷系统的布置
1-辅助发动机压缩机机组;2-蒸发器;3-冷凝器;
4-右侧风道;5-左侧风道

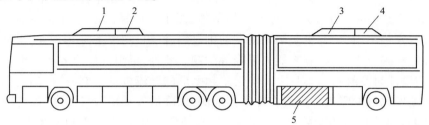

图 6-4 独立分置式顶置型设备在铰接车上的布置
1-前蒸发器;2-前冷凝器;3-后蒸发器;4-后冷凝器;5-辅助发动机及压缩机机组

第六章 客车空调系统的布置

这种布置的优点是:适于改装、变型,当大型客车加装空调系统时,只需将车顶重新设计,车架无须改动;特别适用于需要大容积行李舱的客车或地板下部空间较小的低地板客车;可以将系统各总成布置于轴荷分配最有利的位置;可以利用高速行驶时的迎面气流,加速对冷凝器的冷却,提高冷凝效果,且设计扁平的顶置组合装置对空气阻力也增加不大,特别适用于炎热和灰尘较大的地区;由于蒸发器—冷凝器组合装置安装于车顶中、后部,可使送风管道变短,系统质量减少,车室内部也变得宽敞,气流分配较为均匀;辅助发动机和压缩机尺寸较小,可以根据总体设计的需要布置于地板下的任意位置。

这种布置的缺点是:车顶有凸出的外露部分(高出车顶 200~230mm),影响了整车造型,增加了整车高度,增大了空气阻力。此外,因顶置装置的安装使车身设计变得复杂,车顶开孔较多,车身密封困难。

二、非独立式制冷系统的布置

非独立式制冷系统均为分置式。常见的非独立式制冷系统按蒸发器的布置位置不同,主要有顶置型、内藏型和背藏型三种。由于压缩机由主发动机驱动,其布置型式可分为发动机上直接搭载和在底盘上布置两种。目前,非独立式制冷系统已成为客车空调制冷系统的主流。

1. 蒸发器、冷凝器的布置

1)顶置型

蒸发器和冷凝器总成布置于车顶(图6-5)的优缺点基本和采用独立分置式顶置型制冷系统的客车相同,主要区别是由于压缩机由汽车主发动机驱动,减少了制冷系统的辅助发动机,减轻了系统质量,增大了行李舱空间,降低了成本。但因直接消耗主发动机动力,要求主发动机的功率增大。此外,汽车运行工况对制冷能力影响较大,必须重视压缩机传动比的匹配。

根据铰接客车风道在铰接棚处必须断开的特点,为确保前后段车厢内温度均匀,需在铰接车前段和后段车顶上各布置一个一体式蒸发器和冷凝器总成,如图6-6所示。

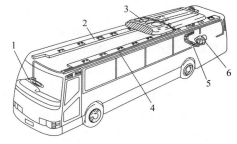

图6-5 非独立式顶置型制冷系统的布置
1-控制面板;2-右侧风道;3-蒸发器和冷凝器;
4-左侧风道;5-制冷剂管道;6-压缩机

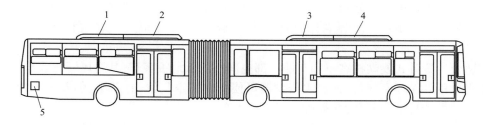

图6-6 非独立式顶置型制冷装置在铰接客车上布置
1-后冷凝器;2-后蒸发器;3-前冷凝器;4-前蒸发器;5-压缩机

蒸发器和冷凝器总成布置在车顶中部,左右侧风道采前后双侧送风。空调蒸发器和冷凝器布置对送风口的影响主要是其位置变化会对风道内各段的静压产生变化,而风道静压的大小决定了该位置送风口单位面积的送风量。一般蒸发器和冷凝器总成布置首先应满足整车质量分布,然后结合车身内饰设计要求,如风道面积要小和送风口布置均匀、美观等因素,按车内各区域制冷负荷大小确定蒸发器和冷凝器总成位置。

空调高低压管路在风道内采用金属管,而在铰接盘处则必须采用高性能的复合材料软管。一般铰接客车的铰接系统在其顶部设有能量导向装置,如图 6-7 所示。高低压软管路安装在该装置上可避免在车辆各种运行条件下产生"憋死"和磨破等现象,因此高低压管路在铰接棚两端通过专用支架和螺纹紧固件与风道内的高低压制冷剂管道连接。

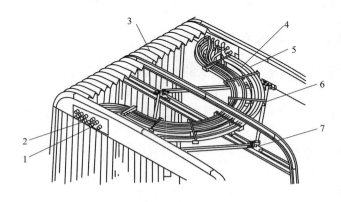

图 6-7 铰接盘处高低压管路布置

1-制冷剂管路固定支架;2-与风道内制冷剂管路对接螺纹紧固件;3-折叠棚架;4-高压制冷剂软管;5-低压制冷剂软管;6-能量导向装置;7-中心环稳定装置

2)内藏型

近年来,随着客车不断向舒适化和豪华化方向发展,促进了非独立式内藏型制冷设备的发展和系统布置设计技术的进步,高级旅游大型客车上已经出现了采用非独立式内藏型制冷系统的多种布置设计型式。它不仅使车体平整美观、线形挺拔,而且对双层客车和高地板客车,不必再增加车身高度。轻型客车因车室空间小,为布置紧凑,基本上也采用这种布置方式。

(1)蒸发器置于车厢内顶后端或前端,冷凝器置于后风窗下部或地板下行李舱处。

图 6-8 和图 6-9 所示分别为蒸发器置于车厢内顶后端、冷凝器置于后风窗下部和蒸发器置于车厢内顶后端,冷凝器置于地板下行李舱处的布置型式。这两种布置型式的特点是:

①适合后置卧式发动机客车和车厢下部空间小的低地板客车,其送风管道较长。

②当采用外循环空气时,顶置式蒸发器可使车内的空气清洁、新鲜,但新风入口需要在车顶上单独设计且结构复杂,并须避免雨水进入车内。

③对于采用后置立式发动机的客车,因车室后部空间较小,为保留足够大的后风窗面积,常将冷凝器置于车辆轴间地板下。这种布置虽然占据了部分地板下空间,减小了行李舱容积,但保留了车身传统的结构型式,给造型和内饰设计都带来了方便。

图6-8 蒸发器置于车厢内顶后部、冷凝器置于后风窗下部的制冷系统布置

1-蒸发器；2-蒸发风机；3-冷凝器；4-冷凝风机；5-压缩机

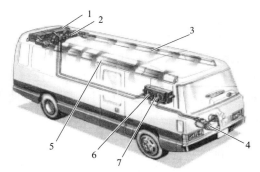

图6-9 蒸发器置于车厢内顶后部、冷凝器置于地板下行李舱处的制冷系统布置

1-蒸发器；2-蒸发风机；3-右侧风道；4-压缩机；5-左侧风道；6-冷凝风机；7-冷凝器

（2）蒸发器置于车厢内两侧行李架中，冷凝器置于后风窗下部或地板下行李舱处。

如图6-10所示，这种布置常根据车长的不同，在车厢内顶两侧安装不同数量的小型蒸发器组。当车辆长度较小时，可左右各装一组蒸发器，每组又按蒸发器的大小安装2~3台蒸发风机，冷凝器则布置在地板下的行李舱处或后风窗下部。

双层客车采用这种布置型式时，因上层车厢内部空间长，可分置四组蒸发器，每组2~3台蒸发风机；而下层车厢乘坐空间短，座位少，可每边各装一组蒸发器，每组2~3台蒸发风机。由于双层客车下层的后部多作为动力舱和储藏室，空调的其他设备也多布置于此。这种空调系统的冷凝器一般制成窄长条形、轴流风扇一字排开的组件式（图6-11）。

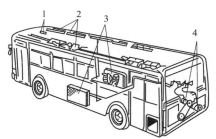

图6-10 蒸发器置于车厢内两侧行李架的布置

1-温度传感器；2-蒸发器；3-冷凝器；4-压缩机

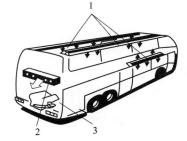

图6-11 双层客车非独立内藏型制冷系统的布置

1-蒸发器；2-冷凝器；3-压缩机

采用蒸发器置于车厢内两侧行李架中的布置型式，因空调系统的蒸发器分散为多组，能方便地将冷空气就近直接吹出，不必经过较长的管道，因而阻力小、能耗少、效率高。但由于蒸发器组件分散安装，增加了车身设计的难度，增大了制造成本。此外，蒸发器在车厢内侧顶部需占用一定空间，减少了安装内行李架的空间，只适用于旅游客车和团体客车使用。

（3）蒸发器布置在仪表板内与暖风芯体、风机、进风模块和出风模块组成HVAC（供热通风与空气调节）系统，冷凝器布置在发动机散热器前面。

这类布置方式主要用在轻型客车上，典型的制冷原理如图6-12的a）所示：HVAC布置在仪表板内，与仪表板内风道对接，并根据需要可设置冷气吹入面部、吹前风窗和吹脚部等多种工作模式；冷凝器安装于车辆最前端且在发动机散热器前面与其共用冷却风扇。为解决后部制冷效果差的问题，除了仪表板内的HVAC通过仪表板送冷风给正、副驾驶员外，通常还在后部乘客空间再增加单独的一路或两路蒸发器给后排乘客送冷风,其原理如图 6-12 的 b)和 c)所示。由于冷凝器和发动机散热器共用冷却风扇,在发动机大负荷或高温地区使用时会出现发动机冷却能力差的问题,解决办法是减小主冷凝器尺寸,额外增加一个副冷凝器,布置于驾驶座处的底盘下部,通过螺栓与车体支架固定,其工作原理如图 6-12d)所示。另一种方案是增设后冷凝器专门供后蒸发器使用,其原理如图 6-12e)所示。

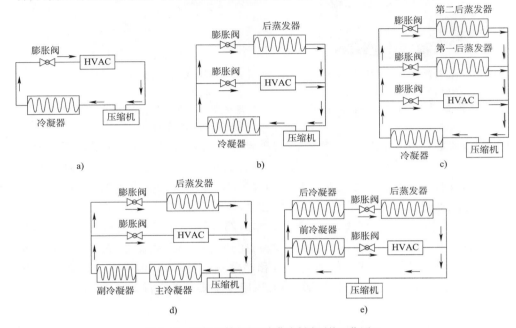

图 6-12　轻型客车非独立内藏式制冷系统工作原理

图 6-13 所示为轻型客车乘客区采用两路蒸发器的实车布置图。后部蒸发器的送风一般采用直吹式,如图 6-14 所示。图 6-15 所示为奔驰凌特轻型客车的制冷系统,其特点是将后蒸发器和后冷凝器一起作为一个总成布置在轻型客车顶部。

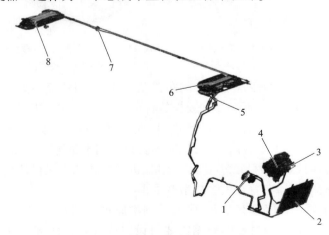

图 6-13　轻型客车内藏式制冷系统布置示意图

1-压缩机;2-冷凝器;3-膨胀阀;4-HVAC;5-乘客区前蒸发器膨胀阀;6-乘客区前蒸发器;7-乘客区后蒸发器膨胀阀;8-乘客区后蒸发器

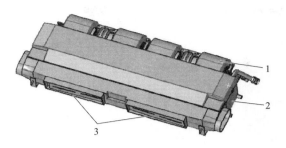

图 6-14 直吹式蒸发器总成
1-蒸发风机;2-蒸发器;3-直吹式出风口

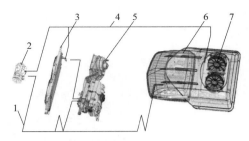

图 6-15 奔驰凌特轻型客车制冷设备布置示意图
1-低压制冷剂管道;2-压缩机;3-前冷凝器;4-高压制冷剂管道;5-HVAC;6-后蒸发器;7-后冷凝器

3）背藏型

双层公交客车常将冷凝器和蒸发器组合为一体,置于第一层车室的后部（第一层无后风窗）。这种车型一般将第一层车室的后部作为空调装置和其他总成安装间,整个系统结构紧凑,管道损失及耗能均较小（图 6-16）。发动机后置的高地板客车采用综合式空调系统时,多将空调装置布置于最后一排座椅后,从而腾出空间,供安装其他设备（图 6-17）。空调装置集中布置于车室后部便于维修,并可形成一个隔声、隔热、隔振的整体设备舱,从而使整车舒适性有着显著的提高。

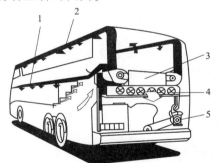

图 6-16 双层客车空调系统的布置
1-下层风道;2-上层风道;3-蒸发器;4-冷凝器;5-压缩机

图 6-17 高地板客车的集中空调系统
1-蒸发器;2-冷凝器;3-压缩机

在确定分置式制冷系统的布置型式时,应注意制冷剂管路越长,管内压力损失越大,制冷效果越差;制冷剂管路的接头越多,发生泄漏的可能性越大;送风管道越长,冷风压力损失越大,不仅影响出风口风量,还影响车室的降温效果;出风口布置越少,出风量越不均匀。

2．压缩机的布置

1）发动机上直接搭载

一般小型和轻型客车的空调系统多采用排量和体积较小的涡旋式或斜盘式压缩机,因此压缩机的安装方式均采用在发动机上直接搭载。对于大中型客车,由于压缩机排量和体积大,空调耗电量大,发电机数量多,造成压缩机在发动机上搭载较为困难,通常由发动机厂家直接设计压缩机的搭载结构,以满足对尺寸精度的要求。图 6-18 所示为 18m 铰接客车上采用的德国曼公司 D2866LOH27 发动机的压缩机和发电机搭载方式,其发电机为三个,采用 10PK 多楔带传动。这种直接搭载的最大好处是压缩机与发动机之间的皮带力为内力,振动不会传到底盘上,整车 NVH(噪声、振动与声振粗糙度)性能较好,是非独立制冷设备压缩机搭载方式的发展趋势。

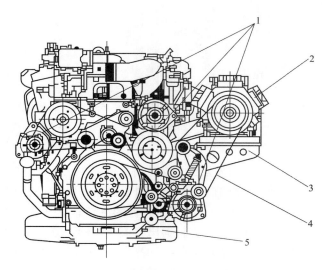

图 6-18　压缩机和发电机发动机搭载图
1-发电机;2-压缩机;3-压缩机支架;4-皮带;5-发动机

2) 压缩机布置在底盘上

压缩机布置在底盘上(图 6-19),其传动皮带和压缩机安装支架分别与发动机和车架连接。这种布置与压缩机直接在发动机上搭载的方式相比,振动多了一条传递路径,发动机的振动会通过悬置和传动系统传给底盘,将使整车的 NVH 性能变差。

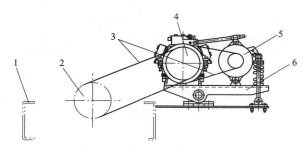

图 6-19　压缩机和空调发电机布置在底盘上
1-底盘车架;2-发动机皮带轮;3-传动皮带;4-压缩机;5-发电机;6-压缩机安装支架

压缩机在底盘上布置时,安装支架设计应注意如下问题:

(1) 支架各部件应可调整,以确保传动皮带平面度在 ±20′。

(2) 在压缩机离合器和发动机皮带轮之间增加中间过渡轮。这种结构除了可确保发动机皮带轮设计的系列化外,还可通过中间过渡轮来调整压缩机的传动比,以满足设计要求;此外,中间过渡轮可承受发动机振动冲击,避免直接作用于压缩机,减小压缩机轴封的损坏频率。

(3) 采取减振措施,尽量减少发动机和压缩机传到底盘上的振动,提高整车 NVH 性能。

（4）压缩机传动轮系的设计应确保皮带振动频率与发动机点火频率的差值至少3Hz以上。

（5）应避免转向油壶泄漏的油和膨胀水箱泄漏的冷却液滴到传动皮带上，防止出现皮带打滑导致皮带脱落的不良故障。

图6-20所示为压缩机支架转轴处增加橡胶条形成减振体的结构示意图。当压缩机左右摆动时，转轴对橡胶条进行挤压和拉伸，橡胶条吸收发动机皮带传递的和压缩机自身产生的振动。某企业曾对采用四缸柴油机的8m中型客车安装这种支架与图6-19所示的无减振措施压缩机安装支架进行车内噪声对比试验，结果表明：客车急速，开空调工况下车内噪声降低3.8dB(A)；50km/h匀速行驶车内噪声降低3.3dB(A)，80km/h匀速行驶车内噪声降低3.7dB(A)；急速工况不开空调时，车内噪声增大0.3dB(A)；50km/h匀速行驶车内噪声降低1.8dB(A)；80km/h匀速行驶车内噪声降低1.9dB(A)。

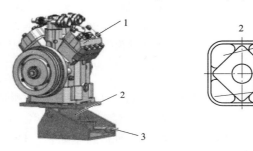

图6-20　ROSTA压缩机安装支架
1-压缩机；2-减振体；3-压缩机支架；4-橡胶条；5-转轴

三、电动空调的布置

1. 由电池供电的电动空调布置

1）整体式电动空调的布置

整体式电动空调的蒸发器、冷凝器、电动压缩机等部件一般集成为整体布置在车顶，其优点基本和采用非独立顶置型制冷装置的客车相同，主要区别是取消了压缩机安装支架，降低了系统总质量，同时压缩机和制冷剂高低压管路也内置在顶置机组总成内，系统布置更为简单。

整体式电动空调布置时应注意以下几点：

（1）电动空调总成布置在车顶，质量大，设计时需要加强顶盖骨架，提高结构强度。

（2）安装电动空调的顶盖骨架预埋板厚度一般不得小于5mm。

（3）安装布置时应主要考虑车内温度场分布、轴荷分配、天窗和车内电视的布置，以及风道和行李架吊杆等。空调出风口原则上应布置在客车的中前部，出风口中心一般在轴距的35%～45%处。

（4）冷凝器采用迎风冷却结构时，应布置在车前方向，以便更好利用迎面风冷却，降低冷凝风机转速，减少能耗，如图6-21所示。

（5）由于电动空调采用高压电源，绝缘设计尤为重要。图6-22所示为整体式电动空调总成的安装绝缘结构设计示意图。

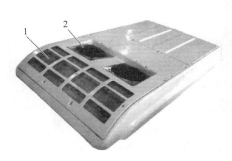

图 6-21　一种迎风式电动空调
1-冷凝器；2-冷凝风机

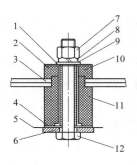

图 6-22　整体式电动空调总成的安装绝缘结构设计
1-上环氧树脂板；2-轴套；3-空调壳体；4-下环氧树脂板；5-车顶蒙皮；6-骨架预埋板；7-螺母；8-弹簧垫；9-平垫；10-上绝缘减振垫；11-下绝缘减振垫；12-螺栓

2）分置式电动空调的布置

分置式电动空调的优缺点与非独立内藏型和背藏型相同，不同之处在于压缩机的布置更为灵活，可根据总布置的需要进行调整。传统动力客车改型电动客车时，只需更换电动压缩机即可，其他部件无须更改，目前使用较多的是电动涡旋压缩机。图 6-23 所示为一款纯电动无人驾驶客车的分置式电动空调布置示意图。

在设计分置式电动空调的安装布置时，既要注意部分厂家对电动压缩机布置方向的要求，同时还要考虑电动压缩机安装的减振设计。图 6-24 所示为一款直流变频电动压缩机的安装布置，压缩机按要求其布置的轴向方向为客车车宽方向。

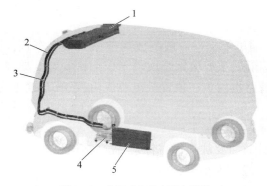

图 6-23　分置式电动空调布置图
1-蒸发器；2-低压制冷剂管道；3-高压制冷剂管道；4-电动涡旋压缩机及支架总成；5-冷凝器

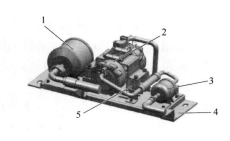

图 6-24　直流变频电动压缩机在底盘上的安装布置
1-气液分离器；2-压缩机；3-消声器；4-安装支架；5-减振胶垫

2. 由发电机供电的电动空调布置

1）主发动机驱动型的布置

主发动机驱动型电动空调主要用在传统动力客车上，电动空调与电池供电的整体式电动空调相同，布置要求也一样。不同之处在于增加了一个发电机，由发动机驱动，其布置和安装设计同非独立式制冷装置的压缩机布置,一般采用底盘搭载结构(前文图6-19),发电机选型要满足电动空调的用电要求。图6-25所示为大型客车采用TQFW15B直流变频发电机的功率转速曲线,其输出额定电压为直流460~590V,额定电流为29A。

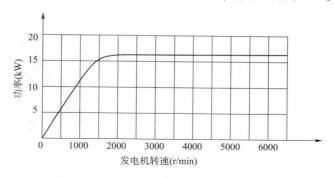

图6-25　TQEW直流变频发电机转速和功率曲线

2)辅助发动机驱动型的布置

辅助发动机驱动型电动空调与主发动机驱动型电动空调的不同之处是多了一个辅助发动机组,一般为辅助发动机和发电机总成及其安装支架等,多布置在客车裙部,缺点是占用了地板下的行李舱空间。这种布置在特种客车上采用较多,较典型的如采血车等,在市电不方便接入时需要自行配备相关设备进行发电供车辆使用。其布置类似独立分置式顶置型制冷设备的布置(前文图6-3)。图6-26所示为一款大型客车专用的车载水冷发电机组总成,功率16kW。

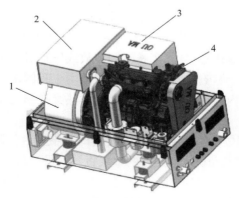

图6-26　车载水冷发电机机组总成
1-稀土永磁发电机;2-水箱;3-消声器;4-发动机

四、双动力空调

双动力空调有两个压缩机,通过控制系统实现车辆运行时由发动机驱动的开启式压缩机驱动空调运行,车辆停止时采用电力驱动的全封闭压缩机驱动制冷设备运行。控制系统分别控制高压回路的三通换向阀和低压回路的两个电磁阀,确保任何时候只有一个冷媒循环回路。

双动力空调系统的工作原理图如图6-27所示。目前,这类空调主要用在特种客车上,如采血车等,其发展趋势是将两个压缩机集成到一起组成双动力压缩机,布置与非独立制冷设备的压缩机布置相同,一般安装在底盘上。图 6-28 所示为一种双动力压缩机的外形。

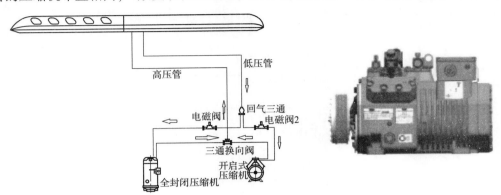

图 6-27　双动力空调系统原理　　　　　图 6-28　一种双动力压缩机的外形

第二节　采暖系统的布置

在空调系统的布置和设计中,采暖系统的布置和设计一般需要考虑满足总布置的要求、设备本身的合理安装及水暖管道的合理走向等。

一、水暖式采暖系统的布置

对于采用水冷式发动机的客车,在对冬季采暖要求不高的地区使用时,多采用水暖式采暖系统。该系统结构简单,取得热源容易,且经济可靠,温度适宜。但由于采暖系统只在发动机冷却液温度升高后才能供暖,且客车长时间停放或发动机不工作时将丧失采暖能力,而发动机长时间怠速运转也会影响采暖效果,所以仅适用于我国南方地区使用的空调客车。

水暖式采暖系统的车内散热有强制热交换、自然热交换和混合热交换三种形式。

1. 强制式热交换

目前,中普档客车采用较多的是强制式热交换,即采用多台强制散热器,根据采暖要求将其分置于车厢内各处,靠与发动机水套连接的水泵将发动机冷却液送至各散热器,由其风扇强制与室内空气进行热交换,从而达到取暖的目的。图 6-29 所示为采用这种采暖系统的布置示意图,图中的热源为发动机冷却液,强制散热器布置于车内靠侧壁的座椅下,除霜器布置于驾驶区仪表板下。设计时只需根据车室热负荷的大小和发动机冷却液的散热能力就可以确定热交换器的数量,安装位置则以保证室内温度分布均匀为原则,依据车室大小合理布置。

强制散热器、除霜器与管路连接的水路布置一般有三种型式:

1)串联式

串联式布置如图 6-30 所示。这种布置的特点是将车内强制散热器和除霜器通过串联的形式用管道连接起来。其优点是结构简单,安装操作方便;缺点是处于最后的强制散热器出风温度低,车内温差较大。设计的原则是水泵出水应首先经过除霜器,确保前风窗玻璃除霜(雾)性能,而散热器的数量则不宜太多,否则水路系统阻力大,流量下降,采暖效果变差。

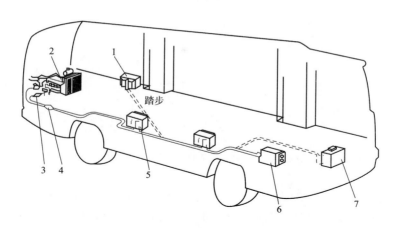

图 6-29 水暖式采暖系统的布置
1-左侧乘客区散热器;2-发动机;3-水阀;4-水泵;5-右侧乘客区散热器;6-驾驶区散热器;7-除霜器

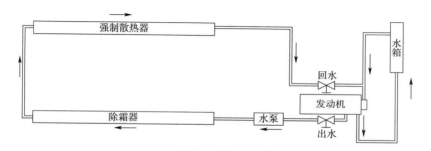

图 6-30 串联式布置原理图

2）并联式

简单并联式布置如图 6-31 所示。这种布置的特点是除霜器和车内强制散热器各单独设计一条管路。其优点是既可保证除霜水路流量，还能实现车内散热均匀，且不容易产生前后温差；缺点是系统的管路较为复杂，当散热器数量较多时，水路阻力大、流量小，致使车内采暖效果差。设计时如果散热器的数量较多，需要将散热器的水路也采用并联形式。

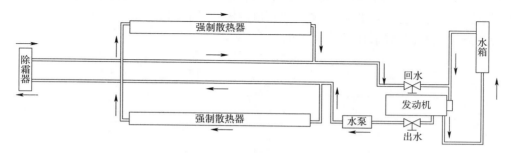

图 6-31 简单并联式布置原理图

图 6-32 所示为一种较复杂的车内左侧散热器和右侧散热器采用并联形式的布置示意图，图中强制散热器一侧水路从前到后，另外一侧水路从后到前。既解决了散热器串联造成水路流量降低、车内采暖效果变差的问题，又保证了车内温度前后均匀。

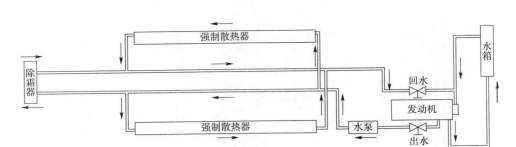

图 6-32　一种较复杂的并联式布置原理图

3）串并联式

串并联式的布置如图 6-33 所示。这种布置的特点是除霜器和车内散热器为串联形式，散热器并联连接。其优点是除霜器流量大，可确保前风窗玻璃的除霜（雾）性能；缺点是散热器水路为同一方向，容易造成车内前后温差。设计时可通过控制系统解决车内温差问题，如降低首先流经强制散热器水路的风扇转速，提高后流经强制散热器的风扇转速等。

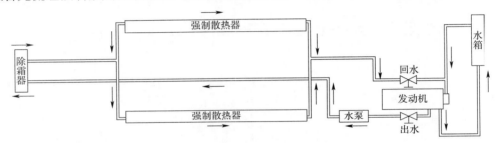

图 6-33　串并联式布置原理图

2. 自然式热交换

目前，高档客车采用较多的是自然式热交换，即采用无散热风扇的自然散热器。图 6-34 所示为自然式热交换的布置原理图，除霜器和自然散热器采用并联式设计。设计时根据采暖要求在车内座椅下两侧侧壁，从车前到车后布置整排自然散热器，靠与发动机水套连接的水泵将发动机冷却液送至自然散热器与室内空气进行自然热交换，从而达到取暖的目的。这种布置的优点是车内温度场均匀，不会像强制散热器那样容易造成温差问题；缺点是升温速度慢，必须采用温度控制措施，如增加水路电磁阀，当温度到达设定温度时关闭水路，避免车内温度继续上升，造成乘客舒适感降低。

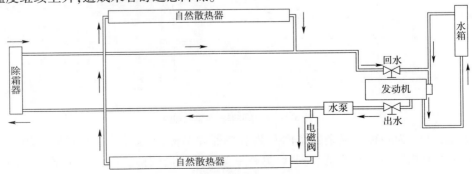

图 6-34　自然式热交换布置原理图

3. 混合式热交换

目前，欧美发达国家使用的客车采用较多的是混合式热交换。这种热交换形式与自然式热交换的区别是另设一水路循环到顶置型冷暖空调的暖风芯体内，通过蒸发风机与车内空气进行热交换，其结构和工作原理如前文图 3-37 所示。采用该设计的主要目的是恒温除湿和侧窗玻璃除霜（雾），即当车内湿度大时，对进入车内的空气先制冷后加热再送到车室内，从而使进出风温度相同但湿度降低。混合式热交换的布置原理如图 6-35 所示。

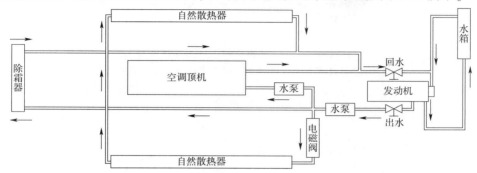

图 6-35　混合式热交换布置原理图

在进行水暖式暖风装置的布置设计时，应注意以下几点：

（1）水暖系统的放热量不仅取决于散热器的数量，更重要的是与流经整个系统的冷却液的流量有关，流量越大，系统潜在的放热量就越大。

（2）系统流量、管路阻力、发动机和水泵产生的压力差存在如下关系：

$$系统流量(I) = \frac{水泵产生压力差(\Delta p)}{管路的阻力(R)}$$

（3）与电路系统一样，水暖系统的管路阻力与管路截面积成反比，截面积越大，阻力越小。具体关系如下。

串联系统：$R = R_1 + R_2 \cdots$。

并联系统：$1/R = 1/R_1 + 1/R_2 \cdots$，即并联系统的管路阻力小于任何一条支路的阻力。

（4）车内强制散热器（自然散热器）的安装不得影响乘员的乘坐舒适性，并需满足《客车结构安全》（GB/T 13094—2017）中 4.6.8.6.2 和 4.6.8.6.3 的规定。

二、废气水暖式采暖系统的布置

采用水冷式发动机的客车，为改善寒冷地区车内采暖效果，有的在水暖式采暖系统的水泵出水口增加了一种废气加热器，利用发动机排出的废气对从发动机散热器出来的冷却液进行再加热，以便提高流经车内散热器的冷却液温度。但这种设计极易造成加热器的热交换器及废气排出口处积炭，从而大幅度降低加热器的热效率。为此消除这一弊端，通常在设计时采取了自动除炭措施，如图 6-36 所示。

废气水暖式采暖系统布置设计的水路除增加废气加热器外，车内散热器的布置与水暖式采暖系统相同。由于废气加热器无法实现对流经其内的冷却液进行温度控制，在发动机负荷大或温度不高的季节使用时会出现冷却液汽化现象。为此，可在水路设计上采取措施，避免上述问题的发生。一种解决这一问题的废气加热水暖式采暖系统的布置原理如图 6-37 所示。

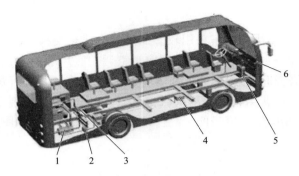

图 6-36　废气水暖式采暖系统的布置图
1-废气加热器;2-除炭装置;3-水泵;4-强制散热器;5-除霜器;6-控制器

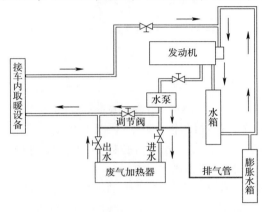

图 6-37　一种废气加热水暖式采暖系统的工作原理图

由图 6-37 中可见,通过在从发动机冷却循环水管道引出的管路上安装水泵,水泵出水口分为两路,一路直接流经车内散热器,其流向即为水暖式采暖系统的布置方式;另一路连接废气加热器再加热后流经车内散热器,水路上设置阀门,可根据不同地区、不同环境下车厢内取暖需求进行两种暖风装置的切换,从而达到最优采暖效果。在夏季不使用时,关闭废气加热器的前后两个阀门,将其中的冷却液收集起来,避免冷却液汽化损失;在初冬季节,打开调节阀门变成水暖式采暖设备,可满足整车较低热负荷的使用要求;在寒冬季节,关掉调节阀门变成废气水暖式采暖设备,提高冷却液温度,增大车内采暖效果。

三、独立式采暖系统的布置

独立式采暖系统根据与车内空气的传热介质不同,分为独立空气式和独立液体式两种,在布置设计时这两种采暖系统的差别较大。

1. 独立空气式采暖系统

独立空气式采暖系统按照热源不同,可分为独立燃油(或燃气)空气式加热器和电空气式加热器两类,因前者已在客车上使用较少,在此仅介绍电空气式加热器的布置。

电空气式加热器主要在纯电动客车上使用,其布置一般有两种型式。一种是类似水暖式采暖系统的强制散热器式,布置在车厢内两边侧围的座椅下,具体数量根据车室空间大小和乘员人数按热负荷的大小确定,如图 6-38 所示。因电空气式加热器采用高压电源,这种布置型式人体容易接触,安全性差,一般不推荐使用,电空气式加热器的具体结构如图3-41所示。

另一种是安装在电动冷暖空调内的PTC电空气式加热器(前文图3-48的18),当环境温度低于-5℃,热泵无法运行时工作供车室内采暖。因其耗电量太大,长时间使用会严重影响电动客车的续驶里程。

2. 独立液体式采暖系统

独立燃烧液体式采暖系统布置设计的水路,除了以独立燃油(或燃气)液体式加热器取代发动机外其他都相同。图6-39所示为纯电动客车改装独立燃烧液体式采暖系统的布置原理图。为避免加热器频繁启动,系统中设置了水暖水箱进行储水蓄热(一般容积要求大于20L)。采用独立燃烧液体式采暖系统的经济性差,耗油量大,一般不推荐使用。

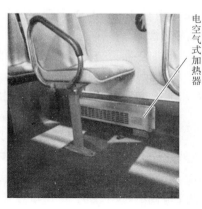

图6-38 电空气式加热器

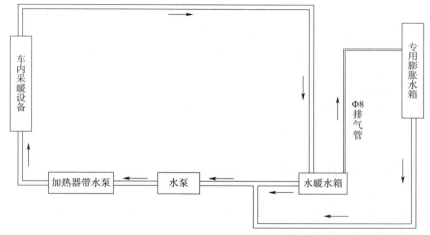

图6-39 独立燃烧液体式采暖系统的布置原理图

(1)独立燃油液体式采暖系统的布置。

对采用独立燃油液体式采暖系统的客车,在布置设计时应注意如下几点:

①加热器应尽可能安装在单独舱内并水平放置、固定牢靠,避免遭受泥水飞溅,进气口和排气口要防止污物堵塞。

②布置时尽可能将燃烧头朝向车外,以方便检修;如不能满足要求,则需要在加热器的进水口和出水口处设置用于检修的水阀。

③加热器排烟管应伸出安装固定底板,保证废气能直接排出车外。

④加热器的安装位置应确保处于水路系统最低点,不允许安装在驾驶室或乘客区。

⑤输油管与电线束不可捆绑在一起,避免电线起火引燃油路。

⑥若安装舱内封板无法开启进气和通风格栅,则需要在外饰舱门上。按暖风设计要求,通风窗口的面积一般不小于200cm²,以确保足够的风量。

⑦加热器进、回油管不可与发动机进、回油管采用同一管路,油箱上应单独设置加热器进、回油管路。通常电喷加热器进油管采用外径8mm(内径6mm),回油管采用外径

6mm(内径4mm)的亚大管或铜管;普通加热器进油管采用外径6mm(内径4mm)的亚大管或铜管。

⑧加热器下方不允许布置其他部件,防止排烟对其造成损坏。

⑨加热器应尽可能布置在发动机附近,避免冷却液流量不足导致频繁启动,当无法满足要求时,如有必要需要在发动机出水口处额外增加水泵。

(2)独立燃气液体式采暖系统的布置。

由于独立燃气液体式加热器采用的燃料为压缩天然气(Compressed Natural Gas,CNG)或液化天然气(Liquefied Natural Gas,LNG),其布置与独立燃油液体式采暖系统的不同之处在于需要采用一个燃气减压阀。图6-40所示为采用CNG燃气液体式加热器的综合式采暖系统布置示意图,图中的8即为CNG的燃气减压阀。

在独立燃气液体式采暖系统布置设计时,应注意如下几点:

①燃气液体式加热器必须安装在独立的舱内,附近不得有易燃、易爆等物品和机油滤清器、电器等部件,不得与发动机舱、行李舱、客舱等连通,通风窗口要开在舱的最高点。

②高压燃气气路中应安装一个手动高压截止阀,在非采暖季节应关闭并排空高压截止阀至燃气液体式加热器管路中的燃气。以CNG为燃料的高压气路中应有过流保护阀,燃气加热器在过流保护阀后取气。与CNG车辆的不同之处在于LNG车辆通常要额外设置汽化器,其主要作用在于将液态天然气汽化成气态天然气,因此LNG燃气加热器的取气应选择在LNG汽化器的后面。

③不同类型燃气的车辆应根据压力大小配置相应的减压阀;减压阀必须沿着车辆纵向安装并且竖直放置,安装位置及空间必须便于拆卸和更换;减压阀背面的空气进口必须保持通畅;应设计专用支架将减压阀牢牢固定。

④燃气泄漏探测系统的探测器应固定在加热器舱内的最高处。

3. 电液体式采暖系统

电液体式采暖系统主要在纯电动客车上使用,一般布置在车室外单独的舱内,图6-41所示为一种典型的电液体式加热器布置。

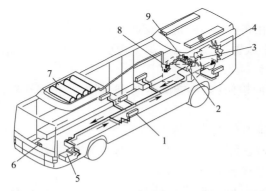

图6-40 采用CNG燃气液体式加热器的综合式暖风装置布置
1-强制散热器;2-CNG燃气液体式加热器;3-水泵;4-发动机;
5-除霜器;6-控制器;7-CNG气瓶;8-减压阀;9-通风格栅

图6-41 一种电液体式加热器在舱内的布置

电液体式加热器一般有两种型式:一种是用单独的电液体式加热器取代独立燃油(燃气)加热器,与电空气式采暖系统相比,取暖效率低,电量消耗大;优点是布置在乘客区外,安全可靠。另一种是集成到独立燃烧式采暖系统,组成油(气)电混合液体式加热器,其优点是减少了对电的消耗,缺点是成本高,额外增加了供油(气)系统。

四、综合预热式采暖系统的布置

综合预热式采暖系统是在水暖式的基础上增加了独立燃油(燃气)液体式加热器。采用综合预热式采暖系统的客车,既利用了发动机的冷却液热量又满足了客车大热负荷的要求,还能使吹入车室的暖风温度柔和、无污染,且成本低廉,因此在传统动力客车上得到了广泛应用。图6-42所示为综合预热式采暖系统在客车上的典型布置示意图。从主发动机冷却液管道引出的管路上连接安装在发动机舱或单独舱内的独立燃烧式液体加热器,驾驶区地板下布置除霜器,产生的热风供风窗玻璃除霜和驾驶员取暖。乘客区一般安装四台强制散热器(左右各两台),前中门踏步处布置一台强制散热器。进、回水管通常紧贴左右侧壁或在过道的高低地板处布置,这样可减少一些隔热要求。

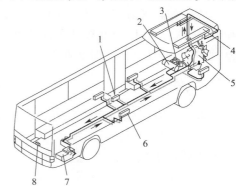

图6-42 综合预热式采暖系统的典型布置
1-踏步散热器;2-独立燃烧式液体加热器;3-水泵;4-冷暖空调;5-发动机;6-乘客区散热器;7-除霜器;8-控制器

综合预热式采暖系统不仅改善了采暖质量,而且提高了发动机的起动性能和寿命,因此很受欢迎。设计时应特别注意水管的固定和管接头的连接与密封,防止热水渗漏,影响采暖效果。

此外,城市公交客车因车门较多,开关频繁,车身密封比其他类型客车困难。据测试,车门关闭采暖设备停止供热时,公交客车的车内温度下降速度是其他客车的1.6倍。由于站距短,乘客交换频繁,热量损失很大,测试得到的乘客区温度变化如图6-43所示。

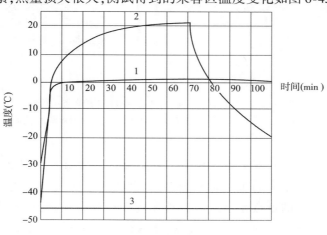

图6-43 乘客区温度变化
1-常速行驶;2-城市公交客车工况;3-外界温度

175

为使驾驶员的工作能力处于最佳状态,不管采用何种采暖系统,都应设法使驾驶区的温度保持在15℃左右。温度过低将使驾驶员工作困难,尤其是局部的急剧温降(如腰或脚部)会导致生病;温度过高(如25℃),将使驾驶员的工作能力下降40%。因此,应在驾驶员周围自下而上地建立热幕,而温度则由驾驶员自行调节。

第三节 除霜(雾)系统的布置

除霜(雾)系统的布置除考虑除霜器的安装外,还需考虑仪表板上除霜(雾)出风喷口的位置、形状和尺寸,以及校核布置是否合理等,以最大限度除去风窗玻璃上的霜(雾),满足标准规定的清晰度要求,保证驾驶员视野。

一、布置形式

客车的除霜(雾)系统一般有如下两种布置方式。

1. 仪表板下置式

所谓仪表板下置式,就是将除霜器安装于仪表板下。这种布置十分紧凑,既充分利用了仪表板下的空间,又不影响驾驶区美观。早期的传统结构出风管道长、弯管多、接头多、气流阻力大。近年来整体风道式结构得到了广泛应用,其特点是除霜器与整体风道采用大口径风管连接,在整体式风道上设置出风口出风。主要缺点是维修不方便,更换除霜器时需要拆卸整个仪表板。图6-44所示为前置冷暖除霜(雾)装置在仪表板下的典型布置示意图。

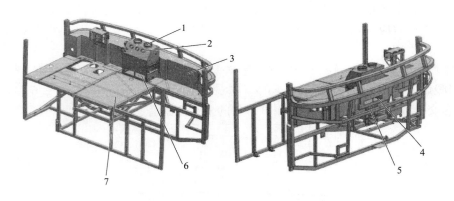

图6-44 前置冷暖除霜(雾)装置在仪表板下的布置示意图
1-除霜器出风口;2-吹面部出风口;3-驾驶区前围封板;4-外循环进风口;5-前围骨架;6-内循环进风口;7-驾驶区地板

2. 驾驶区地板下置式

为提高仪表板下安装的刮水器电机、洗涤器、集中润滑系统等的维修方便性,近年来客车前围设计成开启式结构的车型越来越多,为此除霜器布置在驾驶区地板下已成为必然选择。采用这种布置的难点在于进风内外循环切换装置设计,以及进气滤网的设置和维修更换方便性等。图6-45所示为前置冷暖除霜(雾)器驾驶区地板下置式的典型布置方式。

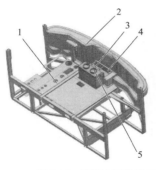

图6-45 前置冷暖除霜(雾)装置驾驶区地板下置式布置示意图

1-驾驶区地板;2-驾驶区前围封板;3-吹面部出风口;4-内循环进风口;5-除霜出风口;6-前围骨架;7-外循环进风口

除霜(雾)器的出风口通过管道与仪表板风道上的除霜(雾)喷口进行连接,设计时仪表板上除霜喷口的布置应遵循如下原则和要求:

(1)喷口的型式、数量、位置和出风角度应确保在前风窗玻璃内侧表面形成一风幕并能覆盖满足驾驶员要求的视野范围,以阻止车内乘员呼吸产生的湿空气在上述视野范围的玻璃内表面结霜(雾)。目前,使用较多的是长条形送风喷口(宽度不小于10mm),数量不少于8处,位置距前风窗玻璃80~120mm,出风角度可调,尽可能与前风窗玻璃平行且最大不超过20°,如图6-46所示。

图6-46 仪表板上典型的除霜(雾)喷口布置

(2)出风口的布置应保证驾驶员处左右侧窗车外后视镜区域玻璃的除霜(除雾)要求。为此,目前一般是设置专用出风口。

二、布置校核

检验除霜器是否选择合理、除霜喷口布置是否恰当,常用前风窗玻璃的除霜面积来校核。校核方法以驾驶员的眼睛位置为基准,要求除霜系统不仅要有足够的除霜面积,还要有正确的除霜部位。有的客车虽然除霜面积很大,但除霜部位过偏或除净度不符合要求,对改善驾驶员视野仍然无益。此外,还要求在整个除霜面积内的不同区域,应有不同的清晰度要求。对风窗玻璃除霜装置性能所提出的推荐标准,是以眼椭圆为基准来规定满足上述视野要求的(表6-1),并以图6-47所示方法校核除霜面积及除霜部位。

客车风窗玻璃除霜面积的最低要求   表6-1

类 型	胯点至地面距离(mm)	区域	角度(上)	角度(下)	角度(左)	角度(右)
中、后置 发动机客车	1280~1520	A	7.5°	22°	22°	62°
		B	3°	22°	22°	62°
		C	1°	16°	22°	15°
前置发动机 客车、公交客车	1280~1520	A	7°	14°	18°	65°
		B	2°	11°	18°	65°
		C	1°	11°	18°	25°

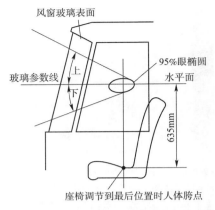 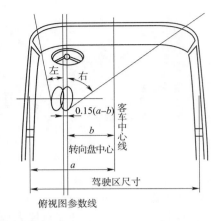

图 6-47 用眼椭圆校核风窗玻璃的除霜面积和除霜部位

风窗玻璃的除霜面积应以 95% 眼椭圆为基准。

校核方法是先在车身侧视图和俯图上画出标准眼椭圆,然后按表 6-1 中规定的最小角度值分别作眼椭圆的上下、左右四个切平面,它们与风窗玻璃相交的四条交线构成了视野所要求的最小除霜区域。在这一区域内,除霜的清晰度要求分为三种,如图 6-48 所示。当以规定的除霜试验条件试验时,要求 30min 内除霜面积必须达到表 6-2 中规定的最低要求。对前风窗玻璃为两块的大型客车来说,面积 B 中的 30% 未降霜部分只允许位于该面积的周围边缘。如果达不到要求,可修改除霜系统的喷口位置或设计形状,或加大除霜风量。

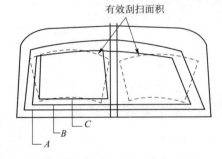

图 6-48 不同区域的清晰度要求

客车不同除霜面积的除净度要求 表 6-2

风窗玻璃类型	最低除霜百分比(%)		
	A 区域	B 区域	C 区域
整块	80	94	99
多块	65	70	84

第四节 通风换气和空气净化系统的布置

为了随时从车外引入新鲜空气来置换或净化车内的污浊空气,以及调节车室的温度和湿度,客车上根据需要分别设有通风换气系统。如通风换气系统无法满足车内空气质量要求时,则需要安装空气净化系统。本节主要介绍不同型式的通风换气和空气净化系统的布置。

一、通风换气系统的布置

目前,客车上主要采用三种通风换气系统,即动压通风(自然通风)、强制通风和综合通风系统。

1. 动压通风换气系统的布置

在不采用空调技术的客车上都使用动压通风。这种通风换气方式主要是利用汽车行驶时的风压,在适当的地方开设进风口和排气口,配合侧窗的开启来实现的。在设计动压通风换气系统时,主要是确定进、出风口的位置和风口设计。

1) 车身表面的压力分布

在动压通风换气系统设计中,选择气流进、出口的位置十分重要。对某大型客车行驶时车身表面压力分布的测量结果如图6-49所示。图中的数字表示测量点,带(+)号的表示压力超过大气压(正压区),应该将进气口选择在这些区域;带(-)号的表示压力低于大气压(负压区),应从该区域导出车内空气。

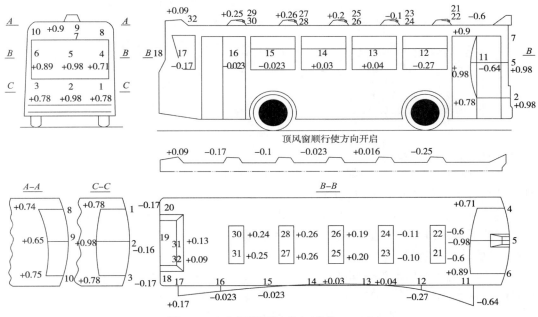

图6-49　车身表面的压力分布(单位:mmHg)

2) 动压通风的气流分布

图6-50所示为客车行驶时顶窗和侧窗全部开启的气流分布情况。此时,气流通过顶窗迎风面的通风口进入车内,其中顶窗是主要通道。基本上全部侧窗都向外抽风,但轴间和后面的几个侧窗也有阵阵进入车内的气流。从顶窗进入车室的气流在靠近侧窗时又重新形成一股股气流,抽出车外。由图中还可以观察到有一股较弱的气流从后壁沿着侧壁和顶部的连接圆弧处向前流动,但沿地板的气流是看不到的。由于右侧车门的影响,使流经右侧的气流产生紊流,结果在车窗高度上,右侧的压力要比左侧高一些。因此,右侧的侧窗有进风,不同于左侧的窗口都是向外抽风。车厢中部和后部的通风情况较好,而前部、驾驶员座椅附近和第二排座椅之前通风情况较差。这是因为从顶窗进来的气流是向斜后方向流动的,而侧窗进入的气流又较少。为此,有的车采用了在前围迎风面设通风口来解决,但由于通风口的进风量有限,效果不甚显著。

图6-51所示为顶窗全开、侧窗关闭时的气流情况。图6-52所示为顶窗关闭、侧窗全开时的气流情况。

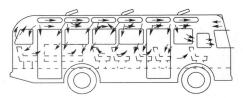 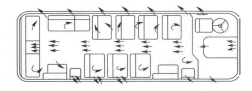

图 6-50　顶窗和侧窗全开时的气流情况

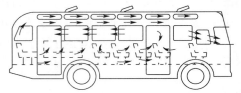 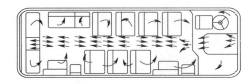

图 6-51　顶窗全开、侧窗关闭时的气流情况

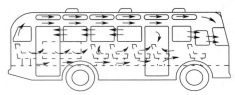 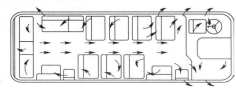

图 6-52　顶窗关闭、侧窗全开时的气流情况

3）通风窗的结构型式

传统的通风窗（顶窗）一般都是用薄钢板冲压或工程塑料成形的方形结构，多采用手动开启，且开启结构有多种型式，如图 6-53 所示。较常见的有两种：一种是裸露在车顶盖上，另一种是裸露于车厢内顶篷处。其结构型式都是外露压力弹簧式或四连杆压力弹簧推拉式、二连杆翻臂式和上下滑道紧固式等。但不管哪一种，就车身装饰附件而言，都欠美观和显得过于粗糙。

近年来出现了通风窗为玻璃结构的玻璃天窗。图 6-54 所示为斯飞乐公司生产的一种玻璃通风窗（大小尺寸为 1035×615mm，开孔尺寸为 970×530mm），该窗关闭时凸出车顶 25mm，打开时通风孔高度 80mm，整体高度 112mm，玻璃厚度 4mm。当采用黑色玻璃时，对于波长 715～2500nm 的光隔热率达到 88%，可见光折射率 65%，满足欧盟法规 2001/85/EC 和 95/28/EC 的要求，将成为取代传统通风窗的新一代产品。目前，较为简单、适用和美观的是一种埋入多调式顶风窗，它既吸收了上述几种机构的优点，克服了不足，又保证了通风效果不变。这种顶风窗的开启机构埋在了风窗洞口的两侧隔层内，无论是开启还是关闭在车内外都看不见，当在车顶风窗口四周镶上装饰条后，就会和车身显得更加美观协调。

图 6-53　传统的通风窗开启结构　　　　　图 6-54　玻璃通风窗

此外,大型客车上还采用了一种推拉式顶风窗。这种顶风窗结构简单、操纵方便、密封性好,但由于是水平推拉开启,不像其他型式顶风窗打开后可形成一定角度的风口,以引导车外空气进入,因此进风量较小,通常作为空调客车的一种辅助备用通风口或安全逃生出口。

设计动压通风系统时,应注意风口的位置,尽量使车室各处通风均匀,避免造成穿堂风。同时,要注意雨天顶窗、侧窗全关闭时的通风情况,一般在前风窗帽檐处和车身第二立柱处设置进风口,在车身后部最后一立柱处设置出风口,以改善雨天的通风情况。设计通风系统的进出风口时,应注意防尘,并要防止下雨或清洗车辆时,雨水等不至于流入车内。

2. 强制通风换气系统的布置

强制通风换气系统主要是靠电动换气扇强制车外空气的进入或车内空气的抽出,从而达到通风换气的目的。目前,客车用强制通风扇都具有停止、自然通风、吸气、排气、循环等功能,设计选型时应根据车内乘员人数的多少,按照乘坐舒适性所要求的通风换气量来确定风扇数目。同时,风扇的安装位置应使进入车室的气流分布合理。

1) 强制通风扇的安装位置

客车用强制通风扇多为车顶型,一般安装于车顶气压分布的正压区,以减轻风扇在向车内送风时的负荷。而对于内装型的强制通风扇,则多装于客车前悬和轴间的侧窗上部,抽入的空气靠车顶两侧的管道和出风口均匀送入车内。采用内装型通风扇的客车,车室气流分配合理,无任何部件凸出车身,使整车造型容易统一和协调。但对车身设计要求较高,车身结构变得复杂,目前只在豪华型客车上有所采用。

2) 采用强制通风扇的车内气流分布

图 6-55 所示为侧窗和顶窗关闭,开动内装型强制通风扇的气流情况。此时车外空气被风扇抽入车内,沿车顶两侧管道通过球形或方格栅形喷口进入车室,而车内空气又从排气口和车门、车窗及其他不密封处排出车外。若球形喷口稍稍向后偏斜,当其全开启时,气流从喷口喷出,在座位上方后喷流动,再从座位之间的通道折向前方;在车厢前部,气流冲向风窗玻璃,然后向两侧吹散;而乘客脚下的气流运动则很缓慢。

 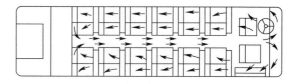

图 6-55　侧窗和顶窗关闭,开动内装型强制通风扇的气流情况

3. 综合通风换气系统

采用综合通风换气系统的客车比单独采用强制通风或自然通风的客车车身结构要复杂得多。最简单的综合通风换气系统是在具有自然通风的车身基础上,安装两台强制通风换气扇,根据需要可分别使用或同时使用。这样,基本上能够满足各种气候条件下的通风换气要求。

舒适性要求较高的大型空调客车上采用的综合通风系统,是合理利用了上述两种通风方式的长处以满足使用要求的。这种设计较常见的是在客车前风窗上部的帽檐处设置进风口,进风口的设计要能防止雨水进入车内,并安装空气过滤网(器),进入车内的空气经过控制阀门进入车内顶两侧的冷风管道,经由出风口进入车室。控制阀门的作用是在空调工况时,关闭阀门,阻止外气进入,车室的通风换气靠强制通风换气设备进行。当外界气候凉爽,即可关闭空调装置,打开阀门,直接导入凉爽的外气,同样能保证车内舒适的气候条件。综合式通风系统虽然布置设计复杂,但经济性好,运行成本低,因此在客车上的采用日渐增多。

二、空气净化装置的布置

1. 独立式空气净化装置的布置

独立式空气净化器一般布置在车厢内顶或行李架内,如图6-56所示。布置时要核对车内通道空间,满足客车相关法规要求。安装在行李架内的空气净化器布置较为复杂,由进风管道、净化器、送风管道和出风口等部件组成。为方便操作,开关控制、显示面板等安装在仪表板上。另一种独立式空气净化器安装在行李舱内,如图6-57所示。其送风管道和出风口分装在车厢内两侧的座椅下,紧贴车身至前后排座椅;每两排座椅中间有一组出风口;中间走道一侧中部的高低地板侧壁上设有回风口,抽吸车内污浊空气并送入净化器的进风口。

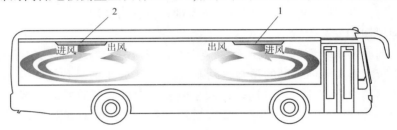

图6-56 安装在行李架内的独立式空气净化器的布置
1、2-独立式空气净化器

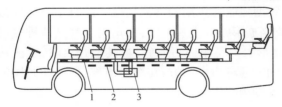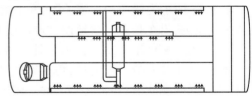

图6-57 安装在行李舱内的独立式空气净化器的布置
1-出风口;2-回风口;3-空气净化器

2. 非独立式空气净化装置的布置

非独立式空气净化器布置简单,直接取代原有装置即可,即将集成在强制通风换气扇内的空气净化器直接取代原有的强制通风换气扇,如图6-58所示。也可用带空气净化功能的空调回风格栅取代原先的回风格栅,如图6-59所示。

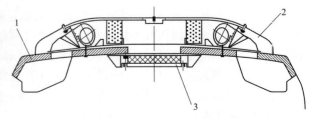

图6-58 带空气净化功能的天窗　　图6-59 带空气净化功能的回风格栅安装
1-车身骨架;2-顶置式空调;3-回风格栅(集成空气净化功能)

第五节 电池热管理系统的布置

电池热管理系统的布置位置主要根据整车设计中电池的安装位置确定,目前有顶置、底置和后舱布置三种形式。

一、不同布置方式的比较

1. 顶置

图 6-60 所示为某纯电动客车安装独立机组型的电池热管理系统采用顶置的布置情况。其电池热管理系统包括水冷机组、电液体式加热器和水泵等,与电池箱一起安装在一个支架总成上,支架总成通过顶盖骨架的预埋螺栓固定在车顶上。设计时要注意水泵应尽量位于水路最低点,膨胀水箱与水路的高度差尽可能大。由于支架总成是可拆卸的,因此电池热管理系统及相关管路的安装可以单独进行,完成后再与支架总成一起吊上车顶固定,这样就给现场装配提供了相对大的操作空间,有助于提高车间装配效率;系统布置在车顶,空气相对干净,减少了热管理系统因为水冷机组的冷凝器表面灰尘积累而导致的换热效率下降;不用改变车身基本结构,系统空间不受影响,布置更为灵活;可以保证冷却管路基本在同一个平面,减少了由于管路布置高低不平带来的水路阻力,提高了流经各个电池的流量一致性,确保电池内部电芯温差在要求的范围内。

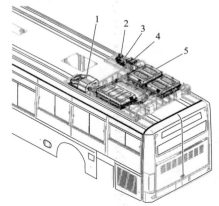

图 6-60 电池热管理系统布置在车顶
1-独立水冷机组;2-水泵;3-电液体式加热器;4-膨胀水箱;5-电池箱

顶置式布置的主要缺点是增加了顶盖骨架和侧围骨架的负荷,对车身结构强度提出了更高的要求;提高了整车质心位置,对车辆行驶稳定性有一定影响;增加了车辆超高的风险。

2. 底置

图 6-61 所示为某纯电动客车安装独立机组型的电池热管理系统采用底置的布置情况。电池热管理系统的水冷机组和水泵等均固定在底盘车架上,管路布置在车架下面。采用底置布置的主要优点是从整车电池布置的合理性考虑,车辆质心低、稳定性好、外形美观,不影响空调顶机和天窗的布置等。单从电池热管理系统的布置合理性角度考虑,底置布置水路需要穿过车架,不可避免会造成冷却水管路高度不一致,产生额外阻力和降低了流经各个电

池的流量一致性,若布置不当非常容易造成电池内部电芯温差;水冷机组及相关部件布置空间受限,车身、车架改动大;因热管理系统有高压部件,需要考虑车辆的涉水深度;由于空间限制,后期的检修也相对不便。

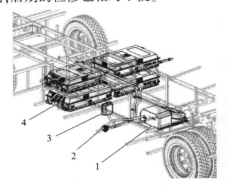

图 6-61 电池热管理系统布置在客车地板下的行李舱
1-独立水冷机组;2-水泵;3-膨胀水箱;4-电池箱

3. 后置

图 6-62 所示为某混合动力客车安装简易机组型的电池热管理系统采用后置的布置情况。电池热管理系统的水冷机组和电液体式加热器集成为一体,与电池组一起布置在车辆后端上部专设的安装舱内。电池热管理系统布置于后舱不影响整车造型,使用中检修方便;与底置布置接近温度较高的地面相比,顶置布置受太阳辐射的面积更大,而布置于后舱只有相对较小的外部热负荷;此外,设备布置于后舱不会像底置布置那样影响车辆的涉水深度。主要缺点是减少了乘客区使用空间,且对车辆轴荷分配有一定影响。

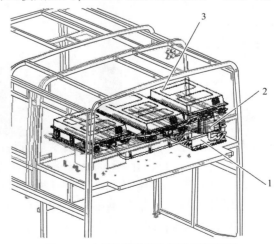

图 6-62 电池热管理系统布置于客车后舱
1-简易机组;2-膨胀水箱;3-电池

二、布置的基本原则和要求

电池热管理系统的布置与电池布置密切相关,在实际布置时应遵循如下原则:
(1)应根据电池顶置、底置和后置状态就近布置电池热管理系统,尽量避免在上述布置状态下存在的缺点。

（2）对独立式电池热管理系统，安装结构要增加减振胶垫，并确保冷凝器的进风和出风通畅，不允许有回流现象发生；对于简易热管理系统，冷空气要从整车的制冷风道引取，且尽可能在靠近整车制冷系统的蒸发器出口处。

（3）水泵的进水口要尽可能靠近膨胀水箱。由于膨胀水箱位于系统的最高位置，需要增加排气装置，以避免加水困难。电池热管理系统的水路原理如图6-63所示。

（4）为了减小对于多组电池冷却而出现的不同电池内部的温差，流经电池的水路要尽可能采用并联设计方式，且单一支路的电池数量一般最大不能超过三块（图6-63）。

（5）如有选装PTC电液体式加热器的电池热管理系统，PTC应布置在水泵之后水路循环较低的位置（图6-63），禁止置于水路循环的最高点。

（6）循环管路应尽可能短，转弯半径尽量小；对管路要增加保温措施，减少冷却液在管路流动中不必要的热损失；管路接头应采用不锈钢或尼龙材料，不使用铜材，避免铜锈腐蚀电池内部的冷却板，确保电池不发生泄漏风险。

（7）要重点考虑热管理系统的检修方便性。

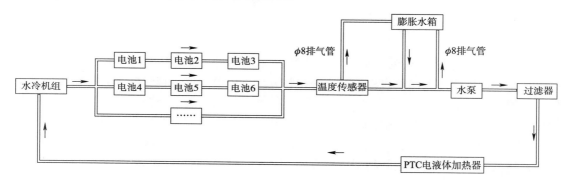

图6-63　电池热管理系统的水路原理图

第六节　控制系统的布置

客车空调控制系统的控制柜（板）应布置在驾驶员左右手能方便操纵的范围内，同时标记符号应醒目，以免发生误操纵。目前，控制柜（板）基本上有两种布置型式，即集中控制柜式和仪表板上分置式。

一、集中控制柜（板）式

集中控制柜式的布置形式如图6-64a）所示。早期的控制柜多用1.5~2mm的钢板冲压焊接而成，由螺钉固定于驾驶员座椅旁边的侧围内侧，在预先冲出的孔上安装制冷、采暖、除霜、通风四块控制板。设计柜体时，其侧面应设置较大的检修门，以利检修各控制线路和更换熔断器等。控制柜表面多采用软化处理，色彩应与驾驶区环境协调。随着材料和制造工艺的发展，非金属材料压铸成型的控制柜结构已逐步代替了传统结构。

集中控制柜式因将空调系统的操纵控制集中于一处，既使操纵较为方便，也便于检查维修。不足之处是占据了驾驶区一部分空间,若设计不好将会对驾驶员的操纵舒适性产生一定影响,目前这种布置形式已采用较少。

集中控制柜的另一种布置形式如图 6-64b) 所示,其特点是将控制操纵机构集中于一个控制板,然后安装于仪表板上。这种布置是目前空调控制系统的发展方向,已被越来越多的车型所采用。图 6-65 所示为该布置型式的一个具体实例,采用的是一体化控制面板。

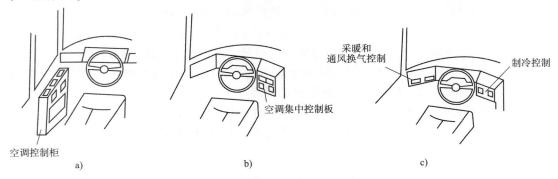

图 6-64 空调控制系统的布置

二、仪表板上分置式

为了不影响驾驶空间,使操纵控制装置和仪表布置统一、协调,大部分客车空调系统的操纵控制面板等均布置在仪表板上。这种布置方式可以根据仪表板空间和各控制装置使用的频繁程度,按人机工程要求合理地进行设计,使整个仪表板美观、统一、协调。不足之处是因仪表及控制系统等高度集中,电缆、熔断器、插座等密集,给安装维修带来一定的困难。此外,随着新的控制设备的增多,仪表板上可供布置使用的空间越来越少,安装越来越困难。尤其是驾驶员侧的仪表板空间和副仪表板处,因推拉窗漏水到控制设备上会导致控制失效,需要予以特别关注。

仪表板上分置式的布置形式如图 6-64c) 所示。图 6-66 为空调系统各控制面板(部件)在仪表板上分置式布置的实例。

图 6-65 集中控制板式面板在整车仪表板布置
1-空气调节系统一体化控制面板

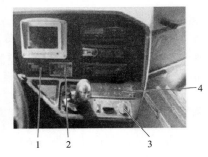

图 6-66 分置式控制面板在仪表板上布置
1-加热器控制面板;2-乘客区自然散热器控制面板;3-前置冷暖除霜(雾)控制面板;4-乘客区制冷控制面板

第七章 气流组织与风道设计

在空调客车的车室中,经过处理的空气由送风口进入车室,与室内的空气进行热交换后,经回(排)风口排出。空气的进入或排出,必然引起室内空气的流动,而不同的空气流动状态有着不同的空调效果。因此,空调客车除了要有合适的空气温度和相对湿度外,还对空气温度与风速的均匀程度,即对车室内的温度场和速度场也有一定的要求,而温度场和速度场则受室内空气流动状况及分布情况的影响很大。合理组织室内空气流动,使空气的温度、湿度、流速等能更好满足人体舒适性要求,这就是气流组织的任务。

例如,夏季送入车内的空气温度要比室内温度低,如果送风温差太大,冷空气直接吹到乘员身上,人体会感到不适。这就要求将送入车内的冷空气先与室内空气适当混合,再接近人体。通常把这种对室内空气流动和分布的控制称为气流组织。很明显,要满足空调气候的要求,必须妥善处理好气流的组织问题。

气流组织与送风风道的设计与布置,出风口结构、大小、形状和位置等多种因素有关。良好的设计可以保证室内的温度场和速度场基本达到理想的要求,不至于出现分布紊乱、有的出风口不出风乃至回风的现象。

风道是客车空调系统的重要组成部分,其作用是将经过处理的空气输送和分配到车内,实现合理的气流组织,并和通风换气系统一道使空气参数满足人体舒适性要求。随着技术的进步,风道材料、结构、造型等方面发展很快,在满足基本功能的基础上,作为客车内饰的一部分,风道功能和与车内行李架及有关影(音)像、信息传播设备的结构关系也对风道设计提出了新的要求。

影响车室气流组织的因素很多,相互关系也较复杂,以目前国内外水平而论,要想得出一个包括各种因素的综合规律,即把它们综合起来进行纯理论的计算,还很困难。但根据实践经验,以及与流体力学有关的射流理论,可以分析出气流组织的基本规律,运用这些规律,可以使气流组织和风道设计做到基本合理,满足车室内空调气候的要求。

第一节 送、回风口空气流动规律

空调客车的室内气候舒适与否,受空气流动影响很大,要满足人体舒适性要求,必须研究送、回风口的空气流动规律,采用合理的送、回风口结构,实现较理想的气流分布。

一、送风口空气流动规律

空气经送风口向车内的外射流动称为射流。由流体力学可知,按流态的不同,射流可分为层流射流和紊流射流;按其进入空间的大小,射流可分为自由射流和受限射流;按送风温度与室温的差异,射流可分为等温射流和非等温射流;按喷嘴形式的不同,射流还可分为圆射流和扁射流。客车空调的射流,由于风速较大和空间狭小,多属于紊流非等温受限射流。

1. 自由射流

当送风口送出气流的断面尺寸比车室的断面尺寸小得多时,可以忽略四壁对射流的影响,使得射流能按一定的规律自由扩散,这种气流就叫作自由射流,如图 7-1 所示。由图中可见,射流喷出后在向前运动的同时,由于紊流的横向脉动和涡流的出现,射流边界与周围气体不断发生横向动量变换,卷吸周围空气一起运动,因而射流流量逐渐增加,断面不断扩大,整个射流呈锥体状。随着动量交换的进行,射流速度不断减小。首先从边界开始,逐渐扩至核心。其轴心速度未受影响保持 v_0 不变的部分称为起始段,此后为主体段。在主体段内,轴心速度逐渐减小以致完全消失。起始段长度取决于送风口的结构尺寸与形状。由于起始段长度很短,工程上主要考虑主体段。

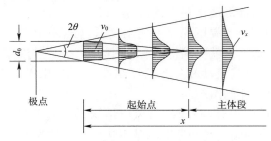

图 7-1 自由射流示意图

气流的轴心速度衰减可按式(7-1)计算:

$$\frac{v_x}{v_0} = \frac{0.48}{\frac{ax}{d_0} + 0.145} \tag{7-1}$$

式中:v_x——射程 x 处的射流轴心速度,m/s;

v_0——射流出口速度,m/s;

x——射流断面距出口的距离,m;

d_0——送风口直径,m;

a——送风口紊流系数。

紊流系数 a 值反映了送风口断面上速度不均匀的程度,其值取决于送风口的结构型式。a 值的大小直接影响到射流扩散情况:a 值小,即气流横向脉动小,扩散角也就越小;当 a 值一定时,射流按一定的扩散角扩展,射流的几何形状也就一定了。对于图 7-1 所示的圆断面自由射流来说,试验得出的紊流系数 a 和扩散角 θ 存在如下关系:

$$\tan\theta = 3.4a \tag{7-2}$$

式(7-1)还说明:当送风口结构型式一定,即 a 为定值时,轴心速度 v_x 将随射程 x 的加大而减小,随送风口直径 d_0 及出口速度 v_0 的增加而增加。v_x 大说明射流衰减慢、射程长。而 a 值增大时,v_x/v_0 将变小,因而射流消失快。式(7-1)仅适用于圆射流,当送风口为方形或矩形时可转化为当量直径进行计算。但当送风口两邻边之比大于 10 时,射流扩散仅能在垂直于长边的平面内进行,此时就需按流体力学的平面射流(扁射流)公式(式7-3)进行计算。试验得出的紊流系数 a 值见表7-1。

$$\tan\theta = 2.44\alpha \tag{7-3}$$

送风口紊流系数 a 值　　　　　表7-1

送风口型式		紊流系数 a
圆断面射流	收缩极好的喷嘴	0.066
	圆管	0.076
	扩散角 8°~12°的扩散管	0.09
	矩形短管	0.1
	带有可动导向叶片的喷嘴	0.2
	活动百叶风格	0.16
平面射流	收缩极好的平面喷口	0.108
	平面壁上的锐缘斜缝	0.115
	具有导叶加工磨圆边口的通风管纵向缝	0.155

平面射流的 a 值与扩散角 θ 的关系表明,其射流特征与圆射流相似,但由于运动的扩散被限制在垂直于长边的平面上,因此速度衰减、流量增加均较圆射流慢。

自由射流一定要在送风射流尺寸比室内横断面尺寸小得多的情况下才存在。在实际工程中,由于送风温度与周围空气温度不一致,所以不属于等温自由射流而属于非等温自由射流。

2. 非等温自由射流

上述结论是在射流温度和周围空气温度相等,即相同密度条件下得出的。实际工作过程中,由于夏季要送入温度低于室温的气流,冬季要送入温度高于室温的气流,这时射流温度和周围空气温度是不相等的,通常将这种射流称为非等温射流或温差射流,前者亦称为冷射流,后者亦称为热射流。

非等温射流与等温射流的流动特性基本相同,只是由于射流温度和周围空气温度不同,射流扩散中与周围空气进行热交换引起射流本身的温度变化。此外,在射流受出口动能作用而向前运动的同时,因密度不同所受浮力与重力不相平衡而使射流产生弯曲(图7-2)。对于冷射流,射流轴线向下偏斜,而热射流则其轴线向上偏斜。射流的轴心轨迹可用下式计算:

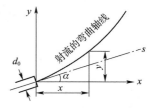

图7-2　弯曲射流的轴线轨迹

$$y = Ar\frac{x^2}{d_0}\left(0.51\frac{ax}{d_0} + 0.35\right) \tag{7-4}$$

式中:y——射流轴心线上某点离开送风口轴线的垂直距离,m;

x——射流轴心线上某点(沿送风口轴线)离开送风口的距离,m;

d_0——送风口直径(非圆形风口,用当量直径),m;

a——送风口紊流系数;

Ar——阿基米德数:

$$Ar = \frac{gd_0\Delta t_s}{V_0^2 T_B} \tag{7-5}$$

g——重力加速度,取 9.81m/s^2;

V_0——送风速度(射流初速度),m/s;

Δt_s——送风温差(射流出口温度与室温之差),℃;

T_B——室内绝对温度,K;

d_0——送风口直径,m。

由式(7-4)可见,射流弯曲程度取决于阿基米德数 Ar,射流与周围空气的温差越大,Ar 值就越大,射流弯曲程度则越大;同时,射流出口速度越大,Ar 值就越小,弯曲程度则越小。

3. 受限射流

在客车空调中,还常遇到送风气流流动受到壁面限制的情况。图 7-3 所示为受限射流流态,在受限射流的周围(两侧和下部)将出现回流,回流方向与射流方向相反。

如果送风口位置贴近车顶,射流就受到平顶面的限制(近似平顶),这时将出现贴附现象,即气流贴附着平顶表面向前流动。这样的射流称为贴附射流。

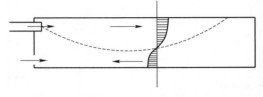

图 7-3 受限射流流态

贴附射流由于一面受到顶篷的限制,只有另一面能混入空气,所以沿射流射程所混入的空气量要比自由射流时少,因此射流衰减慢,射程比同样送风口的自由射流射程长。设计时,可以利用这种贴附射流特性,将送风口贴近平顶,使射流射程更长些,从而与室内空气混合更好。如以 15°~20°仰角向上送风时,贴附长度将更长。

图 7-4 所示为贴附射流和计算图的对比,图中 a) 为贴附射流,b) 为相应的计算图。图 a) 说明,贴附射流可视为完整射流的一半,其规律不变,因此可按风口断面加倍、出口流速不变的完整射流进行计算。也就是说,计算中只需将自由射流公式的送风口直径 d_0 代以 $\sqrt{2}d_0$;而对于扁射流,可将风口宽度 b 代以 $2b$。当射流为冷射流时,气流下弯,贴附长度将受影响。贴附长度与阿基米德数 Ar 有关,Ar 越小贴附长度越长。

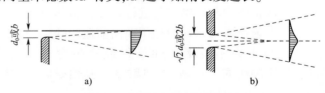

图 7-4 贴附射流和计算图的对比

二、回风口空气流动规律

回风口与送风口的空气流动规律完全不同。送风射流以一定的角度向外扩散,而回风气则从四面八方流向回风口,流线向回风点集中形成点汇,等速面以此点汇为中心近似于球面流(图 7-5)。因此,回风口周围气流的速度场比射流速度场衰减快得多,也就是送风射流的作用区要比回风口气流的作用区大得多,回风气流对气流组织的影响则较小。

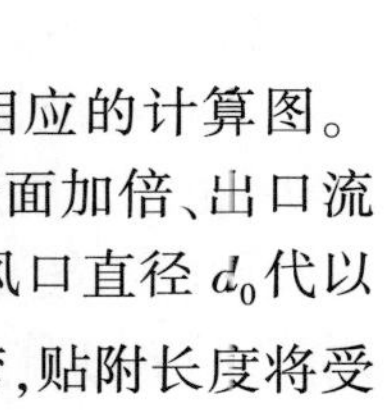

如果不考虑空气流向回风口的气流阻力,则回风口周围的速度场应是球形的,各层球面上流向回风口的流量是不变的,它等于回风口的流量。

图 7-5 回风点汇图

因此,速度场内各点的流速与距风口距离的平方成反比,故有:

$$\frac{v_1}{v_2} = \frac{\dfrac{V}{4\pi r_1^2}}{\dfrac{V}{4\pi r_2^2}} = \frac{r_2^2}{r_1^2} \tag{7-6}$$

式中:v_1、v_2——任意二点的流速,m/s;

r_1、r_2——这两点离开回风口的距离,m;

V——流向回风口的流量,m³/s。

点汇处的空气流动规律与近似应用于实际的回风口,其回风不受限时的速度实测图如图 7-6 所示。图中当 $v_1/v_2 = 50\%$ 时,从曲线查出 $x/d_0 = 0.22$,即回流速度为回风口速度的一半时,此点至回风口距离仅为 $0.22d_0$。和射流相比较,由式(7-1)可知,当 $v_x/v_0 = 0.5$ 时,$x \approx 11d_0$(d_0 指圆喷嘴直径),即射流速度衰减为出口速度的一半时,此点至送风口距离可以达到 $11d_0$。由此可见,送风射流较之回风气流的作用范围大得多,因而在空调车室中,气流流型主要取决于送风射流。

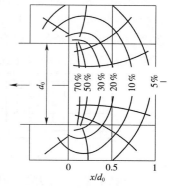

图 7-6 回风口速度分布

通常,客车的回风口位置依车型的不同,有的在车壁上(小型客车等),有的在地板上或车顶上(中、大型客车),气流只有从壁面的前面流入回风口,速度场只有一半,且回风口常做成矩形或狭长条形。则速度场内离回风口距离为 r_1 的某点上流速与回风口处吸风流速之比,可近似用下式计算:

$$\frac{v_1}{v_0} = \frac{b}{2\pi r_1} \tag{7-7}$$

式中:v_1——离回风口距离 r_1 处的流速,m/s;

v_0——回风口的吸风速度,m/s;

b——矩形或狭长条形回风口的宽度,m;

r_1——该点离开回风口的距离,m。

第二节 气流的组织形式

气流组织的合理与否,与送、回风口的位置、型式、大小,送风气流流态和运动学参数(如送风温差、送风口直径和送风速度等),车室结构等多种因素有关。其中,以送风口的型式和结构对气流组织的影响较大。

一、送风口的型式

前文已述,空调客车车室的气流流型主要取决于送风射流,而送风口型式将直接影响气流的混合程度、出口方向及气流断面形状。通常根据空调精度、气流形式、送风口安装位置以及客车内饰设计等方面的要求,选择不同型式的送风口。送风口种类较多,一般按送出气流的形式可分为以下四种。

（1）辐射型送风口。送出气流呈辐射状向四周扩散,如盘式散流器、片式散流器等。

（2）轴向送风口。气流沿送风口轴线方向送出,这类风口有格栅送风口、百叶送风口、喷口、条缝送风口等。

（3）线形送风口。气流从狭长的线状风口送出,如长宽比很大的条缝形送风口。

（4）面形送风口。气流从大面积的平面上均匀送出,如孔板送风口等。

也有按送风口的安装位置分为顶篷送风口、侧壁送风口及地面送风口等。通常,还将安装在侧壁或风道壁上的格栅送风口、百叶送风口、条缝形送风口等统称为侧送风口。

1. 侧送风口

此类送风口常向车室横向送出气流。采用较多的有百叶送风口（图7-7）、条缝形送风口（图7-8）以及喷射式送风口（图7-9）等。在百叶送风口内一般设有一层可转动的叶片,以改变射流的出口倾角。也有将百叶改为格栅或做成带有各种装饰图案的空花格栅结构,其气流通过的有效面积可达53%～73%。

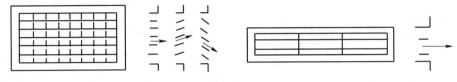

图7-7　百叶送风口　　　　　　图7-8　条缝形送风口

一般小型客车的侧送风口多采用叶片式和格栅式,也有为使结构简单而采用格栅式风口集中送风,此时送风口多布置于前部仪表板上或驾驶区后部的车顶处,向车室纵向送风。

2. 喷射式风口

为了提高空调的制冷效果和使用灵活性,在大中型客车上常采用喷射式球形旋转送风口（图7-9）。这种喷口既能调方向又能调风量,可以适应不同乘员对风量和冷风效果的要求。近年来,出现了将阅读灯和出风口设计为一体的结构型式,既使出风口变得美观,又增加了使用功能,在中、高级豪华型客车上得到了广泛的采用。

二、回风口

如前所述,回风口附近气流速度急剧下降,对室内气候组织的影响不大,因而回风口结构比较简单,类型也不多。最简单的就是在孔口上装金属网,以防杂物被吸入。客车上依空调装置的布置形式不同,常采用两种型式的回风口。图7-10所示为下置型空调装置的回风口,因空调装置布置于地板下,所以回风口布置在地板上。为避免灰尘和杂物被吸入以及后部乘客伸腿的影响,多采用三面回风的型式且风口装上金属网,风口下缘离地板至少5cm。

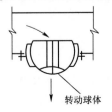

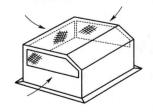

图7-9　球形旋转喷射式风口　　　图7-10　布置于地板上的回风口

图7-11所示为顶置式空调装置的回风口。因冷凝器、蒸发器均置于车顶,所以回风口

也置于车顶。为适应客车内饰设计的需要,常在孔口装上各种图案的格栅。为了能在回风口上调节回风量,也有像百叶送风口那样装活动百叶的结构。图7-11b)所示的活动箅板式回风口,其内层箅板左右移动可以改变开口面积,实现调节回风量的目的。

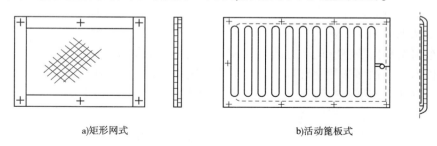

a)矩形网式　　　　　　　　b)活动箅板式

图7-11　车顶式回风口

三、气流组织形式及车内的气流组织

车内气流的组织除与送风口的位置有关外,还与送风口的结构型式、尺寸,送风温度、速度和气流方向等有关。设计时应根据不同车型的空调要求,结合车室的结构特点以及空调装置的布置型式等条件,合理地确定气流组织。

按照送回风口位置的相互关系和气流方向,气流组织形式一般分为以下几种。

1. 上送风下回风

这是空调客车最常见的气流组织形式,多用于采用独立式整体型、分置型和非独立式车底型制冷设备的客车。由空气的运动规律可知,热空气有向上运动趋势,冷空气有向下运动趋势,为了形成合理的气流分布,通常将冷风出口布置在车顶两侧,出口多为喷射式球形转动风口或矩形格栅可调风口。回风口设在车室地板上与制冷设备蒸发器的进风口相对应。

图7-12所示为上送风下回风的气流流向示意图。图中a)为仅采用球形转动风口的双侧上送风下回风情况,b)为既采用球形转动送风口又在靠侧窗处采用条缝送风口的双侧上送风下回风情况。上送风下回风的气流组织形式能较好与车内空气充分混合,易于形成均匀的温度场和速度场,适用于较大的送风温差,从而降低送风量。

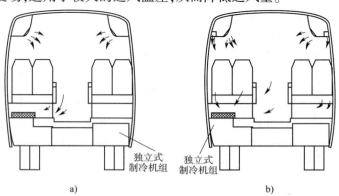

图7-12　上送风下回风

采用上述送风方式,送风速度大于7m/s时,将会产生噪声。根据实践经验,送风速度取2~5m/s为宜。

2. 中送风中回风

对于小型客车来说,因发动机前置,制冷装置多位于前部发动机处和驾驶区仪表板处,故多采用中送风和中回风方式,如图 7-13 所示。这种送回风形式适用于较小的车室空间,只要风口大小和风速选择恰当,在满足客车空调要求的前提下,具有较为明显的节能效果。

3. 上送风上回风

采用车顶型和内装型空调装置的客车,因冷凝器、蒸发器均置于车顶(前者在车顶外部,后者在车顶内部),故多采用上送风上回风的气流组织形式。图 7-14、图 7-15 所示分别为车顶型制冷装置和内装型制冷装置的气流流型。上送风上回风的布置方式工艺较为简单,但占用车室空间较多,内饰设计比较困难。而对于车室内高较大的客车(2m 以上),采用这种布置,在内饰设计成功的情况下,可以获得具有室内建筑风格的艺术效果。

图 7-13 中送风中回风

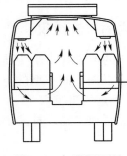
图 7-14 车顶型送回风

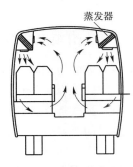
图 7-15 内装型送回风

4. 下送风下回风

客车暖风装置一般都采用下送风下回风的布置形式,这主要是由暖风装置的安装位置和热空气的流动规律所致。图 7-16a)所示为采用两侧壁下部设置风道送风口,车内走道一侧设置回风口的布置形式,b)为在走道一侧布置左右送风口,利用地板走道的高低差设置回风口的布置形式。这种送回风形式的送风风速不能选得过大,一般在 2～5m/s 范围,其流型是在车室内形成一个大的回旋气流,使乘客区处于速度与温度较为稳定的回流中。此外,送出的空气沿途不断与室内较冷空气混合,所以能满足冬季取暖要求的"头冷脚热"的温度分布效果。但地板上容易积聚脏物,将会影响送风的洁净度。

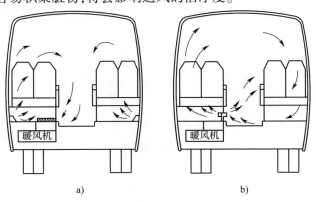
图 7-16 下送风下回风的气流流型

综上所述,由于客车车内的气流组织具有以下特点,因此,组织好车内气流是一项复杂的任务。

(1)车室纵向尺寸大但横向断面尺寸较小,因此,常将送风口沿车辆长度方向布置,以使车内的温度分布均匀。

(2)因为车内高度较低,乘员较多,一般都采用每位乘客一个送风口(冷风)的布置形式,且气流方向可调,以满足不同乘员在不同时候的要求。

(3)由于不同车型采用了不同的空调装置,在考虑送风口布置时应按不同车型的要求,根据总布置设计及空调装置的结构特点,灵活运用。

(4)车内气流组织还与车内热(冷)源分布、车窗的冷热对流气流等因素有关。

需要指出的是,虽然回风口对气流组织影响较小,但却对局部范围有影响。设计时,应根据回风口的所在位置选择适当风速,回风口风速的推荐范围见表7-2。此外,对空气净化、温湿度及噪声等有特殊要求时,应尽量采用上送风上回风的气流组织形式。

回风口风速　　　　　表7-2

回风口位置	回风速度(m/s)
车室内顶部	4~5
驾驶区范围内	1.5~2.0
乘客区地板处或走道侧	1.0~1.5

第三节 风道设计的基本要求

风道设计除与风道的形状、结构和材料有关外,还与气流的组织方式、空气流动规律和压力损失等密切相关。风道设计合理与否不仅影响气流的组织分配,而且还会影响到车内温度、速度场分布的均匀性,是关系到乘员空调舒适性的重要因素。

空调客车的风道设计,一般按确定的制冷和采暖风量及整车和内饰设计的要求进行。

一、风道设计的基本任务

风道设计应在保证使用效果的前提下,结构简单,制造、安装方便。同时,还应和车室的内饰设计与附件设计密切配合,做到协调和美观。风道设计的基本任务如下。

(1)确定风道的合理走向、安装位置和断面尺寸。空调客车常用的风道断面形状有矩形、圆形和配合内饰造型的其他形状,但无论采用何种截面形状,均应在满足使用要求的前提下,做到结构简单、制造方便。

(2)计算风道压力损失,校核设备风机的压头是否符合要求,各出风口的风量是否均匀。风道压力损失就是空气在风道中流动的压力损失,它等于沿程(摩擦)压力损失和局部压力损失之和。

(3)出风口的选择与计算。

(4)风道结构设计。

二、风道设计需考虑的因素

在设计风道时,应考虑以下因素。

(1) 车身总布置设计、内饰造型设计以及底盘设计所提供的布置风道的空间,和车内出、回风口的布置及气流组织情况。制造风道的材料种类很多,通常多采用薄钢板制作,也可采用铝板或不锈钢制作。近年来,由于轻量化和降低成本的要求,采用玻璃钢和 ABS 工程塑料制作的风道日益增多。

(2) 风道的截面形状必须与内饰设计和车内行李架及有关影像、音响和信息传播设备等的结构和安装协调。圆形风道虽然强度大,耗用材料少,但占用空间大,难以布置得美观,因此在空调客车上采用较少;矩形风道容易布置,弯头及三通均比圆形风道小,普遍用于车外风道;而车室内的风道为了和内饰造型、附件安装及车身结构协调,往往和内蒙皮、内行李架或地板一道形成不规则的四边形或多边形形状。

(3) 风道设计既要考虑便于制造和安装施工,又要求尽量保证严密不漏。即整个系统的泄漏损失要小,只有这样,才能保证车室的空调要求,降低能耗。

(4) 为了减少通过风道壁的得热和失热,必须对室外风道做隔热保温处理。

(5) 风流噪声应控制在允许范围内。除空调装置本身具有必需的消声措施外,设计时应将风道内的风速控制在一定的范围。

(6) 风量平衡。设计时应对风道内空气流动过程中的压力损失进行详细计算,确保各支管间的压力损失差小于 15%。当调整风道断面仍无法达到要求时,应设置调节装置。

(7) 制作工艺简单,成本低。

第四节 风道的沿程压力损失和局部压力损失

由于空气本身有黏滞性且在流动过程中与管壁间有摩擦,因而沿程将产生阻力。这部分阻力通常被称为沿程阻力或摩擦阻力。克服沿程阻力引起的能量损失,称为沿程压力损失或摩擦压力损失,简称为沿程损失或摩擦损失。

当流体在管道中因运动方向或流体断面发生变化或进出管道时,由于在边界急剧改变的区域将出现涡流区和速度的重新分布,从而使流动阻力大大增加,这种阻力称为局部阻力。克服局部阻力而引起的能量损失,一般称为局部压力损失,简称局部损失。

一、沿程损失

1. 沿程损失的计算

沿程损失的大小与风道尺寸和空气的密度、黏度以及速度等因素有关,若空气在截面不变的管道内流动且空气量保持不变时,沿程压力损失 Δp_m 可按下式计算:

$$\Delta p_m = \lambda \frac{1}{4R_s} \cdot \frac{v^2 \rho}{2} l \quad (\text{Pa}) \tag{7-8a}$$

式中: λ ——摩擦阻力系数;

v ——风道内空气的平均流速,m/s;

ρ ——空气的密度,kg/m³;

l ——风道的长度,m;

R_s ——风道的水力半径,m。

$$R_s = \frac{A}{P} \tag{7-8b}$$

式中：A——风道的过流断面面积，m^2；

P——湿周，即风道的周长，m。

湿周是指过流断面上的流体接触壁面的长度。对紊流来说，湿周大小就反映了摩擦阻力的大小。在湿周相同、流速相等的条件下，过流量与过流面积成正比，所以单位体积能量损失与过流断面成反比，即摩擦阻力与水力半径成反比。

2. 单位长度的摩擦损失

单位长度的摩擦损失通常也称比摩阻，用符号 p_m 表示。由式(7-8)可得出：

$$p_m = \lambda \frac{1}{4R_s} \cdot \frac{v^2 \rho}{2} \quad (\text{Pa/m}) \tag{7-9}$$

按风道水力半径的计算式，对于圆形风道：

$$R_s = \frac{D}{4}$$

则：

$$p_{mr} = \frac{\lambda}{D} \cdot \frac{v^2 \rho}{2} \tag{7-10}$$

对于矩形风道：

$$R_s = \frac{ab}{2(a+b)}$$

则：

$$p_{mf} = \frac{\lambda}{\frac{2ab}{a+b}} \cdot \frac{v^2 \rho}{2} \tag{7-11}$$

式中：p_m——单位长度摩擦损失，Pa/m；

p_{mr}——圆形风道单位长度的摩擦损失，Pa/m；

p_{mf}——矩形风道单位长度的摩擦损失，Pa/m；

D——圆形风道的内径，m；

a——矩形风道长边的内边长，m；

b——矩形风道短边的内边长，m；

$\frac{2ab}{a+b}$——矩形风道的流速当量直径，m。

对于其他形状的风道，也可按类似方法先求出水力半径 R_s，再计算单位长度摩擦损失。

3. 摩擦阻力系数

摩擦阻力系数 λ 的确定比较复杂。因为 λ 是雷诺数 Re 和管壁相对粗糙度 n 的函数：

$$\lambda = f(Re \cdot n) \tag{7-12a}$$

当空气流动呈层流状态时（$Re < 2300$），λ 值与管壁粗糙度无关，只与 Re 有关，此时：

$$\lambda = \frac{64}{Re} \tag{7-12b}$$

风管内壁粗糙凸出部分的平均高度与管径 d 的比值,称为相对粗糙度 n,表示为:

$$n = \frac{k}{d} \tag{7-12c}$$

式中:k——风管内壁表面各凸出部分的平均高度,即绝对粗糙度,mm。

当空气呈紊流状态时($Re > 2300$),有三种状态。若层流边界层覆盖住管壁凸起的高度时,为水力光滑管。这时影响 λ 值的只有 Re,即:

$$\lambda \approx \frac{0.3164}{Re^{0.25}} \tag{7-13}$$

当层流边界层只是覆盖住凸起高度的一部分,另一部分凸起高度在边界层外时,为过渡状态,此时 λ 既与 Re 有关,又与管壁粗糙度有关。

如果层流边界层很薄时,管壁凸起高度完全凸出在外,属于水力粗糙管。λ 只与管壁粗糙度有关,而与 Re 无关。

实验得到摩擦阻力系数 λ、雷诺数 Re 和相对粗糙度 k/d 在不同条件下的综合关系如图 7-17 所示。该图的横坐标为 Re,左边纵坐标为 λ,右边纵坐标为 k/d。由横坐标 Re,右边纵坐标 k/d,可确定图中曲线上的一个点,通过这个点即可直接获得对应的左边纵坐标上的 λ 值。

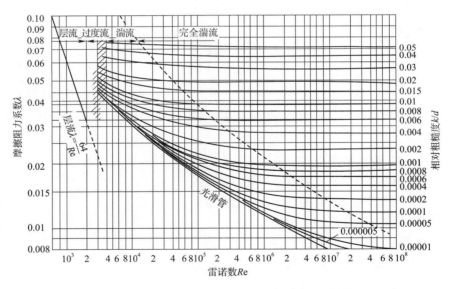

图 7-17 λ 与 Re 和 k/d 的综合关系

表 7-3 所示为不同管道材料的绝对粗糙度。

不同管材内壁的绝对粗糙度　　　　　　　　　　　　　　　　表 7-3

管 道 材 料	平均绝对粗糙度 k(mm)
铝、铜、玻璃管	<0.01
聚氯乙烯塑料板	0.05
镀锌薄钢板(白铁皮)、钢板	0.15~0.18
玻璃钢管	0.9~1.0

对于大部分风道,空气的流动处于紊流状态,主要是在紊流过渡区,其摩擦阻力系数取决于雷诺数和风道表面的绝对粗糙度。

对于圆形风道,其摩擦阻力系数可按下式计算:

$$\frac{1}{\sqrt{\lambda}} = -2\log\left(\frac{k}{3.71D} + \frac{2.51}{Re\sqrt{\lambda}}\right) \tag{7-14}$$

式中:k——风道内表面的平均绝对粗糙度,m;
Re——雷诺数。

$$Re = \frac{vD}{\gamma} \tag{7-15}$$

式中:D——圆形风道内径,m;
γ——风道内的流体即空气的运动黏度,m^2/s。

从式(7-14)可以看出,当所设计的风道断面尺寸和所输送的空气温度确定后,λ 取决于风道内空气的流速和风道内表面的粗糙度。

式(7-15)也适用于非圆形风道,式中的 D 代表风道的当量直径。试验表明,对非圆形风道使用当量直径原理,所获得的试验数据结果和圆管很接近。

矩形风道当量直径,是指与矩形风道有相等单位长度摩擦阻力的圆形风道直径。当量直径分为流速当量直径和流量当量直径两种。

所谓矩形风道的流速当量直径,是指假定某一圆形风道中的空气流速与矩形风道中的流速相等,且单位长度摩擦阻力也相等,则该圆形风道直径就称为此矩形风道的流速当量直径。

矩形风道等流速当量直径:

$$D_{s \cdot d} = \frac{2ab}{a+b} \tag{7-16}$$

矩形风道等流量当量直径:

$$D_{l \cdot d} = 1.22 \sqrt[4.75]{\frac{a^3 b^3}{(a+b)^{1.25}}} \tag{7-17}$$

在运用当量直径时,应注意如下两点:

(1)当量直径概念用于紊流是合适的,但用于层流则会产生较大误差。因为层流空气流速变化不都集中在边壁附近,故而摩擦力与湿周之间并非正比关系。

(2)在利用线算图查摩擦阻力时,一定要注意对应关系。如采用矩形风道流速当量直径时,必须用矩形风道中的流速去查;如采用矩形风道流量当量直径时,必须用矩形风道中的流量去查。但无论用哪种当量直径去查,其单位长度摩擦损失 p_m 都是相等的。

在工程上,一般用等流量当量直径较为方便,因为工程设计手册中有线算图,计算时可作为参考。但应特别注意各种线算图的使用条件,即计算查图时所给予的条件、参数是否与线算图符合,不符合使用条件不能任意采用,一定要修正,或再查找其他线算图。

沿程损失的计算可以利用图表进行,一般的空调设计手册和管道设计手册中均给出了计算图表。当知道管道的材料、风量和直径时,就可由表中查得单位长度的沿程损失(单位摩擦损失)和风速。

4. 摩擦损失的简化计算

摩擦阻力系数和单位长度摩擦损失亦可用简化的计算公式进行计算。表7-4所示为几种风道材料的摩擦阻力系数及单位摩擦损失的简化计算公式。

摩擦阻力系数及单位长度摩擦损失的简化计算公式   表7-4

风道材料	摩擦阻力系数 λ 单位长度摩擦损失 p_m(Pa/m)	适用条件
薄钢板 ($k=0.15\text{mm}$)	$\lambda = 0.0175 D^{-0.21} v^{-0.075}$	$D = 0.2 \sim 2.0\text{m}$
	$p_m = 1.05 \times 10^{-2} D^{-1.21} v^{1.925}$	$v = 5 \sim 30\text{m/s}$
塑料板、玻璃钢 ($k=1.0\text{mm}$)	$\lambda = 0.0188 D^{-0.19} v^{-0.167}$	$D = 0.2 \sim 2.0\text{m}$
	$p_m = 1.13 \times 10^{-2} D^{-1.19} v^{1.833}$	$v = 3 \sim 20\text{m/s}$

表中，对于材料为薄钢板的风道，D 为圆形风道内径或风道当量直径，D 在 0.2~2m 范围内适用；v 为风道内空气的平均流速，v 在 5~30m/s 范围内适用。对于材料为塑料板或玻璃钢的风道，D 为圆形风道内径或风道当量直径，D 在 0.2~2m 范围内适用；v 为风道内空气的平均流速，v 在 3~20m/s 范围内适用。

5. 风道沿程压力损失的影响因素

风道送风量及风速的确定跟整车热负荷有关，风道设计应满足整车空调系统的性能并与乘员舒适性要求相匹配。一般，风道截面 F 按式(7-18)计算：

$$F = \frac{Q}{v_d} \tag{7-18}$$

式中：Q——理论送风量，m^3；

v_d——理论流速，m/s。

假设风道截面为矩形，长短边分别为 a、b，则风道的沿程压力损失可以由式(7-8a)化简后用下式来计算：

$$p = \frac{L\lambda(a+b)v^2\rho}{4ab} \tag{7-19}$$

因为 $F = ab$，上式可写成 $p = \frac{L\lambda v^2 \rho}{4F}\left(\frac{F}{a}+a\right)$，$\lambda$ 是一个关于 D 和 v 的函数，此时 v 已确定为一个常数，只有 D 是一个变量。

$$\lambda(a) = 0.0188 D^{-0.19} v^{-0167} \tag{7-20}$$

在矩形风道中，D 是一个关于 a 和 b 的函数。

$$D(a) = \frac{Fa}{F+a^2} \tag{7-21a}$$

设：

$$A(a) = \left(\frac{F}{a}+a\right) \tag{7-21b}$$

$$C = \frac{L\rho v^2}{4F} \tag{7-21c}$$

则上式可以写成：

$$p(a) = CA(a)\lambda(a) \tag{7-21d}$$

$p(a)$ 的函数曲线如图 7-18 所示,在 $a=\sqrt{F}$ 时,函数 $p(a)$ 有极值,此时 $b=\sqrt{F}$,所以在 $a=b$ 时,即风道截面为正方形时,$p(a)$ 取最小值。

当风道截面积相同,均为 F 时,正方形风道的水力半径为:

$$R_{s\text{正}} = \frac{1}{4}\sqrt{F} \quad (7\text{-}21e)$$

圆形风道的水力半径为:

$$R_{s\text{圆}} = \frac{1}{2}\sqrt{\frac{F}{\pi}} \quad (7\text{-}21f)$$

则有:

$$R_{s\text{圆}} > R_{s\text{正}} \quad (7\text{-}21g)$$

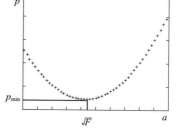

图 7-18 $p(a)$ 函数曲线

根据式(7-9)和式(7-21d),比摩阻 p_m 是关于水力半径的减函数,因此有:

$$p_{m\text{正}} > p_{m\text{圆}} \quad (7\text{-}21h)$$

式中:$p_{m\text{正}}$——正方形风道的沿程比摩阻;

$p_{m\text{圆}}$——圆形风道的沿程比摩阻。

由以上计算,可知:

(1)总风量相同,风道截面相同时,矩形风道中,矩形的边长相差越小,比摩阻越小,最小的是正方形截面。

(2)总风量相同,风道截面相同时,圆形风道的比摩阻小于矩形风道的比摩阻。

二、风道的局部压力损失

1. 局部损失

在客车空调系统的风道中,需要安装一些管件用以控制或调节风道内的空气流动。较典型的管件有弯头、三通及变径管等。

图 7-19 所示为空气流经弯管时流向发生变化的情况。可见由于向心力的作用而使气流脱离管壁,并在弯管处形成两个涡流区Ⅰ、Ⅱ,同时还可以看出产生了全部气流的双层回转运动,这种回转运动使回转气流和进入气流相重叠,形成两条螺旋线,因此气流较其在直管中运动时的能量损失增大。要减少弯头的局部阻力,就必须设法减少形成的旋涡。为此,可加大曲率半径以减少曲率,也可在弯头内加设导流叶片。

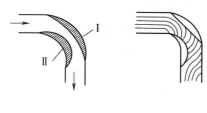
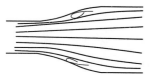

图 7-19 空气经过弯管和扩大管的情况

当气流通过截面有突然变化的扩大管时,由窄端出来的气流会脱离管壁,并在管壁形成涡流区和自转现象而造成能量损失。涡流区越大损失越大,截面变化越大损失也越大。要减少阻力损失,就必须减少过流断面的变化。对此,可用渐变管来代替突然扩大和突然缩小管。

对于三通管,三通形状是由总流与支流的夹角 α 及其面积比 F_1/F_3、F_2/F_3 这几个几何参数确定的。三通的特征是它的流量前后有变化,因此三通的局部阻力系数不仅与几何形状有关,而且与流量比 L_1/L_3、L_2/L_3 有关。

三通有两个支管,所以有两个局部阻力系数,除特别注明对应各自的动压头外,一般都对应总压头。

对于合流三通(图 7-20),当直管内气流速度大于支管内气流速度时,会发生直管气流引射支管气流的现象,即流速大的直管损失能量,流速小的支管得到能量,因而支管的局部阻力系数出现负值。为避免该现象发生,可以设计成两个支管流速与总流流速相等,即:

$$v_1 = v_2 = v_3 \tag{7-22}$$

这时各管断面积之间有以下关系:

$$F_1 + F_2 = F_3 \tag{7-23}$$

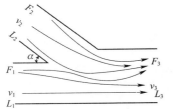

图 7-20 合流三通内空气的流动

减少三通局部阻力的措施有:减少支流与总流的夹角,一般不大于 30°,也可在三通内加设导流叶片。对于通风管道,局部阻力是整个系统阻力的主要部分,在多数情况下,克服摩擦阻力所耗能量较局部阻力小。局部阻力一般分为两类:

(1)通风管道的流量不变时产生的局部阻力,如气流通过弯头、渐扩管、渐缩管、阀门等产生的阻力;

(2)通风管道流量改变时所产生的局部阻力,如气流通过三通、四通管等所引起的阻力损失。无论何种风道部件的局部阻力,都可按下式计算:

$$\Delta p_j = \xi \frac{v^2 \cdot \rho}{2} \tag{7-24}$$

式中:Δp_j——局部压力损失,Pa;

ξ——局部阻力系数。

在通风系统中,局部阻力所造成的能量损失经常占很大比例,计算时必须给予重视。局部阻力的种类繁多,形体各异,且各种管件的边壁变化又比较复杂,所以大多数局部阻力只能用试验得来的经验公式和系数进行计算。本节综合有关资料,给出空调客车上常见的几种管件的局部阻力系数。

局部阻力系数 ξ 一般用试验的方法来确定。严格地说,在管件处所造成的能量损失仅仅占局部损失的一部分,另一部分能量是在管件下游一定长度的管段上消耗掉的,而且除去出风口这类管件外,局部阻力均发生在一段具有一定长度的风道上,因而无法和沿程损失分开,即很难将管件本身的摩擦阻力和因涡流引起的局部阻力分离开。为了计算和分析上的方便,通常都是假定局部阻力集中在管件的一个断面上,并包含了它的摩擦阻力。

2. 部分管件的局部阻力系数

1)局部阻力系数的修正

在设计中,若选用下面介绍的局部阻力系数时,遇到以下几种情况必须进行修正。

(1)对于不等于 90° 的弯头,应乘以表 7-5 中所给出的修正系数 ε_θ。

非 90° 弯头修正值 表 7-5

$\theta(°)$	0	20	30	45	60	75	90	110	130	150	180
ε_θ	0	0.31	0.45	0.60	0.78	0.90	1.0	1.13	1.20	1.28	1.40

(2)对于在管件处带有网格的管件,其局部阻力系数可按下式进行计算:

$$\xi_0 = \xi_0' + \frac{\xi_s}{(A_1/A_0)^2} \tag{7-25}$$

式中:ξ_0——断面 0 处的管件和网格的综合局部阻力系数;

ξ_0'——断面 0 处的管件的局部阻力系数;

ξ_s——网格的局部阻力系数;

A_1——网格所在的断面 1 处的面积,m^2;

A_0——断面 0 处的面积,m^2。

对于断面面积不变的管件,$A_1 = A_0$,则式(7-25)可简化为:

$$\xi_0 = \xi_0' + \xi_s \tag{7-26}$$

(3)当雷诺数较小时,应按表 7-6 进行修正。关于雷诺数的计算见式(7-15)。

雷诺数修正值　　　　　　　　表 7-6

$Re(\times 10^4)$	1	2	3	4	6	8	10	≥14
ε_{Re}	1.40	1.26	1.19	1.14	1.09	1.06	1.04	1.0

2)部分管件的局部阻力系数

(1)出风口的局部阻力系数。

当采用直管出风口时(图 7-21),出口断面处的局部阻力系数 $\xi_0' = 1.0$。

当出口处有网格时,按式(7-25)修正。

(2)弯头的局部阻力系数。

① 90°圆形弯头。对图 7-22 所示的 90°圆形弯头,其局部阻力系数见表 7-7。

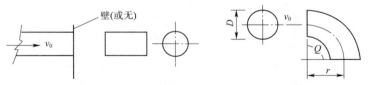

图 7-21　矩形风道　　　　图 7-22　90°圆形弯头

90°弯头的局部阻力系数　　　　　　　　表 7-7

r/D	0.5	0.75	1.0	1.5	2.0	2.5
ξ_0'	0.71	0.33	0.22	0.15	0.13	0.12

表 7-7 中,ξ_0' 为 90°弯头的局部阻力系数,当弯头不是 90°时,需乘上修正系数 ε_θ,其值见表 7-5。

②圆风道斜接弯头。对图 7-23 所示的圆风道斜接弯头,其局部阻力系数见表 7-8。

圆风道斜接弯头的局部阻力系数　　　　　　　　表 7-8

θ	20	30	45	60	75	90
ξ_0'	0.08	0.16	0.34	0.55	0.81	1.2

表中,ξ_0' 为 $Re \geq 14 \times 10^4$ 时的局部阻力系数,当 $Re < 14 \times 10^4$ 时,应按式 $\xi_0 = \varepsilon_{Re} \xi_0'$ 计算,ε_{Re} 值见表 7-6。

③矩形风道不带导流片的弧形弯头。对图 7-24 所示的矩形风道不带导流片的弧形弯头,其局部阻力系数见表 7-9,ε_{Re}' 见表 7-10。

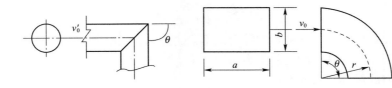

图 7-23 圆风道斜接弯头　　图7-24 矩形风道不带导流片的弧形弯头

矩形风道不带导流片的弧形弯头的局部阻力系数　　表 7-9

r/b	ξ_0'										
	a/b										
	0.25	0.5	0.75	1.0	1.5	2.0	3.0	4.0	5.0	6.0	8.0
0.5	1.5	1.4	1.3	1.2	1.1	1.0	1.0	1.1	1.1	1.2	1.2
0.75	0.57	0.52	0.48	0.44	0.40	0.39	0.39	0.40	0.42	0.43	0.44
1.0	0.27	0.25	0.23	0.21	0.19	0.18	0.18	0.189	0.20	0.27	0.21
1.5	0.22	0.20	0.19	0.17	0.15	0.14	0.14	0.15	0.16	0.17	0.17
2.0	0.20	0.18	0.16	0.15	0.14	0.13	0.13	0.14	0.14	0.15	0.15

矩形风道不带导流片的弧形弯头的 ε_{Re}' 值　　表 7-10

r/b	ε_{Re}'								
	$Re \times 10^4$								
	1	2	3	4	6	8	10	14	≥1.0
0.5	1.40	1.26	1.19	1.4	1.09	1.06	1.04	1.0	1.0
≥0.75	2.0	1.77	1.64	1.56	1.46	1.38	1.30	1.15	1.0

而 $\xi_0 = \varepsilon_\theta \varepsilon_{Re}' \xi_0'$。其中，$\varepsilon_\theta$ 的值见表 7-5，Re 值的算式见式(7-15)。

④矩形风道斜接弯头。对图 7-25 所示的矩形风道斜接弯头,其局部阻力系数见表 7-11,雷诺数的修正见表 7-6。

矩形风道斜接弯头的局部阻力系数　　表 7-11

θ	ξ_0'										
	a/b										
	0.25	0.5	0.75	1.0	1.5	2.0	3.0	4.0	5.0	6.0	8.0
20	0.08	0.08	0.08	0.07	0.07	0.07	0.06	0.06	0.05	0.05	0.05
30	0.18	0.17	0.17	0.16	0.15	0.15	0.13	0.13	0.12	0.12	0.11
45	0.38	0.37	0.36	0.34	0.33	0.31	0.28	0.27	0.26	0.25	0.24
60	0.60	0.59	0.57	0.55	0.52	0.49	0.46	0.43	0.41	0.39	0.38
75	0.89	0.87	0.84	0.81	0.77	0.73	0.67	0.63	0.61	0.58	0.57
90	1.3	1.3	1.2	1.2	1.1	1.1	0.98	0.92	0.89	0.85	0.83

(3) T 形分流三通,矩形主通道、支通道的局部阻力系数。

图 7-26 所示的矩形 T 形分流三通的局部阻力系数见表 7-12 和表 7-13。

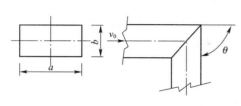
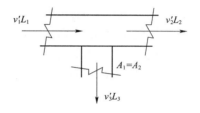

图 7-25　矩形风道斜接弯头　　　　图 7-26　T 形分流三通

支通道的局部阻力系数　　　　表 7-12

v_3/v_1	ξ_{13}								
	l_3/l_1								
	0.1	0.2	0.3	0.4	0.5	0.6	0.7	0.8	0.9
0.2	1.03								
0.4	1.04	1.01							
0.6	1.11	1.03	1.05						
0.8	1.16	1.21	1.17	1.12					
1.0	1.38	1.40	1.30	1.36	1.27				
1.2	1.52	1.61	1.68	1.91	1.47	1.66			
1.4	1.79	2.01	1.90	2.31	2.28	2.20	1.95		
1.6	2.07	2.28	2.13	2.71	2.99	2.81	2.09	2.20	
1.8	2.32	2.54	2.64	3.09	3.72	3.48	3.21	2.29	2.57

主通道的局部阻力系数　　　　表 7-13

v_2/v_1	0	0.1	0.2	0.3	0.4	0.5	0.6	0.8	1.0
ξ_{12}	0.35	0.28	0.22	0.17	0.13	0.09	0.06	0.02	0

第五节　送风风道的设计计算

空调客车上的送风风道多采用矩形风道(车外)或适应车内造型和车身结构的不规则截面风道(车内)。为使车室内温度分布均匀，气流组织合理，一般采用均匀送风，即做到每个送风口的出风量基本相等。

一、风道设计计算的一般原则

风道是空调系统中的重要组成部分，正确进行风道的设计计算十分重要，它关系到整个空调系统的制造成本、使用经济性和空气调节的实际效果。

在设计中，风道的布置、走向、材料、占用空间，车内风道中安装的其他零部件，以及空气流速等都会影响到系统经济性和造型的美观，因此必须对各种影响因素统一考虑，互相协调。其中，较突出的问题就是确定合适的空气流速。

二、风道内空气流速的确定

若风道内空气流速大，则断面小，节省材料，占用车室或行李舱空间少。但由于风速大，则阻力也大，需要风机压力高，消耗的功率也就多，而且可能导致系统的噪声增大。如果采用较小的风速，则情况相反。因此，反映在风速上，必然有一个较合理、经济的取值。

客车空调系统一般采用低速送风，由于车室空间较小所需风量也小，采用低速送风即可满足要求。风道中的风速可根据风道的不同作用，按表7-14推荐值选取，一般应尽可能取下限。

客车风道的风速范围　　　　　表7-14

位　置	风速(m/s)	位　置	风速(m/s)
新风入口	4～5	主风道	5.5～8.0
过滤器	1.0～1.5	支风道	4.0～5.5
加热器	2.5～3.0	设备出风口	6.5～11.0

三、风道计算方法

计算时，首先要选定系统的最不利环路，一般指最长或局部构件最多的分支管路；其次是根据空调装置的风量和所选定的风速，计算各段的截面尺寸，并根据该尺寸求出各管段阻力和系统总阻力，该总阻力应和空调装置的风机相匹配；最后，按系统阻力平衡的原则，确定其余分支管路的管径。要求各环路间的总阻力差不大于15%，在不可能通过调整分支管路的管径达到阻力平衡要求时，可利用风门进行调节。

四、均匀送风风道的设计计算

空调客车多由风道侧壁上的若干孔口送出等量的空气，这种风道称为均匀送风风道。

均匀送风风道有两种型式，一种是风道断面变化(即逐渐缩小断面积)，各侧孔的面积相等；另一种是风道断面不变，而各孔口面积则不等。

用均匀送风风道向车室送风，可使冷热空气均匀分布于车室内。这种风道因无支管，制作简单、节省材料，能很好地与内饰及车身设计配合，被广泛应用在空调客车上。

1. 基本概念

空气在风道中流动时，它作用于管壁上的压力(垂直于管壁)系空气的静压。如果在风道侧壁上开孔，则由于孔口内外静压差的作用，空气会由孔口流出。

1)出口气流的实际流速与方向

空气由孔口流出时，其实际流速和方向不仅取决于静压形成的垂直于管壁的速度(静压速度)，还受气流在风道内流速(动压形成)的影响。

图7-27所示为空气从风道侧孔出流的情形。在动压 p_d 作用下，空气在风道内的流速为：

$$v_d = \sqrt{\frac{2p_d}{\rho}} \quad (\text{m/s}) \qquad (7\text{-}27)$$

在静压 p_j 作用下，在孔口形成的垂直于管壁的流速(静压速度)为：

$$v_j = \sqrt{\frac{2p_j}{\rho}} \quad (\text{m/s}) \qquad (7\text{-}28)$$

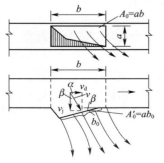

图7-27　侧孔出流图

以上二式中：ρ 为空气密度，对于标准空气：

$$\rho = 1.204 \text{ kg/m}^3$$

(1) 空气通过侧口的实际速度。

在图 7-27 的速度四边形中，空气实际速度 v 是 v_d 和 v_j 的合成速度，并用对角线来表示：

$$v = \sqrt{v_j^2 + v_d^2} \quad \text{(m/s)} \tag{7-29}$$

或

$$v = \sqrt{\frac{2}{\rho}(p_j + p_d)} = \sqrt{\frac{2}{\rho} p_q} \quad \text{(m/s)} \tag{7-30}$$

式中：p_q——风道内的全压，Pa。

(2) 出口气流的方向。

出口气流与风道轴向（或与管壁）所成夹角为 α（即出流角），该角的正切为：

$$\tan\alpha = \frac{v_j}{v_d} = \sqrt{\frac{p_j}{p_d}} \tag{7-31}$$

而

$$\sin\alpha = \frac{v_j}{v} \tag{7-32}$$

式中：v——孔口实际流速，m/s。

由式 (7-29)、式 (7-30) 和式 (7-31) 可知，实际速度 v 的大小与侧孔所在截面的全压 p_q 有关，而侧孔中的气流流出方向则与静压对动压的比值有关。显然，静压越大（静压速度越大）、动压越小（风道内速度越小），则出流角 α 也越大，说明气流方向越接近于与风道壁面相垂直。

2) 侧孔面积与出风量

从风口流出的风量为：

$$L = 3600\mu \cdot f \cdot v \quad \text{(m}^3\text{/h)} \tag{7-33}$$

式中：μ——孔口的流量系数；

f——孔口在气流垂直方向的投影面积，m²。由图 (7-27) 知：

$$f = f_0 \sin\alpha = f_0 \frac{v_j}{v}$$

则式 (7-33) 可改写为：

$$\begin{aligned} L &= 3600\mu \cdot f_0 \sin\alpha \cdot v \\ &= 3600\mu \cdot f_0 \cdot v_j \\ &= 3600\mu \cdot f_0 \sqrt{2p_j/\rho} \quad \text{(m}^3\text{/h)} \end{aligned} \tag{7-34}$$

式中：f_0——侧孔的真实面积，m²。

若令 $v_0 = \mu \cdot v_j$，则式 (7-34) 可写为：

$$v_0 = \mu \cdot v_j = \frac{L}{3600 f_0} \quad \text{(m/s)} \tag{7-35}$$

式中：v_0——f_0 断面上的平均速度。

可见，侧孔的风量主要与流量系数和静压有关。

对侧孔面积来说：

$$f_0 = \frac{L}{3600 v_0} = \frac{L}{3600 \mu v_j} \quad (\text{m}^2) \tag{7-36}$$

或

$$f_0 = \frac{L}{\mu \sqrt{\dfrac{2p_j}{\rho}}} \cdot \frac{1}{3600} \quad (\text{m}^2) \tag{7-37}$$

对于标准空气，则：

$$f_0 = \frac{L}{1.29 \mu \sqrt{p_j}} \cdot \frac{1}{3600} = \frac{L}{4644 \mu \sqrt{p_j}} \quad (\text{m}^2) \tag{7-38}$$

在计算中，有时要用侧孔的局部阻力系数 ξ_0 来代替流量系数 μ，其关系是：

$$\xi_0 = \frac{1}{\mu^2} \quad \text{和} \quad \mu = \frac{1}{\sqrt{\xi_0}}$$

所以，式（7-34）也可改写为：

$$f_0 = \frac{L \sqrt{\xi_0}}{4644 \sqrt{p_j}} \quad (\text{m}^2) \tag{7-39}$$

从式（7-39）可知，在侧孔送风量 L 已知的情况下，侧孔面积主要取决于静压 p_j 和流量系数 μ 或局部阻力系数 ξ_0。

2. 均匀送风管道的计算条件

计算均匀送风管道，首先在于保证各侧孔出风量相等，其次是使出口气流尽量垂直于管壁。只有同时满足这两点要求，送入车室的空气才能均匀地分布于室内。如果像图 7-28b）那样，即使各侧孔风量相等，由于气流过分偏斜，也难得到均匀的送风效果。

由式（7-34）可以看出，对于孔口面积相同的送风管道，如果能保持各孔口的静压 p_j 相等以及各侧孔出流时的流量系数相等，则必能保证各孔口的空气流量相等。

1）保持静压恒定的条件

按流体流动的基本规律，图 7-29 中断面 1 处的全压 p_{q1} 为断面 2 的全压 p_{q2} 与断面 1、2 之间的能量损失之和，即：

$$p_{q1} = p_{q2} + (RL + Z)_{1-2} \tag{7-40}$$

$$p_{j1} + p_{d1} = p_{j2} + p_{d2} + (RL + Z)_{1-2} \tag{7-41}$$

如果

$$p_{d1} - p_{d2} = (R_m L + Z)_{1-2} \tag{7-42}$$

则：

$$p_{j1} = p_{j2} \tag{7-43}$$

式中：L——管段长度，m；

R——单位摩擦阻力，Pa/m；

RL——摩擦阻力，Pa；

Z——局部阻力，Pa。

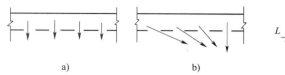

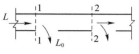

图 7-28　均匀送风出流方向　　　　　图 7-29　孔口静压相等

可见，如果使两侧孔间动压降等于两侧孔间的压力损失，则可保持两孔口处的静压相等。

2) 保持流量系数相等的条件

流量系数 μ 与孔口形状、气流偏斜度 α 以及孔口相对流量 $\tau_0 = L_0/L$ （L_0 和 L 分别为某侧孔流量和某侧孔前风道中的流量）等因素有关。由图 7-30 可见，在 $\alpha \geq 60°$，$\tau_0 = 0.1 \sim 0.5$ 范围内，对于锐边的孔口可近似认为 $\mu = 0.6$ 等于一常数，而要保持 $\alpha \geq 60°$，就必须使 $v_j/v_d \geq 1.73$，亦即 $p_j/p_d \geq 3.0$。当然，从侧孔流出的气流方向最好垂直于管壁，即希望 $\alpha = 90°$，但这就必须使 $v_j/v_d = \infty$，实际上不可能做到，只能要求 v_j/v_d 之值尽可能大，以便取得较大的 α 值。在实践中，有时在风口处设置垂直于管壁的阻流板，以防止气流偏斜，达到垂直出流的目的。

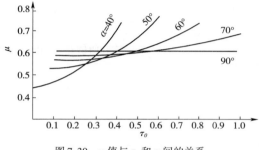

图 7-30　μ 值与 τ_0 和 α 间的关系

3. 均匀送风风道的类型

均匀送风风道一般按以下两种类型来设计。

1) 风道全长上静压不变

这类风道沿长度方向的截面变化而侧孔或条缝的面积则不变，所以其出风速度相同，如图 7-31 所示。如果设计时使第一侧孔的出流角 $\alpha > 60°$，则可获得较好的均匀送风效果。

2) 风道全长上静压变化

这类送风风道为等截面风道，由于静压沿长度方向逐渐增大，侧孔或条缝的面积必须是变化的，且沿长度方向逐渐减小，如图 7-32 所示。此时，侧孔或条缝的出风速度不同，气流的出流角 α 当然也是变化的。严格地说，这类送风风道只能进行等量送风，无法保证出口风速相等，其效果要比第一种差一些。

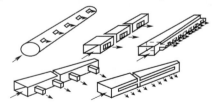

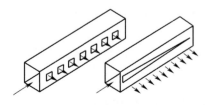

图 7-31　静压不变的均匀送风道结构型式　　　图 7-32　静压变化的均匀送风道结构型式

4. 侧孔送风时的通路（直通部分）局部阻力和侧孔局部阻力系数（或流量系数）

通常，可以把侧孔看作是支管长度为零的三通。当空气从侧孔送出时，产生两种局部阻力，并分别用通路局部阻力系数 ξ_d 和侧孔局部阻力系数 ξ_0 来表示。

通路局部阻力系数可由试验得出，也可按 C·E·布达柯夫提出的下列公式确定：

$$\xi_{tl} = 0.35\left(\frac{L_0}{L}\right)^2 \tag{7-44}$$

式中：ξ_{tl}——通路局部阻力系数；

L_0——侧孔的送风量，m^3/h；

L——侧孔前面风道的风量，m^3/h。

试验和计算得出的通路局部阻力系数见表 7-15，表 7-16 列出了试验和计算数据的比较。

侧孔送风的通路局部阻力系数　　　　表 7-15

L_0/L	0	0.1	0.2	0.3	0.4	0.5	0.6	0.7	0.8	0.9	1.0
ξ_{tl}	0.15	0.05	0.02	0.01	0.03	0.07	0.12	0.17	0.23	0.29	0.35
ξ_{tl}	0	0.003	0.014	0.032	0.056	0.088	0.126	0.172	0.224	0.284	0.35

注：表内第一行系 B·H·塔利耶夫试验数据；第二行是按照 C·E·布达柯夫理论公式计算求得的数值。

送风风道侧孔局部阻力系数的试验数据与计算数据的比较　　　　表 7-16

L_0/L \ A_0/A	侧孔局部阻力系数 ξ_0				
	0.147	0.313	0.814	1.23	1.94
0	1.0 (1.0)	1.0 (1.0)	1.0 (1.0)	1.0 (1.0)	1.0 (1.0)
0.2	6.5 (5.69)	2.55 (1.93)	1.22 (1.03)	1.10 (0.94)	1.04 (0.90)
0.4	19.5 (20.01)	5.60 (5.00)	1.70 (1.38)	1.28 (1.03)	1.10 (0.86)
0.6	39.0 (43.98)	10.3 (10.2)	2.43 (2.05)	1.55 (1.26)	1.20 (0.89)
0.8	65.0 (77.59)	17.2 (17.53)	3.45 (3.05)	1.96 (1.64)	1.34 (0.98)
1.0	90.7 (120.84)	23.8 (27.0)	4.66 (4.38)	2.46 (2.17)	1.57 (1.14)

注：表中第一行系 B·H·塔利耶夫的试验数据；第二行括号内数据是按式(7-45)计算求得的数值。

由试验结果推导出的侧孔局部阻力系数计算公式为：

$$\xi_0 = \left(\frac{L_0/L}{\varepsilon \bar{f}_0}\right)^2 + \left(1 - 0.33\frac{L_0}{L}\right)^2 \tag{7-45}$$

式中：$\bar{f}_0$——侧孔面积的相对值，$\bar{f}_0 = \frac{f_0}{A}$；

A——风道的截面积，m^2；

ε——气流的收缩系数，取 $\varepsilon = 0.62$。

5. 静压不变的均匀送风风道的设计计算

设计均匀送风风道时，常把侧孔按需要均匀布置在风道长度上，并将风道划分为若干个距离相等的管段。即在着手设计计算时,先确定采用几个侧孔、侧孔间距以及每个侧孔的出风量。需经计算确定的是:侧孔面积和送风管道的断面尺寸或直径(指各孔口处管道断面尺寸或直径)以及整个送风管道的阻力。

如图 7-33 所示的锥形送风管,要做到均匀送风,计算步骤如下:

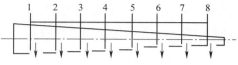

图 7-33　均匀送风管道计算示意图

(1)为简化计算,假定各侧孔的流量系数 μ 为常数,两侧孔之间管段的单位长度摩擦损失 p_m 可用管段首端上求得的 p_m 值来代替。然后,按照两侧孔之间管段首末两端的动压差等于两侧孔间管段总压力损失的原则,确定风道的截面尺寸;

(2)根据车室对送风速度的要求,先拟定孔口平均速度 v_0,于是静压速度 v_j 亦可确定。由此求出孔口面积(各孔相同);

(3)按 $v_j/v_d \geq 1.73$ 的原则,设定 v_{d1},求出第一孔口处风道 1-1 断面直径 d_1 或 $a_1 \times b_1$(若采用矩形风道);

(4)计算出管段 1-2 之阻力 $(RL+Z)_{1-2}$,由此求出第二断面处(第二孔口处的管道断面)的全压 $p_{q2} = p_{q1} - (RL+Z)_{1-2} = p_{d1} + p_j - (RL+Z)_{1-2}$;

(5)根据 p_{q2} 得出 p_{d2}(由于 $p_{d2} = p_{q2} - p_j$),从而计算出断面 2-2 处直径 d_2(或 $a_2 \times b_2$);

(6)计算管段 2-3 的阻力 $(RL+Z)_{2-3}$,并继续求出各断面孔口处的风道直径 $d_3 \cdots d_{n-1}$、d_n 及各段阻力 $(RL+Z)_{3-4} \cdots (RL+Z)_{(n-1)-n}$。

6. 静压变化的均匀送风风道的设计计算

对于等截面的静压变化的均匀送风风道,为了保证送风效果,第一个侧孔的出流角 α 应大于 60°,即 $\tan\alpha = \sqrt{p_j/p_d} \geq 1.73$,并按此确定风道首端的静压。由于风道的截面积相等,所以各管段的流速可以事先求出,因而动压也就确定。为简化计算,可以近似认为风口的流量系数均等于 0.60。

等截面静压变化的均匀送风管道的计算方法和静压不变的均匀送风风道的计算方法基本相同,具体计算可参考相关资料,在此不再赘述。

对于要求较高的空调客车,为了在孔口面积不变的情况下保证各孔出风均匀且出流角尽量接近 90°,则可采用在孔口处设置阻流板的方法来增加风道内阻力,达到均匀送风的目的。

一般,空调客车都在风道的孔口处安装球形格栅式(或矩形百叶式)可调喷口,这时孔口的面积应为喷口的全部可流通面积。喷口多由专业厂家定型生产,其流通面积选择性较小,也可按使用要求和造型设计定制生产。当按车身内饰设计和造型的要求选定喷口后,主风道的计算在于确定侧孔前后静压和风道的压力损失;侧孔的计算则是根据孔口处的平均静压和每个侧孔的送风量校核喷口的面积是否符合要求,否则应调整主风道的截面积和气流速度。

由于空调客车送风管道出风口处的情况十分复杂(喷口凸出于风道内,装用阅读灯后灯泡的支座、接线插座、电缆等均置于主风道内),且喷口的角度还可调,这就使得要想精确计算风道非常困难,只能在理论上给以近似的估算。要使所设计的风道尽可能满足使用要求,必须在实践中不断地摸索,总结出一套行之有效的经验和方法。

7. 风道的水力计算

风道的水力计算可以分为设计和校核两种类型。所谓设计型是已知风道布置、长度及各管段风量,要求确定各段管径和选择风机;校核型是已知各管段长度、管径及风机所能提供的压头,校核各段风量是否满足要求。两种类型的计算原理都是一样,均通过压力平衡来达到分配风量的目的。由于单位长度摩擦阻力 R_m 是管径 D、风速 v 及风量 L 的函数,即:

$$R_m = f(L, v, D) \tag{7-46}$$

式中,四个变量若已知两个,则其余两个也可确定。

对设计类型的计算而言,风量 L 是作为已知条件,如再设定流速 v,则 D 和 R_m 就可确定。其设计计算步骤如下:

(1) 绘制系统轴测图,标注各管段长度和风量。

(2) 选定最不利环路,划分管段,定流速。选定流速时,要综合考虑车室内空间、投资和运行费用及噪声等因素。如果风速选的大,则风道断面小,消耗管材少,投资小,但是阻力大,运行费用高,且噪声也可能高;如果风速选的小,则运行费用低,但风道断面大,投资大,占用空间也大。

(3) 根据给定风量和选定流速,计算管道断面尺寸 $a \times b$(或管径 D),并使其符合通风管道的统一规格。再用规格化了的断面尺寸及风量,算出风道内实际流速。

(4) 根据风量 L 或实际流速 v 和断面当量直径 D,可得到单位长度摩擦阻力 R_m。

(5) 计算各段的局部阻力。

(6) 计算各段的总阻力。

(7) 检查并联管路的阻力平衡情况。

第六节 风道设计中的若干问题

在实际设计中,由于受各种因素限制,往往使风道的截面、材料、走向、连接和出风口位置等难以满足理想要求。而风道本身除送风功能外,还要承载安装其他一些功能性部件(附件)并兼顾诸如车内行李架和内饰件等的安装。这些都给风道设计带来一定的困难,必须协调处理好各方面的关系。

一、风道用材料和断面设计

1. 风道材料

传统的空调客车送风管道大多采用厚度为 0.75~1.2mm 的薄钢板、铝板和镀锌钢板制作,近年来随着材料和工艺的提高,采用玻璃纤维板、工程塑料及其他非金属材料,或内外两层金属壳中间夹隔热材料制作的风道也日渐增多。新材料不仅质量轻、成本低、成形容易、工艺简单,而且消声、隔热、保温性能好。因此,风道用材料应表面光洁、质量轻、安装方便,并有足够的强度、刚度,且抗腐蚀、寿命长、价格低廉。

2. 风道断面

对于采用独立式制冷系统的空调客车,其制冷装置的车外风道和车内垂直风道一般选用矩形或圆形断面,而所有空调客车采暖系统的车外风道也多采用矩形或圆形断面。矩形风道高度低，容易与车上的其他部件配合安装，但加工、制作和保温较困难；圆形风道空气流动阻力小，保温简单、方便。

早期的空调客车由于内饰设计简单，车内风道断面一般设计成近似矩形，如图 7-34 所示。由图中可见，风道断面的右壁面和下壁面分别为垂直和水平面，前者是为了安装车内行李架托梁并与行李架托架一起构成乘客放置随身携带行李的空间，后者供安装出风口；其余两个面则考虑不影响侧窗采光和安装窗帘，并利用车顶内饰板和右、下壁面一起形成风道断面。这种断面结构简单，加工和隔热保温及软化处理容易，在早期空调客车上应用广泛。

近年来，出于乘坐舒适性考虑，长途、旅游空调客车的设计更加现代化。因造型和内饰设计要求高，整体感、装饰感强，车内行李架和风道多采用一体式设计（图 7-35），致使风道和风道断面设计变得十分复杂，多为不规则断面。此外，风道上还要安装可调出风口和阅读灯及开关（每位乘员各一个），以满足不同乘员对空调舒适性的要求。虽然风道断面形状复杂，但由于风速较低，断面大，制作也较为容易。

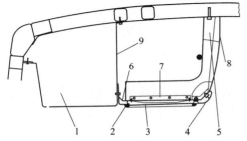

图 7-34　简易风道和行李架结构
1-风道；2-行李架托梁；3-复合铝塑板；4-2 号型材；5-行李架支腿；6-1 号型材；7-行李架托架；8-灯罩；9-空调风道的垂直壁面

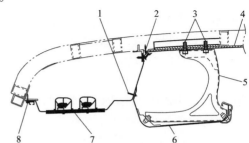

图 7-35　一体式风道与行李架结构
1-连接螺钉；2-固定点 1；3-固定点 2；4-中顶板；5-灯管；6-扶手；7-出风口；8-风道底板

城市公共汽车由于没有车内行李架，风道设计较为简单。为满足功能需要，风道上除设计出风口外（多为条缝形风口），还要安装线路牌、乘客注意事项等信息装置，往往采用面向车内一边为平面，另两边直接利用车顶和侧围内饰板的曲面组成非规则三角形断面的送风道设计，所有出风口和信息装置均安装在面向车内的平面上，既能产生使车厢宽敞的效果，又满足了信息装置的安装需求，如图 7-36 所示。

为使车身结构设计简单，往往要在车内送风管道中安装顶置制冷装置和阅读灯及开关的电缆、制冷剂及冷凝水管道等，出风口处要安装为提高乘客旅途舒适性的阅读灯和开关（出风口和阅读灯及开关多设计为一体）。对风道内安装的这些管、线，应包扎整齐、固定牢固，尽可能减少气流阻力。

一般，矩形风道与相同面积的圆形风道的阻力比值为：

$$\frac{P_{矩}}{P_{圆}} = \frac{0.49(a+b)^{1.25}}{(ab)^{0.625}} \qquad (7\text{-}47)$$

式中，a、b 为面积已定的矩形风道的两个边长，a 与 b 之间为任意值。按上式计算得到的结果图 7-37 给出了数量概念。可见在风道面积一定时，矩形风道断面的长宽比 a/b 值越大，它与相同面积的圆形风管的阻力比值也越大。

图 7-36 城市公共汽车的车内空调风道

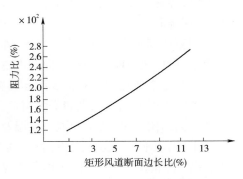
图 7-37 矩形风道与同面积风管的阻力比

二、风道的布置与连接

风道的布置与连接将直接影响车内的气流组织和空调效果,而空气在风道内流动所损失的能量,则靠风机消耗电能予以补偿,所以风道布置和连接也直接影响客车空调系统运行的经济性。设计时必须考虑以下因素:

1) 车身和底盘的结构

在总布置协调下,根据不同的车身和底盘结构特点,寻找最优风道走向,缩短管道长度,避免复杂的局部管件,减少分支管线,节省材料,减少系统阻力,并便于安装。

2) 弯道、局部管件的形式及连接的合理性

由于空气流过弯道时方向改变,气流的主流脱离壁面在局部区域回旋,使局部区域出现真空,造成能量损失并产生噪声。为降低弯道处的局部阻力系数,可减小转弯处的曲率半径和减少弯管过渡节数。对矩形风道弯头,除减少曲率半径外,还可在弯头内设置导流板来降低局部阻力系数。

局部管件不仅涉及局部阻力而且关系到噪声,必须充分注意局部管件的型式及连接的合理性,尽量减少涡流。如果处理不当,不仅将大大增加局部阻力,而且还会成为噪声源。对此,加装导流板和保持必要的曲率半径是十分重要的。

在处理竖风管与车内纵向风管的接头时,二者断面要尽量接近;90°的弯头应尽量加大圆角半径,以减少气流阻力;若增设导流板,风阻可减少一半[图 7-38a)];在紧靠弯头的后面一般气流还未稳定,不宜设置出风口,若必须加出风口,则应在弯头或风口处加导流板。试验证明,距弯头 100mm 出风口的风速仅为其他出风口风速的 1/4[图 7-38b)]。

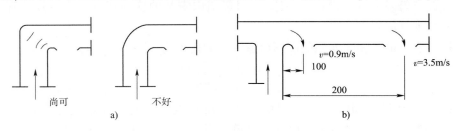

图 7-38 风管接头处的处理

3)空调装置进出风口处的连接

空调装置进出风口处的动压很大,气流进入风道时将产生方向变化和涡流,造成局部阻力。不同的进口形式局部阻力系数相差很大,而出风口的流速大、截面小、局部阻力大。如果接管做法不当会引起很大的压力损失。对气流出口的连接管应保持直管段,长度不小于出口边长的2.5倍,以减少涡流(图7-39)。如果受空间限制,出口管必须转弯时,应使其转弯方向顺着风机叶轮转动的方向,并在弯管中加装导流板。

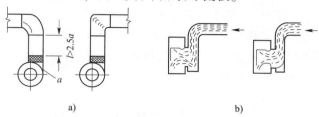

图 7-39 风机进出口接管的正、误

风机进口接管的连接同样要注意涡流问题。图7-39b)中左图所示的情况,由于处理不好将产生涡流损失,致使风量减少25%;加装导流板后,风量损失可减少到5%。

为防止空调装置的振动、车架跳动和车身变形等对风管的影响,进出风口的连接处应加一段缓冲结构,如帆布管、泡沫塑料接口或橡胶管等。

4)风道断面变化

为降低管路阻力,风道的断面变化应过渡平缓;在布置长度允许的条件下,应采用渐扩或渐缩管,使局部阻力损失和噪声减少;一般以渐扩管中心角≤15°,渐缩管中心角<30°为宜。拐弯处应在弯头内设导流片,避免直角连接等。弯管的中心曲率半径应不小于风管直径或边长,一般采用1.25倍直径或边长。大断面风管应采用流线型导流叶片。

一部好的客车空调系统,其风道布置应使乘客头部风速均匀、合适,平均流速在0.15~0.4m/s之间;噪声小,阻力损失小;外形美观,与整车布置及内饰造型协调。为降低管路阻力,应选择内表面光滑,过渡较为缓慢的风管,并在风管弯头处设导流板,避免直角连接等。

第八章 空调客车的隔热和保温

空调客车的设计好坏除与空调系统的选型和布置设计密切相关外,还与整车的隔热保温有很大关系,而隔热保温又和车身的密封有关。采用良好的密封和隔热保温措施,可以保证空调能力得到充分的发挥,减少车室热损失,降低能源消耗,提高运行的经济性。因此,在设计空调系统时,隔热保温是不可忽视的重要一环。

第一节 车身的隔热保温

客车的车身(构成车室的六个壁面)是车室空间的围护结构,其将车室和环境空间隔离开来。要保证车内的舒适气候,除空调设备的选型和系统的合理布置设计外,车身的隔热保温也起着十分重要的作用。良好的车身隔热保温和结构设计,可以使车室的热损失降到最低限度,充分保证乘员的舒适性要求。

一、车身前后围、左右侧围和顶盖结构的隔热保温

车身前后围、左右侧围和顶盖直接受太阳照射、外界温度和气流等影响,是车身围护结构的最大传热面积(约占整车的 4/5 以上),其隔热保温效果的好坏,对整车空调性能有着极大的影响,必须给予充分重视。

1. 车身结构的隔热保温

除去前后风窗玻璃、侧窗和车门外,车身前后围、左右侧围和顶盖结构的隔热保温面积占有很大比例,在设计隔热保温结构时,应根据不同车型的使用情况、骨架结构的不同热桥情况,以及整车设计制造的经济成本,综合予以考虑。

图 8-1 所示为车身结构的几种隔热保温措施。图中 a)为普通型空调客车车身所采用的方法,做法是在内外蒙皮间充塞隔热保温材料,如粘贴硬质聚氨酯(或聚苯乙烯等)塑料板或锯齿状海绵,使用能在常温下喷涂并迅速发泡的双组分聚氨酯(或聚乙烯)化合剂等,靠隔热保温层、内蒙皮和软化层一起承担车身结构的隔热保温任务。这种方法简单、价廉,在保温层材料选择恰当的情况下也能获得较好的隔热保温效果。

需要注意的是,施工时应将内外蒙皮间的隔热保温材料充填紧密,做到间隙小、分布均匀,以避免热流"短路"现象的发生和防止车辆行驶过程中隔热材料的振动产生噪声。

图 8-1 中 b)为高档空调客车所采用的一种隔热保温方法。与 a)比较,其最大不同处是在外蒙皮内侧表面喷涂了一层厚度为 3~5mm 的隔热、吸声、吸振阻尼胶。这种阻尼胶具有和车身外蒙皮材料结合紧密、不易脱落、导热系数低、容重小等优点,使用中阻尼胶层、隔热保温层、内蒙皮和软化层一起,组成了一道强有力的屏障,可以取得较为理想的隔热保温效果。

图 8-1 中 c) 也是一种高档空调客车采用的隔热保温方法。它与 b) 的不同之处在于没有采用喷涂阻尼胶层,而是在外蒙皮的内侧面粘贴一层铝箔(或锡箔),用它来减少太阳的辐射(直射和散射)进入车室。这种方法适用于在南方使用的空调客车,因为夏季太阳的辐射热将占车室冷负荷的很大比例,采用这种方法对阻止太阳辐射热的进入将起到积极的作用。

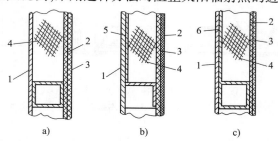

图 8-1 车身内骨架处的几种隔热保温措施
1-外蒙皮;2-内蒙皮;3-软化层;4-隔热保温材料;5-阻尼胶层;6-铝箔

2. 门窗处的隔热保温措施

门窗处的隔热保温通常和密封密不可分。空调客车一般具有两个车门,即乘客门和驾驶室门(或安全门),也有的车型为使乘客上下方便而设置两个乘客门。不管车门多少,车门处都是隔热保温的薄弱环节。车门的隔热保温有两处:一是门体本身,二是门四周的缝隙。门体本身可以采用与车身骨架结构相同的隔热保温措施,而门四周的隔热保温(同时起密封作用)主要靠设置密封条来实现。一般应设置两道密封条才能保证最起码的密封及隔热保温效果。

图 8-2 所示为客车驾驶室门密封条的设置和固定方式。设计时应选用弹性好、永久变形小、具有良好耐候性和耐老化性能、强度高、表面护膜耐磨性好的密封条。密封条的布置型式有安装在车门上、门框上和门上门框上都安装(亦称双重布置)三种。一般,若门框形状较简单,要将密封条安装在门框上,反之则安装在车门上。双重布置可以保证较好的密封性和隔热性,在空调客车上得到了广泛的采用。密封条的固定方式有粘接、机械固定和卡槽固定三种,也有同时采用两种固定方式的情况。

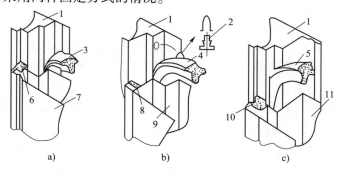

图 8-2 驾驶室门密封条的设置和固定
1-门柱;2-密封条卡扣;3、4、5-门柱密封条;6、8-门边密封条;7、9、11-车门;10-中空密封条

图 8-3 所示为城市公交客车常见的双内摆式乘客门缝隙的密封形式。左侧乘客门装有空心橡胶密封条 2,右侧乘客门上装有空心橡胶密封条 3。当门关闭时,左侧乘客门和右侧乘客门通过两个橡胶密封条的压缩变形实现密封,属于单道密封。门立柱装有橡胶密封条

6,门上装有橡胶密封条5,当门关闭时,橡胶密封条5挤压橡胶密封条6(固定不动),靠两个橡胶密封条的压缩变形实现密封,同样属于单道密封。

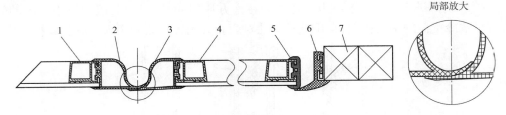

图8-3 公交客车内摆式乘客门的密封形式

1-左侧乘客门;2-左侧乘客门密封条;3-右侧乘客门密封条(1);4-右侧乘客门;5-右侧乘客门密封条(2);6-门立柱处密封条;7-门立柱

近年来,外摆式乘客门在客车上得到了广泛采用。图8-4所示为外摆式乘客门缝隙的密封形式,由于密封条为里外两道,且弹性和强度都较好,结构设计时又充分考虑了密封性,因此使隔热和保温性能得到了较大的提高。

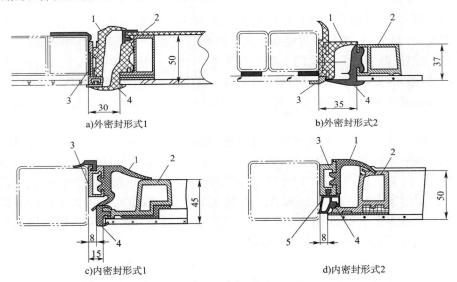

图8-4 外摆式乘客门的密封形式(单位:mm)

1-门框胶条;2-门体型材;3-门框型材;4-门扇胶条;5-门框胶条2

3. 门窗玻璃的隔热保温

随着客车舒适性、观光性的提高,车窗玻璃(包括前后风窗、侧窗和车门窗)有逐渐增大的趋势。目前,国产客车前风窗玻璃的高度最大已超过1.5m,侧窗高度也达1m以上,而一般客车的高度也在1.2m和0.9m左右,因此客车车身玻璃所占的面积已占车室围护结构(不包括地板)总面积的近2/5。前文已述,玻璃的隔热保温性差,车室的冷热负荷有近1/3是通过玻璃增加的,如何提高车窗玻璃的隔热保温性能,已是使用者十分关心的问题。

为了提高车窗玻璃的隔热保温性能,近年来客车上采用了一些新型玻璃和辅助隔热措施,使得其隔热保温性能有了较大提高。如前风窗玻璃采用夹胶玻璃后,隔热遮阳性能比普通钢化玻璃提高近两倍,而侧窗则多采用茶色遮阳钢化玻璃、中空玻璃和镀膜玻璃。若在采用新型玻璃的同时,再采用遮阳帘(前风窗)、窗帘(侧、后窗)等措施,将大大提高车窗玻璃的隔热保温性能。

二、地板的隔热保温

地板对车室的空调效果影响也很大。但由于地板不直接承受太阳的辐射和外界气流的影响,所以地板的隔热保温在设计时往往容易被忽视。

图 8-5 所示为一种高档空调客车的地板结构。这种结构的地板即为通常所说的双层隔热吸声减振地板,其靠中间的隔热材料和两种胶合地板(一般靠车室内侧为五层胶合板,靠地面侧为三层胶合板)以及地板保护层(可为地板革或地毯)来达到隔热保温、吸声减振的目的。此外,还可在下层地板表面涂一层吸声防水涂料,既可防止雨水对黏合层板的侵蚀,还能较为有效地减少底盘各噪声源传来的噪声。

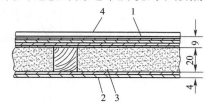

图 8-5 地板结构(单位:mm)
1-五层胶合板;2-三层黏合板;3-聚苯乙烯泡沫塑料;4-地板保护层

驾驶区地板处因管道及杆件多,操纵孔多,密封保温较为困难。为了提高该处的密封性和保温性,除增加隔热保温层外,还应在结构设计上采取措施,减少驾驶区地板处的穿孔(如采用吊置踏板等),以提高密封保温效果。

图 8-6 所示为驾驶区地板的一种密封保温方法,采取这种措施后,驾驶区的密封保温性能得到了较大提高。

为方便客车底盘的检修和故障排除,在地板上常设有多个检修口,而检修口的密封设计也是地板隔热保温和降低噪声的重点之一。图 8-7 所示为一种地板检修口的密封保温方法。这种密封形式采用了两道密封条,和检修口盖的隔热棉一道实现对检修口的密封和隔热保温。

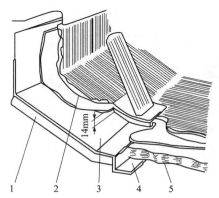

图 8-6 驾驶区的密封保温
1-保温层;2-地板面层;3-底盘上原带的驾驶区地板;4-地板支撑梁;5-地板

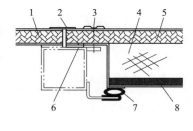

图 8-7 地板检修口密封结构
1-地板及地板革;2-检修口盖铝型材;3-锁紧螺钉;4-隔热棉;5-检修口盖面板;6-L形密封条;7-中空密封条;8-检修口盖底板

三、发动机舱的隔热保温

发动机是空调客车最大的热源和噪声源,其产生的大量热量和噪声将通过舱壁传入车室。因此,发动机舱的设计在隔热保温和吸声减振方面具有十分重要的意义。

图 8-8 所示为一种发动机舱的隔热保温设计实例。该设计在舱的顶壁所有表面都贴有隔声层,顶壁内侧贴覆隔声材料(重质材料)或夹层材料,后者的主要作用是隔离高频噪声和隔热保温。舱的左右侧及舱门贴覆吸声材料;在较大的侧壁表面及顶壁上,还在吸声材料表面覆盖一层孔状金属板或蜂窝状硅酸铝材料,其孔洞面积之和不小于总面积的 25%,以实现吸声和降低舱内热辐射传入的作用;舱顶壁外层贴覆有两层毛毡夹一层泡沫塑料的吸声隔热层;对发动机舱和车室直接相连的部分,采取了有效的密封措施,杜绝各种缝隙和贯穿孔。

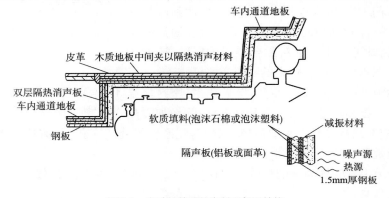

图 8-8 发动机舱壁的密封和保温结构

图 8-9 所示为后置发动机舱的空调制冷剂高低压管、滴水管和线束的密封结构。橡胶密封件与木地板之间通过自攻螺固定橡胶密封件使之挤压后密封;橡胶密封件上设置有空调制冷剂高低压管、冷凝滴水管和线束的安装孔,当上述部件安装完毕后对其周边填充密封胶进行密封。

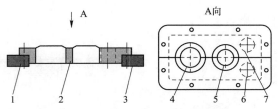

图 8-9 发动机舱与车室贯穿管孔密封结构
1-木地板;2-橡胶密封件;3-镀锌板;4-制冷剂低压管道安装孔;5-制冷剂高压管道安装孔;6-冷凝水管安装孔;7-线束安装孔

第二节 送风管道的隔热保温

空调客车送风管道(包括冷风和热风管道)的设计和布置与空调系统的选型和布置密切相关。除少数特种客车使用独立式空调系统需要将送风管道布置在车室外,绝大部分客车的送风管道都布置在车内。从隔热保温角度出发,应尽量将送风管道布置在车内。但不管是车内送风管道还是车外送风管道,都应采取隔热保温措施。对于车外送风管道,采取这一措施是为了减少管道热损失,达到既保温又增加密封的目的。而对车内送风管道,则主要是防止冷风管道外表面结露弄脏乘员衣服,同时避免内饰表面早期霉烂;另外,也为了使热风管道外表面的温度不至过高,防止烫伤乘员。

空调客车送风管道的保温结构一般由保温层和保护层两部分组成,保温结构的设计直接关系到保温效果、投资费用、使用寿命及外表面的整洁美观等。

一、保温层

一般保温层厚度取 15～25mm,可用聚氨酯泡沫塑料和超细玻璃棉等柔性保温材料直接包扎。保温材料外面多以塑料薄膜包扎,以防保温材料与管壁间有空气流动,影响保温效果。当风道布置在室外时,要采取防雨防潮以及防止室外噪声随风道传入车内的措施。

1. 对保温层的要求

对保温层的要求主要包括:热损失较小;应有足够的机械强度;吸水率低,耐水性好;抗水蒸气渗透性好;材料不易燃烧,不易霉烂;需要考虑管道及设备的振动情况;施工方便。

2. 保温层结构

1) 包扎结构

包扎结构是目前车外送风管道采用最多的一种保温结构。其特点是利用各种保温制品,包括泡沫塑料、毡、棉、布等保温材料实现保温要求。包扎结构具有适用于任何形状的管道、不怕振动和温度变化、施工简单、修补拆卸方便等优点,但由于保护层不坚固,存在容易产生裂纹、使保温材料受潮、增大热损失等缺点。

2) 内置保温层结构

对于车内送风管道,当采用玻璃钢材料制作时,由于玻璃钢制造工艺的特殊性,需要在模具的外表面铺上一层透明的玻璃纤维,固定好后在其表面涂满已调好的树脂材料,涂刷时要均匀而不露出玻璃纤维;然后再铺上一层玻璃纤维,再涂一层树脂材料,最后做成玻璃钢风道。由于玻璃钢风道主要采用玻璃纤维材料,因此具备优良的隔热保温性能。图 8-10 所示为较常用的除霜风道采用玻璃钢材料的结构示意图,图 8-11 所示为车内冷风风道保温结构。

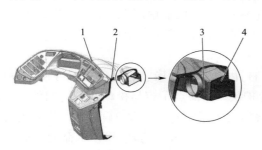

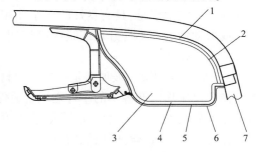

图 8-10　除霜系统采用玻璃钢风道结构示意图
1-仪表板;2-仪表板剖切面;3-玻璃钢风道;4-玻璃钢通风风道区域

图 8-11　车内冷风风道保温结构
1-ABS 板(丙烯腈/丁二烯/苯乙烯共聚物板);
2-PE(聚乙烯)保温棉;3-冷风风道;4-带铝箔的泡沫海绵;5-铝板;6-皮革;7-骨架

3) 包扎与涂刷结构

对车外送风管道,也可采用包扎与涂刷相结合的保温结构。其做法是在玻璃钢风管的外表面先包扎一层隔热材料,如聚氨酯泡沫或玻璃棉外缠纱布,然后再在纱布表面均匀地涂上一层玻璃钢材料,这种保温结构较好地利用了玻璃钢材料本身导热性差和防水性好的特点,适合地板下送风管道采用。

3. 防结露隔热保温层厚度

一般,最小的防结露隔热保温层厚度可按下式计算:

对于矩形风道:

$$t_{\min} = \frac{\lambda}{\alpha_B} \left(\frac{t_s - t_n}{t_B - t_s} \right) \tag{8-1}$$

对圆形风道:

$$(2t_{\min} + d) \ln \left(\frac{2t_{\min} + d}{d} \right) = \frac{2\lambda}{\alpha_B} \left(\frac{t_s - t_n}{t_B - t_s} \right) \tag{8-2}$$

式中:$t_{\min}$——防止结露的最小隔热保温层厚度,m;

λ——保温材料的导热系数,W/(m·℃);

α_B——保温层外表面换热系数,W/(m·℃),一般取 5.8~11.6W/(m·℃),对于室外管道,要考虑风速的影响;

t_s——保温层外的空气露点温度,℃;

t_n——管内介质温度,℃;

t_B——保温层外的空气温度,℃;

d——保温前管道外径,m。

二、保护层

1. 采用保护层的目的

空调客车送风管道保温结构采用保护层的主要目的是:延长保温层的使用寿命;防止雨水及湿润空气浸蚀,避免保温层吸水后保温性能降低;使管道外表面平整、美观,便于涂刷各种保护涂料。

2. 对保护层的要求

对保护层的要求是:具有良好的防水作用;不易燃烧,化学稳定性好;耐压强度高;在温度变化或振动情况下不易开裂或脱皮;容重小,导热系数小;使用寿命长,成本低,施工方便。

3. 常见的保护层

(1) 玻璃布保护层。玻璃布是一种新型材料,因其造价低廉、质量轻、施工方便、材料来源多而被广泛用作空调客车的车外送风管道保护层。其缺点是容易松动、脱落;如外表刷漆或其他涂料后强度会大大降低而变脆;使用寿命短,用于室外一般是 3~5 年。若采用玻璃布包扎保温层后,用铁丝捆住,刷两道沥青,再缠第二层玻璃布的方法,可使寿命大大提高。

用作保护层的玻璃布,应选质地厚实、密度大的产品。可采用 75 支纱、经纬密度每平方厘米为 16×16 的平纹或斜纹玻璃布。在施工时要拉紧,边卷边整平,不得有折皱、翻边等现象。一般应搭接其幅宽的一半,且末端一定要处理好,否则容易松动、脱落。

(2) 塑料布保护层。这种保护层受天气的冷热交替作用,容易变脆和老化,使用年限较短。

(3) 帆布或棉布保护层。采用这类保护层时,其外表应刷桐油或沥青,否则其防水性很差。由于这种材料施工麻烦,且成本较高,因而采用较少。

三、客车常用的隔热保温材料

1. 对隔热保温材料的要求

对隔热保温材料的要求主要包括:具有良好的耐候性;导热系数低,热稳定性能好;憎水性好、透气性强,能有效避免水蒸气迁移过程中出现的内部结露现象;耐火等级高,在明火状态下不应产生大量有毒气体,在火灾发生时延缓火势蔓延;柔性强度相适应,抗冲击能力强;施工方便。

2. 隔热保温材料的选用原则

(1)保温性能好。导热系数是评价保温性能最重要的指标,要求其导热系数越小越好。
(2)具有较高的耐热性。不因温度变化而丧失其材料的原有特性,且能长期使用。
(3)容重小。一般容重越小,导热系数越低,并可减轻整个空调系统的质量。
(4)无毒,对金属材料无腐蚀作用。
(5)具有一定的机械强度,能满足施工要求。
(6)可燃物和水分含量少,吸水率低,价格低廉。

总之,设计时应根据不同位置和施工难易程度选择相应的隔热保温材料和施工工艺;按照不同使用地区和对车辆的成本管控要求,选择性价比最为合适的材料;选材时应同步考虑隔声降噪问题,如发动机舱、地板检修口盖等处,应重点考虑两侧温差较大区域的隔热和保温措施,一般需要采用多层隔热保温材料;禁止使用石棉类的保温材料。

3. 常用的隔热保温材料

空调客车目前使用的保温材料种类很多,如聚苯乙烯泡沫塑料、超细玻璃棉、轻质聚氨酯泡沫塑料等。它们的导热系数大都在 $0.12W/(m\cdot ℃)$ 以内,通过保温层管壁的传热系数一般控制在 $1.84W/(m\cdot ℃)$ 以内。

空调客车常用隔热保温材料的物理性能参数及特点见表8-1。

不同隔热保温材料的物理性能参数及特点 表8-1

材料名称	密度 (kg/m^3)	导热系数 [$W/(m\cdot K)$]	使用温度 (℃)	特 点
玻璃棉	100~170	0.040~0.058	-35~300	耐酸、抗腐蚀、不烂、不蛀、吸水率小、化学稳定性好、无毒无味、价廉、寿命长、导热系数小、施工方便,但刺激皮肤
聚苯乙烯 泡沫塑料	20~50	0.031~0.047	-80~75	密度小、导热系数小、施工方便,但不耐高温,适用于60℃以下的管道保温
软质聚氨酯 泡沫塑料	30~42	0.023	50~100	密度小、导热系数小、可现场发泡浇注成型、强度高、成本高
轻质聚氨乙烯 泡沫塑料	27	0.052	-60~60	密度小、导热系数低,但使用温度范围小、可燃、防火性差。有自熄型和非自熄型两种,使用时应注意

第九章　客车空调系统的隔声降噪

振动和噪声紧密相关,噪声来源于振动。空调噪声是空调客车整车噪声的组成部分之一,不仅污染车内乘坐环境,而且和整车的其他噪声一起也对客车运行的周围环境造成污染。由于空调系统的噪声相当一部分直接传到车内,也是影响舒适性、语言清晰度、听觉损害程度、行车安全以及乘员对车内外各种声响信号识别能力的重要因素。

第一节　影响客车空调系统噪声的主要因素及其噪声控制的基本方法

要控制客车空调系统噪声,就必须知道影响该噪声的主要因素及其传播途径,从而有针对性地采取控制措施。

一、影响客车空调系统噪声的主要因素及其传播途径

1. 影响客车空调系统噪声的主要因素

客车空调系统产生的车内噪声主要由结构声(固体声)和空气声两大部分组成。其中,结构声是指各振动源通过各自振动环节的振动传递到达车内,使车内板件振动并由板件辐射出的噪声,振动源有压缩机、冷凝器和蒸发器及其风机和管路的振动等;空气声是指各噪声源通过车身的孔、缝隙或穿透各板件和内饰件进入车内的噪声,噪声源有压缩机自身工作、冷却风机、蒸发风机以及气流传播过程中产生的噪声等。图9-1和图9-2所示分别为制冷、采暖工况客车空调系统产生的车内噪声和影响车内噪声的几种主要因素。

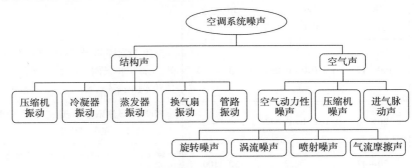

图 9-1　制冷工况影响客车空调系统噪声的主要因素

由图9-1和图9-2中可见,压缩机及其传动系统产生的噪声、蒸发器风机及气流噪声、送风管道及其出风口的气流噪声、采暖系统噪声、除霜系统工作和通风换气装置噪声是客车空调系统的主要噪声源。对于独立式空调系统来说,辅助发动机工作噪声则是客车空调系统的主要噪声源。

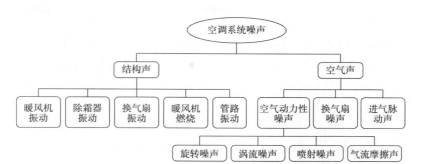

图 9-2　采暖工况影响客车空调系统噪声的主要因素

在所有噪声中,由风扇引起的噪声来自两个方面。首先是空气动力性噪声,即由风扇叶片在高速旋转时切割空气产生的空气紊流,以及传播和喷射引起的噪声;另一部分是固体声,即风扇及其驱动电机的振动引起板件振动产生的噪声。

(1) 旋转噪声。旋转着的叶片周期性地切割空气,引起空气的压力脉动而产生的一种窄带噪声。其频率可按式(9-1)计算,包括基频和其整数倍。

$$f_i = \frac{nZi}{60} \tag{9-1}$$

式中:n——风扇转速,r/min;

　　　Z——风扇叶片数;

　　　i——谐波次数。

(2) 涡流噪声。气流流经障碍物时,由于空气黏滞摩擦力,具有一定速度的气流与障碍物背后相对静止的气流相互作用,在障碍物下游区形成涡旋气流。涡流不断形成又不断脱落,每个涡旋中心压强低于周围介质,压强脉动辐射出噪声。这种噪声为宽带噪声,其频率可按式(9-2)计算。

$$f = \frac{kV}{d} \tag{9-2}$$

式中:k——系数,取值范围 0.15～0.2;

　　　V——风扇周围线速度,m/s;

　　　d——叶片在气流入射方向上的厚度,m。

(3) 喷射噪声。气流从管口(介于声速与亚声速之间)喷出而产生的噪声,是管口喷射出来的高速气流与周围静止空气激烈混合所产生的噪声。

旋转噪声与风机转速、叶片几何形状和尺寸有关,其噪声呈窄频带、低中频特性,有明显的峰值和确定的频率。涡流噪声的大小取决于风机叶轮的形状、直径以及气流的速度等因素,其噪声呈连续宽频特性,为中、高频噪声。

当叶片非均匀分布后,一般可降低风扇噪声中那些突出的线状频谱成分,使噪声频谱较为平滑。设计时采用降低障碍物前后气体压力差、管道流线型设计和光滑的表面等措施,可减少涡流噪声。对风扇或电机进行隔振,在振动较大的风道壁进行粘贴阻尼胶处理等,可有效降低结构传递噪声。

2. 空调噪声的传播途径

(1) 固体声传播。即由该影响因素引起的振动通过结构件传播到车身,引起车身的振动,再由车身板壁振动辐射噪声至车内,形成车内噪声。如压缩机及其传动系统和独立式空调辅助发动机工作的机械性噪声是由固体振动、机械撞击、摩擦以及变载荷的作用产生的,而空调风机等也会产生振动和噪声,这些噪声主要通过地板、车身结构连接件振动辐射等传到车内。

(2)空气传播。即由该影响因素本身发出的噪声通过空气,由车身的缝隙漏声或壁板透声传播至车内。

这两种传播方式所传播的噪声能量比例会因车型和结构不同而变化,且与频率有关。通常500Hz以下的低、中频噪声主要以固体波动形式传播,而在较高的频段内则以空气传播为主。

3. 噪声控制的基本流程

从系统的观点出发,客车空调噪声和汽车其他噪声的控制相同,其基本流程如下。

(1)噪声(振动)源识别。只有在准确识别振动源或噪声源的基础上,才能正确分析噪声问题的发生机理,明确噪声控制的主要问题,从而事半功倍地予以解决。

(2)传播途径识别,从振动源或噪声源到车内外噪声总是存在一定的传播途径,包括固体振动传递途径和空气传播通道。如果能正确确定固体振动如何从振动源通过哪些结构和车身板件,由哪些车内空腔的声学模态相互耦合导致车内噪声,就能够有针对性地对传播通道的某些环节进行改进,以此达到较好的减振降噪效果。其中,也包括对空气传播途径的识别。

(3)车身板件的声辐射分析。固体振动最终是通过车身板件与车内空腔相互耦合振动激发车内噪声。不同位置车身板件在不同工况和激振频率下具有不同的声学辐射频率,对车内噪声的贡献度也不相同。确定特定条件下车身板件的噪声贡献,可以为改进车身板件提供依据。

(4)结构模态特性分析。车内噪声问题大多数情况下都是共振问题。因此,详细了解车体结构的结构模态信息,对于正确识别传递途径和确定车身板件的噪声贡献十分重要。目前,结构模态分析有理论模态分析、试验模态分析和在线模态参数识别等多种方法。

(5)车内空腔声学模态分析。车内噪声实际上是车身空腔内声压分布的部分反映。全面了解车内空腔的声学模态(即空腔体积中空气的结构特性),对于合理进行座椅、行李架布置,车内送回风口设计,以及室内造型等具有重要参考价值。

(6)声学特性的计算机辅助预测和灵敏度分析与优化。先进的噪声控制要求在设计阶段就确定车内声学特性。因此,计算机辅助噪声预测、诊断、灵敏度分析以及基于灵敏度分析的车内噪声优化已成为发展趋势。它不仅包括对主要振动源动力学机理的虚拟仿真,而且包括从传递途径到车身结构乃至车内空腔的整个系统的虚拟仿真。通过灵敏度分析确定车内噪声诸多因素的影响情况,并在此基础上进行优化设计,从而可以获得优良的车内声学特性。

(7)确定噪声改进措施并进行实施后的噪声检测与评价。最终的车内声学设计结果或对现有车型噪声问题的改进必须经过实车特定工况的测试与检验,并根据相关标准的客观评价以及专业人士的主观评价才能确定实际效果。

二、噪声的量度及评价指标

噪声是不受欢迎的声音的总称。它既具有一切声波运动的特性与性质,又包括人主观和心理上的因素,并不是一个单独的物理量。为了能够客观评价,人们规定了适当包括主观因素在内的近似物理量作为噪声的评价指标。

1. 声压、声强与声功率

1) 声压级(L_P)

声压是指有声波时空气中压强超过静压力的值。声压 p 越大,听到的声音越强。正常人刚刚能听到的频率为 1000Hz 的声音声压是 $2×10^{-5}$Pa(称听阈声压),使人耳产生痛感的声压是 20Pa 以上(称痛阈声压)。可见人耳可听声压范围很宽,绝对值相差百万倍以上。由于数值很大,用绝对值表示很不方便而采用了级的概念,其量度单位是 dB(称分贝)。

$$L_P = 20\lg(p/p_0) \tag{9-3}$$

式中:p_0——参考声压,取 $2×10^{-5}$Pa(听阈声压)。

对可听阈声压级:

$$L_P = 20\lg\frac{2×10^{-5}}{2×10^{-5}} = 0(\text{dB}) \tag{9-4}$$

普通谈话声压级:

$$L_P = 20\lg\frac{2×10^{-2} \sim 7×10^{-2}}{2×10^{-5}} = 60 \sim 70(\text{dB}) \tag{9-5}$$

痛阈声压级:

$$L_P = 20\lg\frac{20}{2×10^{-5}} = 120(\text{dB}) \tag{9-6}$$

可见,引入级的概念后,就把声压数百万倍变化范围变为 0~120dB 的变化范围来度量,使计算极为方便。此外,人耳对声音强弱的感觉实际上是不成正比的,当声强增加一倍时,听觉仅增加0.3倍;声强增加两倍时,听觉仅感到增加0.5倍。故采用对数表示声音强弱符合人对声音的听觉规律。

2) 声强级(L_I)

声强 I 是指在单位时间内垂直通过单位面积的声的能量。声强级 L_I 的表达式为:

$$L_I = 10\lg(I/I_0) \quad (\text{dB}) \tag{9-7}$$

式中:I_0——参考声强,取 10^{-12}W/m²(听阈值)。

对平面波,声强 I 与声压 p 的关系为 $I = p^2/(\rho u_c)$;式中 ρ 为空气密度,u_c 为空气中的声速。据此,可获得 L_I 与 L_P 之间的关系。

3) 声功率级(L_W)

声功率 W 也是描述声源强弱的物理量,它表示了声源发出的总功率,单位为 W。声功率级 L_W 的表达式为:

$$L_W = \int_0^S I \cdot dS \tag{9-8}$$

式中:S——包裹声源的面积。

声压、声强和声功率都可用来描述声音的强弱,但侧重点不同。其中,声压是就声场的某一点而论,声强是指声场的某一点和某一方向而言,而声功率则是针对包围声源的一个面来谈,是衡量声源声能输出的物理量。

2. 响度级与等响曲线

人耳对各种频率的声音有不同的选择性和响应。为了有效控制噪声,必须很好了解人耳的听觉特性。若将听到的同样响度的声音用同一数值表示时,其大小可用响度级 L_N,单位用"方"(phon)来度量。

响度主要决定于声强,提高声强,响度级也相应增加。但声音的响度并不单纯由声强决定,还取决于频率,不同频率纯音有不同的响度增长率,其中低频纯音的响度增长率比中频纯音要快。

为研究方便,取频率1000Hz的纯音作为基准音,其声压级作为它的响度级,其他各频率的声音与基准音进行比较,找出同响度的声压级,这样所画出的曲线称为等响曲线。研究国际标准化组织(ISO)推荐的等响曲线,可得如下结论:

(1)人耳对高频声,特别是2000~5000Hz噪声更敏感,而对低频声不敏感。

(2)在声压级小和频率低的区域,声压对响度影响大。这一特点对控制噪声有重要意义,原因在于控制低频噪声比高频噪声难。可设法稍许降低其声压级,获得响度级明显降低。

3. 评价指标

为了有效控制噪声,各国都制定了评价指标。这些指标虽然细节上有所差别,但原则上是相同的。表9-1和表9-2分别为中国《营运客车类型划分及等级评定》(JT/T 325—2018)和《公共汽车类型划分及等级评定》(JT/T 888—2014)中对不同类型营运客车和城市公共汽车的车内噪声指标要求,表9-3为中国与部分国际组织对客车空调系统的车内噪声指标要求。

中国不同类型营运客车的车内噪声指标 $\{v_a=50\text{km/h}[\text{dB}(A)]\}$ 表9-1

车型	特大型客车					大型客车				
级别	高三	高二	高一	中级	普通	高三	高二	高一	中级	普通
车内噪声	≤66	≤69	≤72	≤75	≤79	≤66	≤69	≤72	≤75	≤79

车型	中型客车				小型客车			
级别	高二	高一	中级	普通	高二	高一	中级	普通
车内噪声	≤70	≤72	≤75	≤79	≤70	≤72	≤75	≤79

中国不同类型城市公共汽车的车内噪声指标 [dB(A)] 表9-2

车型	特大型公共汽车						中型公共汽车			
级别	高二级		高一级		普通级		高一级		普通级	
	有站立区	无站立区	有站立区	无站立区	有站立区	无站立区	有站立区	无站立区	有站立区	无站立区
驾驶区	≤76	≤70	≤76	≤70	≤78	≤72	≤76	≤70	≤78(86)	≤72(82)
乘客区	≤82	≤74	≤82	≤74	≤84	≤76	≤82	≤74	≤84(86)	≤76(82)

车型	大型公共汽车						小公共汽车			
级别	高二级		高一级		普通级		高一级		普通级	
	有站立区	无站立区	有站立区	无站立区	有站立区	无站立区	有站立区	无站立区	有站立区	无站立区
驾驶区	≤76	≤70	≤76	≤70	≤78(86)	≤72(82)	≤76(84)	≤71(80)	≤78(86)	≤72(82)
乘客区	≤82	≤74	≤82	≤74	≤84(86)	≤76(82)	≤82(84)	≤75(80)	≤84(86)	≤76(82)

注:表中括号内的数值是对前置发动机车型的规定。

中国与部分国际行业组织对客车空调系统的车内噪声指标　　　　表 9-3

标准代号或行业组织名称	公共交通国际联会（1985 年布鲁塞尔）	公共交通国际联会（1981 年都柏林）	日本车身工业协会客车分会（1984 年）	JT/T 216—2006
车内噪声	≤75dB(A)，最好≤70dB(A)	≤75dB(A)，最好≤70dB(A)	制冷量<15000kcal/h，70 dB(A)以下；制冷量>15000kcal/h，75 dB(A)以下	A 级客车，静止时辅助发动机处：≤70dB(A)；强制通风扇处：≤65dB(A)

三、客车空调系统噪声控制的基本方法

要控制噪声，首先应从减少声源着手。如对发声部件采用消声器，对振动部件采用减振器；结构设计时使固有频率相互错开并避开激振频率；抑制风噪声的有效办法是消除泄漏气流的间隙或改进密封元件，增加密封压力等将缝隙堵塞；为了避免空腔共鸣，可通过采用改变车室形状和尺寸，避免产生空腔共鸣的频率输入等。

由于从声源上治理噪声受到限制，需要采取防振、隔振、吸声、阻尼等办法来予以补充。

1. 防振

振动产生于与之相连的运动部件。由于摩擦、运动件的撞击和交变载荷的作用，以及车辆行驶中车身受到的弯曲和扭转，振动不可避免会发生。在防振方面主要针对运动部件，如压缩机、蒸发/冷凝器风机、除霜机和加热器的燃烧及风机等，多在设计上采取如减少摩擦和运动件的撞击、降低交变载荷的作用等措施。

2. 隔振

由于运动部件的激励引起的振动将通过安装点的悬置传给车身，因频率范围较宽，总会使部分部件产生共振。对于运动部件，其安装点应采用具有良好减振性能和恰当结构的悬置，以减少振动传递，起到隔振的作用。如采用尽可能软，不要有太大阻尼的橡胶弹性支承或挠性连接等，但该措施作用有限，有相当一部分振动仍会传到车身，需要对可能吸收振动及产生二次噪声的所有表面采取较严格的隔声措施。

3. 阻尼

阻尼的作用是削弱或衰减振动和噪声的传递。常用的处理方法是喷涂、胶黏或烘烤一层高损失系数的材料，以达到削弱因部件、板件自振而造成的任何共振现象，减少由结构传来的振动，迅速消除由于冲击而产生的振动噪声。

增加空调各总成（部件）连接点处的阻尼，将有很大可能降低因各总成工作其结构所传播的噪声。图 9-3 所示为对暖风机舱及其地板和踏步进行结构阻尼处理前、后的效果对比。

4. 隔声

隔声对提高现代汽车的声响舒适性有很大作用。所谓隔声就是通过放入间隔物以减少空气传导的噪声通过，使大部分噪声被隔离，仅有一小部分通过。常用方法是：

（1）采用材料单一的厚间隔物（隔声材料），这种方法一般效果较差。

（2）采用一种称之为夹心板（Sandwich）的软质或硬质多层材料进行隔声，对 500Hz 以上由空气传播的噪声隔离有较显著的效果，这种隔声结构通常由交替重叠的多孔材料及不透孔材料组成。如图 9-4 所示，用单一材料（只有重间隔）和夹心板的隔声效果差别较大。

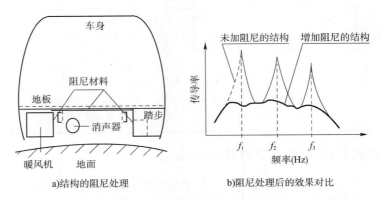

图 9-3　对暖风机舱及其地板和踏步进行结构阻尼处理前、后的效果对比

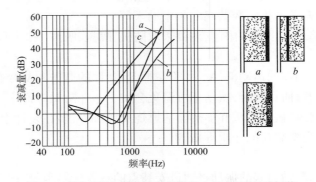

图 9-4　几种质量相同、厚度相等的夹心板的隔声效果频谱

5. 吸声

对于传入车内的噪声,吸声也是常用的辅助处理方法。吸声的作用是减少声音反射。即在噪声反射和传递通道内表面覆上一层适当的吸声材料,以吸收入射到其上的声能,减弱反射的声能,从而降低车内噪声。吸声效果可用吸声系数 α 表示:

$$\alpha = 1 - \frac{E_f}{E_r} = \frac{E_x}{E_r} \tag{9-9}$$

式中:E_r——吸声材料接受入射的声能;

E_f——吸声材料反射的声能,$E_f = E_r - E_x$;

E_x——吸声材料吸收的声能。

目前,在汽车上使用的吸声材料主要有如下几类。

(1)多孔性吸声材料。

多孔性吸声材料的吸声机理是当声波进入材料表面的空隙,引起空隙中空气和材料微小纤维的振动,由于内摩擦和迟滞阻力,使相当一部分声能转化为热能。常用的这类材料有玻璃棉、毛毡、聚氨酯泡沫塑料等,主要吸收车内的中、高频噪声。

图 9-5 所示为多孔性吸声材料的吸声示意图,其吸声系数如图 9-6 中的曲线 1,图 9-7 所示为体积密度 $20kg/m^3$ 的超细玻璃纤维的吸声特性。

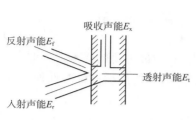

图9-5 多孔性吸声材料的吸声示意图

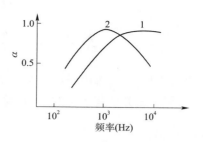

图9-6 吸声系数

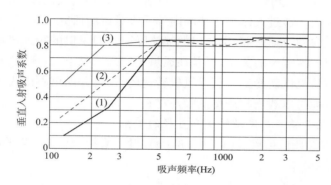

图9-7 体积密度20kg/m³的超细玻璃纤维的吸声特性
(1)-50mm；(2)-100mm；(3)-150mm

(2) 开孔壁吸声材料。

为了提高中、低频的吸声系数，往往在材料上开很多小孔，小孔背后保留有一定的空气层，使其能产生共振而消耗能量。这种材料常与多孔吸声材料混合使用，如在3～5mm厚的海绵表面贴一层化纤织物或带孔（穿孔面积20%～25%）薄膜或人造革，作为吸声材料吸收中、高频噪声，其吸声系数见图9-6曲线2，吸声性能与孔径和穿孔率有关。

(3) 衰减处理。

在压缩机、冷凝器、蒸发器、暖风机和除霜器舱壁等处一些容易引起振动的板件上进行衰减处理，即涂以防振阻尼材料来减少噪声辐射。阻尼材料是一种内耗大的材料，如沥青基物质和其他高分子涂料（橡胶、树脂等）。用这类材料进行衰减处理后，板及阻尼材料的综合损耗系数 η_1 可由下式近似求得：

$$\eta_1 \propto \left(\frac{\eta_2 E_2}{E_1}\right)\left(\frac{t_2}{t_1}\right)^2 \tag{9-10}$$

式中：η_2——阻尼材料的损耗系数；
E_1——板的杨式弹性模量；
E_2——阻尼材料的杨式弹性模量；
t_1——板厚，mm；
t_2——阻尼材料厚度，mm。

由式(9-10)可知，t_2/t_1 对衰减特性有很大影响，一般涂料厚度应为金属板料厚度的2～3倍，而且必须黏附紧密方才有效。

第二节　气流噪声控制

客车空调系统开启后,车内噪声会明显增大,其中最主要的噪声之一是气流噪声。要控制气流噪声,必须首先分析其产生的机理,找出影响因素,然后有针对性地采取控制措施。

一、声源分析

强制的受限空气流动会产生噪声。客车空调由于功率大、风机多、送风管道长和出风口多等原因,气流噪声大。通过人体感受和国内外的大量试验研究表明,气流噪声主要是由风扇噪声、空气在管道内的流动摩擦、出风口的喷流噪声和回风口的吸入风流噪声等组成。找出风扇转速、直径与气流噪声的关系,以及在风量一定的情况下,风扇噪声对转速、直径的敏感度,然后用台架试验测试制冷量与蒸发风机转速的关系,并测试不同吸声材料应用于蒸发风机降噪的效果,从而可以找出较理想的吸声材料。

1. 风量一定情况下噪声与风扇转速和直径的关系

(1) 风扇的技术参数包括风量(V_a)、转速(n)、叶片直径(D)和产生的噪声(声压级L_p),它们之间的存在如下关系:

$$L_p \propto \frac{V_a^6}{D^{10}} \tag{9-11}$$

$$V_a \propto nD^3 \tag{9-12}$$

即风扇噪声正比于转速的 6 次方和直径的 8 次方乘积,低转速和小直径有利于降低风扇噪声。

(2) 风量正比于转速的 1 次方和直径 3 次方的乘积,如果风量一定,直径变大则意味着转速可以下降。同理,转速上升,则意味着直径可以变小。

在保证风量一定情况下,需找出风扇产生的噪声对转速和直径哪一个参数更敏感。由式(9-11)和式(9-12)可以推导出:

$$L_p \propto n^{10/3} V_a^{8/3} \quad L_p \propto \frac{V_a^6}{D^{10}} \tag{9-13}$$

可见,在风量一定的情况下,噪声与转速的 10/3 次方成正比,与直径的 10 次方成反比,风扇噪声对直径更敏感。因此,对于降噪控制来说,在空间等条件允许的情况下,可以选大直径的风扇来降低噪声。即在直径确定后,根据风量要求,再选择合适的转速。

2. 气流噪声

以夏天客车停驶,空调制冷系统怠速工作为例,从开启到稳定运行会发现其噪声有两次上升过程。即空调开启之前车内噪声很小,处于环境噪声状态,启动空调后风机旋转,车内噪声会立刻出现一个较大幅度的上升,人耳可以明显感觉到是风机刺耳的气流噪声;几秒后空调压缩机启动(一般滞后 3~5s),总的车内噪声大小会有一个较小幅度的增加,但增加幅度没有上一次大。可见,第一次噪声上升即风机产生的噪声是需要解决的主要问题之一。

3. 空气在管道内的流动和喷射噪声

冷空气从蒸发器出来后在蒸发风机的作用下沿客车车顶左右两侧的风道被送到各排乘客的出风口,然后由出风口喷出,与车内空气进行热交换,以此满足乘员对降低车室温度的需求。冷空气在风道内流动过程中因与管壁的摩擦而产生摩擦噪声,因运动方向或流体断面发生变化而产生涡流噪声,因经出风口喷向车内而产生喷流噪声。这三种噪声和风扇噪声一道相互叠加并沿风道向车内传递,成为气流噪声的主要成分。

二、噪声测试

1. 客车原地怠速车内噪声

表9-4是对某中型客车原地怠速不开空调和开空调两种工况的车内噪声测试结果,测试时在驾驶员耳旁和乘客区的前中后位置各布置一个麦克风传感器。

怠速客车车内噪声[dB(A)]　　　　　　　　　　表9-4

空调状态	驾驶区	乘客区		
		前排	中排	后排
不开空调	56.2	52.8	57.5	60.6
开空调	62.7	63.8	65.5	64.7

由表中可见,怠速工况空调开启后,车内噪声会明显增大,尤其是乘客区前、中排两个测点的噪声增加很大,最大达11dB(A)。分析其原因,是由于采用了顶置式空调,回风口在车室中部位置,风机噪声主要通过回风口向车内辐射,因此距离较近的中部噪声最大。

2. 制冷量与风机转速

要保证制冷效果好需要风量大,而风量大则要求风扇转速高,但从降噪出发又需要风扇的转速低。因此,在不影响制冷效果的前提下,要控制气流噪声就必须找到最佳的风扇转速。

图9-8所示为对同一款中型客车在台架上进行的空调制冷量与蒸发风机挡位(转速)关系的试验研究结果。该车发动机为四缸柴油机,额定功率162kW;采用非独立空调,最大制冷量21kW;压缩机为博客(BOCK)公司的FK40/470K。

一般,客车非独立式空调的制冷量是指压缩机在额定转速时的名义制冷量。对怠速工况空调系统噪声偏大的情况,试验时压缩机转速为800r/min,冷凝风机处于高挡,改变蒸发风机的转速(按18个挡位测试),挡位由低到高分别对应的转速也由低到高,制冷量按照《汽车用空调器》(GB/T 21361—2017)的有关方法进行计算。

由图9-8可见,制冷量随蒸发风机挡位的升高而提高,当风机挡位达到11挡左右时,制冷量就基本处于上下波动状态,再提高挡位,制冷量没有明显改善,但噪声会持续变大。

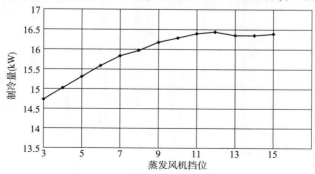

图9-8　制冷量与蒸发风机挡位的关系曲线

3. 蒸发风机噪声

在空调的制冷系统中,蒸发风机不生产冷量,只是加速热交换和制冷量的"搬运工"。因此,无限制提高其转速和风量,制冷效果并不会一直得到提高,反而会增加车内噪声。

根据《汽车用空调器》(GB/T 21361—2017)的试验规范,对蒸发风机噪声进行台架试验。试验时在蒸发风机下方1m处的前、中、后布置3个测点(图9-9中的1~3号),测试冷凝风机不开启情况下蒸发风机挡位分别为3、10、15挡三种工况和对应三种吸声材料的噪声。

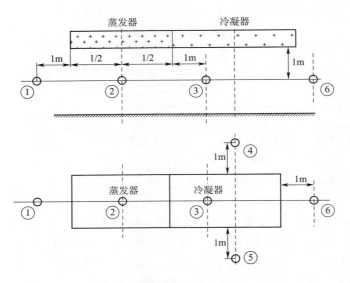

图9-9　蒸发风机噪声测试示意图

图9-10给出了蒸发器风机盖内壁贴覆三种不同的吸声材料后噪声测量的对比,前、中、后测点对应1~3号测点位置。可见,在三个挡位所测的三个位置的噪声除前测点风量3、风量10挡和后测点风量15挡外,采用2号吸声材料时蒸发风机的噪声均处于最高位。

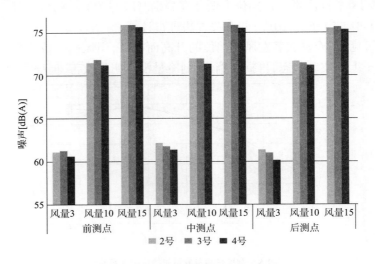

图9-10　采用不同吸声材料时蒸发风机噪声

三、气流噪声控制

在客车空调的噪声控制方面,前述五种方法均可采用。但使用最多的是针对较大噪声源,经分析、试验、对比后采用专门的控制措施,且往往是多种措施并用。

1. 蒸发风机噪声控制

(1) 采用高效的吸声降噪材料。

通过采用三种不同吸声降噪材料贴覆在蒸发器盖的内壁,对应不同风量(风机转速)时蒸发风机噪声的台架试验可知(图9-9),这三种吸声降噪材料在不同风量的情况下都有较好的降噪效果,其中以样品编号为4号的吸声降噪材料(一种总厚度25mm的复合材料)在中高频段的吸声效果较好且性能稳定。

(2) 优化蒸发风机控制策略,改进风机转速效果。

在保证空调制冷量与降温速度的前提下,可通过优化风机转速,减少风机噪声源大小。

空调蒸发风机的优化控制策略是:蒸发风机转速与制冷量、冷凝风机转速和降温速度匹配协调,并始终处于较佳状态,在保证制冷量及降温速度达到要求的同时,应使噪声下降,能耗降低。

为验证优化后的实际效果,在实车上进行了优化前、后怠速开空调工况的车内噪声和制冷效果、制冷速度及能耗试验,噪声对比和降温试验结果分别如表9-5和图9-11所示。

急速开空调工况改进风机挡位的车内噪声对比 [dB(A)]　　　表9-5

优化状态	驾驶区	乘客区		
		前排	中排	后排
优化前	62.7	63.8	65.5	64.7
优化后	59.67	61.88	62.6	63.74

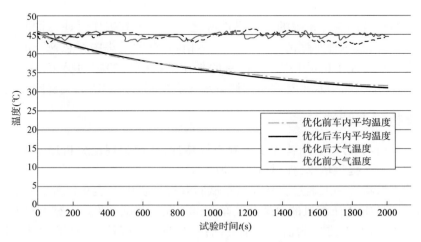

图9-11 优化前后空调降温试验

由表9-5和图9-11中可见,优化后的车内噪声比优化前有明显降低,最大降幅3dB(A),而制冷效果和制冷速度均未发生明显变化。在能量消耗上,蒸发风机挡位为10和15时的电流分别为25.2A和41.5A;在电压相同的情况下,将蒸发风机挡位从15挡降低到

10挡,能量消耗可减少39.3%。这不仅对传统动力客车的节能有意义,而且对于以电池为动力的新能源车辆的能源节省更加可贵。

台架试验和大量研究表明,怠速时蒸发风机在到达一定转速后对于制冷量不再有提升作用,却使噪声有所增加,因此可以采取降低蒸发风机转速和增加吸声材料降低怠速空调噪声。

2. 送风管气流噪声控制

管路压力损失越小越有助于冷空气输送,同时也可以减少风扇气流产生的涡流噪声。设计时采用光滑的气流通道、不突然改变气流方向、避免风道断面突变、减少弯道且使送风管道尽量短等措施,都可以减少气流噪声。

通过选择吸声性能较好的降噪材料,贴覆在冷空气传递管道的内壁上,既能吸收一部分风机产生的噪声,改善车内气流噪声状况,又可起到隔热保温的效果。

表9-6所示为针对蒸发风机台架试验的结果,选择其中两种吸声性能较好的材料(3号厚度30mm的波纹海绵、4号厚度25mm的复合材料)作为送风管道内壁贴覆的吸声隔热保温材料在实车上进行测试。由表中可见,采用4号材料的降噪效果更加明显;与最初状态(表9-4怠速开空调状态)相比,车内从前到后的各测点噪声有1~3dB(A)的降低。

怠速开空调工况不同吸声材料的车内噪声[dB(A)] 表9-6

吸声材料	驾驶区	乘客区		
		前排	中排	后排
3号	61.01	60.84	62.1	64.32
4号	59.67	61.88	62.6	63.74

第三节 压缩机噪声控制

压缩机是客车空调制冷系统的主要噪声源之一。由于其工作时往往同时存在固体声、液体声和气体声等,且每种车型的实际表现又不相同,有的是集中在怠速下的机械噪声,有的是在特定发动机转速下的共振噪声,还有的是压缩机吸气的脉动噪声,噪声特性十分复杂。因此,降低压缩机噪声水平是客车空调系统噪声控制必须解决的关键问题之一。

一、压缩机声振特性

要控制压缩机的噪声,必须首先了解其声振特性,从而为理论分析压缩机运动学、动力学和机体结构动力学提供依据,探讨可能采取的降噪措施。

压缩机的声振特性一般通过台架及装车试验获得。表9-7、表9-8所示分别为对某小型客车采用5H14和7F14压缩机的台架和装车测试工况与测试结果。台架测试时分别记录压缩机机体上3个方向(X方向为活塞运动方向;Y、Z方向为壳体径向)的振动加速度及辐射的噪声信号;装车试验测试两种压缩机装在同一辆车上,记录压缩机机体上3个方向(同台架试验)和发动机机体上的3个方向(X方向为汽车前进方向,与压缩机活塞运动方向一致;Y方向为汽车侧向,与压缩机Y方向同向;Z方向为垂向,与压缩机Z方向一致)的振动加速度,以及车内驾驶员右耳旁的声压信号。

台架测试工况及测试结果　　　　　　　　　　　　表 9-7

台架测试工况				
压缩机转速（r/min）	1000	2000	3000	4000
输入/输出压（MPa）	0.22/1.5~1.7	0.20/1.5~1.7	0.16/1.5~1.7	0.10/1.5~1.7
台架测试结果				
5H14[dB(A)/dB(L)]	75.8/77.7	83.3/83.7	87.9/88.7	89/90
7F14[dB(A)/dB(L)]	75.8/76.9	78.7/79.6	81.4/82.3	86.3/86.6

装车测试工况及测试结果　　　　　　　　　　　　表 9-8

整车测试工况				
发动机转速（r/min）		怠速	1800	2500
出风位置		胸部出风	胸部出风	胸部出风
空调挡位		1 挡		
整车测试结果				
压缩机关闭	5H14[dB(A)/dB(L)]	45.0/75.5	50.2/74.4	60.5/81.7
	7F14[dB(A)/dB(L)]	45.3/75.6	51.7/79.7	59.3/80.5
压缩机开启	5H14[dB(A)/dB(L)]	50.3/79.5	52.8/79.6	61.3/83.3
	7F14[dB(A)/dB(L)]	47.7/82.3	52.8/80.4	60.6/81.6

由表 9-8 可见：

（1）压缩机工作时会导致车内噪声明显增大，且两种压缩机的噪声声压级都随工作转速的升高而增大，与台架试验结果趋势一致；

（2）在怠速工况下，压缩机 7F14 的噪声明显低于 5H14 的噪声，但是当发动机转速提高到 1800r/min 和 2500r/min 后，车内噪声水平相差很小；压缩机工作与否会引起车内噪声水平的很大变化，其中 5H14 引起的差值为 5.3 dB(A)，7F14 压缩机引起的差值为 2.4dB(A)；

（3）车内噪声 A 计权和 L 计权得到的声压级相差很大，说明噪声能量主要集中在低频段；

（4）由于是装在同一辆车上试验，因此压缩机不工作时车内噪声水平非常接近；

（5）发动机转速提高，压缩机工作引起的车内噪声水平增量减小。这是由于压缩机引起的噪声成分在车内总噪声中所占比例下降，车内噪声主要来源于发动机引起的噪声。

二、压缩机噪声的形成及其表现

1. 脉动噪声

脉动噪声作为空调压缩机噪声的一种重要表现形式，来源于压缩机的结构噪声和气动噪声。脉动噪声一般在怠速工况时出现，当压缩机不工作时消失，其频率范围在 500~750Hz。通过对低压管和高压管进行压力脉动监测，发现该噪声即为吸气脉动噪声（图 9-12）。

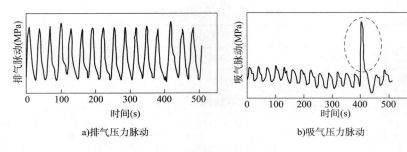

图 9-12　某客车空调压缩机高、低压管的压力脉动

2. 怠速噪声

轴向活塞式压缩机目前广泛应用于中、小型客车空调系统,由于活塞的往复惯性力和制冷剂在压缩机及管路中的振动,使得压缩机噪声往往成为除发动机外的第一大噪声源,这在汽车急速或低速行驶时尤为突出。由于压缩机负荷随着环境温度的升高而变大,负荷增大噪声也会增大。在夏季高温地区,异常的压缩机噪声更令乘员难以接受,乘员舒适性急剧下降。

为此对某小型客车进行了噪声测试,分析怠速开空调时车内噪声增大的原因。测试工况为怠速开/关空调,在压缩机本体、冷凝器、膨胀阀和车内乘员座椅导轨处布置加速度传感器,在驾驶员右耳处布置传声器;压缩机为 10 缸轴向活塞式,通过铸铁支架与发动机连接。

测试获得的怠速工况车内噪声如图 9-13 所示。从图中可见,开/关空调的声压值分别为 50.5dB(A) 和 47.2dB(A),空调开启后车内噪声提高了 3.3dB(A),致使车内噪声环境突然恶化。

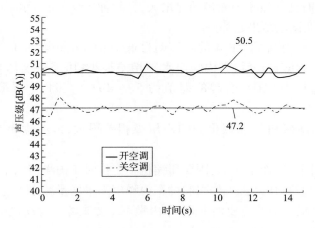

图 9-13　怠速工况开/关空调车内噪声声压值

3. 轰鸣噪声

除脉动噪声和怠速噪声外,压缩机还会在一定转速下出现轰鸣噪声。以某小型客车为例,其所采用的 V5 压缩机在发动机转速 1500r/min 时就会出现轰鸣声。

通常,压缩机开启后乘员所感受的噪声不应该很明显,因此很多客车企业将空调开启前后的噪声差值定在 3dB(A) 左右。图 9-14 所示为某小型客车空调开/关后的整体噪声测试结果。

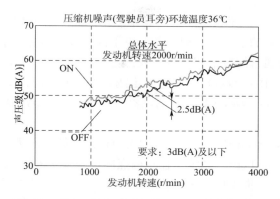

图 9-14　某小型客车空调开/关后的整体噪声测试结果

轰鸣噪声一般是在特定发动机转速下压缩机和发动机发生共振产生的,这一数值可能会超过 3dB(A),主要原因是由于压缩机安装和发动机的振动等因素。图 9-15 中上边一条较粗的曲线即为对该小型客车所装备的 V5 压缩机噪声随发动机转速的测试结果,由图中可见,在发动机转速为 2000r/min 左右时,压缩机的噪声出现峰值,乘员会明显感觉到噪声影响。

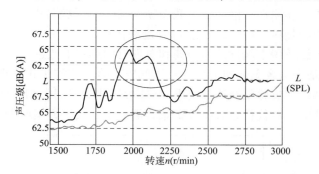

图 9-15　压缩机噪声随发动机转速的测量结果

根据振动噪声理论,在轰鸣噪声产生时,一般振动频率在 30～200Hz。当压缩机为 10 缸时,谐振的阶次在 3/4/6 左右。

三、压缩机噪声的控制

1. 脉动噪声控制

在客车空调制冷系统中,每个部件都有可能对脉动噪声产生影响。但由于压缩机、冷凝器、蒸发器、膨胀阀的结构较复杂,改动起来不仅难度大,还涉及整个系统的重新匹配。因此,多从输液管道上入手,既方便,效果也不错。

最常见的办法是在输液管道上安装扩张式消声器(图 9-16),并从消声器的优化入手,作为解决吸气脉动噪声问题的突破口。

1) 消声器性能及其评价指标

消声器的性能主要涉及声学性能和空气动力性能两个方面。

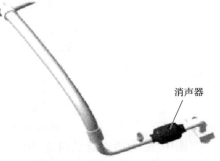

图 9-16　空调低压管路上的消声器

(1)声学性能。包括消声量大小和消声频率范围的宽窄。理想的消声器应在所需消声的频率范围内具有足够大的消声量。消声器的声学性能用消声量来表述,消声量越大,表明消声性能越好。消声量通常用以下四个量来表征:

①插入损失 L_{IL}(Insertion Loss):在某一固定测点测得的消声器安装前后的声压级之差。

②传递损失 L_{TL}(Transmission Loss):消声器进口端入射声的声功率级与出口端透射声的声功率级之差。

③减噪量 L_{NR}(Noise Reduction):消声器输入与输出端的声压级之差。

④衰减 L_A(Attenuation):声学系统中任意两点间声功率级的降低。

上述四个指标中,传递损失反映了消声器结构参数对声学性能的影响,和声源、末端负载等因素无关,更适宜理论分析计算及在实验室中检验消声器自身的消声特性。一般,可选取计算传递损失来确定消声器的结构参数。

(2)空气动力性能。消声器的空气动力性能是指消声器对气流的阻力大小,常用阻力损失或阻力系数来表示。阻力损失与气流速度的平方成正比。

2)扩张式消声器声学性能及结构优化

扩张式消声器的工作原理是借助管道截面突变(扩张或收缩)引起的声波反射作用达到消声的目的。主要做法是对其内部结构进行改进和优化,使之在较宽的频率范围内有较好的消声效果。这种方法适用于新设计消声器和对现有消声器的改进。

图9-17 所示为某小型客车最初采用的空调低压管路单腔扩张式消声器结构示意图,由于其消声效果未达到使乘员感觉舒适的要求,且外形尺寸受空间限制不能改变,采用了带内连接管的双腔扩张式消声器代替原有单腔扩张式消声器的改进方案(图9-18)。

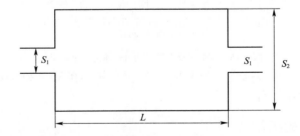

图9-17 某空调系统的原装低压管扩张式消声器结构示意图

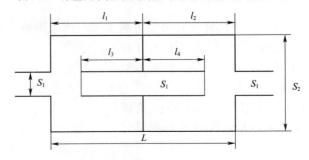

图9-18 优化后的低压管扩张式消声器结构示意图

图中,S_1 为消声器进口管、出口管和内插管面积,S_2 为扩张腔面积,L 为扩张腔长度,$l_3 + l_4$ 为内插管长度。其中,按照将脉动噪声频段的上限截止频率和下限截止频率控制在500~

750Hz 之间的原则,主要对消声器的结构尺寸 S_1、S_2、l_1、l_2、l_3、l_4 进行优化。通过计算带内连接管的双腔扩张式消声器的传递损失,即可算出不同频率的消声量。

表 9-9 和图 9-19 分别是消声器优化前后的结构参数对比和优化前后的空调系统低压管消声器传递损失的计算结果。表中,d_1 为消声器进口管、出口管和内插管直径;d_2 为消声器扩张腔直径;d_1 和 d_2 对应的截面积为 S_1 和 S_2。

扩张式消声器优化前后结构参数对比(单位:mm)　　　　　表 9-9

优化方案	d_1	d_2	l_1	l_2	l_3	l_4
原方案	15	55	40	40	0	0
优化方案 1	15	55	40	40	30	30
优化方案 2	15	55	40	40	20	20
优化方案 3	12	55	40	40	30	30

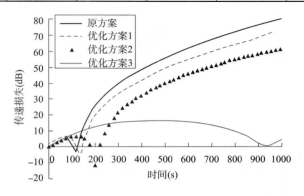

图 9-19　优化前后的空调系统低压管消声器传递损失计算结果

扩张式消声器的有效消声频率受上限截止频率 f_x 和下限截止频率 f_s 限制,对应计算公式为:

$$f_s = 1.22 \frac{c}{d_2} \tag{9-14}$$

$$f_x \approx \frac{c}{2\pi}\left[m l_1 l_2 + \frac{l_1}{3}(l_1 - l_2) \right]^{\frac{1}{2}} \tag{9-15}$$

式中:c——指空调管路气态制冷剂的流体声速,其和制冷剂的温度、密度有关,通过换算,可得流体声速 c 为 150.6m/s。

通过计算,对于优化方案 1 和优化方案 2,可得:$f_s = 189$Hz,$f_x = 3340$Hz。对于优化方案 3,可得:$f_s = 164$Hz,$f_x = 3340$Hz。

从优化方案的传递损失计算结果看:原方案的单腔消声器在噪声抱怨频段 500~750Hz 的传递损失远远小于优化后的双腔插入管扩张式消声器;对于双腔插入管扩张式消声器,其中内插管的长度变化对传递损失影响较大(方案 1 的传递损失大于方案 2),增加连接管的长度,可使下限频率向低频移动;消声器扩张比对传递损失影响较大(优化方案 3 和原方案对比),传递损失随扩张比的增大而增大。考虑阻力损失的因素,最终选用优化方案 1。

优化前后的消声器(优化方案 1)在实车上测试结果如图 9-20 和图 9-21 所示。可见,优化后的消声器在抱怨频段声压级有大幅降低,同时整车声压级降低了4dB(A)。主观评价亦显示,采用优化后的消声器,噪声抱怨消失,能明显感觉到声压级有大幅降低。而噪声抱怨频段500~750Hz在消声器上、下限截止频率之间,说明该方案可行。

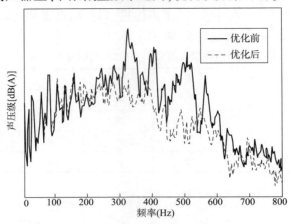

图9-20 优化前后消声器在实车上的噪声测量结果(频域)

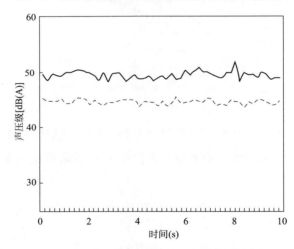

图9-21 优化前后消声器在实车上的噪声测量结果(时域)

2. 轰鸣噪声控制

压缩机噪声尤其是共振的轰鸣噪声和系统及发动机的运转密切相关。曾有人在总结空调制冷系统噪声时提出:压缩机是声源,冷凝器是放大器,空调管路是携带者,而蒸发器就是放大喇叭。为此,在不能改变发动机的前提下,要降低压缩机噪声,必须对可能产生振动、噪声的空调制冷系统组成元件逐一进行分析,并有针对性地采取措施。

1) 加强冷凝器结构

针对某小型客车空调压缩机轰鸣噪声较大的问题,通过对车身声学敏感度测试,发现冷凝器安装支架的车身结构处在140~150Hz出现了一个很大峰值。而对冷凝器的振动测试发现,压缩机开启后发动机转速在1500r/min左右时冷凝器振动非常明显。用压缩机的阶数来分离振动数据,发现5.5阶(5缸压缩机,皮带轮转速比1.1)振动也在140~150Hz。由此判断冷凝器在该发动机转速下出现共振,其最大峰值线明显表示出在 5.5 阶时的振动增强。

为此,对冷凝器采用了多种加强方案。试验结果表明,虽然振动模态随结构的不同而有所变化,但噪声峰值并没有明显下降,轰鸣声仍然存在。分析原因,可能是安装支架的车身结构处强度不足等原因,需要进一步在车身结构上采取措施。

2) 隔离蒸发器

小型客车的蒸发器一般布置在空调箱内,空调箱通过 4~5 个安装支架与仪表板或防火墙相连。作为噪声进入乘客舱的最后途径,空调箱起着放大器的作用。针对传播途径,对空调箱安装处的连接件采用贴吸音棉、加缓冲块等进行声学隔离,阻断噪声进入乘客舱。试验结果显示,采用这一方法发动机转速 1500r/min 时的噪声有了一定程度改善,但仍然能够明显感觉到噪声的存在。

3) 加装空调管路消声器

鉴于空调管路是噪声传递的携带者,因此在管路上加装消声装置是非常重要的降噪措施之一。但对于不同的噪声频率,形状和大小不同的消声器所起的作用并不相同。

目前,对消声器的计算和模拟,可供参考的经验和文献较少,但借助现有资源和市场能够提供的消声器系列,通过台架或装车反复试验,可以找到一款较适合的消声器。对于该车型,经反复试验,发现在压缩机的排气管上加装直径 40mm、长度 70mm 的消声器后,发动机转速 1500r/min 附近的噪声得到了明显改善。图 9-22 所示即为采用消声器前后的噪声测试结果。

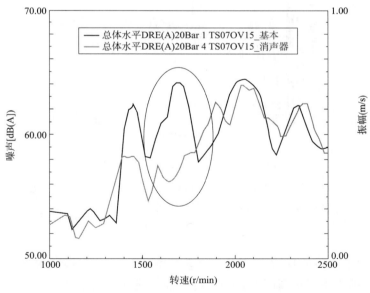

图 9-22 采用消声器前后的噪声测量结果

4) 采用全橡胶空调管路

使用和试验表明,对于空调系统的连接管路,若采用低 NVH 的橡胶软管连接,将有良好的整车降噪表现。对本例未采用和全采用橡胶管路前后的噪声测试结果证明,采用全橡胶的空调管路在发动机转速 1500r/min 附近的噪声表现甚至略好于加消声器的空调管路。

最终,通过综合采用隔离蒸发器和加装空调管路消声器两种措施,基本解决了该车在发动机转速1500r/min左右时的轰鸣噪声,达到了较满意的效果。

3. 急速噪声控制

由于活塞的往复惯性力和制冷剂在压缩机及管路中的振动,使得压缩机噪声在急速或低速行驶时表现尤为突出。工作时,压缩机负荷随着环境温度的升高而变大,负荷增大往往噪声也会增大,因而在夏季高温地区(时段),异常的压缩机噪声使乘员舒适性急剧下降。

1)噪声识别

为分析某小型客车急速开空调工况下车内噪声较未开启前有明显增大的原因,对该车进行了空调噪声对比试验,试验工况为急速开/关空调。试验前在压缩机本体(10缸轴向活塞式压缩机,压缩机与发动机之间通过铸铁支架连接)、冷凝器、膨胀阀和车内乘员座椅导轨布置加速度传感器,在驾驶员右耳处布置传声器。

图9-13、图9-23所示分别为对比试验测量得到的急速工况开/关空调车内噪声和车内噪声频谱图。由图中可见,开/关空调的声压值分别为50.5dB(A)和47.2dB(A),空调开启后车内噪声提高了3.3dB(A);开启空调时各频率下的车内噪声值较关闭空调时均有所增加,但噪声峰值除了发动机2、4、6等主要阶次对应的频率外,在频率为180Hz处出现了较高峰值,该峰值接近发动机二阶工作频率峰值。

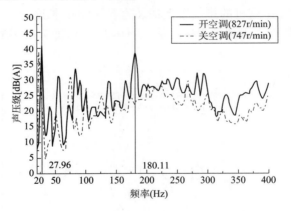

图9-23 急速工况开/关空调车内噪声频谱

急速开启空调时发动机转速n为827r/min,曲轴带轮与压缩机带轮的传动比η为1.3,压缩机缸数m为10,故急速开空调的压缩机工作频率f为:

$$f = \frac{n \times \eta \times m}{60} = 179(\text{Hz})$$

而该车所用四缸发动机的6阶频率和7阶频率分别为165Hz和193Hz,因此排除了发动机某阶激励与压缩机噪声拍频而引起噪声过大的可能性,初步认定噪声仅由车辆急速时压缩机工作引起。

为此,测量了压缩机本体上的振动频谱如图9-24所示。由图中可以明显看出,开启空调相比关闭空调其振动仅在频率为180Hz时有一个明显的峰值,且峰值与压缩机的工作频率一致,该噪声必定是由压缩机本体噪声或由压缩机振动激起其他部件产生共振所造成的。但对该压缩机进行台架试验,噪声和振动都未达到如此高的峰值,故认为其为压缩机工作频率与某一系统固有频率接近而产生了共振,且压缩机及其支架构成的系统可能性最大。

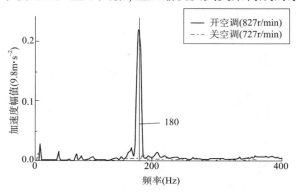

图 9-24　某 10 缸轴向活塞式压缩机振动频谱

为验证这一判断,对图 9-25 所示的压缩机及其支架进行模态分析,得到压缩机及其支架构成的系统 1 阶固有模态频率为 183Hz,与压缩机工作频率相近,初步判定是压缩机工作振动引起了压缩机—支架系统的共振。

图 9-25　某 10 缸轴向活塞式压缩机及其支架

同时,通过测试装车状态的压缩机—支架系统模态,获得系统 1~6 阶模态频率,其中 1 阶模态频率(183Hz)与试验结果(181Hz)十分接近,验证了所建立的有限元模型真实可信。因此,可以断定怠速开空调时车内噪声在频率为 180Hz 处的峰值是由于压缩机工作状态下振动激起系统共振所产生的。

2)压缩机—支架系统的拓扑优化

为了使压缩机—支架系统的 1 阶固有频率避开怠速开空调时压缩机工作频率,可采用工程设计中广泛应用的变密度法对较薄弱的支架结构进行拓扑优化,以此控制系统的质量增加,提高压缩机—支架系统的 1 阶模态频率。

优化目标以结构总刚度最大(实际上选择结构的总柔度最小)或 1 阶模态频率最大为设计目标并控制总质量,同时考虑边界平衡条件。经 18 次迭代后,系统 1 阶模态频率为 221Hz。

根据优化结果,结合实际工艺和装配情况,对支架结构采用局部加厚和增加加强肋等措施,实现了质量仅增 10.3% 的轻量化要求。对改进方案再进行模态分析,得到系统 1 阶固有模态频率为 226Hz,与怠速开空调的压缩机工作频率相差较远,将无法激起系统共振。

3)结果验证

将优化改进后的压缩机—支架系统进行装车试验,测得怠速时开/关空调车内噪声、压缩机本体振动传感器采集到的加速度信号分别如图 9-26 和图 9-27 所示。

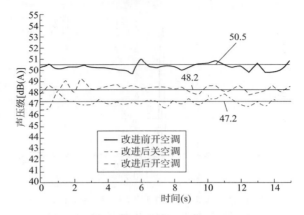

图 9-26　改进后开/关空调的车内噪声

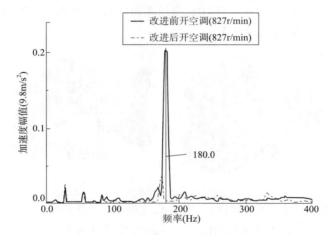

图 9-27　改进前/后压缩机振动频谱

由图 9-26 中可见,急速时开/关空调车内噪声分别为 48.2dB(A) 和 47.2dB(A),二者仅相差 1.0dB(A),比改进前降低了 2.3dB(A),改进效果明显,且在主观评价方面也有明显提高。图 9-27 中加速度信号改进后在频率为 180Hz 处的峰值有明显降低,原因是系统的 1 阶模态频率得到了提升,且压缩机工作频率避开了系统 1 阶固有模态频率,没有共振情况产生,故改进后的压缩机本体振动加速度要比改进前得到很大降低。由于该峰值产生的根本原因是四缸发动机的 2 阶激励,只能通过避免共振来降低峰值,虽无法根除,但已将其影响降到很低范围。

改进前、后急速开空调车内噪声频谱如图 9-28 所示。由图中可以看出,改进后不仅在频率为 180Hz 时的噪声峰值明显降低,而且其他各个频率处的噪声也均有不同程度的下降,说明提高系统的 1 阶模态频率对降低该频率处的噪声峰值是有效的。

可见,通过提升压缩机—支架系统的 1 阶模态频率来避开急速开空调时压缩机的工作频率,能有效降低急速开空调时的车内噪声。但改进后车辆在发动机提速过程中,压缩机工作频率仍会经过压缩机—支架系统的 1 阶模态频率(226Hz),还可能会激起压缩机系统的共振。为验证提速过程中是否会产生共振而出现加速异响,采用与前面试验一致的方法,对车辆进行定置升转速工况试验。

图9-29 所示为定置升转速工况试验得到的改进后开/关空调与改进前开空调的车内声压对比。由图中可见,在改进后的压缩机—支架系统1阶模态频率(226Hz)对应的发动机转速(1043r/min)处并未出现噪声突然增大的现象,且车内噪声声压值在整个发动机转速范围(900~3400r/min)内都有较大改善。

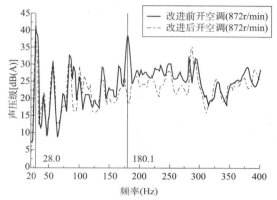

图9-28 改进前、后怠速开空调车内噪声频谱

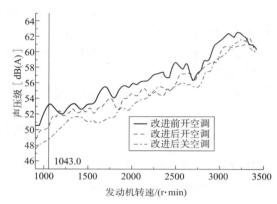

图9-29 定置升转速工况试验的车内噪声

第四节 采暖系统噪声控制

因热源不同,客车采暖系统的工作噪声差异很大。其中,以采用独立燃烧式(空气、液体)采暖系统的噪声最大,因此噪声控制主要是针对这类系统的加热器进行。

一、独立燃烧式燃油空气加热器的噪声识别

加热器结构复杂,要控制噪声必须首先识别噪声,找出主要噪声源。由于同时存在多个声源且相互干扰,只有找出主要声源的部位、能量分布和频率特性等,才能为噪声控制提供科学依据。

本节以某型国产大功率燃油空气加热器(最大热流量19.8kW,最大送风量970m³/h)为例,介绍从噪声源声功率测量、表面声强分布、频谱测量和噪声源层次诊断四个方面进行全面的噪声识别,以找出主要噪声源,分析噪声的产生机理,从而实现噪声控制。

1. 噪声源声功率测量

噪声源的声功率在稳态工况下是一个恒量,因此用声功率能合理表示机械设备的噪声高低。由于声功率级与声压级和声强级之间有一定的函数关系,对声源声功率级的测量,也是通过测量声压级与声强级来确定的。它们之间的关系如下:

$$L_W = L_{Pr} + 10\lg S \tag{9-16}$$

$$L_W = L_{In} + 10\lg S \tag{9-17}$$

式中:L_W——声源声功率级;

L_{Pr}——某规定测量距离r上多点声压级的平均值;

L_{In}——各测点的平均声强级；

S——该测量距离下包围声源的总表面积。

按物理量的不同,声功率测量有声压和声强两种方法;按对精度要求的不同,声压测量分精密法与工程法。它们都对测试环境提出了一定的要求,但声压测量对测试环境的要求相对较低。与声强测量相比,声压测量简单。因此,ISO 标准对声功率测量的说明及规定均是以声压级测量为依据。

试验用加热器不带出风帽与回风帽,按装车条件设计试验装置,以矩形作为包络面,采用九点测量法,测点布置如图 9-30 所示。

测量包括带方箱与不带方箱两种方式下强、弱挡的声功率级和强挡 63~2000Hz 之间 1/3 倍频带声功率级。

测量表面平均声压级 $\overline{L}_P$ 用下式计算：

$$\overline{L}_P = 10\lg\left(\frac{1}{9}\sum_{i=1}^{9}10^{0.1L_{Pi}}\right) \quad (9\text{-}18)$$

式中：L_{Pi}——第 i 点测得的声压级,dB(A)。

声功率级 L_W 用下式计算：

$$L_W = \overline{L}_P + 10\lg(S/S_0) \quad (9\text{-}19)$$

式中：$\overline{L}_P$——测量表面平均声压级,dB(A)；

S——测量表面的面积,试验中 $S = 24.55\text{m}^2$；

S_0——参考面积,$S_0 = 1\text{m}^2$。

对所测数据用式(9-18)和式(9-19)进行处理,绘制的频率—声功率级曲线如图 9-31 所示。

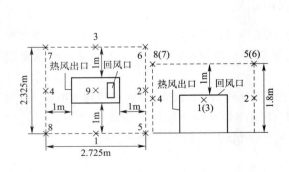

图 9-30 声功率测量测点布置图

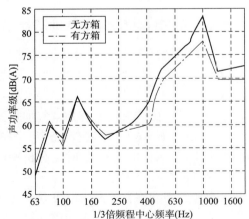

图 9-31 燃油空气加热器声功率级曲线

从图 9-31 中可以看出：在 63~2000Hz 之间的 1/3 倍频带声功率级曲线上,出现了三个比较明显的峰值,分别在中心频率为 80Hz、125Hz、1000Hz 的频段上,且以 1000Hz 处的幅值为最大,分别为 83.5dB(A) 和 78.0dB(A)。带方箱与不带方箱两种情况下声功率级的区别在 250Hz 以下不甚明显,在 250~2000Hz 之间则出现一定的差别,表现为不带方箱时的值稍大于带方箱时的相应值。测量数据的处理结果还表明,带方箱时强、弱挡的声功率级分别达到 94.7dB(A) 和 89.4dB(A);强、弱挡的平均声压级分别为 80.8dB(A) 和 75.5dB(A)。

此外,由式(9-19)可见,平均声压级与声功率之间仅相差一常数,因而平均声压级曲线与平均声功率级曲线的趋势相同。

2. 加热器表面声强分布

表面声强分布能较好表示设备辐射噪声的区域特点,并大致确定主要的噪声辐射部位。测量借助一个用细铁丝焊接的三面测量网格体(外框 1200mm × 600mm × 800mm,网格 200mm × 200mm)进行,用声强探头测量节点上的声强,并对每个面的声强值用 Matlab 软件进行处理,绘制各表面声强分布图。试验用加热器处于强挡稳定燃烧,不带回风帽与热风帽工况。

加热器前端面布置 5×7 个测点(铭牌面),左端面布置 4×5 个测点(热风出口侧面),后端面、上端面和右端面分别布置 7×5、4×7 和 4×5 个测点,绘制各所测端面声强分布图。

由声强分布图可以看出各端面的声强分布情况。其中,左端面中部偏上的声强级最大,达 92dB(A);1/3 倍频程图上噪声能量则主要分布在中心频率为 1000Hz、630Hz 的频段内并具有明显峰值,分别由风扇噪声、电机噪声引起,如图 9-32、图 9-33 所示。

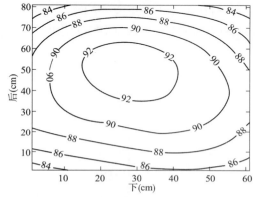

图 9-32　加热器左端面声强分布图[单位:dB(A)]

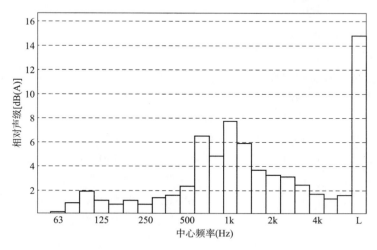

图 9-33　加热器左端面声强 1/3 倍频程图

3. 噪声频谱测量

噪声频谱分析是在频率域内分析信号的频率结构,即以频率为横坐标,主要声学参数(如声压级、声强级、声功率级等)为纵坐标的图形。频谱分析可以较为详细地了解噪声的频率成分,探寻噪声发生的根源,研究噪声的发生机理以及如何控制等问题。

试验中,加热器不带方箱时加速度传感器放置于靠近回风口的热交换筒上,带方箱时放置于靠近回风口的方箱上。传声器放置于回风口附近。

采集加速度传感器振动信号和传声器声压信号,采样频率$f_s = 5000$Hz,采样点数4096。对采集的信号用 Matlab 软件进行处理,从而获得各工况的噪声频谱图与功率谱图。

试验工况分4种,即:①$n = 3750$r/min,带方箱,加热器正常燃烧;②$n = 4100$r/min,带方箱,加热器正常燃烧;③$n = 3750$r/min,带方箱,加热器不燃烧;④$n = 3750$r/min,不带方箱,不带大风扇,加热器不燃烧。其中,试验工况①为加热器装车的正常工作工况。

图9-34所示为对工况①采集到的回风口声压信号进行的频谱分析图。由图中可见,加热器噪声主要分布在129Hz、645Hz、962Hz、1069Hz等频率附近。

1)燃烧噪声

对比工况①与工况③的噪声频谱图(图9-35),可见其明显差别在于工况③少了129Hz附近的频率成分。而试验中发出的低沉轰鸣声,可以推断129Hz附近的噪声是由燃烧引起。

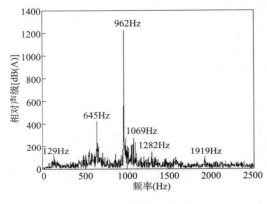

图9-34 工况①噪声频谱图

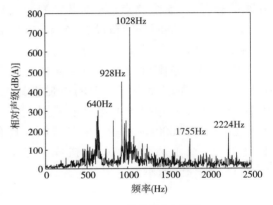

图9-35 工况③噪声频谱图

2)风扇噪声

风扇噪声主要由风扇叶片噪声和涡流噪声组成。叶片噪声是由于叶片周期性地打击空气质点引起周期性压力脉动形成的,它与风扇转速、叶片几何形状及尺寸有关,其噪声呈窄频带、低中频特性,有明显的峰值,形成有调噪声。

叶片噪声基频$f = nZ/60$。其中,n为风扇转速(r/min),Z为叶片数($Z = 10$)。

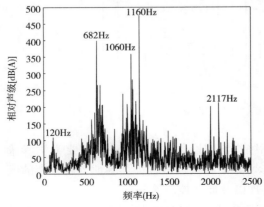

图9-36 工况②噪声频谱图

当$n = 3750$r/min时,$f = 625$Hz,与图9-34中的645Hz吻合;当$n = 4100$r/min时,$f = 683$Hz,与工况②(图9-36)中的682Hz吻合。说明645Hz附近的噪声由风扇叶片噪声引起。

涡流噪声是由于叶片转动使空气产生涡流形成的,其大小主要取决于叶片形状、直径以及气流速度等,特点是呈连续宽频带特性。

3)电机噪声

电机噪声包括电磁噪声、空气动力性噪声和机械性噪声。其中,电磁噪声主要由径向交变电磁力激发结构振动而引起。空气动力性噪声主要来自风扇的噪声。机械性噪声大体有:转子不平衡($f=n/60$),一般为低频噪声,对噪声影响不大;机件共振噪声;电刷噪声(基频$f=Kn/60$,K为换向片数量)和轴承噪声。

电磁噪声基频$f=nZ/60$。其中,n为电机转速(r/min),Z为电枢槽数($Z=15$)。

当$n=3750$r/min时,$f=938$Hz,与图9-34中的962Hz吻合;当$n=4100$r/min时,$f=1025$Hz,与工况②(图9-36)中的1060Hz吻合。说明938Hz附近的噪声是由电机电磁噪声引起的。

4. 噪声源识别

由于各声源的频率结构十分复杂,相互之间的干扰及声波传递通道千差万别,使得在实际诊断过程中往往很难对各声源之间进行排序。本例采用的噪声源层次诊断法是层次分析理论在噪声源识别领域的应用,其目的是确定各主要声源的主次顺序。

1)噪声源层次诊断法原理

根据噪声源的特点和层次分析理论,建立具有三个层次的结构图:目标层为各噪声源的主次顺序,用A表示;中间层为频率层,用B表示;最低层为噪声源层,用C表示。频率层B中各因素f_1、f_2、…、f_m为由噪声评价点的噪声频谱确定的峰值频率或者频段。频率层B和声源层C之间的依赖关系,应根据实际噪声源系统中各声源近场的声信号、振动信号或者其他相关信号与噪声评价点的噪声信号确定。

按噪声源层次诊断的步骤,由最高层到最低层逐层计算各层次所有因素对于最高层(目标层)的相对重要性的排序权值,并按权值大小确定排序号。声源的权值越大,则表明该声源对评价点噪声的影响越大,由此可得声源的识别结果。

2)噪声测试

在燃油空气加热器的主要噪声源中,除电机、风扇和燃烧噪声外,方箱共振、进/排气噪声、热风出口和装车后的回风口噪声对总噪声的影响也较大,也将其都作为声源处理。将测取的热风出口、进排气口和方箱振动的声压信号进行频谱分析,结合前述对噪声源的识别结果,可以得出:

(1)回风口噪声频率主要由63~250Hz、645Hz、962Hz、1069Hz、1919Hz组成,它们构成层次分析法的频率层;

(2)热风出口的噪声能量分布在63~250Hz、645Hz、964Hz和1064Hz频率或频段上;

(3)方箱振动能量集中在63~250Hz、962Hz两个频率或频段上;

(4)进、排气口辐射63~250Hz、471Hz、967Hz、1934Hz频率或频段上的噪声,其中471Hz的噪声因在回风口没有表现,其影响不计;

(5)电机噪声对回风口962Hz、1069Hz、1919Hz频率的噪声有贡献;

(6)风扇噪声对645Hz的噪声有贡献,燃烧辐射63~250Hz频段的噪声。

根据以上分析,建立的汽车燃油空气加热器噪声源诊断的层次结构如图9-37所示。

5. 层次排序

1)建立判断矩阵并进行层次单排序

进行评价点噪声与各噪声源噪声或振动信号的相干分析。回风口噪声与方箱振动、回风口噪声与热风出口噪声的相干图如图9-38所示。

依据判断矩阵的建立方法,并参考相干图,即可建立目标层A与频率层B、频率层B各因素与噪声源层C中相应因素之间的判断矩阵。

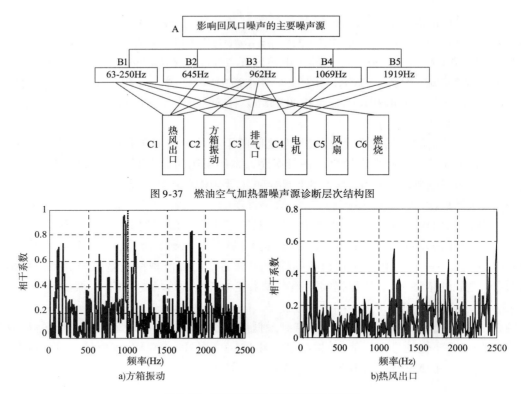

图 9-37 燃油空气加热器噪声源诊断层次结构图

图 9-38 回风口噪声与各近场信号相干图

2）层次总排序

根据各判断矩阵及其权值分配,可得声源层相对于目标层的总排序计算结果：

(1) 方箱振动对回风口噪声的影响最大,其次是热风出口和电机噪声,燃烧噪声对总声级的影响较小。而方箱本身并非振源,其振动主要由电机轴的振动通过机体传播引起。因此,要控制方箱振动,应设法减小电机轴的振动,并对方箱进行阻尼处理。

(2) 962Hz 频率的噪声对回风口噪声影响最大,其次是 645Hz 和 1061Hz 频率的噪声。

(3) 对 962Hz 频率噪声影响较大的声源为方箱振动、电机噪声和排气口噪声。电机噪声可通过电机改进来减小。装车时,因排气口远离车室,对乘员的影响也较小。

(4) 热风出口和风扇噪声影响 645Hz 频率的噪声。由加热器结构及风扇辐射噪声的特点可知,热风出口所辐射的 645Hz 频率的噪声,实为风扇噪声随热风送出而引起。

(5) 对 63~250Hz 频段噪声影响较大的声源分别为方箱振动、热风出口和燃烧噪声。对于热风出口,前文已述装车后其影响可忽略不计。而燃烧噪声则须通过改善燃烧性能来减小。

至此,通过运用层次诊断法,找出了影响客车燃油空气加热器回风口噪声大小的主要噪声源,其强度排序依次为:方箱振动、热风出口噪声、电机噪声、排气口噪声、风扇噪声和燃烧噪声。这一结果为进一步采取降噪措施提供了理论依据。

二、噪声源噪声控制

1. 风扇噪声控制

风扇为燃油空气加热器提供热量交换的气体,因转速高、产生风量大而在运行中辐射出强烈噪声,成为加热器的主要噪声源之一。控制加热器噪声,首要问题是选择满足风量要求的低噪声风扇,其次是对风道进行符合空气动力学要求的设计。

1) 风扇噪声的产生

风扇的旋转噪声具有确定的频率。在强度上,基频最大,其他谐波次之。如果已知风扇叶片数 Z、风扇转速 $n(\mathrm{r/min})$ 和谐波数 i,则旋转噪声的频率 $f = iZn/60$。

涡流噪声没有固定的频率。其产生的原因很多,包括叶片入口湍流、尾流边界和边界层漩流脱出、叶尖与气隙的相互作用,以及叶片旋转失速引起的喘振等。

影响风扇噪声的基本因素是风扇转速、叶轮大小和气动负荷。风扇风量大,旋转噪声大;风扇风量小,则涡流噪声大。因此,风扇噪声就是旋转噪声和涡流噪声相互混杂的结果,其频谱呈夹杂离散峰值的宽频带特性。但值得肯定的是,风扇效率高,其噪声也小。

2) 风扇噪声控制

加热器为专业厂家生产,而制造加热器的专业厂家一般不生产风扇。因此,控制风扇噪声的最佳途径是按风量、结构、安装和噪声控制要求,选用符合要求的大风量、低噪声和高效率的风扇。同时,系统设计时还应使风道正对风流方向的障碍物表面光滑,以此减少涡流噪声。

2. 电机噪声控制

电机噪声是燃油空气加热器的主要噪声源之一,控制电机噪声是低噪声产品设计的重要环节。电机噪声分为电磁噪声、机械噪声和空气动力性噪声三类。其中,后者主要由冷却风扇产生。

1) 电机噪声的产生机理

(1) 电磁噪声。

不平衡的电磁力是使电机产生电磁振动并辐射电磁噪声的根源。由于直流电机的定子和转子间的气隙是均匀的,且定子磁极弧长为转子槽数的整数倍,这样当转子运动其齿槽相继通过定子磁极时,拉力的作用中心将前后移动,相对于定子磁极产生一个前后运动的振荡力,该力将激发定子磁极产生切向振动。若定子磁极弧长不是转子槽数的整数倍,振荡力将减小,但作用于磁极的总拉力将在转子运转过程中不断变化,使磁极受径向不平衡力作用,从而激发径向振动。可见,运转的电机其磁极振动必然存在,电磁噪声的产生不可避免。

(2) 机械性噪声。

电机的机械性噪声包括转子不平衡、机件共振和轴承噪声以及换向器或整流子噪声等。

转子不平衡噪声是由于转子和轴不同心或电磁力轴向分量的作用而产生的,其基频为转子转动频率 $(f = n/60)$。该噪声一般为低频率声,对机械性噪声的直接影响不大。

机件共振噪声是电磁振动引起电机各部件的共振而产生,其频率结构较为复杂。

轴承噪声包括轴承结构本身的制造误差或不正确使用等引起的噪声。其中,球轴承的噪声基频 $f = nZ/60$[Z 为滚动体数, n 为轴承转数, $(\mathrm{r/min})$]。

电刷噪声则是由于换向器或滑环的表面粗糙度不良,或电刷与刷握间配合不好等造成的。

从能量角度看,电机运转辐射的噪声实质上是电功率转换成声功率的过程,而辐射噪声的声功率则与电机功率及转速成一定的对应关系。

2) 电机噪声控制

由于构成电机噪声的成因各异,对电机噪声的控制也应采取不同方法,需要加热器配套的电机(包括风扇)厂家按照风量、转速、结构和噪声指标等,设计生产符合要求的低噪声产品。对于燃油空气加热器的生产厂家,当电机和风扇本身的噪声控制受到限制时,可采取被动降噪措施。

3. 燃烧噪声控制

大量试验研究表明,低频噪声对人的影响更大。世界卫生组织(WHO)在关于社区噪声的最新评价指标中,明确提出影响人活动的噪声若包含较多低频成分时,其容许限值比普通限值要低。燃油空气加热器发出的低沉轰鸣声即是低频噪声,使人产生心慌、不安等心理反应,应引起重视。

1) 燃烧噪声的产生

液体和气体燃料必须通过燃烧器与空气混合才能燃烧,并在燃烧过程中会产生强烈的噪声,这种噪声统称为燃烧噪声。影响燃烧噪声的因素主要是燃料的雾化质量和燃烧室的气流组织。

燃烧设备中的气体流动属紊流流动。在紊流燃烧气流中,由于紊流火焰传播速度、油珠蒸发率及化学反应速度等的脉动引起燃烧放热率的脉动,最后导致燃烧噪声。因此,燃烧噪声是紊流燃烧过程中紊流与燃烧相互作用的产物。

燃烧噪声有直接和间接两种形式,前者是从正在燃烧的区域产生和释放出来的,即在反应区内,释放总热量脉动产生压力脉动并传播出去;后者则产生于燃烧区域下游,是由于紊流燃烧使气流所得的热量不相同,致使气流温度分布不均匀和下游流场相互作用而产生的。

燃烧噪声与火焰燃烧强度成正比。当火焰燃烧速度(总热量释放率)保持不变而火焰体积增大时,燃烧强度降低,噪声也降低。各种形式的燃烧器,其燃烧噪声的频率范围较宽,在低频范围有明显的峰值。研究表明,可燃混合气的成分对燃烧噪声的峰值频率有影响。

对于燃油空气加热器,燃油从油管喷出后在转速高达4000r/min左右的甩油碗、甩油盖作用下,依靠离心力把油从雾化器中抛出而破碎形成油雾,并在小风轮送入的助燃空气气流的离散下进行二次雾化。由于燃烧室的高温小油滴被进一步蒸发成气体,分子状态下的油气与氧分子接触在高温下进行燃烧。在燃烧区域,因气流的紊动和局部混合气组分不均匀,导致燃烧反应的波动引起局部区域的流速和压力发生变化,从而产生紊流燃烧噪声。而进入燃烧室的空气,因受燃烧室形状及燃烧气体压力波动的影响,其运动极为复杂。当气体中有了涡流或压力突变时,将产生空气动力性噪声,包括压力变动在流体边界层所产生的边界噪声。

2) 燃烧噪声控制

油的雾化是表面所受外力(冲击力、摩擦力)和内力(黏性力、表面张力)相互作用的结果。若外力大于内力,油流即破碎成小颗粒。影响雾化的因素包括油温、黏度和油压等。降低油黏度可以改善雾化质量。若流量一定,提高油压或减小出口面积会使喷油速度变大,对雾化有利。气流组织会显著影响油的雾化,燃烧室设计应形成一定的进气涡流,使燃油与空气充分接触、雾化。

传统的旋转式甩油结构雾化器,受旋转速度、小风轮转速的影响,要想进一步提高雾化质量十分困难。近年来,一种高压喷射雾化的先进技术开始在燃油加热器得到采用,不仅大大提高了油的雾化质量,降低了燃烧噪声,同时由于燃烧性能的改善,也减小了加热器的有害排放。

燃烧噪声不仅会以空气声的形式直接传播出来,而且由燃烧所产生的压力脉动冲击燃烧室壁和热交换筒,引起这些部件的振动,振动经空气向外辐射也构成噪声。此外,当燃烧噪声频率与结构件的固有频率相同时将产生共振。因此,有必要提高结构件的刚度,从而减小冲击和共振响应。如采用铸钢或铸铁制造热量交换筒并外铸散热翅片等,能有效降低冲击振动。

三、回风口噪声控制

理论上讲,控制加热器噪声应从声源出发,但实际中控制声源的措施效果往往不明显或者很不经济。而从噪声的传播途径上加以控制,如加装消声器,采取吸声、隔声等措施,也会取得较好效果。目前,使用较多的回风口消声器有内插管单室扩张式和共振式两种。

本例以《客车空调系统技术条件》(JT/T 216—2006)对 D 级客车有"当车辆停驶,主发动机不工作,仅采暖系统和通风装置工作时车内噪声应不大于 72dB(A)"的要求,确定该型燃油空气加热器的各频带允许声压级、回风口在强挡稳定燃烧时噪声频带声压级(回风口声压级),二者之差即为回风口消声器的设计消声量,亦即以气流影响的实际计算消声量为目标,设计了内插管单室扩张式消声器(由图 9-36 可以看出,所需消声的频带范围较宽,且以 1060Hz 处的消声量要求最大)。

计算和试验值表明,所设计的消声器无论对回风口噪声的降低,还是对加热器表面平均声压级的降低,都取得了较好效果。具体设计、试验细节,可参考有关文献。

第十章 计算流体动力学在客车空调系统设计中的应用

计算流体动力学（Computational Fluid Dynamics,CFD）作为流体力学的一个分支,是近代流体力学、数值数学和计算机科学结合的产物,是一门具有强大生命力的边缘学科。它以电子计算机为工具,应用各种离散化的数学方法,对流体力学的各类问题进行数值实验、计算机模拟和分析研究,以解决各种实际问题。

CFD属于现代模拟仿真技术,其基本特征是数值模拟和计算机设计与实验,即利用计算机来模拟仿真实际的流体流动,通过虚拟实验来得出相应理论,并将理论运用于实际的工程领域中。它从基本物理定理出发,在很大程度上替代了耗资巨大的流体动力学实验设备,已在科学研究和工程技术中产生了巨大的影响,是目前国际上一个热门的研究领域,是进行传热、传质、动量传递及燃烧、多相流和化学反应研究的核心和重要技术,广泛应用于航天设计、汽车设计、生物医学、化工处理、涡轮机设计、半导体设计、板翅式换热器设计等诸多工程领域。其中,空调系统设计就是CFD技术应用的重要领域之一。

第一节 概 述

CFD在汽车工程领域的应用始于20世纪60年代,当时主要用于发动机进气及缸内混合气流动的数值模拟、汽车制动等液力系统数值计算及汽车空气动力学数值模拟仿真等。

随着计算机技术的发展和数值计算方法的成熟,CFD在汽车工业得到了广泛应用,各大汽车制造厂商无不借助CFD软件所具有的成本低、速度快、资料完备、具有模拟真实条件和理想条件的能力,且不受气候条件和地区因素等影响的优点,来加快新产品的开发速度,降低开发成本。目前,CFD在汽车领域的应用主要有:空气动力学性能研究,车内空调气流组织分析,车内热环境分析、风窗玻璃除霜性能研究及空调系统设计,发动机舱热环境分析,发动机燃烧过程、进排气歧管气流和发动机冷却系统模拟,油泵和燃料电池内部流场等的模拟。

一、客车空调系统数值模拟仿真的意义

客车车室内部的空气品质是衡量乘坐舒适性的一个重要指标。车内空气质量的优劣和热舒适性的好坏,不仅直接影响乘客的乘坐感受,还影响乘员的身体健康。车内空气环境研究的重点是对空气分布的研究,只有掌握了车内空气流速、温度、湿度、洁净度等的时空分布,才能准确地对车内空气品质进行预测和评价。

传统的汽车空调系统试验(主要指轿车)是利用样机或实车在风洞或环境模拟实验室内完成的,既费时又耗资巨大,且对不同方案试验很不方便,极大影响了新产品的开发周期。

利用数值方法模拟车内空气的时空分布的优点是：成本低，投入人力、物力少；速度快，可以在较短的时间内研究多种不同方案，并选出最优方案，节约时间；数据完整，能够提供整个计算域内所有的相关变量，而采用试验方法要想获得完整的结果几乎不可能；可以模拟真实条件，避免了模型试验只能采取相似模型试验的不足，具有全尺寸模拟等。

与轿车相比，客车载客量大，车室空间狭小，在舒适性评价方面对车内空气质量优劣和热舒适性的好坏要求更高。因此，进行空调客车的车内空气分布和空气品质的数值模拟研究，进而指导产品设计就具有十分重要的意义。

二、CFD 的研究进展及 CFD 软件

1933 年，英国人 Thom 首次用手摇计算机数值求解了二维黏性流体偏微分方程，CFD 由此诞生。CFD 的发展始于 20 世纪 50 年代，最初主要应用于航天和汽车工业，并带动了所有与流体力学有关的其他行业蓬勃发展。自 20 世纪 60 年代以来，CFD 在紊流模型、网格技术、数值算法、可视化和并行计算等方面取得飞速发展，并给工业界带来了革命性的变化。

20 世纪 80 年代初，英国 CHAM 公司首先推出了以 SIMPLE 算法为基础的商业化 CFD 软件 PHOENICS，随后更多的商业化 CFD 软件被不断推出。在航空、航天、汽车等工业领域，利用 CFD 进行的反复设计、分析、优化已成为标准步骤和重要手段。

目前，国际上常见的商业化 CFD 通用软件有 FLOTRAN、CFX、FLUENT、NUMECA、PHOENICS、STAR-CD 等。

1. FLUENT

FLUENT 是当前国际上较流行且市场占有率较高的商用 CFD 软件包。由于具有丰富的物理模型、先进的数值方法以及强大的前后处理功能，在航空航天、汽车设计、石油天然气、涡轮机设计等凡是与流体、热传递及化学反应等有关的工业领域均可使用。

FLUENT 的软件设计基于 CFD 软件群的思想，针对各种复杂流动的物理现象，采用不同的离散格式和数值方法，以期在特定的领域内使计算速度、稳定性和精度等方面达到最佳组合，从而高效解决各领域的复杂流动计算问题。开发了适用于各领域能够模拟流体流动、传热传质、化学反应和其他复杂物理现象的流动模拟软件。为方便使用，软件之间采用了统一的网格生成技术及共同的图形界面，而各软件之间的区别仅在于应用的工业背景不同。

作为通用的 CFD 软件包，FLUENT 可模拟从不可压缩到高度可压缩范围内的复杂流动，而与之配合最好的标准网格软件是 ICEM。FLUENT 系列软件除通用的 CFD 软件 FLUENT、POLYFLOW、FIDAP 外，还包括工程设计软件和教学软件，以及面向特定专业应用的 ICE-PAK、AIRPAK 等软件。

由于采用了多种求解方法和多重网格加速收敛技术，因而 FLUENT 能达到最佳的收敛速度和求解精度。灵活的非结构化网格和基于解的自适应网格技术及成熟的物理模型，可以模拟高超声速流场、传热与相变、化学反应与燃烧、多相流、旋转机械、动/变形网格、噪声、材料加工等复杂机理的流动问题。

2. CFX

CFX 由英国 AEA 公司开发，是一种实用的流体工程分析工具，用于模拟流体流动、传

热、多相流、化学反应和燃烧等问题。其优势在于处理流动物理现象简单而几何形状复杂的问题,适用于直角/柱面/旋转坐标系、稳态/非稳态流动、瞬态/滑移网格、不可压缩/弱可压缩/可压缩流体、浮力流、多相流、非牛顿流体、化学反应、燃烧、NO_x 生成、辐射、多孔介质及混合传热过程。CFX 采用有限元法,自动时间步长控制,SIMPLE 算法,代数多网格、ICCG、Line、Stone 和 Block 等。

其中,Stone 解法能有效、精确地表达复杂几何形状,任意连接模块即可构造所需的几何图形。在每一个模块内,网格的生成可以确保迅速、可靠地进行,这种多块式网格允许扩展和变形。CFX 引进了各种公认的湍流模型,例如:k-ε 模型,低雷诺数 k-ε 模型,以及代数雷诺、微分雷诺和微分雷诺通量模型等。CFX 的多相流模型可用于分析工业生产中出现的各种流动,包括单体颗粒运动模型,连续相及分散相的多相流模型和自由表面的流动模型等。

目前,CFX 和 FLUENT 都被 ANSYS 公司收购,成为其 ANSYS 系列产品下的流体模块。

三、汽车空调系统数值模拟的一般步骤

对汽车空调系统进行数值模拟,一般分为如图 10-1 所示的几个步骤。

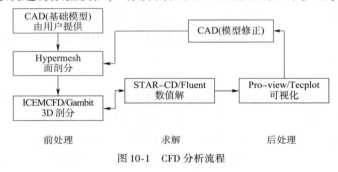

图 10-1 CFD 分析流程

1. 前处理

前处理主要是建立几何模型(实现物理空间到计算空间的映射)与网格划分(连续空间的离散化)。建立车室模型时一般需对计算影响大,但对计算结果影响不大的细小、复杂结构进行简化;确定计算区域空间,根据所在区域的场梯度大小确定网格划分的疏密,一般梯度大的地方划分的网格较密。

1)几何建模

在 CFD 分析计算前,首先需要对流动区域(即 CFD 计算域)的几何形状进行定义和构建。创建几何模型是计算流体模拟分析的基础,建立良好的几何模型既可以准确反映所研究的物理对象,又能方便地进行下一步网格划分工作。目前,创建几何模型的方法主要有两种。

(1)通过网格生成软件直接创建模型。

主流网格生成软件都具备创建几何模型的功能,通过这种方法创建的模型几何精度高,但操作过程相对麻烦,创建复杂的几何模型较为困难。

(2)采用三维 CAD 软件进行几何建模。

首先,通过三维 CAD 软件创建几何模型,然后转化为网格生成软件可以识别的接口文

件,导入网格生成软件再进行网格划分。这种方法创建模型较为方便,能够生成复杂的几何模型。但是对于一些人工绘制的三维模型,不可避免地存在一些曲面不封闭、多余断线等问题,因此在导入网格软件后必要时需进行简化和修复。

2)网格划分

在定义完计算区域的几何尺寸,建立完几何模型之后,第二步就是要生成计算网格。计算流体力学的核心思想就是将连续的物理方程模型,在空间和时间上进行离散化,通过数值迭代计算得到满足精度要求的近似解。网格划分能力的高低是决定工作效率的主要因素之一,对于复杂的 CFD 问题,网格生成极为耗时,且极易出错,其质量直接影响计算的精度和速度。

由于 CFD 计算结果的最终精度及计算效率主要取决于所生成的网格与采用的算法。而现有的各种网格生成方法在一定条件下都有其优点和缺点,各种求解算法也各有其适应范围。成功而高效的数值计算,只有在网格生成及求解算法两者之间有良好的匹配时才能实现。

3)流体特性选择

建模中非常关键的一步是正确设定所研究物质的物性参数。一般包括:密度和(或)分子量、黏度、比热容、热传导系数、质量扩散系数、标准状态下的熵和分子动力参数等。

在进行模型设置过程中,很多 CFD 软件都提供了丰富的物质资料可以直接调用,但对于特殊情况,还需根据实际情况和计算需要修改材料的物性参数以获得更为准确的仿真结果。

4)边界条件设定

边界条件就是流场变量在计算边界上应该满足的数学物理条件,其与初始条件一起并称为定解条件。只有在边界条件和初始条件确定后,流场的解才存在,并且是唯一的。

边界条件一般分为流体进出口条件、壁面条件、内部单元分区、内面边界条件等几类。

2. 求解器

(1)物理模型。在 CFD 建模过程中,需要根据计算要求与车内流场状况选择适当的物理模型,包括紊流模型、多相流模型、辐射模型、组分输运和反应模型、声模型等。

(2)计算算法。选择具体方程的离散方法、计算精度等。

(3)初始条件与边界条件。包括送风口形式、送风口速度、太阳辐射热、发动机辐射热及人体散热等其他热源的加载,以及回风口压力值的设定等。如果初始值比较靠近最后的收敛解,会加快计算过程,反之则会增加迭代步数,使计算过程加长,更严重的是有可能得不到收敛解。此外,还应进行求解控制和收敛监视,以保证计算收敛。

3. 后处理

后处理的过程是从流场中提取出想获得的流场特性的过程。将求解得到的流场特性与理论分析、计算或者试验研究得到的结果进行比较,验证计算结果的可靠性。即保存计算结果的数据文件,导入到合适的后处理软件中进行图形化输出,以显示云图、矢量图,得到速度、温度、浓度、压力场及其他参数等,也可用动画功能制作动画短片。

对计算结果进行评价,若结果不理想可重复以上步骤,直至获得满意的结果。

第二节 客车车内空气环境的数值模拟

公路长途旅客运输因乘员多、乘坐时间长,对车内空气环境和热舒适性要求较高。本节以我国1990—2010年最受公路长途客运欢迎的白昼行驶的卧铺客车为例,介绍为提高车内空气环境而进行的数值模拟方法。

由于采用纵向三列双层铺位设置,存在车内通风效果差、人体和设备散发的异味难以消除、上下铺间温差大、前后部制冷效果不理想等问题,严重影响了乘客的乘卧舒适性和驾驶员的安全驾驶。为此,国内客车生产企业采取了优化风道设计、增大新风量、改进车窗结构等措施,而最合理的做法则是在车内布置上下两层四风道。为验证改进后的空调效果,对该车型在不载人工况下的车室内温度场进行试验测量;借助商用CFD软件FLUENT对试验工况下的车内温度场和载人工况下的车内温度、气流速度分布及CO_2浓度进行了数值模拟计算。

一、不载人工况下车内温度场的试验测量

1. 试验车辆及其空调系统基本参数

试验车辆为针对超长途客运要求而开发的大型豪华卧铺客车,车内卧铺按1+1+1纵向双层布置,下层右侧设有饮水机、卫生间和中门,全车共设40个铺位,其中上层21个(按7×3布置),下层19个。

空调系统的风道按上下两层布置,右侧下层风道被分成前后两段,左侧风道虽然看起来是一个整体,但在第3排卧铺的末端处被隔断。因此,车内实际上共有6条风道,其中上层2条,下层4条;风道上共开有110个送风口,其中上层风道有86个(包括驾驶区的6个);回风口位于车顶中部靠前的位置,尺寸为1550×310mm。客车卧铺区、驾驶区、车内风道和回风口位置布置及空调系统的基本参数如图10-2~图10-4和表10-1所示。

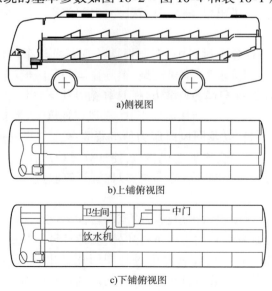

a)侧视图

b)上铺俯视图

c)下铺俯视图

图10-2 卧铺区及驾驶区布置

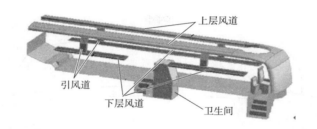

图 10-3　车内风道的布置

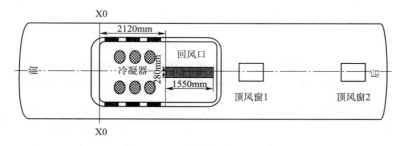

图 10-4　回风口位置

试验车辆及其空调系统的基本参数　　　　表 10-1

参数名称	数值	参数名称	数值
长×宽×高	11995×2550×3800mm	最大制冷量	37.2kW
最高车速	125km/h	额定制冷量	30kW
发动机功率	221kW/2200r/min	蒸发器风量	7000m³/h
空调系统型号	KFD-32J 非独立顶置式	冷凝器风量	9000m³/h
压缩机型号及排量	比泽尔 4NFCY 647CC(647cm³/r)	新风装置	集成

试验车辆空调系统的气流组织形式不同于普通座位客车,属于上部和两侧中部送风、上部回风的形式,如图 10-5 所示。此外,该车空调系统还带有新风装置,具有换气功能。即车内空气经过回风口吸入到蒸发器处进行再循环,新风自空调系统顶置装置的顶部进入,与回风在蒸发器前方混合,经蒸发器冷却后送入风道。调节新风门开度,可以控制新风量的比例。

图 10-6 所示为新风门位于最右侧时的结构示意图。

2. 试验仪器及测量方法

测量工况为静止空载,车内除试验人员和测试仪器外,无其他人员和非车内配置的物品。车外大气压力 98.98kPa,温度 37.2℃,相对湿度 51%,风速 0.5m/s,满足相关标准要求。

测量参数包括:送风口的送风速度、送风温度和卧铺区人体头、腹、脚部所在位置温度。分别采用 QDF-2A 型热球风速计、DM6801A 型数字温度表、FLUKE2635A 便携式多点数据采集器和 K 型热电偶测量和采集车内风速、温度。

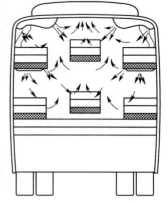

图 10-5　卧铺客车车内气流组织形式

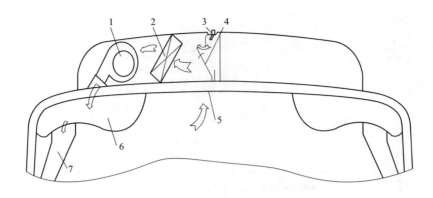

图 10-6　新风门位于最右侧时的结构示意图
1-蒸发风机；2-蒸发器；3-新风入口；4-新风门；5-回风口；6-主风道；7-引风道

测量时，空调系统开至最大制冷模式，所有送风口的开度调至最大，每个送风口的参数测量 3 次，求其平均值；卧铺区的温度取每个卧铺上人体头、腹、脚部所在位置测量，每个测点测量 3 次并求其平均值，几处典型位置的测量结果如图 10-7～图 10-12 所示。

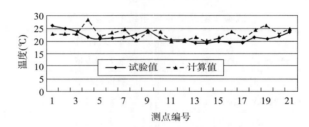

图 10-7　左列上铺温度试验值与计算值比较

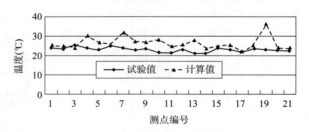

图 10-8　左列下铺温度试验值与计算值比较

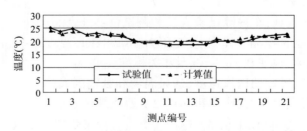

图 10-9　中间列上铺温度试验值与计算值比较

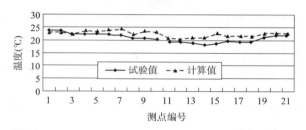

图 10-10　中间列下铺温度试验值与计算值比较

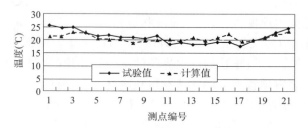

图 10-11　右列上铺温度试验值与计算值比较

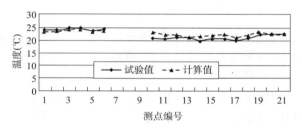

图 10-12　右列下铺温度试验值与计算值比较

二、不载人工况下车室内温度场的数值模拟

借助商用 CFD 软件 FLUENT,采用数值方法求解流体流动和传热控制方程,对卧铺客车车室内的温度场进行数值模拟,从而获得计算域内各种变量场的数值解。

1. 前处理

以实车二维图形为依据,在三维软件 Rhino 中建立车室的三维模型。建模过程中对车内结构复杂但对气体流动影响不大的局部作了简化处理,送风口采用基本模型法简化。之后每次均从 Rhino 内选择若干个部件以 STEP 格式输出,并保存为单独的". stp"文件(如 sleeper. stp 表示卧铺的几何实体文件)。将这些". stp"文件逐个输入到前处理软件 GAMBIT 中,通过布尔运算生成计算域(流体域)。这种做法的好处是如果修改了模型中的一部分,只需将修改的那部分重新输入即可,无须将整个模型重新输入,提高了建模的灵活性。

在 GAMBIT 中对生成的计算域进行网格划分,采用 Hexcore 技术生成矩形与非结构混合网格,在送风口附近等流动参数变化梯度大的区域进行局部网格加密,最后生成网格的主要参数见表 10-2。

生成的网格主要参数　　　　　　　　　表10-2

参　　数	数　　值
点个数	464253
面个数	3380864
体单元个数 （六面体/四面体/五面体）	1522287 （152914/1368331/1042）
网格的最大等角倾斜率	0.690463

2. 求解边界条件的设置

所有送风口均定义为速度入口，送风速度和送风温度按试验测量值设定，送风口的湍流度统一取为10%；回风口定义为压力出口，背压为 -7Pa。车室结构的六个面均定义为无滑移边界，地板按绝热壁面处理；车顶的热边界条件按一致处理（这与实际情况有一定差异，因为车顶中部靠前位置装有顶置式空调的蒸发器和冷凝器，与前后部相比，该处接收到的太阳辐射热量较少，按一致处理的目的是为了方便建模）；左右侧围的蒙皮面积较小，简化为玻璃；前后围按实际情况处理。玻璃定义为半透明材料，光学参数按其物理值设置；车内卧铺及其他物体的表面也按无滑移、绝热壁面处理。

3. 物性参数及其他假设

设车内的空气密度符合 Boussinesq 假设，参与辐射换热，且考虑重力与热浮升力对气体的作用。其他物体的物性参数按其物理值设置，假设车内空气的流动是三维稳态湍流。

4. 方程的离散方法与求解

选用 RNG k-ε 两方程湍流模型描述车内空气的流动，选用 DO（离散坐标）辐射换热模型计算太阳辐射、车内气体与固体之间的辐射换热，采用壁面函数法作为湍流模型的近壁修正。模拟计算东经 113.65°，北纬 34.72°地区 8 月 12 日正午 12 时车室内的温度场，利用 FLUENT 中的隐式稳态求解器求解诸方程。方程的离散方法与松弛因子的设置见表 10-3。

方程的离散方法与松弛因子　　　　　　表10-3

方　程	离散方法	方　程	松弛因子
压力速度耦合	SIMPLE	压力	0.3
压力方程	PRESTO	密度	1.0
湍流动能	二阶迎风	体积力	1.0
湍流动能耗散率	二阶迎风	动量	0.7
动量方程	二阶迎风	湍流动能	0.8
能量方程	二阶迎风	湍流耗散率	0.8
DO 方程	二阶迎风	湍流黏度	1.0
		能量	1.0
		DO	1.0

计算过程中除监视残差外，还监视出风口处的平均流量、平均温度等参数。当监视窗口上显示的出风口处平均流量与平均温度变成直线时，判定为收敛，这时连续性方程、动量方程的残差达到 10^{-3} 数量级，能量方程和 DO 方程的残差达到 10^{-6} 数量级。

5. 计算结果及与试验测量值的对比

图 10-13～图 10-15 所示为左中右三列卧铺纵向截面上（$Y = -915\text{mm}$、$Y = 0\text{mm}$ 及 $Y = 915\text{mm}$）的温度计算分布云图，温度单位为 K。

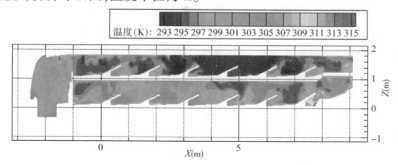

图 10-13　左列卧铺纵向中间截面上的温度分布云图（$Y = -915\text{mm}$）

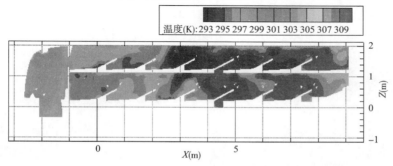

图 10-14　中间列卧铺纵向中间截面上的温度分布云图（$Y = 0\text{mm}$）

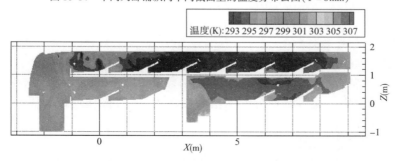

图 10-15　右列卧铺纵向中间截面上的温度分布云图（$Y = 915\text{mm}$）

从三图中读取测点上的温度计算值，并与试验结果对比（如图 10-7～图 10-12 所示）。

从图 10-7～图 10-12 可以看出，除了左列卧铺上的少数几个测点外，其他测点的温度计算值均与试验测量值接近，且两者的趋势也相吻合。分析图 10-7 和图 10-8 中明显偏离试验测量值的测点，发现均为乘员脚部所在位置。这是由于在建模过程中将左右侧围小面积的蒙皮简化为玻璃所引起的，因为乘员脚部所在位置是一个五面封闭的空间（插脚铺的设计方式），该空间内的气流流速缓慢，热量不易带走，而计算时又将其一侧的蒙皮简化为玻璃，使得车室和该五面封闭的空间内的得热量都比实际大，而试验与数值计算的工况都是太阳照射在车体的左侧，因此左侧这些测点上的温度计算值明显偏离试验测量值，中间列与右列卧铺上的测点则无此现象。从总体上看，数值模拟计算结果可信，且准确度较高。

三、载人工况下公路卧铺客车室内流场的数值模拟

对试验车辆以室内空气流场为对象,分析研究公路卧铺空调客车载人工况下车室内的气流组织状况。采用 CFD 的方法,进行流场的数值模拟计算;综合考虑车外太阳辐射和铺位上乘客散热的影响,建立客车室内三维湍流模型;对于数值模拟结果,利用后处理软件进行可视化处理,得到车内温度、速度分布情况及 CO_2 的浓度分布特点。

1. 物理模型的建立

1) 人体几何模型

该型卧铺客车满载工况载客 40 人,计算所用人体模型的主要尺寸采用中国成年男子身体主要尺寸 50 百分位的统计数据,所建乘客人体半躺模型如图 10-16 所示。

2) 整体模型

由于研究对象是客车车室内部空间,车身外部部件对车内空气流场的流动和传热基本没有影响,因此建模时只需考虑车厢内的结构。以车内地板上表面为 $Z/0$ 线(向上为正,向下为负),汽车中心线为 $Y/0$ 线(面向汽车前方,向右为正,向左为负),前轮中心线为 $X/0$ 线(向后为正,向前为负),建立的客车内部空间模型的立体效果如图 10-17 所示。

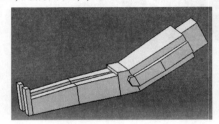 

图 10-16 卧铺上乘客半躺模型　　图 10-17 客车内部空间模型的立体效果图

2. 网格划分及边界条件设置

1) 网格生成

采用结构/非结构混合网格划分,并注意控制各位置网格的疏密程度。在风口和壁面附近温度、速度梯度变化较大区域划分的网格密度较大,所有操作均按照网格划分的要求进行,最终生成的三维网格数为 1734510 个。

2) 风口模型及其边界设置

送风口采用速度入口(velocity inlet),送风速度为 3m/s,送风温度为 15℃,入流的湍流强度为 10%,水力直径为 0.0454m。

回风口采用压力出口(pressure outlet),背压参数为 -7Pa。如果产生回流,则设置回流温度为 27℃,入流的湍流强度为 10%,水力直径为 0.4595m。

3) 人体模型及壁面边界设置

计算分析中加载人体模型,只考虑人体散热和呼吸时排放的 CO_2。人体模型的散热边界条件设置采用定温边界条件,皮肤温度为 37℃。呼吸时的气体成分中,呼入 O_2、CO_2 和 N_2 分别占呼入气体的 20.97%、0.03% 和 79%;呼出时分别占呼出气体的 16.5%、4% 和 79.5%。为便于计算,将水蒸气和微量惰性气体归到 N_2 中。对人体呼出的 CO_2,以面部为入口,采用质量入口(mass flow inlet),每人呼出的 CO_2 流量为 7.53×10^{-6} kg/s。

视空气流动为黏性流动,采用 RNG k-ε 湍流模型进行流动模拟。壁面采用非滑移边界条件,且各个方向上的速度均为零。对壁面上的传热边界条件,采用定温热边界条件,并受辐射影响。对于车窗玻璃,则采用 FLUENT 软件中提供的半透明介质模型,并采用 DO 太阳辐射模型进行辐射传热过程计算。

4) 计算方法

由于 SIMPLEC 算法在室内空气流动模拟中应用较为成熟,因此采用该耦合算法,并对动量、能量和 DO 方程采用二阶迎风格式。

3. 计算结果分析

根据车内风口分布和内部结构特征,在 Y 轴上 $-0.957\mathrm{m}$、$0.073\mathrm{m}$ 和 $0.957\mathrm{m}$ 的位置,以及右侧铺位、中间铺位和左侧铺位的位置各选取一个平面(以观察者从车头面向车尾时,其左手和右手来划分左右),分析在等高线图形式下所选平面的温度、气流速度和 CO_2 浓度的分布特点。

1) 温度分布

(1) 在狭长的车厢内部,前后两端区域的温度值较高。特别是在前部区域,由于送风系统开设的送风口数量较少且风口只设在车顶,而前部除仪表板外,无其他明显突出部件,使得该处送风较为顺畅,大部分区域的温度梯度变化较小。此外,在模拟环境里,前部偏右侧区域直接受到太阳光的照射,仪表板右侧的温度值较大,有的地方甚至达到 $45\,^\circ\!\mathrm{C}$。前部整个区域的温度值也相对较大,甚至连第一排铺位区域的温度值也较高。同样,后部最后一排铺位乘客躯干以上部位的温度值也较大。

(2) 中间列铺位平面的温度梯度变化较小,除第一排和最后一排外,其余铺位乘客上方区域的温度变化较小,分布较均匀,约为 $20\,^\circ\!\mathrm{C}$。左、右两列铺位因靠近车窗,受外部辐射和传热影响较大,铺位上的温度比中间列稍高。由于左右两列铺位的送风口都布置在每一个乘客腹部的上方,新风刚从送风口出来温度较低,在其入射方向周围温度梯度变化明显,因此每位乘客腹部区域上方均有一片颜色较深的区域,温度值很低,如图 10-18 ~ 图 10-20 所示。

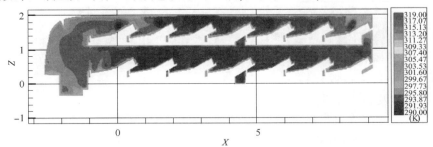

图 10-18 $Y = 0.07254\mathrm{m}$ 平面的温度梯度变化

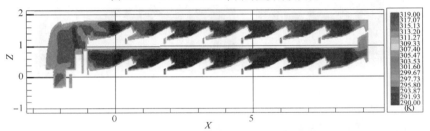

图 10-19 $Y = -0.95706\mathrm{m}$ 平面的温度梯度变化

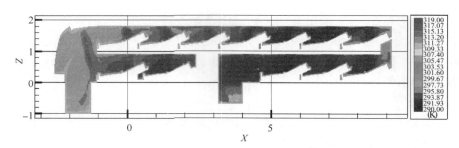

图 10-20　$Y=0.95706m$ 平面的温度梯度变化

2) 速度分布

(1) 由图 10-21 可见,中间列平面因处于回风口位置的车内纵向截面,空气流速较高(约 3m/s),其下方区域周围的空气速度相对其他区域也较大,且速度梯度变化明显,特别是在第三排的上层铺位乘客周围,速度梯度变化较大。

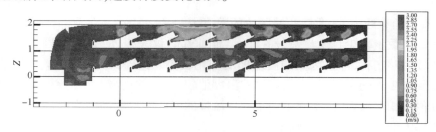

图 10-21　$Y=0.07254m$ 平面的速度梯度变化

(2) 左右两列铺位的送风口位于乘客腹部正上方,该位置气流速度值较大,速度梯度变化明显。如图 10-22 和图 10-23 所示,每位乘客的腹部上方都有一片明显的速度较高区域。在驾驶区,车顶的送风口则直接将新风吹向驾驶员头部。

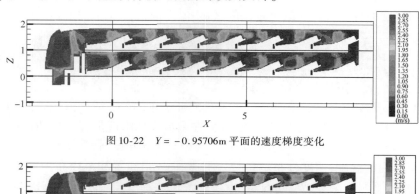

图 10-22　$Y=-0.95706m$ 平面的速度梯度变化

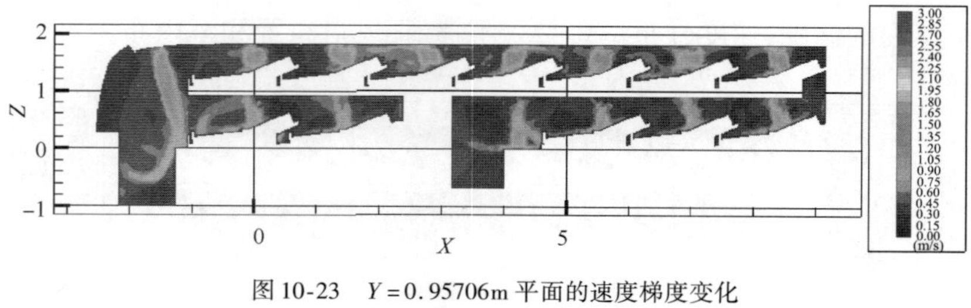

图 10-23　$Y=0.95706m$ 平面的速度梯度变化

3) CO_2 浓度分布

(1) 由图 10-24 ~ 图 10-26 可见,前部区域的 CO_2 浓度最低,平均浓度约为 0.06%;中部

区域的 CO_2 浓度相对较高,但在图 10-26 中部的卫生间及其阶梯附近位置,浓度却相对较低;后部区域的 CO_2 浓度在三个 X 轴分析平面中最高,平均浓度为 0.16% ,略高于 JT/T 216—2006 要求的 0.15%。前部主要是驾驶区,乘员密集程度相对于车内其他部位较小,因此 CO_2 浓度值相对最低。而后部的 CO_2 浓度较大,原因是距离回风口较远,CO_2 滞留的时间较长,与前部区域相比乘员较为密集。

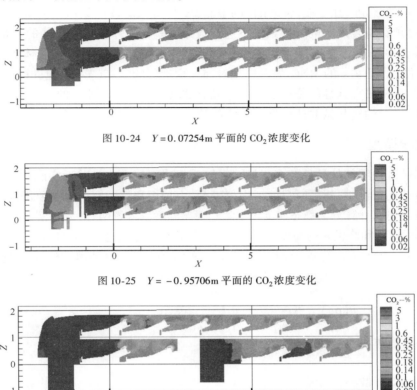

图 10-24　$Y = 0.07254m$ 平面的 CO_2 浓度变化

图 10-25　$Y = -0.95706m$ 平面的 CO_2 浓度变化

图 10-26　$Y = 0.95706m$ 平面的 CO_2 浓度变化

(2)在图 10-24 和图 10-25 中明显可见乘员面部位置的 CO_2 浓度值最高,约为 4% ,其原因是此处人体刚呼出的 CO_2 还没及时扩散,因此在乘员头部附近都有一片 CO_2 浓度值较高的区域。而前部即驾驶区和第一排乘客周围的区域 CO_2 浓度分布则相对较为稀薄。

卧铺客车室内的温度、速度分布主要受太阳辐射、风口布置和车内布局等各种因素的综合影响,在本例中,车内前部、后部温度较高,中间部位的温度值较低且分布相对均匀。对比左、中、右三列铺位发现,左右两侧铺位由于紧靠窗户,受太阳辐射等外部影响温度值相对较高,中间列铺位温度较低。

由于回风口影响,车内中间部位速度值较大,气流组织较为紊乱,特别是在回风口附近区域这一现象更为明显。而送风口大都安装在铺位上方且直接吹向乘客腹部,所以在乘客的腹部区域,速度值较大,梯度变化也较明显。

经统计,车内 CO_2 的平均浓度为 0.11% ,符合客车空调系统通风换气的要求,但是在后部和上层区域的局部位置 CO_2 浓度则较大。可见,乘员的密集程度、回风口布置和车内流场

分布情况对于 CO_2 的浓度分布有着直接影响。

第三节 前风窗玻璃除霜性能的数值模拟

为保证行车安全,国家行业标准对客车风窗玻璃除霜(雾)系统的性能要求及试验方法作出了较严格的规定。由于受环境条件的限制,要对前风窗玻璃除霜(雾)系统进行设计开发和验证,必须在符合规定的气候条件下进行道路试验。为弥补实际条件的不足,有实力的汽车空调零部件企业建立了环境模拟实验室,但费用较高。运用计算流体力学(CFD)的 FLUENT 软件,采用 k-ε 的 RNG 数学模型对前风窗玻璃的除霜(雾)系统进行流场和温度场的数值模拟,分析研究其性能是否达到标准规定的要求,找出设计上的不足,提出相关改进建议,确保以最少的实际试验达到标准规定的要求。

一、数学模型

由于驾驶区内零部件品种较多,材质各异,要想建立一个非常贴近实际且真实度很高的仿真模型目前还很困难,建模时只能考虑仪表台、内护板和驾驶座椅等主要部件。

除霜(雾)仿真计算分为稳态速度场求解和瞬态温度场求解两种,数学模型选取 RNG k-ε,通过在大尺度运动和修正后的黏度项体现小尺度的影响,并使这些小尺度运动有系统地从控制方程中除去。RNG k-ε 模型对流线弯曲度较大的流动做了较好处理,控制方程的表达式为:

$$\frac{\partial(\rho k)}{\partial t}+\frac{\partial(\rho k u_i)}{\partial x_i}=\frac{\partial}{\partial x_j}\left(\alpha_k \mu_{\mathrm{eff}}\frac{\partial k}{\partial x_j}\right)+G_k-\rho\varepsilon \tag{10-1}$$

$$\frac{\partial(\rho\varepsilon)}{\partial t}+\frac{\partial(\rho\varepsilon u_i)}{\partial x_i}=\frac{\partial}{\partial x_j}\left(\alpha_\varepsilon \mu_{\mathrm{eff}}\frac{\partial \varepsilon}{\partial x_j}\right)+\frac{C_{1\varepsilon}^*}{k}G_k-C_{2\varepsilon}\rho\frac{\varepsilon^2}{k} \tag{10-2}$$

式中: ρ ——空气体积质量,kg/m^3;

t ——时间,s;

ε ——湍动耗散率,m^2/s^2;

k ——湍动能,m^2/s^2;

u_i ——速度,m/s;

$\alpha_k,\alpha_\varepsilon$ ——与 k 和 ε 对应的 Prandtl(普朗特)数,$\alpha_k=\alpha_\varepsilon=1.39$;

G_k ——由于平均速度梯度引起的 k 的产生项;

μ_{eff} ——修正湍动黏度,$(N\cdot s)/m^2$,$\mu_{\mathrm{eff}}=\mu+\mu_t$,$\mu_t$ 为湍动黏性系数,$\mu_t=\rho C_\mu\frac{k^2}{\varepsilon}$,$C_\mu=0.0845$;

$C_{1\varepsilon},C_{2\varepsilon}$ ——经验常数,$C_{1\varepsilon}=1.42$,$C_{2\varepsilon}=1.68$。

$$C_{1\varepsilon}^*=C_{1\varepsilon}-\frac{\eta(1-\eta/\eta_0)}{1+\beta\eta^3},\eta=\sqrt{2}E_{ij}\frac{k}{\varepsilon}\cdot\eta_0=4.377$$

$$\beta=0.012,E_{ij}=\frac{1}{2}\left(\frac{\partial u_i}{\partial x_j}+\frac{\partial u_j}{\partial x_i}\right)$$

在 FLUENT 软件中,有除霜(雾)模型对此类问题进行专项模拟,为了快速直接地掌握前风窗玻璃上的霜(雾)融化情况,入口边界选取了一个平均温度进口,出口边界选取压力出口。

二、后处理分析

除霜(雾)系统的风道设计直接影响气流流线在风窗玻璃上的分布,是决定除霜(雾)效果好坏与否的关键。表 10-4 所示为国内某汽车厂采用 FLUENT 软件对某轻型客车前风窗玻璃的除霜(雾)系统进行流场和温度场数值模拟所得到的风道各喷口的风量分配。

某轻型客车除霜(雾)风道风量分配　　　　　　　表 10-4

喷口编号 (从驾驶员侧起)	平均风速 (m/s)	喷口风量 (%)
1	13.43	14.8
2	8.43	23.7
3	7.54	22.6
4	9.43	23.5
5	12.70	15.4

表中,1 号和 5 号为侧除霜喷口,2、3、4 号为前风窗除霜喷口,后者占近 70% 的总风量,这 3 个喷口的气流流线将对除霜(雾)效果产生极大影响。仿真计算的流线图如图 10-27 所示,由图中可见初始设计的风道存在流线分布过于分散、整个除霜区域没有紊流,除霜时间会较长,驾驶员侧上方一处区域热风量分配过少,对 A 区除霜不利等问题。初步判断是右侧霜(雾)层融化好于驾驶员侧,而实际试验情况与分析结果则较为接近(表 10-5)。

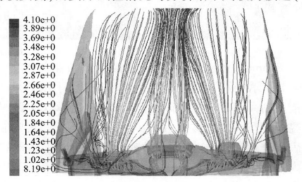

图 10-27　修改前仿真计算的前风窗玻璃除霜(雾)流线图

某轻型客车风窗玻璃除霜(雾)系统试验结果　　　　表 10-5

试 验 项 目	试 验 要 求	试 验 结 果	
		试验车 A	试验车 B
试验开始后 20min 时,除霜(雾)面积占 A 区%	≥80	36	30
试验开始后 25min 时,除霜(雾)面积占 A′区%	≥80	50	56
试验开始后 40min 时,除霜(雾)面积占 B 区%	≥95	100	100

注:A、A′区和 B 区的划分,见《汽车风窗玻璃除霜和除雾系统的性能和试验方法》(GB 11555—2009)。

图 10-28 所示为针对原设计方案出现的问题对风道进行几轮局部修改,特别是在对驾驶员侧和中部风道的几个相关热风喷口进行调整后的仿真分析计算结果。可见流线分布较为合理,风窗玻璃上没有明显的未除霜(雾)区;暖风流向基本满足了整个除霜(雾)区域的要求,驾驶员侧上方区域风量分配得到改善。图 10-29 所示为改进后的风窗玻璃除霜(雾)云图,与随后进行的试验对比表明,结果较为接近,达到了标准要求。

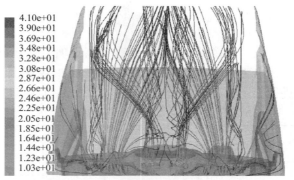

图 10-28　修改后仿真计算的前风窗玻璃除霜(雾)流线图

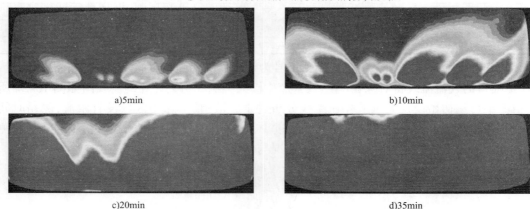

a)5min　　　　　　　　　　　　　　b)10min

c)20min　　　　　　　　　　　　　　d)35min

图 10-29　改进后仿真计算的前风窗玻璃除霜(雾)云图

图 10-30 和图 10-31 所示分别为国内某大型客车企业利用 CFD 分析软件,对其制造的某大型双层玻璃客车前风窗采用非等温受限贴附射流技术的除霜(雾)分析和在黑龙江哈绥高速公路 –20℃ 环境温度实车前风窗玻璃 100% 除霜试验照片。结果证明,利用外界干燥寒冷空气加热后通过仪表板合理送风,在前风窗玻璃内侧表面形成一风幕,阻止车内人员呼吸产生的湿空气在玻璃内表面结霜是目前解决 –20℃ 环境温度下国产客车前风窗玻璃内表面结霜问题的有效方法。该方案综合应用了空气湿度调节、静压不变的均匀送风风道设计和非等温受限贴附射流技术等,解决困扰多年的了产品技术难题。

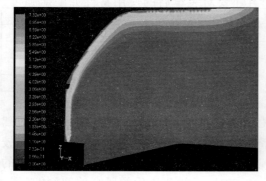

图 10-30　贴附射流形成风幕 CFD 分析结果

图 10-31　高寒地区实车前风窗玻璃除霜试验结果

第十一章 客车空调系统性能试验

客车空调运行工况复杂,与其他交通工具和建筑空调相比,其驱动方式、冷热负荷状态和工作环境条件等都有很大不同,这不仅对空调各子系统和总成、部件的各种性能以及体积大小和轻量化等提出了很高要求,而且在使用中其性能也面临着严峻的考验。因此,客车企业在装车前都要对配套的空调总成和装配完成的整车进行试验检测,以保证产品的一致性和可靠性,而国家和行业管理部门对客车空调也制定了与其他空调不同的试验要求和试验方法。

客车空调系统的试验分总成试验、各系统性能试验和整车试验,且各试验之间相互关联。如果单个总成部件性能良好,但各总成和系统之间配合不佳,则各总成和系统的性能就无法得到充分发挥,致使整车空调系统的性能难以达到设计要求。

随着客车技术和客车空调技术的进步,借助于现代传感技术、软硬件技术、网络技术、信息处理、计算流体动力学、环境模拟和试验技术等的发展,汽车空调系统整车和总成、部件的试验也在不断地发展、提高并逐步完善中。

本章简要介绍客车空调的主要试验项目、试验工况、试验目的、试验内容和试验方法,要想进一步详细了解,可参阅国家、行业的有关标准和规定。

第一节 制冷系统总成试验

在空调客车的设计和制造中,按照国家、行业标准和使用要求,制冷系统一般应进行压缩机、冷凝器、蒸发器和热力膨胀阀等总成、部件的性能检测试验。

一、压缩机性能试验

对于空调压缩机,不仅要进行性能试验,而且还要对装车后的使用特性如耐压强度、密封性、耐久性、粉尘和盐雾等进行试验,以此检验压缩机各项工作性能是否达到规定要求。

1. 试验工况

压缩机的试验工况为名义试验工况,即在此工况下压缩机按规定条件进行试验,并作为性能比较的基准性能工况。压缩机的名义试验工况见表11-1。

2. 性能试验

1)试验目的和试验要求

用试验的方法确定压缩机的实际制冷量、输入功率和单位功率制冷量等主要性能指标。

为保证试验的准确性和一致性,对试验准备工作和试验中的操作方法及程序等在《汽车空调器用制冷剂压缩机》(GB/T 21360—2018)中提出了统一、明确的要求,并规定在同一条件下应进行一次复核试验(进行复核试验前,至少应停机 1h,但不得改变试验系统内的制冷剂与润滑油的量)。同时,对测量仪表的选用及仪表精确度均有较高要求。

压缩机名义试验工况　　　　　　　　表 11-1

压缩机型式		压缩机转速（r/min）	吸气压力对应的饱和温度（℃）	排气压力对应的饱和温度（℃）	吸气温度（℃）	制冷剂过冷温度（℃）	压缩机环境温度（℃）
开启式	曲柄连杆活塞式	1800	-1.0¹	63.0	9.0	63.0	≥65
	斜盘活塞式						
	旋转式						
	涡旋式						
半(全)封闭		额定电压					

注:对于变排量压缩机,为压缩机控制阀的设定压力。

2)试验方法

在表 11-1 规定的名义工况下,按《容积式制冷剂压缩机性能试验方法》(GB/T 5773—2016)进行试验并记录试验数据。对于变排量压缩机,应采取适当措施使压缩机变排量后的理论排量值与设计要求相符,并测量其实际性能。试验允许不进行校核试验。

3)试验结果

试验结果为两次试验结果的平均值,其性能要求和偏差应符合表 11-2 的规定。其中,制冷系数 COP 值应不低于表 11-3 的规定,其值为 0.05 的倍数。

压缩机性能要求和试验结果偏差　　　　　　　　表 11-2

性 能 参 数	明示值(%)	性能参数的任意测量结果相对平均值的最大允许偏差(%)
名义工况制冷量	≥95	±1.0
(轴)输入功率	≤110	±1.5
性能系数		±2.0
制冷系数 COP 值	≥95	

制 冷 系 数 COP 值　　　　　　　　表 11-3

压缩机型式		压缩机排量(mL/r)			
		≤160	≤320	≤550	>550
开启式	曲柄连杆活塞式	1.70	1.70	1.80	1.85
	斜盘活塞式	1.65		1.70	
	涡旋式	1.85	1.85	1.80	
	旋转式	1.70	1.70		1.85
半(全)封闭		1.60			

注:制造厂还应提供各种转速和不同试验工况下的制冷量、功率。

3．使用特性试验

1)试验项目和试验内容

压缩机的使用特性试验项目及内容见表 11-4。

压缩机的使用特性试验及要求　　　　　　　　　　　　　　　表 11-4

试验项目	试验内容及要求
耐压强度	按规定方法试验,压缩机不应渗漏和异常变形
密封性	试验压缩机在规定条件下的泄漏量是否满足规定要求
内部清洁度	按规定方法对压缩机进行清洗、过滤、烘干清洗液后的杂质称重
内部含水量	在规定条件下检验压缩机内部的含水量应满足规定要求
噪声	按规定方法测试,压缩机噪声值应不大于规定要求
耐腐蚀性	用规定的试验方法检验,压缩机表面锈蚀情况应满足规定要求
电气强度	按规定方法测试,检验有无击穿现象
绝缘电阻	按规定方法测试,检验绝缘电阻应满足规定要求
温升	按规定条件检验电磁离合器线圈或电机温升是否应满足规定要求
电磁离合器净脱离转矩	按规定试验方法测试电磁离合器净脱离转矩是否满足规定要求
热循环	按规定方法试验,经过 5 个循环后应满足规定要求
耐久性	按规定方法试验后的压缩机性能下降情况应满足规定要求
耐振动性	按规定进行振动试验,检验压缩机的耐振动性应满足规定要求

2) 耐久性试验

耐久性试验是压缩机所有试验中最重要的试验之一,其目的是使压缩机进行长时间的运转,以此确定与汽车使用寿命相适应的压缩机可靠性。

耐久性试验装置应具备可以控制压缩机转速、吸气压力、排气压力、吸气温度和环境温度的条件,同时还应具备温度、压力和压差等的保护措施。对于半(全)封闭式压缩机,其耐久性试验工况见表 11-5。

半(全)封闭式压缩机耐久性试验工况　　　　　　　　　　表 11-5

试验工况项目	名义工况	最大功率工况	低吸气压力工况
排气压力(MPa)	1.53 ~ 1.66	1.27 ~ 1.34	1.13 ~ 1.28
吸气压力(MPa)	0.26 ~ 0.34	0.13 ~ 0.24	0.029 ~ 0.087
压缩机环境温度(℃)	60 ~ 70	105 ~ 115	50 ~ 60
运行时间(h)	500	400	100

试验前,被试压缩机应先进行排气泄漏量、制冷剂泄漏量、压缩机性能和噪声试验。在做好有关准备工作后,按表 11-5 或表 11-6 规定的试验条件,调节吸排气压力和开停时间进行耐久性试验。试验中压缩机应运行正常,否则应立即停机检查,分析故障原因。如不属于压缩机本身故障,排除故障后继续试验,停机前所进行的全部试验有效;否则,试验无效。

IMACA 308 规定的压缩机耐久性试验工况　　　　　　　　表 11-6

项目	低速耐久性试验	高速耐久性试验	高速换挡减速工况
压缩机转速(r/min)	510 ~ 770	4500 ~ 5500	6500
吸气压力(MPa)	0.269 ~ 0.283	0.028 ~ 0.138	0.028 ~ 0.138
排气压力(MPa)	2.411 ~ 2.756	1.172 ~ 1.241	0.827 ~ 1.034
环境温度(℃)	104.4 ~ 115.6	60 ~ 71.1	60 ~ 71.1
周期	运转 10min,停止 1min	运转 10s,停止 5s	运转 55s,停止 5s
总时数	500h	500h	5min

试验结束后,进行名义工况制冷量、输入功率、噪声试验,将试验结果与耐久性试验前测试的名义工况制冷量、输入功率、噪声试验结果进行比较,其差值应满足表11-2的要求且压缩机各零部件不应有损坏。

表11-6为国际汽车空调协会部件标准(IMACA 308)规定的压缩机耐久性试验工况。

除500h耐久性试验外,还有高压、高速运输模拟、离合器离合、液击、超速等试验。

二、蒸发器性能试验

1. 试验项目

《汽车空调(HFC-134a)用蒸发器》(DB 50/T 629—2015)规定的蒸发器性能试验项目及技术要求见表11-7。

蒸发器的性能试验项目及技术要求　　　　　表11-7

试验项目	技术要求
气密性	用高纯氮气在(1.7+0.1)MPaG下检测30s,无泄漏
制冷剂泄漏率	制冷剂泄漏率≤2g/年
耐压性	在(2.21±0.10)MPaG液压下检测3min,无泄漏及明显变形
爆破压力	按规定方法试验,爆破压力≥2.8MPaG
制冷量、通风阻抗和制冷剂侧流阻	按规定方法试验,制冷量、通风阻抗和制冷剂侧流阻应符合产品设计或用户要求
耐压力交变特性	按规定施加交变压力试验后,蒸发器应满足有关气密性要求
耐振动性	在振动试验台上按规定试验后,除满足外观质量要求外还应满足有关气密性要求
耐温度交变特性	按规定方法进行试验后,除满足外观质量要求外还应满足有关气密性要求
耐腐蚀性	按规定方法进行盐雾试验后再进行气密性试验,应满足气密性要求
残留水分	按规定方法进行残留水分试验后,冷凝器内腔残留水分含量不大于50mg/m²
残留杂质	按规定方法进行试验后,冷凝器内腔残留杂质质量不大于100mg/m²,且杂质的最大线性尺寸不超过0.5mm

2. 试验方法

针对各试验项目,标准规定了详细的试验方法。其中,对于制冷量、通风阻抗和制冷剂侧流阻试验项目的试验条件及参数见表11-8。

制冷量、通风阻抗和制冷剂侧流阻试验条件及参数　　　　　表11-8

序 号	试 验 条 件	参　　数
1	入口侧空气干球温度(℃)	27±0.5
2	入口侧空气湿球温度(℃)	19.5±0.5
3	膨胀阀入口制冷剂压力(MPaG)	1.6±0.01
4	蒸发器出口制冷剂压力(MPaG)	0.20+0.01
5	膨胀阀入口制冷剂过冷度(℃)	5±0.5
6	蒸发器出口制冷剂过热度(℃)	5±0.5
7	蒸发器入口风量(m³/h)	按照设计要求或用户要求
8	制冷剂	HFC-134a

三、冷凝器性能试验

1. 试验项目

冷凝器的性能试验项目和蒸发器相同,但技术要求不同。《汽车空调(HFC-134a)用冷凝器》(DB 50/T 630—2015)规定的冷凝器性能试验项目及技术要求见表 11-9。

冷凝器的性能试验项目及技术要求 表 11-9

试 验 项 目	技 术 要 求
气密性	用高纯氮气在(2.8 + 0.1)MPaG 下检测 30s,无泄漏
制冷剂泄漏率	制冷剂泄漏率≤2g/年
耐压性	在(4.5 ± 0.1)MPaG 液压下检测 3min,无泄漏及明显变形
爆破压力	按规定方法试验,爆破压力≥9.0MPaG
散热量、通风阻抗和制冷剂侧流阻	按规定方法试验,冷凝器的散热量、通风阻抗和制冷剂侧流阻应符合产品设计或用户要求
耐压力交变特性	按规定施加交变压力试验后,冷凝器应满足有关气密性要求
耐振动性	在振动试验台上按规定试验后,除满足外观质量要求外还应满足有关气密性要求
耐温度交变特性	按规定方法进行试验后,除满足外观质量要求外还应满足有关气密性要求
耐腐蚀性	按规定方法进行盐雾试验后再进行气密性试验,应满足气密性要求
残留水分	按规定方法进行残留水分试验后,冷凝器内腔残留水分含量不大于 $50mg/m^2$。对于过冷式冷凝器,干燥剂预吸水分不大于干燥剂质量的 2.5%
残留杂质	按规定方法进行试验后,冷凝器内腔残留杂质质量不大于 $100mg/m^2$,且杂质的最大线性尺寸不超过 0.5mm

2. 试验方法

针对各试验项目,标准规定了详细的试验方法。其中,对于散热量、通风阻抗和制冷剂侧流阻和耐腐蚀性试验项目的试验方法见表 11-10。表 11-11 列出了散热量、通风阻抗和制冷剂侧流阻的试验条件及参数。

冷凝器两项性能的试验方法 表 11-10

试 验 项 目	试 验 方 法
散热量、通风阻抗和制冷剂侧流阻	在表 11-11 所示的试验条件(或用户给定的条件)下,在 GB/T 21361—2017 附录 A.2 给定的试验装置上进行试验,其结果应符合产品设计或用户要求
耐腐蚀性	以蒸馏水为溶剂,按标准的规定配制人造海水盐溶液,每升溶液中添加 10mL 冰醋酸;调整盐溶液 pH 值在 2.8~3.0 之间;设置饱和塔的条件为:试验箱内温度为 49℃,饱和塔温度为 57 ± 1℃;设置盐雾沉降量为:(0.8~1.2)mL/($80cm^3$ · 2h);设置喷雾周期为:每喷雾 30min 后停喷 90min;启动盐雾试验箱进行 480h 的盐雾腐蚀试验后,再进行气密性试验

散热量、通风阻抗和制冷剂侧流阻试验条件及参数　　　　表 11-11

序　号	试验条件	参　数
1	入口侧空气干球温度（℃）	35±0.5
2	迎面风速（m/s）	4.5±0.1
3	入口制冷剂蒸汽压力（MPaG）	1.5±0.01
4	入口制冷剂蒸汽过热度（℃）	25+0.5
5	出口制冷剂液体过冷度（℃）	5±0.5
6	制冷剂	HFC-134

四、热力膨胀阀性能试验

热力膨胀阀的试验项目主要有基本性能、强度、耐候性和气密性试验，以及在制造过程中需对一些主要零部件进行的试验等。其中，基本性能试验包括为了确定热力膨胀阀在给定条件下制冷量的容量试验和关闭过热度试验等。《汽车空调（HFC-134a）用热力膨胀阀》（QC/T 663—2000）规定了采用 HFC-134a 的汽车空调用热力膨胀阀的性能、安全等基本要求，以及试验内容、不同试验项目的环境条件、试验工况、试验方法和对测量用仪器、仪表的准确度要求等。

第二节　制冷系统性能试验

汽车空调制冷系统的性能试验是通过测试仪器和试验装置，按国家标准《汽车用空调器》（GB/T 21361—2017）规定的汽车空调基本参数、零部件及材料、结构、装配、性能和试验工况与试验方法，测试空调制冷系统的相关参数是否达到规定和设计的性能要求。

一、性能要求

汽车空调制冷系统的性能要求有基本性能要求和安全要求两大部分。

1. 基本性能要求

制冷系统的基本性能要求（按规定方法进行试验）见表 11-12。

制冷系统的基本性能要求　　　　表 11-12

项　目	性能要求
密封性能	蒸发器总成和冷凝器总成不应有泄漏； 蒸发器总成和冷凝器总成经氦检后年泄漏率应低于 5g/a
运转	蒸发器总成和冷凝器总成应能正常运转，安全保护装置应灵敏、可靠，温度、电器等控制元件的动作应正常，所有检测项目应符合设计要求
防水性能	空调器与车体接口部位接缝处不应漏水
制冷量	空调器实测制冷量不应小于名义制冷量的 95%
压缩机驱动功率	压缩机实测驱动功率不应大于名义压缩机驱动功率的 110%
辅件耗电功率	空调器辅件实测耗电功率不应大于名义辅件耗电功率的 110%

续上表

项　　目	性　能　要　求
最大负荷的制冷运行	试验后,空调器各部件不应损坏,并能正常运行;在第1个小时连续运行期间,空调器应能正常运行;过载保护器在规定条件下有效
凝露工况运行	空调器在凝露工况下应能正常运行,凝结水不应从空调器中随风吹出,而应顺利地从排水孔(管)排出
低温工况运行	空调器在低温工况下应能正常运行,且蒸发器风道不应被冰霜堵塞,空调器出风口不应有冰屑和水滴吹出
噪声	空调器蒸发器侧的噪声(声压级)测量值应不超过70dB(A),冷凝器侧的噪声(声压级)测量值应不超过70dB(A)
送风量	测量空调器的实际空气状态下送风量,其值不得小于名义送风量的95%
能效比	空调器的能效比实测值不小于明示值的95%,且不应小于1.9W/W
综合能效比	空调器的综合能效比实测值不应小于明示值的95%,且不应小于2.0W/W
耐振性能	压缩机、蒸发器、冷凝器振动试验后不应有破损、裂纹、渗漏,零部件应不受损坏,紧固件无松动,性能符合要求

2. 安全性能要求

为保证使用安全,制冷系统的安全性能要求见表11-13。

制冷系统的安全性能要求　　　　　　表 11-13

项　　目		性　能　要　求
制冷系统安全		制冷系统或制冷部件性能应符合 GB 9237 有关强度试验和全系统试验的规定
控制器件安全性能		应有防止运行参数(如温度、压力等)超过规定范围的安全保护措施或器件,保护器件设置应符合设计要求并灵敏可靠
机械安全		结构设计应保证在正常运输、安装和使用时具有可靠的稳定性、足够的机械强度;其结构应能在按规定方法进行振动试验和车辆正常运行时零部件不受损坏,紧固件无松动;振动试验后进行气密性试验,保证无渗漏;防护罩、防护网或类似部件应有足够的机械强度
电气安全性能	绝缘电阻	按规定方法进行试验,带电部位对非带电金属部位的绝缘电阻应不小于2MΩ
	电气强度	在带电和非带电的金属部位之间施加规定试验电压,历时1min,应无击穿和闪络
	搭铁	应有可靠的搭铁并标识明显
	安全标识	应在明显的位置设置永久性安全标识(如搭铁标识、警告标识等)

二、试验条件

要评价汽车空调性能的好坏和是否达到设计要求,必须在某一相同条件和运行工况下进行试验或检测。其原因在于工况不同(转速、温度、压力及制冷剂等不同),制冷系统的制冷量、功耗和寿命都不相同。

(1)制冷系统性能的试验工况、压缩机转速和风机用电动机端电压应分别满足标准的规定,其中试验工况、额定电压与端电压之间的关系见表11-14和表11-15。

制冷系统的性能试验工况　　　　　　　　　　表 11-14

试 验 条 件		蒸发器侧入口空气状态		冷凝器侧入口空气状态	
		干球温度(℃)	湿球温度(℃)	干球温度(℃)	湿球温度(℃)
制冷运行	名义制冷	27	19.5	35	—
	最大负荷	32.5	26	50	
	低温	21	15.5	21	
	凝露	27	24	27	

额定电压与端电压之间的关系　　　　　　　　表 11-15

额定电压(V)	12	24
端电压(V)	13.5 ± 0.3	27 ± 0.3

（2）冷凝器进风口风速。当冷凝器安装在车的非迎风面时，以电机驱动的冷凝器风机按表 11-15 加端电压进行试验；当冷凝器安装在车的迎风面时，其进风口的风速应符合表 11-16 的要求。但带风机的冷凝器要关掉风机，对于整体独立式空调装置，以辅助发动机达到额定转速时的进风口风速为冷凝器进风口风速。

冷凝器进风口风速　　　　　　　　　　　表 11-16

压缩机转速(m/s)	低转速	名义冷量转速	高转速
冷凝器进风口风速(m/s)	2.5	4.5	9.0

（3）仪器仪表的型式及准确度应符合表 11-17 的规定。

仪器仪表的型式及准确度　　　　　　　　表 11-17

类 别	型 式	准 确 度
温度测量仪表	水银玻璃温度计、电阻温度计、热电偶温度传感器	空气温度计 ± 0.1℃；制冷剂温度 ± 1℃
空气压力测量仪表	气压表，气压变送器	风管静压 ± 2.45Pa
制冷剂压力测量仪表	压力表，压力变送器	± 2.0%
电测量仪表	指示式	± 0.5%
	积算式	± 1.0%
气压测量仪表(大气压力)	气压表，气压变送器	大气压力读数的 ± 1.0%
转速仪表	转速表，闪频仪	测定转速的 ± 1.0%
质量测量仪表	—	测定质量的 ± 1.0%

（4）制冷名义工况试验时，各参数的读数允差和试验工况各参数允差应符合标准的要求。

三、试验方法

1. 密封性、运转和喷淋试验

1）密封性试验

密封性试验包括以下两种试验方法：

（1）蒸发器总成和冷凝器总成在正常的制冷剂充灌量下，使用满足 SAE J 1627 关于

R134a 的技术要求、可测试部件泄漏率为 14g/a 的电子式制冷剂泄漏检测仪,按 SAE J 1628 规定的操作规程进行检验。

(2)蒸发器总成和冷凝器总成充注干燥氮气,使其达到机组运行的最大压力并立即封口。

2)运转试验

检验蒸发器总成和冷凝器总成运转状态、安全保护装置的灵敏度和可靠性,检验温度、电器等控制元件的动作是否正常。

3)喷淋试验

空调器安装在整车上运行时,将压力高于 0.1MPa 和降水量不小于 200mm/h 的水均匀地喷淋在整车相应部位,试验应不少于 10min。

2. 制冷量和最大负荷制冷试验

1)制冷量试验

(1)试验方法。按空调器标称的出风静压和表 11-14 中的名义制冷试验条件及 GB/T 21361—2017 附录 A 的方法进行。测量时仅在蒸发器侧使用空气焓差法测量,冷凝器侧仅提供空气环境。

(2)试验装置。目前,制冷量试验装置主要针对风洞式空气焓差法、环路式空气焓差法和房间空气焓差法。

(3)试验准备及运行。蒸发器侧试验间的测试条件应保持在允许的范围内,冷凝器侧试验间应有足够的容积,使空气循环和正常运行时有相同的条件。房间除按照要求的尺寸关系外,还应使空调装置处理空气的流量、空调器附近的空气流速等满足规定要求。

试验前应进行不少于 1h 的运行,工况稳定后开始测量,试验数据允差应在规定范围内。

(4)温度测量。测量在风管内的横截面各相等分格的中心处进行,所取位置不少于 3 处或使用图 11-1 所示的风管取样器。测量连接管应隔热,漏热量不超过被测制冷量的 1.0%。

蒸发器侧和冷凝器侧空气入口处的温度测点位置、取样方法和取样器的位置及空气流速应符合规定要求。

(5)制冷量计算。试验后,用蒸发器侧试验数据按 GB/T 21361—2017 附录所给出的计算公式计算制冷量、显热制冷量和潜热制冷量。

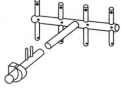

图 11-1 风管内取样器

2)空气流量测量

空气流量一般使用标准规定的喷嘴装置进行测量。喷嘴装置及其与空调器进口的连接应密封,渗漏空气量应不超过被测空气流量的 1.0%。喷嘴安装位置、变风量排风机的安装、排风室连接和测量喷嘴静压降的压力计安装等均应符合标准要求。

试验时通过单个喷嘴的空气流量按推荐公式计算,使用多个喷嘴时总空气流量按单个喷嘴的空气流量和计算。

3)静压测定

配有风机和单个空气出口的空调器,空气通过静压箱进入空气流量测量装置;配有风机和多个空气出口的空调器,空气通过静压箱进入一个共用风管段,然后进入空气流量测量装置。所有连接处应密封,空调器出口和测量仪表间应隔热防止漏热。

4)冷凝器风速测定

在不带风机冷凝器的空气回风口上装一个符合要求的静压箱,出风口连接可变频引风机,按规定测点测量冷凝器风速,取测量值的平均值。

5)最大冷负荷试验

按最大负荷工况试验条件稳定运行1h,然后停机3min,再启动运行1h。

3. 送风量、压缩机驱动功率及辅件耗电功率,凝露工况和低温工况试验

在制冷量测定的同时,测定空调器的送风量、压缩机驱动功率及辅件耗电功率。凝露工况和低温工况试验按规定的凝露工况和低温工况试验条件,空调器连续运转4h。

4. 噪声试验

1)测定场所及测量仪器

测定场所为反射平面上的半自由声场,被测空调器噪声与背景噪声之差应大于10dB(A)。若在测试中背景噪声不能满足要求,且噪声差在6dB(A)~10dB(A)之间时,测量值应按表11-18修正;若背景噪声差在6dB(A)以下,则测量结果仅作估算值。

噪声测量的修正值　　　　　　表 11-18

试验空调器噪声级与背景噪声级差值	试验读数的修正值
9~10	-0.5
≥6~8	-1.0

2)运行条件

测量空调器噪声时,应分别测量蒸发器和冷凝器噪声,按表11-15要求的端电压分别开动风机,在所规定的最大风量下进行噪声测量。

3)测点位置和测量方法

标准规定了安装在车室内的由蒸发器和风机构成的空调器,安装在汽车顶部、侧面或后部由蒸发器和风机构成的一体式空调器和带风机的冷凝器的测点位置,以及各测点所应测的蒸发器和冷凝器不同部位噪声。

在规定测点位置和运行条件下,测量空调器噪声 A 声级,取各测点对数平均值为测量值。

5. 振动试验

1)谐振频率和振动加速度

各部件的谐振频率和振动加速度见表11-19。

谐振频率和振动加速度　　　　　　表 11-19

部件谐振情况	谐振频率(Hz)	振动加速度阶段	振动加速度(m/s²)
谐振	部件固有的谐振频率*	5	5
无谐振	33 或 67	20	20
*按谐振频率探测试验方法进行测试的结果		30	30

2)试验方法

(1)谐振频率探测试验方法。部件的谐振频率应该在一定频率范围内选择与被测试部件一致的频率,按固定的速率连续递增和递减频率5~200Hz的频率来探测。

(2)振动耐久性试验方法。部件的振动耐久性试验应该考虑与汽车类型、在实际设备中的位置,以及表11-20中3个测试阶段的一致来进行。试验分为有、无谐振两种情况。

振动耐久性试验要求　　　　　表11-20

阶 段	频率 (Hz)	振动加速度 (m/s²)	测试时间(h)		
			垂直	横向	纵向
5	33 或 67	5	4	2	2
20		20			
30		30			

原则上,表11-20通常应用于振动条件的分类。但必要时,振动方向和测试时间可根据参与传输各方之间的一致性来决定。

对于没有谐振和有谐波时的振动耐久性试验,按照标准中的相应要求进行。

3)路面试验

当空调器总质量大于100kg或外形面积大于10m²时,可采用路面试验进行考核。路面试验的要求见表11-21。

路面试验的试验要求　　　　　表11-21

路面试验	路面要求	试验时间
试验要求	国家规定第二等级	连续运行6h

6.电器安全性试验

电器安全性试验包括绝缘电阻试验和电气强度试验。前者用兆欧表测量空调器带电部位对非带电金属部位的绝缘电阻,后者采用规定的试验电压进行电气强度试验。兆欧表等级和电气强度试验电压见表11-22。

兆欧表等级和电气强度试验电压　　　　　表11-22

	兆欧表等级		电气强度试验电压	
供电电源	发电机供电	DC24V 以下	供电电源	发电机供电	DC 24V 以下
兆欧表等级	500V		试验电压	AC 1500V 50Hz	AC 500V 50Hz

第三节　采暖装置性能试验

目前,使用较多的传统大、中型客车大多采用装备独立燃烧式暖风装置(燃油加热器)的综合预热式采暖系统,也有单独采用独立燃烧水暖式暖风装置和独立燃烧空气式暖风装置采暖系统的车型。和制冷系统一样,采暖装置的性能试验也是通过测试仪器和试验装置,在规定的试验条件和试验工况下,测试采暖装置的相关参数是否达到规定和设计的性能要求。

一、试验项目和性能要求

1.试验项目

客车采暖装置的试验分为定型试验(性能试验)、抽查试验、出厂试验和用户验收试验,由于目的不同,各类试验的项目也不同。定型试验是指产品批量投产前所做的全面试验,通常由企业在自己的试验室或委托经国家有关主管部门认证认可的具有资质的第三方试验检测机构进行。而用户的验收试验则可结合抽查试验和出厂试验进行,也可由用户与制造厂商定试验项目,单独进行。各类试验的试验项目见表11-23。

各类试验的试验项目　　　　　　　　　　　　　　表11-23

试验类别	试验项目
定型试验/性能试验	额定热流量测定、点火试验、运转试验、燃油消耗量测定、热效率测定、排气烟度测定、排气成分测定、排气温度测定、噪声测定、振动试验、冲击试验、低温试验、耐久性试验
抽查试验	额定热流量测定、燃油消耗量测定、热效率测定、排气烟度测定、排气温度测定、噪声测定、低温试验、耐久性试验
出厂试验	点火试验、运转试验、燃油消耗量测定、排气烟度测定、排气温度测定

2. 性能要求

采暖装置在稳定工作状态(工作15min后,在5min内被加热介质进出口温差变化不大于1℃,排气温度相差不大于5.5℃,电机电压之差不大于2%)的性能要求见表11-24。

客车采暖装置的性能要求　　　　　　　　　　　　表11-24

项　目	性　能　要　求
额定热流量	加热器在额定热流量状况下,处于稳定工作状态时的额定热流量、水泵流量(扬程1 m)、电扇送风量应在规定范围内,偏差在±10%范围内
点火试验	①按照规定的操作程序,使用与环境温度条件相适应的油料(包括燃油、润滑脂等),应保证加热器顺利点燃。 ②从点火电热塞通电到起燃时间:环境温度≥-25℃时,≤45s; 环境温度≥-40℃时,≤90s
燃油消耗量	加热器在额定热流量状况下,处于稳定工作状态时的燃油消耗量偏差在±10%范围内
排气烟度	加热器在额定热流量状况下处于稳定工作状态时,最大排气烟度值不得超过2.0Rb(波许单位)
排气成分	加热器在额定热流量状况下处于稳定工作状态时,其排气成分(体积分数):$CO < 300 \times 10^{-6}$,$NO_x < 100 \times 10^{-6}$,$HC < 5 \times 10^{-6}$
排气温度	加热器在额定热流量状况下处于稳定工作状态时,排气管口不应有火焰出现,排气温度应不高于450℃。排气温度应在规定范围内,偏差在±10%范围内
噪声	加热器在额定热流量状况下处于稳定工作状态时,不得有不正常的声响,其工作噪声应不大于75 dB(A)
振动	加热器应能在振动情况下稳定工作,不得有漏损、松动、变形和出现工作上的故障
冲击	加热器应能承受来自3个坐标方向上的冲击。承受冲击以后,加热器应正常工作,不能出现结构损坏、变形、部件失灵、渗漏、不正常的振动和不规则的运转
低温	①电热塞应经低温试验,试验后电热塞电阻丝不得变形、烧损及断裂,电热塞整体各部分不得损坏。 ②从点火电热塞通电到起燃时间:环境温度≥-25℃时,≤45s; 环境温度≥-40℃时,≤90s。 ③点火成功后,加热器应在低温条件下维持不少于15min的连续运转,并检查橡胶、塑料件的低温适用性

续上表

项　目	性 能 要 求
密封性	①加热器的水套体、换热器、水泵组应进行水压试验。试验时应逐渐加压达100kPa,维持压力不变持续2min,不应有渗漏现象。 ②加热器各密封面的结合处,不允许有漏气、漏油、漏水现象。加热器点燃15min以后,滴油管应无滴漏,水泵的滴漏量每分钟不超过3滴
耐久性	加热器的主要部件,燃烧室、换热器、电动机、风扇、油泵等的使用寿命不得小于2000h,在规定的时间内,按使用维护说明书的规定,可以对电动机的轴承、电刷及其他零部件进行更换或调整
安全性	①加热器应装有故障保险装置,当发生过热、熄火、点火失灵时能关闭加热器,在其倾覆时应自动切断通入燃烧室的燃油。 ②应装有外接熔断丝或电流熔断器,当线路短路或过载时能关闭加热器。 ③加热器应安装在不易使人碰触到的位置。 ④加热器处于工作状态时的外表面温度不应高于50℃。液体加热器的出水口和空气加热器的出风口部分不应高于90℃。燃烧排气口部分不受上述规定限制

二、性能试验

加热器的所有性能试验项目均在点火工作并处于稳定工作状态时进行,要求在表11-25所示的环境和工作电压条件下应能正常工作。

加热器应能正常工作的环境和电压条件　　　表11-25

环 境 条 件		工作电压条件	
环境温度	-40~40℃	12V系统	10~15V
海拔	≤3000m	24V系统	20~30V
风速	(0~100)km/h		

1. 额定热流量测定

对于独立燃烧式强制循环的液体加热器,按照JB/T 8127的规定,采用图11-2所示的试验装置进行额定热流量测定,通过测取进入加热器的液体流量和进出口水温,确定热流量;对于对流循环的液体加热器,按图11-3进行安装试验,通过测取被加热液体的容积,记录加热时间和水箱中水沿高度的温度分布,或加热一定时间后取其平均温度来确定热流量。

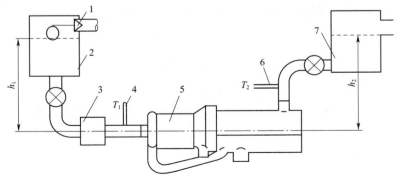

图11-2　强制循环液体加热器试验装置

1-注水阀门;2-进水箱;3-流量计;4、6-温度计;5-加热器;7-出水箱;h_1-进水液面高度;h_2-出水液面高度;T_1-进水温度;T_2-出水温度

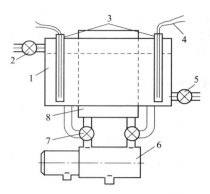

图 11-3 试验时加热器的安装
1-水箱;2-注水阀门;3-多点温度传感器;4-测温导线;5-放水阀门;6-加热器;7-三通阀门;8-预热水箱

试验时,加热器调整液面高度之差 $h_2 - h_1$ 等于水泵额定流量时的扬程 1m,输入电压调整为额定值,点燃加热器,使其处于稳定工作状态后进行测量。对于对流循环加热器,水箱底面距加热器中心线高度不小于 0.35m,点燃加热器前将三通阀门与预热水箱接通,输入电压调整为额定值,处于稳定工作状态时将三通阀门与测试水箱接通,记录时间进行测量。

(1) 对强制循环加热器,测出 30s 内通过流量计的水的容积 V 及加热器进出口水温度 T_1、T_2,按标准给定公式计算额定热流量。

(2) 对对流循环加热器,测出测试水箱内水的容积 V、加热时间 t、水的平均温度 $\overline{T}_1$、$\overline{T}_2$,按标准给定公式计算额定热流量。

2. 点火试验

性能试验中,加热器在规定的最低电压下(12V 系统:10~15V;24V 系统:20~30V)进行点火试验,并保证一次点火成功。

3. 运转试验

加热器在点火成功后,处于稳定工作状态时,进行 20 min 运转试验,试验中进行检测,并检查水泵(扬程 1m)流量、滴漏量、滴油管的滴油量、管路接头的密封和外观等内容。

4. 燃油消耗量测定

燃油消耗量以每小时消耗的油量计。柴油使用质量法,汽油使用容积法,每次测量时间不少于 30s,测 3 次取算术平均值,单位为 kg/s,误差在 ±1% 范围内,秒表分度值不大于 0.1s。

5. 热效率测定

在进行热流量试验的同时,测算出加热器的燃油消耗量 $G(kg/h)$,根据燃油基准低热值 $H_{UA}(kJ/kg)$,按式(11-1)计算加热器的理论热流量 $N_i(kW)$:

$$N_i = GH_{UA}/3600 \tag{11-1}$$

由额定热流量 N[参见 JB/T 8127—2011 的式(4)],按式(11-2)计算加热器的热效率 $\eta(\%)$:

$$\eta = \frac{N}{N_i} \times 100 \tag{11-2}$$

6. 排气烟度、排气成分、排气温度和噪声测定测定

排气烟度和排气中的 CO、NO_x 及 HC 含量测定分别按 GB 3847 和 GB/T 8190.4 的规定进行。

排气温度在排气管出口端 1 倍直径处测量。

噪声测定在加热器正常工作时,按 GB/T 1859 的规定进行。

7. 振动和冲击试验

将加热器及其全部部件按工作时的使用安装要求装在振动试验台上,试验台以 10~

50Hz 的振动频率和 1.4g 的振动加速度进行试验;按使用说明书规定的操作方法,起动处于振动中的加热器并使其在振动中连续运转 3h。

将加热器及其全部附件按其工作状态安装在冲击试验台上,分别在前后、左右、上下 3 个坐标轴方向上给予 8g 的冲击。

8. 低温试验

1) 试验条件

(1) 加热器及其使用的燃油、传热介质应在规定的低温试验温度点保温 8h 以上;

(2) 试验温度应分别在 10±2℃、25±2℃ 和 40±2℃ 3 个低温点范围内;

(3) 环境温度的测量点应选在被试加热器 1.5~2m 的范围内。

2) 试验要求

按照加热器规定的操作程序,使用与环境温度条件相适应的油料(包括燃油、润滑脂等),在低温状态下对电热塞分别以工作电压(12V 系统:10~15V;24V 系统:20~30V)进行点火试验。以规定的最高工作电压,通电 2min、断电 4min 的程序循环 5 次,其结果应满足表 11-24 的性能要求。

三、耐久性试验

1. 试验要求

(1) 试验前和试验后应进行性能试验,对比分析性能指标的变化。

(2) 耐久试验应在额定热流量下进行。

(3) 耐久试验后应测量各主要零件尺寸,进行对比分析,得出主要零件的变形及磨损量。

2. 试验规程与中间检查

(1) 试验时间累计不小于 500h。

(2) 试验应间断进行,每次连续运转 4h,间断 30min 以上;累计 200h 拆检维护一次,必要时可拆机测量各主要零件尺寸和进行性能测定;试验结束前 50h 应进行连续运转。

3. 试验记录与试验报告

耐久性试验应记录试验日期、运转起止时间、点火时间、电动机及点火电热塞的电压和电流、介质的进出口温度和流量、燃油消耗量、排气温度,并计算额定热流量等参数。

试验报告除主要包括试验前后的性能试验、性能指标变化分析、每次运转期间的点火试验记录和上述记录内容外,还应包括 200h 拆检报告和易损件更换的记录等。

四、寿命试验

加热器寿命试验一般以 500h 为一循环,累计不得少于 2000h。即要求燃烧室、换热器、电动机、风扇、油泵等加热器主要部件的使用寿命不得小于 2000h,但可在规定的时间内,按使用维护说明书的规定,对电动机轴承、电刷及其他零部件进行更换或调整。

寿命试验的要求、规程与中间检查、记录与报告与耐久性试验相同。

第四节　整车空调系统性能试验

客车空调系统的装备和使用,除对乘员舒适性有重要影响外,还影响整车动力性、经济性、噪声和发动机的工作效能等,因此评价客车的空调性能不能离开实车进行单独评价。所谓整车空调系统性能,是指各空调装置安装在车上后测试车室的降温、采暖、保温、除霜(雾)、通风换气、空气净化性能和车内气流分布,了解空调设备运行情况以及对整车性能的影响。

客车空调系统的性能试验是整车性能试验的一部分,有道路试验和室内模拟试验两种,前者反映了客车实际使用的真实工况,可检验空调装置的可靠性、耐久性以及与整车的匹配,但受季节、环境气候条件、地理位置等限制,难以重复和再现某种试验工况和结果,缺乏可比性;后者则可避免上述缺陷,但对实验室的设施和设备要求较高,建设投资较大。

一、客车空调系统的道路试验

针对汽车空调系统的道路试验,国家有关部门制定了试验方法和评价标准,并根据技术发展每隔一定年限修订一次。其中,《汽车道路试验方法通则》(GB/T 12534—1990)中规定了降温保温性能试验和非独立制冷系统运行试验的内容,《汽车空调制冷系统性能道路试验方法》(QC/T 658—2009)规定了汽车空调制冷系统在整车状态中的性能道路试验方法,《客车空调系统技术条件》(JT/T 216—2006)规定了公路客车空调系统在整车状态下的性能要求和道路试验方法。

客车空调系统的道路试验分为舒适性、安全性、可靠性试验,以及对整车动力性、经济性、噪声和冷却系统的影响等方面的试验。由于试验目的不同,其要求的工况条件也有较大差异(路况、气候、装载、运行条件等),但基本条件是一致的,即必须保证所使用车辆的各项技术指标符合该车型设计的技术要求。

1. 客车空调系统的舒适性试验

1)舒适性要求

舒适性是人们乘车出行的基本要求之一,也是评价空调系统性能好坏的依据。空调舒适性包括夏季制冷、冬季采暖的温/湿度控制、通风换气、车内气流分布、空气洁净度和空调工况的车内噪声等。《客车空调系统技术条件》(JT/T 216—2006)对M_2、M_3类客车五大系统的工作性能提出了较全面的要求,设计、试验时可按标准执行。

2)舒适性试验方法

(1)制冷系统的舒适性道路试验。

试验条件包括:试验车辆、装载条件、环境和道路条件。其中,试验车辆应按GB/T 12534的规定处于良好技术状态,且空调装置的配备应与客车所应达到的空调级别相适应,制冷装置应按QC/T 656的要求检验合格。装载条件在降温、保温性能试验时应乘坐额定乘员,也可根据试验仪器安装情况适当减少乘员数,但不得少于额定乘员数的2/3,且不得以装载相等质量的物体代替。环境条件应满足晴天少云,有日光直射,太阳辐射强度不低于800W/m^2;气温不低于35℃,气压95~102kPa;相对湿度40%~75%;风速不大于5m/s。道路应为平坦、干燥、硬实、树荫少的公路,路面纵坡不大于1%,长度不少于40km。

试验仪器包括:干湿球温度计、多点温度计、辐射强度计、压力表、风速风向仪、发动机转速表、电子式检漏仪、综合气象仪、风速仪(带集风罩)、声级计、秒表、微风测速仪、粉尘采样仪、CO和CO_2分析仪等。所有仪器应符合计量检定要求,并在有效检定期内。

①基本性能检测。

a. 出风口温度和风速、风量检测。检测客车停驶,关闭所有门窗,独立式制冷装置开至最高挡(非独立式制冷装置的压缩机转速稳定在1800±100r/min),风机开至最高挡,所有冷风出风口处于最大出风位置,开机10min后,检测各出风口表面中心处温度和风速,由此可得到出风口的最大温度差和风速差,计算制冷装置的最大送风量。

b. 泄漏检测。在出风口温度和风速、风量检测后制冷系统停止工作,用检漏仪检查制冷剂管路、螺纹连接处,均不得有任何泄漏反应(检漏仪年调定值为5g,压缩机年调定值为28g)。

c. 停车噪声检测。在满足要求的测量场地检测时关闭客车所有门窗,制冷装置和通风换气装置开至最高挡。非独立式制冷装置的压缩机转速稳定在规定范围。车内除驾驶员和测试人员外,不得有其他人员。按要求测量车内外各测点噪声,记录每次测量结果和各测点的平均值。

②降温及保温能力试验。

用综合气象仪及太阳辐射强度计测量记录试验前后的环境气候参数,取算术平均值作为外界环境气候参数;将客车停放至阴凉处,门窗全开,人员下车,使车内外温度平衡。

整车降温能力试验按 JT/T 216 规定的试验方法进行,在规定的时间和时间间隔内测量记录各测点的温度,并计算同一时刻各测点温度的平均值、乘员头部和足部的温差平均值,绘出车内平均温度随时间变化的降温、保温曲线;比较温差测温点的温度值,即得到车厢内前、中、后的最大温差。

③车内相对湿度检测。

相对湿度的检测与降温能力试验同时进行。测量、记录、计算所测出风口与回风口的干湿球温度差,利用湿空气线图求出回风口相对湿度,进而求出同一时刻的车内平均相对湿度。

④车内风速检测。

测点为座椅处上部、下部测温点和温差测温点,与降温能力试验同时进行。测量时通风换气装置和制冷装置开至最高挡,用微风测速仪测量各测点空气流速,并求出座椅处测温点上、下部测点的平均风速和温差测温点的平均风速,以及两类测点的最大风速差。

⑤通风换气量检测。

在通风换气装置出风口临时安装的断面尺寸与风口相同,且长度为500~1000mm的短管出风口平面上,安装布置测点,用风速仪测各测点的风速,取其算术平均值作为通风换气装置的出风口风速,并由此计算出单台通风换气装置的送风量。

⑥车内行驶噪声检测。

测试应在平直、干燥、有足够长度的硬路面进行,测试规定条件下车内各测点的噪声,并由此得出车内行驶噪声。

⑦车内空气洁净度检测。

a. 粉尘检测。测点按标准规定设置,测试与车内行驶噪声测试同时进行,客车行驶 30min 后启动分析天平,往返各测一次,取算术平均值计算粉尘浓度。

b. CO 和 CO_2 检测。测点位置在客车纵向对称中心平面内,前后轴线处,距地板高度 1.2m,乘员数不得少于额定人数的 2/3。检测与粉尘测量同时进行,行驶 30min 后开始测量,往返各测量一次,计算车内 CO 或 CO_2 浓度。

⑧非独立式制冷系统附加试验(采用无级变速器的客车不做此项试验)。

非独立式制冷系统的附加试验包括直接挡加速试验、连续换挡加速试验、最高车速试验和燃油经济性对比试验。这些试验均在规定的道路、装载和环境条件下,按规定的测试方法进行,以检测空调使用对整车性能的影响。

(2)采暖系统的舒适性道路试验。

采暖系统的舒适性道路试验包括基本性能检测(采用独立空气式暖风装置的出风口温度和风速、风量检测,工作噪声检测),采暖、保温能力试验,车内相对湿度检测,车内风速检测,车内空气洁净度检测和余热式暖风装置的附加试验。

试验车辆及装载条件和制冷系统试验车辆相同。试验开始前,发动机温度保持在正常范围。试验在晴天或阴天进行。试验环境温度 $-10 \pm 2℃$,风速不大于 5m/s。试验道路为平坦、硬实、无积雪、车流少的公路。试验仪器除电子检漏仪外其他与制冷系统试验相同。

①基本性能检测。

a. 采用独立空气式暖风装置的出风口温度和风速、风量检测。测点位置为各出风口中心点,测量时关闭客车所有门窗,暖风装置开至最高挡,开机后在规定时间内测出并记录各出风口的温度和风速,由此可得各出风口的最大温度差和风速差,并计算暖风装置的最大送风量。

利用采暖热风进行除霜的客车,测量时关闭除霜装置。

b. 工作噪声检测。测量时客车停驶,关闭所有门窗,暖风装置和通风换气装置开最高挡。余热式采暖系统发动机转速稳定在额定范围内;声级计用"A"计权网络,"慢"挡测量;本底噪声不得大于60dB(A);车内除驾驶员和测试人员外,不得有其他人员。

测点设置与制冷系统车内行驶噪声测试相同,各测点重复测量两次,记录每次测量结果和各测点的平均值。检测通风换气装置噪声时,暖风装置停止工作,所有通风换气装置开最高挡,分别测出各通风换气装置噪声。

②采暖、保温能力试验。

a. 独立燃烧空气式采暖系统的测点位置为加热器暖风出口表面中心点、回风口表面中心点、座椅处测温点和温差测温点;独立燃烧水暖式采暖系统的测点位置为座椅处测温点和温差测温点。用综合气象仪测量记录试验前后外界环境气候参数。试验前,人员下车,打开客车所有门窗,使车内外温度平衡。暖风装置预热 10min,发动机温度保持在正常范围。

b. 采暖能力试验。试验前,记录各测点初始温度。然后关闭客车门窗,启动暖风装置,将暖风调节到最大位置(除霜装置正常工作),车辆起步,开始计时试验;采用直接挡(无直接挡,用传动比接近于 1 的挡位),以 50 ± 2km/h 的速度稳定行驶。试验开始后,在规定时间内测出并记录各出风口的温度,往返各进行一次;采暖系统为余热式时,应同时测量发动机出水口温度;采暖装置为液体式时,无回风口测点。

c.保温能力试验。在做采暖能力试验时,至第30min关闭暖风装置,每隔2min测量记录一次回风口、座椅处和温差测温点的温度至第50min为止;做采暖能力的回程试验时,再重做一次保温能力的回程试验。按制冷系统降温能力测试数据处理方法进行数据处理。

③车内相对湿度检测。

测点设在客车纵向中心线中点,距地板高度1.2m处,与采暖能力试验同时进行,每隔10min测量一次干、湿球温度,由此求出车内空气的相对湿度和平均相对湿度。

④车内风速检测。

测点为座椅处和温差测温点,与采暖能力试验同时进行。测试时通风换气装置和暖风装置开至最高挡,在第10min至第12min之间用微分测速仪测量一次各测点的空气流动速度,并求出座椅处测点上、下部平均风速和温差测温点的平均风速,以及两类测点的最大风速差。

⑤通风换气量检测。

测点位置和测量方法、数据处理方法与制冷系统的通风换气量检测相同。

⑥车内空气洁净度测量。

粉尘、CO和CO_2测量的测点位置、测量条件和数据处理与制冷工况测量相同。测量时关闭所有门窗,暖风装置和通风换气装置开最高挡,车速稳定在50 ± 2km/h,行驶30min后启动测试仪器,往返各测一次,取算术平均值,按给定公式计算车内粉尘浓度。

⑦余热式暖风装置的附加试验。

a.怠速稳定性试验。试验时客车停驶,发动机怠速运转,暖风、除霜(雾)装置开至最高挡,每隔10min测量一次发动机出水口温度并观察暖风装置工作情况,连续运转1h结束。

b.余热水暖式采暖系统的连续运行稳定性试验。在规定的道路上,乘员人数不得少于额定人数的2/3,暖风、除霜(雾)装置开最高挡,客车以50 ± 2km/h车速连续行驶4h,每隔30min测量一次发动机出水口温度和座椅处测温点与温差测温点的温度,同时观察暖风装置工作情况。

c.对发动机动力的影响试验。对采用余热废气式暖风装置的客车,在余热水暖式采暖系统的连续运行稳定性试验的道路和装载条件下,以50 ± 2km/h稳定车速行驶,连续测试三次暖风装置和除霜装置不工作和工作并开最高挡时行驶车速的变动情况。

2.客车空调系统的安全性试验

安全性试验主要指对保障客车冬季行车安全的除霜(雾)系统性能试验,其目的是检查和测定空调客车在冬季使用时,前风窗玻璃除霜(雾)系统的技术性能是否达到规定的使用要求。

有关试验条件、试验仪器和试验方法标准JT/T 216中有较详细的规定。但需要注意的是试验前要将前风窗玻璃外表面的油污反复清洗、擦拭干净,打开客车所有门窗,使车内外温度平衡,按规定所造冰霜层应在前风窗玻璃整个外表面分布均匀(0.044g/cm^2)。除在玻璃内表面描绘一次除霜面积踪迹图或拍摄照片、记录驾驶区温度及驾驶员对视野的反应、测量各除霜喷口的风速外,还要在驾驶员头部位置处测量除霜(雾)装置的工作噪声。

试验结束后,根据试验结果记录,将描绘的各次除霜面积绘制在方格纸上,计算其占前风窗玻璃除霜(雾)性能要求面积的百分比。对利用发动机余热进行除霜的客车,还应测试发动机进、出水口温度,绘制发动机冷却液温度变化曲线。

3. 客车空调系统的可靠性试验

可靠性是空调系统使用的必备条件,试验过程和方法按照汽车道路试验的规定进行。我国具有汽车整车试验资质的汽车试验场,如海南、湖北襄阳、安徽定远等汽车试验场和北京交通运输部公路交通试验场,都修建有满足整车可靠性试验的道路。以海南汽车试验场为例,建有总长 8.185km、13 类 22 种参数的典型强化路面;试验道路根据自然地形设有一定坡度和弯道,最大坡度 19.3%;弯道 12 处,最小转弯半径 19m;有石块路、沙土路、鱼鳞坑路、水泥路、卵石路、石板路、乙种搓板路、乙种石块路和扭曲路等多种路面类型。

客车空调系统可靠性道路试验的目的在于获得振动和加速度两项指标对空调装置的影响,以及空调装置对车辆的影响。试验时把加速度传感器固定在被测设备上,选择三个振动方向中比较严重的那个方向作为传感器的测量方向。测量状态包括客车空调装置工作状态和不工作状态。客车在不平道路上行驶时,振动冲击对空调系统的影响与空调装置本身的结构、装置在车上的固定方式、行驶道路条件及车速等有关。

二、客车空调系统环境模拟试验

利用环境模拟试验室,可人为创造满足汽车空调运行要求的气候环境和运行条件,通过模拟不同行驶速度、道路阻力状况、高低温环境、太阳及地面辐射和迎面风速等,对整车空调系统性能进行试验和考核评估,以此提高产品的设计、制造质量,缩短开发和定型周期。

汽车空调环境模拟试验室一般分为高温气候模拟试验室、低温气候模拟试验室和全天候模拟试验室三种。针对车辆的类型,可以确定试验室规模,然后确定环境和工况模拟的主要指标。完整的汽车空调环境模拟试验室组成如图 11-4 所示,通常包括以下装置和系统。

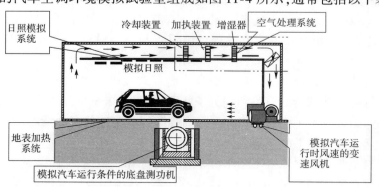

图 11-4 环境模拟试验室组成示意图

(1)空气处理系统。用于预置和控制模拟环境温度和湿度,由冷却装置(冷却盘管)、加热装置(加热器)、增湿器(加湿器)以及冷热源等组成。

(2)日照和风速模拟系统。用于模拟、控制太阳辐射强度、辐射角度和汽车迎面风速及汽车急速状态,由红外线灯系及角度、高度调节装置,鼓风机、风机变速驱动装置,可变尺寸可移动喷嘴,旁通调节装置和空气流导向装置等组成。

(3)行驶条件模拟系统。用于模拟汽车行驶时的道路阻力、上下坡、加减速及各种汽车行驶状态,由转鼓、测功机及车辆固定装置等组成。

(4) 发动机废气排放系统。用于及时抽吸汽车发动机排出的废气,保证发动机工作压力,由抽吸风机、排放管路和废气排放压力保证装置等组成。

(5) 新风系统。用于为汽车发动机补充新鲜空气,保证发动机处在良好的燃烧工作状态,由新风送风机、新风热湿处理系统及风量调节控制装置等组成。

(6) 控制系统。用于控制各种设备、动作器及试验程序,由硬、软件设备等组成。

(7) 安全监控及报警系统。用于对室内有害气体及关键设备进行监控和报警,由有害气体及关键设备的自动报警装置等组成。

(8) 数据采集及处理系统。用于采集整车及空调性能试验所需的参数、试验结果处理及生成试验报告,由必要的传感元件、数据采集单元、数据处理软件及输出设备等组成。

(9) 其他环境模拟设备。用于模拟下雨、降雪、风沙、盐雾及振动等。

试验室用绝热板制成隔热层,温度、湿度、日照、迎风风速和空调压缩机转速调节范围等均满足国家有关标准法规要求。

由于客车形体较大、乘员较多和所需空调功率较大,对空调环境模拟试验室的建设要求很高,投资很大,目前国内仅有个别企业建有客车夏季制冷、冬季采暖和除霜系统综合环境模拟试验室,制冷设备和独立液体、空气加热器,除霜器、散热器、微电机综合性能及风洞试验室,以及振动冲击和水箱反复加压试验台等试验装置。所能开展的试验项目见表11-26,其中综合环境模拟试验室是国内当前唯一能够模拟大型客车冷起动、高低温、霜雾、行驶风和排放等试验环境的试验室。

某室内客车空调模拟试验室实验项目 表11-26

项目名称	参考标准	备注
$-45 \sim 0$℃低温环境模拟	GB/T 2423.1—2008、 GB/T 2424.1—2015	温度范围:$-45 \sim 0$℃可调; 控温精度:± 0.5℃
$0 \sim +65$℃高温环境模拟	GB/T 2423.2—2008、 GB/T 2424.1—2015	温度范围:$0 \sim +65$℃可调; 控温精度:± 0.5℃
高温高湿环境模拟	GB/T 2423.3—2016、 GB/T 2423.4—2008	温度:$+35 \sim +65$℃; 湿度:60%RH～90%RH
汽车行驶风模拟	GB/T 2423.41—2013	行驶速度:$0 \sim 120$km/h可调; 最大风量:72000m^3/h; 环境温度:≥ -15℃
汽车风窗玻璃霜雾模拟	GB 11555—2009	
低温环境下加热器性能试验	QC/T 324—2000	环境温度:$-45 \sim 0$℃可调
低温环境下除霜器性能试验	GB 11555—2009、QC/T 634—2007、 GB/T12782—2007	环境温度:$-45 \sim 0$℃可调
低温环境下散热性能试验	QC/T 634—2007	环境温度:$-45 \sim 0$℃可调
高温环境下空调性能试验	QC/T658—2009、 JT/T 216—2006	环境温度:$0 \sim +65$℃可调
汽车发动机低温起动试验	GB/T 18297—2001 GB/T 12535—2007	环境温度:$-45 \sim 0$℃可调
汽车发动机的排放试验	GB 18352.5—2013	

参 考 文 献

[1] 凌永成.汽车空调技术[M].北京:机械工业出版社,2014.
[2] 梁荣光.现代汽车空调[M].广州:广东科技出版社,2002.
[3] 王运朋.实用汽车空调技术[M].广州:广东科技出版社,1995.
[4] 曾丹苓.工程热力学[M].北京:高等教育出版社,2002.
[5] 王若平.汽车空调[M].北京:机械工业出版社,2007.
[6] 藤兆武,王刚,等.车辆制冷与空气调节[M].北京:中国铁道出版社,1984.
[7] 袁秀玲,田怀璋,张华俊.制冷与空调装置[M].西安:西安交通大学出版社,2001.
[8] 申福林,胡选儒,等.客车新技术与新结构[M].北京:人民交通出版社,2001.
[9] 冯还红.双层客车空调系统的设计和布置[A].申福林.中国客车行业发展论坛2009年中国客车学术年会论文集[C].西安:陕西科学技术出版社,2009,135-138.
[10] 申福林.空调客车的室内气流组织[J].客车技术与研究,1990(1).
[11] 冯还红.铰接客车空调系统的选型布置和设计计算[A].申福林.中国客车行业发展论坛2010年中国客车学术年会论文集[C].西安:陕西科学技术出版社,2010.142-146.
[12] 申福林.客车风窗玻璃除霜性能要求和除霜面积的确定[J].汽车运输研究,1996(1).
[13] 冯还红.汽车前置冷暖器[J].福建工程学院学报,2008,6(S0):134-136.
[14] 靳晓雄,张立军.汽车噪声的预测与控制[M].上海:同济大学出版社,2004.
[15] 吕强.QN700客车空气燃油加热器噪声与振动性能的试验研究[D].西安:长安大学,1999.
[16] 郭金刚,申福林,赵重文.用层次诊断法识别汽车燃油空气加热器噪声源[J].客车技术与研究,2001,10.
[17] 申福林,郭金刚.汽车燃油空气加热器噪声性能[J].交通运输工程学报,2004(1).
[18] 陈卫强.客车空调气流噪声的分析与改进[A].中国客车行业发展论坛2015中国客车学术论文集[C].北京:人民交通出版社股份有限公司,2015.
[19] 史文库,祖庆华,等.汽车空调压缩机怠速噪声问题的研究及拓扑优化[J].吉林大学学报(工学版),2016,46(3).
[20] 李冰,陈江平.汽车空调压缩机轰鸣噪声的解决方法[C].上海市制冷学会2007年学术年会,2007.
[21] 侯艳芳.汽车空调系统消声器的声学性能优化[J],声学技术,2014(12).
[22] 申福林.空调客车的隔热保温设计[J].汽车运输研究,1989(3).
[23] 林凡.公路卧铺客车车室热环境的数值模拟与试验研究[D].西安:长安大学,2006.
[24] Patankar S V.传热与流体流动的数值计算[M].张政,译.北京:科学出版社,1984.
[25] 卢祖秉.公路卧铺客车车室内热环境与热舒适性的数值研究[D].西安:长安大学,2010.
[26] 王绪彪.轻型客车驾驶室除霜分析[J].汽车工程师,2011(8).
[27] 冯还红.浅议高寒地区客车前风窗玻璃除霜方案[J].客车技术,2019(4).
[28] 冯还红.电动汽车电池热管理系统的选型和布置[J].客车技术与研究,2019(5).